MINISTERO PER I BENI CULTURALI E AMBIENTALI
UFFICIO CENTRALE PER I BENI ARCHIVISTICI

SAGGI 15

DAL TRONO ALL'ALBERO DELLA LIBERTÀ

Trasformazioni e continuità istituzionali
nei territori del Regno di Sardegna
dall'antico regime all'età rivoluzionaria

Atti del convegno
Torino 11-13 settembre 1989

TOMO II

ROMA 1991

© 1991 Ministero per i beni culturali e ambientali
Ufficio centrale per i beni archivistici
ISBN 88-7125-025-7

Vendita: Istituto Poligrafico e Zecca dello Stato - Libreria dello Stato
Piazza Verdi 10, 00198 Roma

Stampa: Turingraf - Torino

LUCIANO GUERCI

I giornali repubblicani nel Piemonte dell'anno VII

I giornali Repubblicani e la loro funzione

Sul penultimo numero - l'undicesimo - dell'ormai repubblicanizzato (e moribondo) «Osservatore piemontese»[1], si annunciava come prossima l'uscita di tre nuovi giornali: «Il Repubblicano piemontese», «La verità vendicata» e «La vera repubblicana». Negli stessi giorni del dicembre 1798 un manifesto dal titolo altisonante *Il cittadino Michel-Angelo Morano librajo in Torino all'Europa*[2] provvedeva al lancio pubblicitario di «quattro interessantissimi giornali di pubblica istruzione» che l'editore, come indicava l'elenco dei librai presso i quali si sarebbero ricevute le «associazioni» (cioè gli abbonamenti), ambiva diffondere in tutta Italia, da Milano a Napoli, da Venezia a Roma, senza escludere Coira e Nizza. Accanto ai già ricordati «La verità vendicata» e «La vera repubblicana» figuravano «La frusta letteraria» e «Il corriere letterario», giornali, questi ultimi, che nel breve periodo repubblicano vissuto dal Piemonte certamente non videro la luce[3]. Videro invece la luce «Il Repubblicano piemontese», «La verità vendicata» e «La vera repubblicana», tre dei giornali che inaugurarono in terra subalpina il giornalismo rivoluzionario[4].

---

[1] «L'osservatore piemontese» (editore Morano, stamperia Eredi Avondo) uscì per 12 numeri a partire dalla fine di gennaio del 1798. Si occupò soprattutto di letteratura e di religione (dando ampio spazio all'apologetica), in misura minore di scienza e tecnica. Il n. 11 uscì certamente dopo il 9 dicembre 1799, giorno in cui Carlo Emanuele IV firmò l'*Atto di rinuncia* e il generale Joubert istituì a Torino il Governo provvisorio repubblicano: in quel numero, infatti, si esultava perché «allo sventolare della tricolorata bandiera» il dispotismo era ignominiosamente caduto. Il n. 12 uscì certamente dopo il 12 febbraio 1799, come si ricava dalla presenza del necrologio - anonimo, ma scritto da Carlo Botta (cfr. «Il Repubblicano piemontese», n. 24, 12 ventoso anno VII - 2 marzo 1799, pp. 149-50) - di Lazzaro Spallanzani, morto appunto il 12 febbraio 1799.

[2] S.n.t., 3 pp. Avvertiamo che pur essendo il libraio-editore Michelangelo Morano morto nel 1782, la ditta aveva continuato a portare il suo nome. L'usufrutto era stato lasciato in eredità alla sua seconda moglie, Vittoria, mentre la gestione era passata a Giuseppe Ignazio Reviglio. Cfr. G.VERNAZZA, *Dizionario dei tipografi e dei principali correttori e intagliatori che operarono negli Stati sardi di terraferma, e più specialmente in Piemonte sino all'anno 1821*, Torino 1964 (ristampa dell'edizione del 1859), pp. 256-57.

[3] Della «Frusta letteraria», uscita nel periodo austro-russo (fine maggio 1799 - giugno 1800), e diretta da Giovanni Giacinto Andrà, conosco i numeri 1-3. Sono preceduti da un frontespizio in cui si legge: «Frusta letteraria. Volume primo. Edizione seconda. Torino 1800». Nel periodo austro-russo uscì anche «Il corriere letterario», di cui conosco soltanto il n. 1. Il frontespizio, dopo l'indicazione del titolo, porta scritto: «Edizione prima. 1800».

[4] Scarsissime e piene di errori le notizie sul giornalismo rivoluzionario piemontese date da E. JOVANE, *Il primo giornalismo torinese*, Torino 1938, pp. 198-203.

Per il periodo compreso tra il 9 dicembre 1798 e il 26 maggio 1799[5] ho indi-
viduato nove giornali usciti a Torino (non mi risulta che ci siano state esperienze
giornalistiche in provincia). Due riportavano soprattutto notizie di carattere
politico, diplomatico e militare, e vanno pertanto collocati nella categoria delle
gazzette («Gazzetta piemontese», «Il Repubblicano piemontese»); altri due («Journal
de la réunion», «Il critico delle Alpi») combinavano in varia misura, a seconda dei
numeri, cronaca e intervento politico; gli altri privilegiavano decisamente l'intervento politico, relegando la cronaca in secondo piano o escludendola completamente. V'è da notare che tutti i giornali intendevano contribuire all'educazione
repubblicana. Anche le gazzette adottavano questa prospettiva, sia che ospitassero
- sebbene in posizione subordinata - «riflessioni […] atte a muovere gli animi verso
la causa della libertà, e della virtù» (come si esprimeva il *Prospetto* del «Repubblicano piemontese»), sia che elaborassero le notizie in modo tale da forzare i limiti
di un'informazione neutra: le notizie, infatti, subivano un trattamento idoneo a
orientare politicamente il lettore, nel quale si dovevano suscitare attaccamento al
nuovo governo, odio contro i nemici della Francia e, più in generale, adesione ai
princìpi repubblicani. Inoltre, l'inserimento nei giornali dei decreti e proclami delle
autorità assolveva un compito pedagogico, poiché si proponeva di far conoscere
la sollecitudine con cui tali autorità si adoperavano per la «rigenerazione» del
Piemonte. Ad esempio, il citato *Prospetto* del «Repubblicano piemontese», dopo
aver annunciato che il giornale avrebbe fornito «un estratto degli atti dei Corpi
legislativi delle attuali repubbliche», nonché «tutte quelle pezze diplomatiche, che
ci sarà permesso di pubblicare, e che interessano direttamente il Piemonte»,
proseguiva affermando che «vuolsi rigenerare un popolo stato demoralizzato»
dall'azione corruttrice del passato governo.

Se dunque il giornalista-cronista non rinunciava ad adoperarsi - con la
strategia dell'informazione cui abbiamo accennato - per la «pubblica istruzione»,
questa assurgeva dichiaratamente a scopo primario quando il giornalista si faceva
- com'è stato scritto in riferimento a ciò che spesso accadeva nella Francia dell'89[6]
- «catechista e filosofo»: quando, cioè, sceglieva di trattare dei diritti e dei doveri
dell'uomo e del cittadino, delle forme di governo, ecc., sì che il giornale veniva a

---

[5] Su questo periodo, durante il quale il Piemonte visse la sua prima esperienza repubblicana, cfr.,
oltre alle classiche opere di Nicomede Bianchi e Domenico Carutti, i numerosi scritti di Giorgio
Vaccarino, recentemente raccolti in G. Vaccarino, *I giacobini piemontesi (1794-1814)*, Roma 1989, 2
voll. A quest'opera rimandiamo per ulteriori indicazioni bibliografiche. Si aggiungano ora i saggi di vari
autori contenuti in *Ville de Turin 1798-1814*, a cura di G. Bracco, Torino 1990, 2 voll.

[6] Cfr. C. Labrosse, P. Rétat, *Naissance du journal révolutionnaire, 1789*, Lyon 1989, in particolare
pp. 174 sgg. Il volume citato offre preziosi orientamenti metodologici per lo studio della stampa
rivoluzionaria non soltanto francese. Cfr. anche P. Rétat, *Les journaux de 1789. Bibliographie critique*,
Paris 1988, con importante *Introduction*, pp. 5-15.

configurarsi come una raccolta di pezzi - più o meno ampi e di maggiore o minore complessità - direttamente finalizzati a formare un'opinione pubblica il cui sostegno era ritenuto indispensabile per le nuove istituzioni. Considerare i giornali come strumento di formazione dell'opinione pubblica non era certo una novità: significava, piuttosto, inserirsi in una tradizione che aveva la sua matrice nella stampa rivoluzionaria francese e che aveva attecchito nel giornalismo italiano a partire dal 1796 proprio ispirandosi a quel modello[7]. Una tradizione, dunque, che nel 1798-99 poteva dirsi consolidata. E già più volte erano risonate, negli anni precedenti, affermazioni simili a quelle che troviamo in alcuni giornali piemontesi. Nell'*Introduction* apparsa sul n. 1 del «Journal de la réunion» si legge: «Une feuille périodique, soit à raison de la grande rapidité de sa circulation, soit pour l'intérêt toujours nouveau que lui donnent de jour en jour les circonstances eventuelles, est sans doute le moyen le plus sûr et le plus efficace pour alimenter l'opinion publique, et la préserver des séductions et des écarts qu'on doit toujours craindre lorsqu' il s'agit de si grands intérêts».

L'opinione pubblica doveva essere il più possibile omogenea, compatta, sì da assidere il nuovo regime su basi incrollabili. È quanto affermava l'*Introduzione* al «Giornale delle Guardie Nazionali», la quale - dopo aver insistito sulla necessità di diffondere tra i contadini i princìpi repubblicani - aggiungeva che il solo modo di «impedire i grandi disordini» era «una uniforme maniera di pensare»; «questa - specificava - si forma con l'istruzione, e dalla maniera di pensare uniforme, che si chiama *lo spirito pubblico* [corsivo nel testo], nasce poi anche una uniforme maniera di agire». E poco più avanti: «Per formare un buon *spirito pubblico* è necessario mettere in circolazione le buone idee»[8].

---

[7] Per un panorama dei giornali italiani del triennio 1796-99 cfr. C. CAPRA, *Il giornalismo nell'età rivoluzionaria e napoleonica*, cap. II, in C. CAPRA, V. CASTRONOVO, G. RICUPERATI, *La stampa italiana dal Cinquecento all'Ottocento*, Roma-Bari 1986[2]. L'ampio saggio di Capra è da vedersi per intero (pp. 387-553), ed è corredato da una ricca bibliografia, cui si aggiunga G.C. MORELLI, *Il 1799 in Toscana: nasce il giornalismo politico*, Milano 1985. Resta di grande utilità, nonostante i difetti che vi sono stati ravvisati, l'antologia *I giornali giacobini italiani*, a cura R. DE FELICE, Milano 1962. Importante la recente ristampa di alcuni giornali del triennio: *Il Gran Circolo Costituzionale e il «Genio democratico»* (*Bologna, 1797-1798*), a cura di U. MARCELLI, vol. I, tomi I-III, Bologna 1986; *Giornale de' Patrioti d'Italia*, a cura di P. ZANOLI, 3 voll., Roma 1988-90; *Termometro politico della Lombardia*, a cura di V. CRISCUOLO, vol. I, ivi 1989. Una ristampa (non integrale) di quattro giornali usciti nel breve periodo della Repubblica napoletana ha curato nel 1988 Mario Battaglini (cfr. *infra* la nota 57), che nel 1974 aveva curato la ristampa di «Il Monitore napoletano» di Eleonora Fonseca Pimentel.

[8] Su «opinione pubblica» e «spirito pubblico» nell'*Ancien Régime* e durante la Rivoluzione francese cfr. M. OZOUF, *L'opinion publique*, in *The French Revolution and the Creation of Modern Political Culture*, I, *The Political Culture of the Old Regime*, edited by K.M. BAKER, Oxford 1987, pp. 419-40; della stessa autrice cfr. *Spirito pubblico*, in F. FURET, M. OZOUF, *Dizionario critico della Rivoluzione francese*, Milano 1988, pp. 809-18. In questo *Dizionario* manca la voce *Opinione pubblica*, evidentemente perché - come dimostra la voce testè citata della Ozouf - si tende ad assimilare l'opinione pubblica allo spirito pubblico. Ben documentato il saggio di E. TORTAROLO, «*Opinion publique» tra antico regime e rivo-*

I giornali rivoluzionari piemontesi avevano dunque - o pretendevano di avere - un ruolo di primo piano all'interno di quel complesso apparato educativo (dal teatro alle feste ai catechismi) volto a creare un universo repubblicano che circondasse il popolo da ogni parte e in ogni momento[9]. Ciò che bisognava ottenere - e con la massima urgenza - era il più ampio consenso al nuovo governo: obiettivo perseguito dappertutto nell'Italia rivoluzionata dai francesi, e di cui i repubblicani italiani, consapevoli di essere pochi ed isolati, mostrarono di avvertire tutta la drammatica e spesso angosciosa difficoltà.

Caratteristiche e vicende dei giornali repubblicani piemontesi

Durante il breve periodo repubblicano, in Piemonte non furono emanati provvedimenti organici a proposito della stampa. Il vecchio regime di privilegio e di controllo fu di fatto abolito con il decreto del Governo provvisorio che in data 28 nevoso anno VII (17 gennaio 1799) istituiva la proprietà letteraria accordando ai soli autori il diritto di «mettere in luce, pubblicare, far vendere, e distribuire le loro opere nei paesi del Piemonte[10]».La libertà di stampa sembrava implicitamente stabilita. Ma il successivo decreto del 24 piovoso (12 febbraio 1799), emanato dal Governo provvisorio su invito delle autorità francesi, imponeva una vigorosa stretta di freni, vietando la stampa, la vendita, la distribuzione e l'affissione di ogni «scritto sedizioso, o calunnioso, o tendente a corrompere i costumi»; per i contravventori erano previste pene «secondo le leggi veglianti»; agli «stampatori di qualunque scritto» si ingiungeva di «porre il loro nome», e si proibiva di usare «un nome falso» pena l'interdizione dall'«esercizio della professione»[11]. Come si vede, il Governo provvisorio si attribuiva un'ampia discrezionalità in campo repressivo, e ciò non dovette essere senza conseguenze nell'indurre i giornalisti ad adottare una sorta di autocensura preventiva.

Di annunciare un nuovo giornale, indicando i temi che avrebbe trattato e le caratteristiche che avrebbe avuto, s'incaricava il «programma» o «prospetto», dove

---

[9] *luzione francese. Contributo a un vocabolario storico della politica settecentesca*, in «Rivista storica italiana», CII (1990), pp. 5-23.

Sulla necessità di creare un universo siffatto fece osservazioni lucidissime G. BOCALOSI, *Istituzioni democratiche per la rigenerazione del popolo italiano*, vol. I, Milano, 1 pratile anno VI, pp. XXIV-XXVII. Il secondo volume di quest'opera uscì nell'anno VII.

[10] Cfr. *Raccolta degli ordini e provvidenze emanate dalle autorità costituite*, 16 voll. , Torino,1798-1799, Anno 7 repubblicano, e primo della libertà piemontese, vol. V, pp. 3-5. Cfr. anche E. SOAVE, *L'industria tipografica in Piemonte. Dall'inizio del XVIII secolo allo Statuto Albertino*, Torino 1976, p. 59.

[11] *Raccolta degli ordini e provvidenze* cit., vol. VII, pp. 51-52. Il «24 nevoso» che si legge in calce al decreto va corretto in «24 piovoso». Già in data 28 frimaio (18 dicembre 1798) erano state proibite «la stampa, distribuzione, e vendita» degli «Almanacchi di qualità incivica» (*Raccolta degli ordini e provvidenze* cit., vol. I, p. 72).

il discorso pubblicitario si intrecciava generalmente ad un discorso politico che inneggiava all'età nuova, lanciava anatemi al passato regime, proclamava la necessità della «rigenerazione». Veniva così disegnato il quadro entro il quale il giornale avrebbe operato. Naturalmente, se il quadro era, nei suoi tratti fondamentali, quello cui s'è accennato, le articolazioni non mancavano in rapporto ai singoli giornali; inoltre i programmi erano più o meno lunghi, andando dal volantino all'opuscoletto. Dei quattro programmi che ho rintracciato, due sono volantini (programmi del «Repubblicano piemontese» e della «Vera repubblicana»), due sono opuscoletti di 7 pagine (programmi del «Giornale delle Guardie Nazionali» e della «Raccolta di opuscoli di cristiana filosofia e di ecclesiastica giurisdizione»)[12].

Il *Prospetto* del «Giornale delle Guardie Nazionali» era a suo modo un mirabile concentrato di stereotipi repubblicani: c'era la «filosofica moderna luce» contrapposta all'«ignoranza» e all'«errore»; c'era la «verità» ormai trionfante contrapposta alla «cupa notte dell'ignoranza» propria dei «tiranni»; c'erano «le tenebre», «le funeste superstizioni», «le divoratrici fiaccole del fanatismo», i «barbari pregiudizi»; c'erano gli «oppressori» intenti a «succhiare e schiacciare i miseri popoli»; c'era naturalmente «la tricolorata gallica bandiera, della libertà ed eguaglianza immortal vessillo»; né poteva mancare la «rigenerazione d'un popolo curvato finora sotto la ferrea verga di despoti inesorabili, e sotto il peso di rispettati pregiudizi». Occorre sottolineare che non sempre il contenuto effettivo dei giornali corrispondeva pienamente a quello enunciato nei programmi: sì che bisogna guardarsi dall'accordare un'acritica fiducia alle dichiarazioni programmatiche, e procedere ad un esame puntuale dei singoli periodici.

Al pari di quanto avveniva in Francia, i giornali piemontesi si acquistavano per lo più mediante abbonamento. L'acquisto a copie singole era previsto soltanto per «La vera repubblicana» (10 soldi al numero secondo il programma, poi ribassati a 9 secondo l'avviso pubblicato alla fine del primo numero), e per la «Gazzetta piemontese» (5 soldi al numero, 6 per ogni supplemento), che però offriva anche l'opportunità di scegliere l'abbonamento semestrale. L'abbonamento («associazio-

---

[12] Il programma di «La vera repubblicana» non aveva un vero e proprio titolo: s'apriva infatti rivolgendosi alle «Repubblicane piemontesi» (le due parole erano scritte in maiuscolo; la stamperia era quella di Matteo Guaita). I titoli degli altri programmi erano i seguenti: *Prospetto del giornale intitolato «Il Repubblicano piemontese»*, s.n.t.; *Programma d'un foglio ebdomadario intitolato «Giornale delle Guardie Nazionali e Municipalità piemontesi composto da una Società di patrioti»*, Torino, Dalla stamperia Davico e Picco; *Progetto di associazione ad una Raccolta di opuscoli di cristiana filosofia, e di ecclesiastica giurisdizione compilata dal recente volgarizzatore del Concilio Nazionale di Francia, prete, e cittadino piemontese*, Dalla stamperia del cittadino Soffietti in casa Pesana. Questo *Progetto* - scritto da Michele Gautier (sul quale cfr. oltre, pp. 556-560) - era datato «Torino a' 22 di dicembre 1798 dell'era cristiana, della Repubblica Francese 7, della Libertà Piemontese 1». Abbiamo anche il programma del «Giornale fisico-matematico» e quello di «Il redattore subalpino», due giornali annunciati ma non pubblicati. (cfr. oltre, nota 19 e nota 98).

ne»), che si contraeva con pagamento anticipato - come avvertivano quasi tutti i giornali - presso i librai, gli stampatori o gli uffici postali (questi ultimi ricevevano gli abbonamenti soprattutto in provincia)[13], rendeva accessibile il giornale solo a una cerchia ristretta, poiché non erano in molti a potersi permettere di sborsare una somma che, nonostante variasse da giornale a giornale, era pur sempre cospicua.

Diamo un'occhiata ai prezzi d'abbonamento prendendo come filo conduttore la periodicità dei giornali, dalla quale quei prezzi in gran parte dipendevano[14], e tenendo conto che gli abbonamenti potevano assumere forme diverse[15].

Relativamente ad un settimanale come «Il Repubblicano piemontese» (in 4°; 4, 8, poi 16 pagine a numero, su due colonne), l'abbonamento era trimestrale e costava lire 7,10 per Torino, lire 8,10 per le altre località piemontesi (la maggiorazione - come accadeva anche per gli altri giornali - era dovuta alle spese postali).

Con periodicità eguale a quella del «Repubblicano piemontese», ma con meno pagine per numero (4 invece di 4, 8 o 16), il «Journal de la réunion» offriva un abbonamento trimestrale a prezzo superiore, sebbene non di molto: 8 lire per Torino, 9 lire per le province. Bisogna tuttavia considerare che il formato era più grande (cm. 21x31 invece di 17,5x22,5), e che quindi ogni pagina del «Journal» conteneva più righe di quante ne contenesse ogni pagina del «Repubblicano piemontese». Inoltre, più piccoli erano i caratteri con cui era composta la parte dedicata alla cronaca. Il «Journal de la réunion» prevedeva anche abbonamenti a 12 lire di Francia (ridotte poi a 10 lire, come apprendiamo dal n. 10) per chi risiedesse nelle città italiane occupate dai francesi.

La «Gazzetta piemontese», settimanale (in 4°; 8 pagine - raramente di più - su due colonne), faceva le seguenti condizioni: abbonamenti semestrali di 6 lire per Torino, di 7 lire per le province e i «paesi stranieri». Settimanale era anche il «Giornale delle Guardie Nazionali» (in 8°; 16 o 24 pagine), cui ci si abbonava quadrimestralmente a lire 5 (per Torino) e 6,5 («per tutto lo Stato, e per gli stranieri»).

Poco chiare le condizioni d'abbonamento di «Il critico delle Alpi» quali si desumono da un avviso pubblicato sul n. 2 (manchiamo del «manifesto» - cioè del

---

[13] Il programma del «Redattore subalpino» avvertiva che ci si poteva abbonare anche presso i «cittadini Barera e Molo, fabbricanti di cioccolata, sotto i portici vicini all'Università». La distribuzione dei giornali avveniva negli stessi luoghi in cui ci si poteva abbonare.

[14] Altri elementi di grande importanza sono naturalmente il formato, il numero delle pagine, i caratteri di stampa, la distanza tra una riga e l'altra, l'impaginazione. Di tali elementi, oltre alla periodicità, bisognerebbe tener conto per procedere ad un esame comparativo dei prezzi degli abbonamenti. Per brevità ci limiteremo ad accennare, in questo saggio, al formato e al numero delle pagine, rinunciando ad un esame comparativo lungo, complesso e suscettibile solo di risultati approssimativi.

[15] Le notizie sulle condizioni d'abbonamento che diamo qui appresso sono tratte dai programmi dei vari giornali o da avvisi inseriti nei giornali stessi.

programma - ivi menzionato, che certo ci consentirebbe di chiarire le cose). Stando a ciò che si capisce, il prezzo era di 25 lire all'anno per Torino, di 30 nei dipartimenti[16], da pagarsi anticipatamente in rate quadrimestrali. V'è da notare che il giornale (di cui conosco i primi tre numeri e il supplemento al n. 3, il che probabilmente è tutto quanto uscì) iniziò come settimanale, poi, nel secondo numero, annunciò la sua trasformazione in bisettimanale «per compiacere il pubblico»: sarebbe uscito un numero alla settimana, più un supplemento; il numero delle pagine rimaneva settimanalmente immutato, poiché le 12 pagine (su due colonne) del settimanale si sdoppiavano nelle 8 pagine del giornale vero e proprio e nelle quattro pagine del supplemento. Il formato era in 4°.

Alla «Verità vendicata» (in 4°; 8 pagine su due colonne), che usciva tre volte al mese con cadenza decadaria, ci si abbonava semestralmente sborsando 7 lire e mezza, ossia - precisava il giornale - 15 lire all'anno a Torino e 18 nelle località di provincia.

Nel *Progetto di associazione* riguardante la «Raccolta di opuscoli di cristiana filosofia e di ecclesiastica giurisdizione», quindicinale (in 8°; una cinquantina di pagine a numero)[17], il prezzo dell'abbonamento trimestrale era fissato, per Torino, in 5 lire, cioè in 20 lire annuali; per i «cittadini provinciali» era prevista una lira in più a semestre, e per gli «esteri» lire 2,10 in più «per la franchiggia della posta»[18]. Sul n. 6 del 18 piovoso (6 febbraio 1799) della «Gazzetta piemontese» si annunciava che il compilatore della «Raccolta», Michele Gautier, «sulla speranza che la carta avrà fra poco a diminuire di prezzo», aveva ridotto la «spesa annuale dell'associazione» a 16 lire (nel frattempo, in data 1° febbraio 1799, era uscito il primo numero della «Raccolta»), «da pagarsi in due rate a semestri anticipati» (dunque l'abbonamento passava da trimestrale a semestrale). Successivamente, sul n. 12 del 30 ventoso (20 marzo 1799), sempre la «Gazzetta piemontese» confermava la riduzione di prezzo rispetto alle 20 lire del *Progetto*, e parlava di «modico prezzo», ma il prezzo dell'abbonamento era indicato in 16 lire, 13 soldi, 4 denari all'anno, qualcosa in più rispetto alle 16 lire annunciate il 6 febbraio[19].

Utili elementi di comparazione in ordine al prezzo degli abbonamenti

---

[16] Con decreto del 13 germinale anno VII (2 aprile 1799) il commissario francese in Piemonte, Musset, aveva diviso il territorio piemontese in quattro dipartimenti (Eridano, Sesia, Stura, Tanaro).

[17] Ma cfr. oltre, in questo stesso paragrafo e la nota 88.

[18] Nella copia del *Progetto di associazione* da me consultata, 1 e 2,10 sono aggiunti a penna in uno spazio che la stampa aveva lasciato in bianco.

[19] A proposito del «Giornale fisico-matematico», di cui venne annunciata l'uscita, ma che non vide mai la luce, la «Gazzetta piemontese», n. 17, 18 piovoso anno VII (6 febbraio 1799), p. 98, informava che esso avrebbe avuto periodicità mensile, che ogni numero sarebbe stato di 80 pagine, che l'abbonamento - annuale - sarebbe costato 12 lire a Torino, 14 lire in Piemonte e nel resto d'Italia, con pagamento anticipato; gli stampatori erano Davico e Picco. Il *Programma* di «Il redattore subalpino», giornale di cui non è mai stata trovata alcuna copia, e che probabilmente non uscì mai, prevedeva una

possiamo trarre dalla tariffa dei generi di prima necessità pubblicata il 30 frimaio anno VII (20 dicembre 1798), cioè il giorno successivo al decreto sulla riforma monetaria cui accenneremo tra breve. In base alla citata tariffa, una libbra di pane costava, a seconda della qualità, soldi 1,4 o 2,4; una libbra di «carne di vitello per due terzi, e di bue per un terzo», costava soldi 8,4; una libbra di «carne di castrato, ossia di montone», soldi 7,8. Con soldi 17,2, si poteva acquistare una libbra di «salsiccia all'aglio asciutta», e con soldi 18,8 una libbra di «lardo nuovo»; il burro costava da soldi 18,10 a soldi 19,2 la libbra; le «candele di cevo di buona qualità» costavano 21 soldi la libbra[20]. Ricordiamo, per avere un riscontro immediato, che una copia della «Vera repubblicana» costava 9 soldi[21], e una copia della «Gazzetta piemontese» 5 soldi.

Come abbiamo visto, le condizioni d'abbonamento potevano essere modificate durante la pubblicazione del giornale. Altre notizie su vicende e problemi dei periodici di cui ci stiamo occupando si possono ricavare dagli avvisi che di tanto in tanto comparivano sui periodici stessi. Le notizie più numerose riguardano «Il Repubblicano piemontese». Questa gazzetta veniva distribuita presso la bottega del libraio Prato in Dora grossa, bottega passata poi al Destefanis, il mercoledì e il sabato pomeriggio, e cambiò più volte stampatore (Mairesse, Benfà e Ceresole, Denasio, Stamperia Filantropica). Sul n. 6 del 9 nevoso (29 dicembre 1798), p. 28, ci si scusava con gli «associati» perché sino ad allora il Mairesse non aveva potuto spedire il giornale a causa del disservizio postale[22]. Nello stesso avviso si diceva che «un cittadino» si offriva di portare il giornale «a casa degli abbonati, mediante una modica ricognizione». La possibilità del recapito a domicilio era prospettata anche dalla «Gazzetta piemontese»: in questo caso, il prezzo dell'abbonamento, per Torino, saliva di una lira (da sei a sette).

Grave il problema dei costi, problema connesso con la riduzione del valore nominale della moneta, metallica e cartacea, decisa dal Governo provvisorio con decreti del 29 frimaio anno VII (19 dicembre 1798) e 5 nevoso anno VII (25 dicembre 1798). Così, sul numero 26 del 19 ventoso (9 marzo 1799), p. 168, in occasione della scadenza del primo trimestre d'abbonamento, «l'estensore» del

---

periodicità bisettimanale e un abbonamento semestrale di 8 lire per gli abitanti di Torino, più 30 soldi per chi abitava in provincia; la stamperia era la Stamperia patriottica Pane e Barberis. Circa il formato del «Giornale fisico-matematico» e del «Redattore subalpino» non sono in grado di fornire notizie precise. Su questi due giornali cfr. anche *infra* la nota 98.

[20] Cfr. *Raccolta degli ordini e provvidenze* cit., vol. II, pp. 47-51. Il prezzo delle candele è tratto da un'aggiunta del 2 nevoso (22 dicembre 1798) alla citata tariffa; cfr. ivi, p. 51.

[21] «La vera repubblicana» usciva tre volte al mese. Ogni numero era di 16 pagine in 8°. Il programma aveva annunciato un formato in 4°.

[22] I giornali venivano spediti per posta. Su questo tipo di spedizione e sugli inconvenienti cui dava luogo in Francia cfr. C. LABROSSE, P. RÉTAT, *Naissance du journal révolutionnaire* cit., pp. 68-74. Non esistono studi sul servizio postale piemontese.

«Repubblicano piemontese», cioè Modesto Paroletti[23], confessava candidamente di aver talvolta diminuito il numero delle pagine del giornale (8 pagine alla settimana invece di 16) «per risparmiare [...] sulla stampa divenuta in oggi carissima», e «per sottrarsi alla meno che grata posizione di lavorare a perdere». D'ora innanzi però, «siccome i suoi piccoli fondi provenienti dalle associazioni non [sarebbero] più [stati] sottoposti al decrescimento del valore nominale de' biglietti», l'estensore avrebbe dato le promesse 16 pagine settimanali (8 pagine per numero).

Probabilmente le stesse difficoltà denunciate da Paroletti determinarono il passaggio del «Giornale delle Guardie Nazionali» a 16 pagine a partire dal n. 6, laddove il *Programma* aveva annunciato l'uscita di «un foglio nel venerdì di ciascuna settimana di 16 pagine in una settimana e di 24 nell'altra alternativamente». Alle «spese gravissime della stampa» accennava anche Michele Gautier nell'*Avviso* che chiudeva il n. 7 della sua «Raccolta di opuscoli»; ed egli faceva appello alla «cortesia degli associati» perché gli procurassero nuovi abbonamenti, senza i quali le spese sarebbero divenute insostenibili e il giornale avrebbe dovuto cessare le pubblicazioni. Forse non è un caso che il giornale non sia andato oltre il n. 7, anche se alla sua interruzione non fu probabilmente estranea la drammatica situazione del Piemonte, avviato ormai verso la fine dell'esperienza repubblicana. Altre difficoltà Gautier aveva segnalato nel numero precedente, quando aveva detto che la spedizione per posta gli riusciva «troppo gravosa ed incomoda», e aveva pregato gli abbonati di «contentarsi d'ora innanzi di una sola spedizione in cadun mese», con due numeri alla volta (o meglio, con un solo numero di tante pagine quante ne avevano complessivamente i fascicoli quindicinali: di fatto, la «Raccolta» diventava un mensile, e il n. 7 constava di 112 pagine, mentre i numeri precedenti ne avevano una cinquantina ciascuno).

Dunque alcuni giornali - ma c'è da chiedersi se gli altri, da cui pure non vennero lagnanze esplicite, fossero in migliori condizioni - condussero vita stentata, e forse, come accadeva altrove[24], poterono tirare avanti solo grazie a sovvenzioni governative, delle quali peraltro non siamo informati. Di una larga diffusione al di fuori del Piemonte si può legittimamente dubitare per tutti. «Il Repubblicano piemontese» - diceva un avviso pubblicato sul n. 19 - «si trova in Milano presso il Maino all'angolo dei Rastrelli, e dai direttori della Posta delle città del Piemonte, e dell'Italia». Ma quanti fossero, a Milano e nel resto dell'Italia, gli abbonati al "Repubblicano piemontese", non sappiamo.

Quale pubblico?
Parlando degli abbonamenti, abbiamo detto che essi avevano un prezzo così

---

[23] Su Modesto Paroletti cfr. oltre, nota 37.
[24] Cfr. C. CAPRA, *Il giornalismo nell'età rivoluzionaria e napoleonica* cit., pp. 431-38.

elevato da rendere i giornali accessibili ad un numero limitato di persone. Occorre però precisare che il pubblico che entrò in contatto con i giornali fu certamente più ampio di quello degli abbonati: i giornali, infatti, potevano passare di mano in mano (ma per quante mani passarono effettivamente?), e potevano essere 'consumati' dai non acquirenti in ritrovi pubblici. Può anche darsi che, come ci si augurava nell'*Introduzione* al «Giornale delle Guardie Nazionali», il loro contenuto fosse spiegato oralmente al «popolo» da mediatori colti. Siamo costretti, purtroppo, a rimanere sul piano delle ipotesi e delle congetture, poiché manca una documentazione che ci consenta di quantificare. Per lo stesso motivo è impossibile fornire dati attendibili circa la composizione sociale del pubblico e circa i modi in cui i giornali furono consumati e accolti. Del resto, di fronte ad analoghe insuperabili difficoltà si sono trovati Claude Labrosse e Pierre Rétat nel corso della loro indagine sui giornali francesi dell'89[25].

A chi si rivolgevano i giornali piemontesi? Alcuni non dicevano nulla in proposito, altri menzionavano genericamente, come destinatario, il «popolo (cfr. il *Prospetto* del «Repubblicano piemontese»), altri ancora davano indicazioni più precise. «La vera repubblicana», per esempio, era dichiaratamente un giornale per le donne; per le donne colte, occorre specificare, appartenenti alle classi alte e medio-alte, come tutta l'impostazione del giornale lascia capire. Il «Giornale delle Guardie Nazionali» si rivolgeva soprattutto ai «fratelli delle terre e delle campagne», al «buon popolo agricoltore», ma questo era soltanto un pubblico per così dire indiretto; il pubblico cui ci si rivolgeva direttamente era quello - come vedremo tra poco - dei mediatori di cultura, ai quali si affidava il compito di diffondere l'educazione repubblicana tra i contadini. V'è da segnalare che «La verità vendicata» chiedeva udienza - oltre che al «popolo piemontese» in generale - ai «cittadini rappresentanti» e alle «società patriottiche» («Popolo piemontese, cittadini rappresentati, società patriottiche, uditeci», n. 1, p. 5). E probabilmente tutti i giornali erano indirizzati, più che al «basso popolo», ad un pubblico non solo alfabetizzato, ma dotato almeno di cultura media: un pubblico che si sperava avrebbe spiegato - o addirittura tradotto, se del caso - il contenuto del giornale a chi non era in grado di leggere o di comprendere da solo. Dato l'anafalbetismo o semianalfabetismo di massa[26], non si può dire che fosse una scelta priva di una sua logica e di un suo realismo: il contrario, cioè, di quella astrattezza di cui i cosiddetti giacobini italiani sono stati spesso accusati. Comunque sia, è certo che il contenuto, il linguaggio e lo stile di tutti i giornali rimandavano - con gradazioni diverse - a un «lettore implicito» di buon livello culturale, né si può dimenticare - e in ciò la tradizionale

---

[25] Cfr. C. LABROSSE, P. RÉTAT, *Naissance du journal révolutionnaire* cit., pp. 79-83.
[26] Ma in proposito sono indispensabili le precisazioni fornite da M. ROGGERO, nel saggio pubblicato in questo stesso tomo.

accusa di astrattezza non è senza fondamento - che raramente i temi trattati riguardavano i bisogni concreti delle classi inferiori e prospettavano soluzioni concrete alle drammatiche difficoltà in cui quelle classi si dibattevano.

Cronaca e intervento politico-pedagogico
nel «Repubblicano piemontese»

Vediamo ora più da vicino i singoli giornali piemontesi: con l'avvertenza che ci soffermeremo maggiormente su quelli che a vario titolo ci sembrano meritare una particolare attenzione[27].

Il fatto che fosse una gazzetta, e che pertanto fosse la cronaca a prevalere, non ci autorizza a trascurare «Il Repubblicano piemontese»:[28] sia perché - come abbiamo accennato sopra - la cronaca stessa era sottoposta ad un trattamento che la piegava ad un fine politico-pedagogico, sia perché il discorso politico-pedagogico era affrontato direttamente in una sezione che, sebbene apparisse saltuariamente e non occupasse molto spazio, era tutt'altro che scialba.

«Il Repubblicano piemontese», che uscì con periodicità bisettimanale per 41 numeri (288 pagine complessive numerate progressivamente) tra il 20 frimaio anno VII (10 dicembre 1798) e il 12 fiorile anno VII (1° maggio 1799), conteneva soprattutto notizie relative agli avvenimenti politici, diplomatici e militari, con speciale riguardo al Piemonte. Pubblicava anche decreti e proclami delle autorità piemontesi e delle autorità francesi in Piemonte. A parte la rubrica *Varietà*, di cui parleremo più avanti, il giornale era occasionalmente arricchito da pezzi non di cronaca, come il necrologio di Spallanzani scritto da Carlo Botta, o il sonetto scritto dal carmelitano Evasio Leone per l'innalzamento dell'albero della libertà in piazza

---

[27] Non perché sia poco interessante, ma, al contrario, perché meriterebbe un'analisi a parte, non mi soffermerò qui sulla «Gazzetta piemontese». Poco interessante la «Gazzetta» è soltanto se la si considera - com'è stato fatto finora - sotto il profilo di repertorio di notizie; ma le cose cambiano completamente se l'esame si sposta sulla strategia di selezione, gerarchizzazione e presentazione delle notizie, sulla strategia, cioè, mediante la quale l'*informazione* diventa veicolo di *formazione politica*. La «Gazzetta piemontese», che usciva settimanalmente dal 4 gennaio 1797 sotto lo stretto controllo del governo sabaudo, si repubblicanizzò a partire dal n. 59 del 1798. Tale numero era datato «decadì 22 frimaio, mercoledì 12 dicembre v.s.», e portava la scritta «Libertà. Virtù. Eguaglianza» (con il n. 18 del 12 fiorile - 1° maggio 1799 - la parola «Virtù» scomparve). La «Gazzetta piemontese» rimase repubblicana fino al n. 21 del 3 pratile anno VII (22 maggio 1799); dal n. 22 di mercoledì 29 maggio 1799, entrati a Torino gli austro-russi, si allineò alle direttive dei nuovi padroni. Nel periodo repubblicano fu diretta da un avvocato Sartoris del quale non si hanno notizie. Che questo Sartoris dirigesse la «Gazzetta» lo apprendiamo da una lettera in difesa del vescovo di Ivrea, Pochettini, apparsa sul n. 12 di «Il Repubblicano piemontese» (cfr. oltre, nota 46). Ogni numero era di otto pagine (molto raramente ce n'erano di più) su due colonne, la numerazione era progressiva, lo stampatore era Matteo Guaita, che stampò la «Gazzetta» sotto regimi diversi dal 27 luglio 1797 al 12 ottobre 1800, data, quest'ultima, in cui il giornale cessò le pubblicazioni. Qualunque fosse il regime del momento, la «Gazzetta» fu sempre sottoposta al controllo delle autorità governative, di cui fu organo semi-ufficiale.

[28] Lo indicheremo d'ora innanzi con la sigla R.P.

del Comune[29]. Rare le segnalazioni di libri ed opuscoli, segnalazioni che erano essenzialmente avvisi pubblicitari e non davano luogo a recensioni. Tre i *Supplementi*: al n. 1, al n. 19 e al n. 32 (l'ultimo era un supplemento di fatto, anche se il termine non figurava). L'epigrafe fu dapprima *Italiam Italiam*, poi (dal n. 17, 18 piovoso anno VII - 6 febbraio 1799) *Tua fata docebo*, infine (dal n. 26, 19 ventoso anno VII - 9 marzo 1799) *Nunc horrentia martis:* tutt'e tre le citazioni erano tratte da Virgilio[30].

Un esame dettagliato (troppo lungo per essere effettuato in questa sede) porterebbe ad individuare quali notizie venissero date a preferenza di altre, e come le notizie stesse venissero date. Qui ci limiteremo a qualche esempio. Assiduamente seguite erano le vicende della rivolta di Pasvanoğlu 'Osmān Pascià contro il sultano di Costantinopoli; ed era con evidente soddisfazione che si registravano i successi del «terribile ribelle»[31]. Si voleva in tal modo sottolineare come il vento della libertà soffiasse ormai persino sul paese d'elezione del dispotismo, l'Impero Ottomano (che del resto era oggetto di rinnovato interesse grazie alla spedizione di Bonaparte in Egitto). Molta attenzione, così come accadeva in quasi tutti i giornali repubblicani italiani, veniva prestata alla questione irlandese[32]. Le simpatie non potevano che andare agli irlandesi in lotta per sottrarsi al dominio dell'Inghilterra, l'odiata Inghilterra acerrima nemica della Francia repubblicana; né si mancava di porre in risalto le critiche che nella stessa Inghilterra si levavano contro la politica governativa e in particolare contro Pitt.[33]. Quanto alle potenze ostili alla Francia, non si tralasciava occasione di metterne in cattiva luce la condotta, improntata a doppiezza e prepotenza, mentre dei francesi si esaltavano immancabilmente la lealtà, la buona fede, la generosità, il valore.

---

[29] Cfr. rispettivamente R.P., n. 24, 12 ventoso anno VII (2 marzo 1799), pp. 149-50, e n. 8, 16 nevoso anno VII (5 gennaio 1799), p. 40. Sul necrologio di Spallanzani scritto da Botta cfr. anche *supra*, nota 1.

[30] Sulle epigrafi dei giornali repubblicani si potrebbe fare un interessante studio. Qui ci limiteremo a segnalarle senza commenti.

[31] Cfr. ad esempio R.P., n. 5, 6 nevoso anno VII (26 dicembre 1798), p. 21; n. 10, 23 nevoso anno VII (12 gennaio 1799), p. 49; n. 13, 4 piovoso anno VII (23 gennaio 1799), p. 70; n. 17, 18 piovoso anno VII (6 febbraio 1799), p. 94 («tutto annunzia la prossima caduta dell'Impero Ottomano»); n. 19, 25 piovoso anno VII (13 febbraio 1799), p. 105. In R.P., n. 35, 21 germile anno VII (10 aprile 1799), p. 234, si dava per certa la riconciliazione di Pasvanoğlu con la Porta Ottomana, e nel numero successivo (24 germile anno VII - 13 aprile 1799, p. 241) si pubblicavano gli articoli del trattato di riconciliazione. Sulla rivolta di Pasnavoğlu 'Osmān Pascià (1758-1807) - che nel «Repubblicano Piemontese» è chiamato Passwan Oglù (o Paswan Oglu) - cfr. qualche notizia in A. BOMBACI, S. J. SHAW, *L'Impero Ottomano*, Torino 1981, pp. 469 e 483.

[32] Cfr. ad es. R.P., n. 12, 30 nevoso anno VII (19 gennaio 1799), p. 61; n. 18, 21 piovoso anno VII (9 febbraio 1799), pp. 101-102; n. 25, 16 ventoso anno VII (6 marzo 1799), p. 153; n. 35, 21 germile anno VII (10 aprile 1799), p. 237; n. 36, 25 germile anno VII (13 aprile 1799), p. 245.

[33] Cfr. ad es. R.P., n. 9, 20 nevoso anno VII (8 gennaio 1799), pp. 41-42; n. 21, 2 ventoso anno VII (20 febbraio 1799), pp. 125-26.

Numerose erano le notizie sugli spostamenti del re di Sardegna,[34] ma queste notizie servivano più che altro da pretesti per ridicolizzare o attaccare il sovrano, al fine di alimentare nei lettori l'odio contro di lui e impedire che se ne desiderasse il ritorno. Si veda poi come il giornale parlasse del passaggio del papa per Torino: il riferimento ai «cuochi di una singolare perizia» che accompagnavano l'augusto personaggio aveva la funzione di abbassarne il profilo, di sminuirne il prestigio che ancora lo circondava[35].

Oggetto di elaborazione (di manipolazione, si potrebbe ben dire) erano soprattutto le notizie che riguardavano il Piemonte. Sul n. 6 del 9 nevoso (29 dicembre 1798) il pezzo dedicato ai «movimenti di rivolta» nell'Astigiano e nell'Alessandrino dipingeva gli insorti coi colori più foschi: «truppa di sconsigliati», «branco di fanatici», «gradassi controrivoluzionari» «bucefali allevati, istrutti e ingrassati dall'estinto governo», tuonava l'articolista; e dichiarava incredibile che «dopo il cattivo successo delle insurrezioni della Vandea, della Romagna, dell'Elvezia, e delle Fiandre vi fosse ancora quello sciocco, ignorante, perfido, o fanatico, da figurarsi di poter operare l'eccidio de' repubblicani in un paese diventato in oggi il centro della forza delle armate francesi». Diversamente intonata la presentazione dei moti scoppiati in provincia di Acqui alla fine di febbraio. Qui la consegna era di minimizzare: così l'insurrezione diventava «una piccola insurrezione», e il combattimento per riprendere Strevi «un piccolo combattimento» (R.P., n. 24, 12 ventoso anno VII - 2 marzo 1799).

Un eloquente esempio dei criteri pedagogici che presiedevano alla selezione delle notizie e al rilievo da accordarsi alle notizie selezionate si può cogliere nel compiaciuto diffondersi del giornale sugli onori tributati dal Governo provvisorio e dalle autorità francesi al padre di Lagrange[36]. Ad essere scelta era una notizia che permetteva di marcare fortemente il contrasto tra l'oscurantismo e l'inumanità del passato regime, che aveva lasciato languire nella miseria il padre di un così grande scienziato, e lo spirito filosofico e la generosità del nuovo. Dall'episodio, lungamente narrato e commentato sul filo di un'edificante *sensiblerie*, i lettori avrebbero imparato ad apprezzare la luminosa superiorità dei valori repubblicani.

Talvolta il giornale recava una rubrica di riflessione e discussione politica

---

[34] Cfr. ad es. R.P., n. 6, 9 nevoso anno VII (29 dicembre 1799), p. 25; n. 10, 23 nevoso anno VII (12 gennaio 1799), p. 49; n. 13, 4 piovoso anno VII (23 gennaio 1799), p. 72; n. 15, 11 piovoso anno VII (30 gennaio 1799), p. 84; n. 17, 18 piovoso anno VII (6 febbraio 1799), pp. 94-95; n. 22, 5 ventoso anno VII (23 febbraio 1799), p. 133; n. 26, 19 ventoso anno VII (9 marzo 1799), pp. 162-63; n. 31, 7 germile anno VII (27 marzo 1799), p. 206.

[35] R.P., n. 40, 8 fiorile anno VII (27 aprile 1799), p. 277. Alla pura e semplice informazione si limitava per contro «Il critico delle Alpi» del 6 (*recte*: 7) fiorile anno VII (26 aprile 1799), p. 32.

[36] Cfr. R.P., n. 7, 13 nevoso anno VII (2 gennaio 1799); n. 8, 16 nevoso anno VII (5 gennaio 1799); n. 21, 2 ventoso anno VII (20 febbraio 1799).

collocata per lo più in chiusura e intitolata *Varietà* (ma il titolo non sempre c'era). La rubrica fu in primo luogo la tribuna da cui fece sentire la sua voce il direttore del giornale, Modesto Paroletti, che generalmente firmava con l'espressione «Il Repubblicano piemontese». Amico di Carlo Botta, tenuto d'occhio dalle autorità sabaude in quanto sospettato di coinvolgimento nella congiura del 1794, probabile autore, nel 1798, di una *Lettre* che metteva aspramente sotto accusa la politica del governo e l'opera dell'ambasciatore torinese a Parigi, Prospero Balbo, l'avvocato Modesto Paroletti (si era laureato in legge a Torino nel 1787) non era certo un convertito dell'ultima ora[37]. Non stupisce perciò che il Governo provvisorio lo chiamasse, l'8 piovoso anno VII (27 gennaio 1799), a ricoprire la carica di segretario generale del Comitato di giustizia: carica che tuttavia non gli impedì di criticare - con misura e pacatezza - il progetto di Banco Nazionale approvato dal Governo provvisorio[38], e la legge che aboliva le primogeniture e i fedecommessi ma non stabiliva l'eguaglianza dei figli in materia di eredità[39].

Inizialmente possibilista circa il destino del Piemonte, che egli si augurava divenisse parte - quando ne fossero maturate le condizioni - di un'Italia libera e indipendente[40] (ma la prospettiva dell'annessione alla Francia non si era ancora nettamente profilata), Paroletti passò poi a sostenere la linea annessionista[41]. Senza illusioni, però, e senza volontà di illudere[42]; anzi, sebbene il giornale desse largo

---

[37] Su Modesto Paroletti (1767-1834) cfr. qualche notizia in D. CARUTTI *Storia della corte di Savoia durante la Rivoluzione francese e l'Impero*, 2 voll., Torino 1892, vol. II, p. 387. Interessanti documenti su di lui e sui suoi fratelli (uno di questi, Angelo, fu fucilato a Domodossola nell'aprile del 1798) ha pubblicato G. Sforza, *L'indennità ai giacobini piemontesi perseguitati e danneggiati (1800-1802)*, in *Biblioteca di Storia italiana recente (1800-1850)*, vol. II, Torino 1909, *Indice delle persone*. Cfr. anche G. VACCARINO, *I giacobini piemontesi* cit., vol. II, *Indice dei nomi di persona e di luogo*. Sulla *Lettre à Monsieur le Comte Prospero Balbo, ambassadeur de Sardaigne à Paris, par un de ses anciens collègues*, cfr. G. P. ROMAGNANI, *Prospero Balbo intellettuale e uomo di stato (1762-1837)*, vol. I, *Il tramonto dell'Antico Regime in Piemonte (1762-1800)*, Torino 1988, pp. 440-44. Una precisazione su Paroletti si legge ivi, pp. 115-16. Un suo *Stato di servizio* quale professore di Economia rurale, Arti e Manifatture presso l'Università di Torino (1800-1802) è in Biblioteca Reale di Torino, Mss., Misc. 19, cart. 21.

[38] Cfr. *Progetto di basi per lo stabilimento di un Banco Nazionale* (1° piovoso anno VII - 20 gennaio 1799), in *Raccolta degli ordini e provvidenze* cit., vol. V, pp. 25-32. Le *Riflessioni sopra il Banco Nazionale* sono in R.P., n. 15, 11 piovoso anno VII (30 gennaio 1799), p. 88.

[39] R.P., n. 17, 18 piovoso anno VII (6 febbraio 1799), pp. 99-100; n. 18, 21 piovoso anno VII (9 febbraio 1799), p. 104. Paroletti si riferiva alla legge del 27 frimaio anno VII (17 dicembre 1798), in *Raccolta degli ordini e provvidenze* cit., vol. I, pp. 65-66.

[40] Cfr. l'articolo pubblicato in R.P., n. 13, 4 piovoso anno VII (23 gennaio 1799), pp. 73-74.

[41] La decisione di chiedere al Direttorio l'annessione del Piemonte alla Francia fu presa all'unanimità dal Governo provvisorio nella seduta del 14 piovoso anno VII (2 febbraio 1799). Nella seduta del giorno seguente Botton, Bossi e Colla presentarono un rapporto in cui venivano illustrati i motivi che avevano portato alla decisione. Cfr. *Transunto del processo verbale del Governo provvisorio delli 14 Nivoso [recte: piovoso] anno 7 Repubblicano, e primo della Libertà Piemontese (2 febbraio 1799 v.s.)*, in *Raccolta degli ordini e provvidenze* cit., vol. VII, pp. 3-19. «Il Repubblicano piemontese» pubblicò il *Transunto* in tre puntate: sul n. 18 del 21 piovoso anno VII (9 febbraio 1799), pp. 103-104, sul n. 19 del 25 piovoso (13 febbraio 1799), pp. 110-12, e sul *Supplemento* al n. 19, pp. 113-16.

[42] Già a proposito del progetto di Banco Nazionale (cfr. *supra* la nota 38) aveva scritto: «Non

spazio ai pronunciamenti favorevoli all'annessione, Paroletti indicò con smagata lucidità i motivi che stavano alla base della richiesta di unire il Piemonte alla *Grande Nation*: impotenza, disperazione, consapevolezza del fatto che il Piemonte, nella difficilissima situazione in cui si trovava, era incapace di sostenersi con le sole sue forze[43]. Quando poi pubblicò la lettera con cui Pietro Riccati criticava duramente l'annessione manifestando il timore di un «aggrandimento illimitato» della Francia ai danni dell'Italia, nonché il timore del logoramento delle libere istituzioni da parte di un potere militare sempre più forte, Paroletti, in un commento di poche righe, espresse la sua stima per Riccati, dal quale pur diceva di dissentire e al quale prometteva di rispondere[44]. Ma la risposta non venne; così come fu lasciato senza risposta un altro intervento antiannesionista di Riccati, molto più lungo, questa volta, e pubblicato come supplemento al numero 32 del 10 germile anno VII (30 marzo 1799)[45]. Paroletti non sembrava davvero segnalarsi per entusiasmo filoannessionista. Eppure sul n. 35 (21 germile anno VII - 10 aprile 1799) tono e atteggiamento appaiono decisamente mutati. In una lettera al «Journal de la réunion» egli non soltanto si felicitava calorosamente coi redattori per l'alacrità con cui s'adoperavano a favore dell'annessione, ma sferrava un attacco violentissimo agli antiannessionisti, «patriotes à la face de Janus», «insectes» il cui «bourdonnement» nulla aveva tolto «à l'épanchement naturel de la volonté générale du peuple». Probabilmente Paroletti s'era convinto che l'incombente minaccia delle armate austro-russe dovesse indurre a stringersi senza riserve alla Francia, e che ormai ogni voce di dissenso nei confronti dell'annessione rischiasse d'indebolire la resistenza al nemico, configurandosi addirittura come atto di tradimento.

---

occorre farsi delle illusioni, il Governo del Piemonte, in fatto di credito pubblico pecuniario, sta piuttosto male».

[43] Rispondendo ad un anonimo che lo aveva bruscamente invitato a non «secondare le mire ambiziose di una fazione prepotente», e lo aveva avvertito che alcuni ormai lo tacciavano di «scrittore vile e prezzolato», Paroletti scriveva: «Lo stato delle cose che presenta in oggi il Piemonte isolato, la sua decrescenza in forza sociale dal tempo della sua rivoluzione, e le difficoltà di ricondurre ad un centro di prosperità pubblica un corpo, i cui membri furono lacerati e dispersi nella dissoluzione della Monarchia, persuadono [...] che la sua rigenerazione sta nella sua riunione alla grande Repubblica» (R.P., n. 22, 5 ventoso anno VII - 23 febbraio 1799, pp. 135-36). La sua prima dichiarazione filoannessionista Paroletti l'aveva fatta in R.P., n. 19, 25 piovoso anno VII (13 febbraio 1799), p. 112.

[44] La lettera di Riccati, indirizzata *All'estensore del Repubblicano Piemontese*, è in R.P., n. 24, 12 ventoso anno VII (2 marzo 1799), pp. 151-52. Il breve commento di Paroletti è a p. 152.

[45] *Riflessioni sopra alcune conseguenze, che risulterebbero dalla riunione del Piemonte alla Repubblica Francese nelle attuali circostanze*. Sono due fitte pagine non numerate. Sul saluzzese Pietro Riccati, capo ufficio nella Segreteria del Comitato degli Affari interni, sezione Pubblica istruzione, cfr. G. VACCARINO, *I giacobini piemontesi* cit., vol. I, pp. 56, 173, 301; vol. II, pp. 852-55, 861-62, 892 (i passi qui segnalati del vol. II si riferiscono soprattutto alle posizioni antiannessioniste di Riccati dopo Marengo). Pietro Riccati (da non confondersi col fratello Carlo) era amico di Felice Bongioanni, che lo ricorda più volte nei suoi *Mémoires d'un jacobin*, già pubblicati dal Vaccarino nel 1958 ed ora ristampati in *I giacobini piemontesi* cit., vol. II, pp. 563 sgg.

Un problema che lo preoccupava molto, in quanto metteva in gioco il consenso delle masse, era il problema religioso. Scese perciò in campo contro il vescovo giansenisteggiante di Ivrea, Pochettini (che più tardi sarebbe stato arrestato dai francesi per attività controrivoluzionaria, vera o presunta che fosse), accusandolo di scarso fervore repubblicano e di confondere «la mente dei poveri contadini». Paroletti si pronunciava per una religione semplificata e purificata cui il richiamo «al progresso, e allo sviluppo della ragione umana» sembrava additare - al di là del riferimento al Concilio nazionale della Chiesa gallicana del 1797 - la meta di una religione naturale distaccata dal cattolicesimo e dallo stesso cristianesimo. In una successiva lettera firmata «Un amico del Repubblicano piemontese», ma forse dovuta allo stesso Paroletti, era preso di mira il vescovo di Casale, Ferrero della Marmora, che in una sua «insidiosa omelia» non aveva fugato ogni dubbio circa il pieno rispetto del culto e della religione cattolica da parte delle nuove autorità[46]. Prevaleva qui la preoccupazione di rassicurare il «credulo popolo». Era una preoccupazione che nell'Italia del triennio 1796-99 assillò tutti i repubblicani, impegnati - del resto vanamente - a disinnescare un formidabile potenziale controrivoluzionario alimentato dalla maggior parte del clero. Una drammatica testimonianza dell'ostilità di cui era oggetto il Governo provvisorio piemontese è fornita da un articolo in cui Paroletti se la prendeva con i parroci imputando loro la mancanza di balie che era venuta a determinarsi presso l'Ospedale municipale di S. Giovanni: «Voi siete accusati - scriveva indignato - di spargere ne' villaggi, che i repubblicani non aspergono più coll'acqua battesimale i loro figli, e che le case dei contadini, ove capitano tali bambini eretici, il demonio spandevi tosto il suo maligno influsso». Sotto i fulmini di Paroletti cadevano i «pregiudizi», la «superstizione, l'«intolleranza religiosa»; ed egli invitava i parroci ad uscire dal «pelago d'infamia» in cui le falsità che andavano diffondendo li aveva precipitati. Quasi patetica, nel rivelare l'impotenza ad incidere su una situazione che sfuggiva di mano, e nel ridursi a sperare in un'improbabile 'conversione' dei parroci, era l'esortazione che seguiva: «Ma per carità dimostratevi amici sinceri della libertà e dell'eguaglianza [...], ravvivate nelle vostre prediche i sentimenti di umanità e di fratellanza, e prescindendo anche dalle aride discussioni teologali, parlate qualche volta il linguaggio della natura e della filosofia»[47].

---

[46] La *Lettera al cittadino Giuseppe Ottavio Pochettini vescovo d'Ivrea* è in R.P., n. 9, 10 nevoso anno VII (8 gennaio 1799), pp. 47-48; la *Lettera al cittadino vescovo di Casale* è in R.P., n. 11, 27 nevoso anno VII (16 gennaio 1799), pp. 58-60. Entrambe le lettere sono riprodotte in *I giornali giacobini italiani* cit., pp. 233-36. Una difesa del Pochettini si legge in R.P., n. 12, 30 nevoso anno VII (19 gennaio 1799), pp. 67-68. Ne era autore l'avvocato Sartoris, che si definiva «diocesano d'Ivrea, ed estensore della Gazzetta Piemontese».

[47] *Il Repubblicano piemontese ai cittadini parrochi del Piemonte*, in R.P., 26 ventoso anno VII (16 marzo 1799), pp. 183-84, riprodotto in *I giornali giacobini italiani* cit., pp. 236-37.

Sull'ultimo numero del giornale, rivolgendosi a Carlo Bossi[48], Paroletti riconosceva il persistente prestigio legato alla parola «papa», e confessava di aver
provato egli stesso «un singolare movimento» che gli aveva «scosso tutte le fibre del
cervello» quando il pontefice era passato per Torino. Ma dichiarava anche di
sperare nei progressi della «filosofia», e proiettava fiducioso lo sguardo nell'avvenire: «Se la filosofia ha posto a letto il papa dove da cinquant'anni ebbe a morire
l'infelice Giannone, chi sa da qui a cinquant'anni, quale sarà il risultato delle sue
operazioni? Io mi trasporto alcuna fiata fra le vicende future, e partecipo de' piaceri
di quelle generazioni che raccoglieranno il frutto delle nostre intraprese». Fuga in
avanti, si potrebbe dire, sogno consolatorio rispetto ad una realtà che vedeva ormai
i contadini prendere le armi contro francesi e «giacobini» anche in nome del
cattolicesimo, del *loro* cattolicesimo.

Altre opinioni di Paroletti meritano di essere ricordate. Singolare la lettera a
Carlo Emanuele IV in procinto di trasferirsi da Firenze in Sardegna[49]. Lungi dall'infierire
sul re sabaudo, Paroletti gli riconosceva molte eccellenti qualità, e non escludeva
che il sovrano avrebbe potuto dare il meglio di sé nel governo dell'isola. Invece
di predicare la rivoluzione contro i re - tiranni, Paroletti indicava nel buon governo
dei principi l'antidoto alle «smanie rivoluzionarie», portando ad esempio la condotta
tollerante dei Lorena in Toscana. Ciò che non era riuscito a fare in Piemonte - affermava
in sostanza Paroletti, il quale non rinunciava al *topos* del buon sovrano ingannato dai
perfidi cortigiani - Carlo Emanuele IV avrebbe potuto farlo altrove. Era una stupefacente
apertura di credito ad un monarca che nel Piemonte rivoluzionario si era soliti
maltrattare e sbeffeggiare in tutti i modi[50], e che in altre pagine dello stesso «Repubblicano piemontese» non beneficiava certo di un trattamento di favore. Più in generale,
era un'apertura di credito alla linea dell'assolutismo illuminato.

Ancora una segnalazione. Sul n. 39 del 5 fiorile (24 aprile 1799), quando per
il Piemonte repubblicano s'avvicinava il disastro ed i fautori del passato regime
rialzavano la testa, Paroletti si scagliava contro gli ex nobili (*Ai cittadini ex-nobili
del Piemonte,* pp. 271-72). Ma la violenza dell'attacco non si traduceva nella
proposta di severe punizioni. Piuttosto, si invitavano gli ex nobili a fornire
prontamente «le più manifeste prove di civismo», altrimenti - si aggiungeva - «non
tarderete ad essere giudicati dalla filosofia, le cui sentenze imprimono un'onta
indelebile al fine del secolo 18». Non era davvero una gran minaccia, specie se la si
confronta con quelle contenute in altri scritti circolanti a Torino[51].

---

[48] *Al citt. Carlo Bossi Commissario presso l'Amministrazione Centrale del Dipartimento dell'Eridano,*
in R.P., n. 41, 12 fiorile anno VII (1º maggio 1799), p. 287.

[49] R.P., n. 23, 9 ventoso anno VII (27 febbraio 1799), pp. 143-44.

[50] Per qualche esempio in proposito cfr. G. GASCA QUEIRAZZA, *Voci di consenso e di plauso, di
polemica, di irrisione e di satira (1798-1804)*, in *Ville de Turin* cit., vol. II, p. 144.

[51] Cfr. il saggio cit. di G. GASCA QUEIRAZZA, pp. 144-50. Truculente minacce nei confronti dei nobili
troviamo anche in «La verità vendicata»; cfr. il paragrafo successivo.

La «filosofia»: questa la parola che tornava continuamente sotto la penna di Paroletti[52]; e sulla forza di persuasione della filosofia egli contava, caratterizzandosi non tanto come uomo d'azione, quanto come uomo incline a consigliare, ad ammonire, a far appello alla ragione. Tutto sommato, più un illuminista che un rivoluzionario. E un atto di fede nei lumi - che nulla e nessuno avrebbero più potuto spegnere - era il breve commento al proclama di Suvorov «ai popoli d'Italia», commento con cui si chiudeva l'ultimo numero del «Repubblicano piemontese». Paroletti si richiamava ora alla «filosofia sociale»: «La libertà avrà forse a scomparire in faccia ai mustacchi di questi rozzi campioni del dispotismo? E un'orda di barbari distruggerà il sublime prodotto della filosofia sociale?». La risposta, recisamente negativa, si prolungava in un'esortazione fondata su un'incrollabile certezza: «Cittadini invochiamo di cuore la libertà, ed essa opererà dei nuovi prodigi»[53]. Così Paroletti s'accomiatava dai suoi lettori.

L'impegno politico-pedagogico del «Giornale delle Guardie Nazionali»

A differenza di quanto avveniva nel «Repubblicano piemontese», il discorso politico-pedagogico diretto era in primo piano nel «Giornale delle Guardie Nazionali e Municipalità piemontesi composto da una Società di patrioti», di cui uscirono dieci numeri tra la fine di gennaio del 1799 e l'aprile del 1799 per complessive 120 pagine numerate progressivamente[54]. Che cosa fosse la «Società di patrioti» menzionata nel titolo, e chi ne facesse parte, non saprei dire. Alla fine dell'*Introduzione* (n. 1, p. 9) si legge che «le persone che lo [il giornale] compongono [sono] conosciute da molti anni nella repubblica delle scienze». L'indicazione è vaga, e poiché è firmato solo qualche articolo dovuto a collaboratori senza dubbio minori e occasionali (Bellocco, Perotti ecc.), per non parlare di documenti inseriti *ad hoc* (per esempio, discorsi di Giulio e di Eymar), o di articoli tratti da altre pubblicazioni, l'*équipe* redazionale ci sfugge. Quel che si può affermare con sicurezza è che il giornale risulta in contatto con l'Accademia delle scienze e con la Società d'agricoltura, due istituzioni che - giova sottolinearlo - durante il periodo repubblicano continuarono a funzionare.

---

[52] Cfr. anche *Dell'umanità, dei filosofi, e dei re*, in R.P., n. 30, 3 germinale anno VII (23 marzo 1799), pp. 199-200.

[53] R.P., n. 41, 12 fiorile anno VII (1° maggio 1799), p. 288.

[54] La stamperia era quella di Davico e Picco. Nessun numero è datato, ma il *Programma* fissava l'uscita del primo numero al 25 gennaio 1799 (6 piovoso anno VII) e prevedeva una periodicità settimanale (giorno d'uscita, il venerdì). Conformemente alla caratterizzazione politico-pedagogica del giornale, l'epigrafe era «L'ignoranza del bene è la causa del male».

Importante è l'*Introduzione* (n. 1, pp. 3-9), sulla quale vale la pena di soffermarsi. I destinatari del giornale erano esplicitamente designati: si trattava dei «fratelli delle terre e delle campagne» (più avanti si parlava di «buon popolo agricoltore»), cioè, come sembra potersi ricavare dal contesto, dei contadini meno abbienti. Lo scopo era quello di combattere i loro «pregiudizi» e i loro «errori», derivanti da una condizione di isolamento che non offriva quelle occasioni di istruirsi di cui invece godevano gli abitanti delle città. Se i contadini erano i destinatari del giornale, si trattava di destinatari indiretti. In gran parte analfabeti, era assurdo pensare che leggessero essi stessi un giornale che pure intendeva promuovere la loro educazione repubblicana. Perciò l'*Introduzione* invitava a mobilitarsi tutta una serie di mediatori colti che avrebbero dovuto leggere e spiegare «al popolo» «questo nostro periodico foglio». A tali mediatori si rivolgeva in prima istanza il giornale, ed erano essi a formare - per così dire - il pubblico numero uno; il pubblico numero due era quello cui il contenuto del giornale sarebbe stato trasmesso oralmente: «Voi pertanto tutti che amate la pubblica felicità, unitevi strettamente in questa santissima occupazione di addottrinare i nostri fratelli più semplici, e più idioti». Il «voi tutti» del passo testé citato si specificava in una pluralità di «canali» attraverso i quali l'«istruzione» sarebbe giunta nelle «modeste […] case» di campagna. Ecco i canali che venivano enumerati: «parrochi, pastori dei popoli»; «medici, e chirurghi»; «maestri di scuola»; «municipalisti, veri rappresentanti del popolo». Poco più avanti si parlava di «uomini virtuosi chiunque siate, parrochi, preti, frati, negozianti, speziali, avvocati, medici, chirurghi, che meritate tutti egualmente la stima del popolo». L'accento cadeva continuamente sull'addottrinare, sull'istruire, sull'illuminare. Né si trattava soltanto di spiegare il contenuto del giornale: si trattava di compiere un'opera educativa più vasta comprendente anche la spiegazione delle leggi. Oltre a *chi* dovesse spiegare, e a *che cosa* si dovesse spiegare, l'*Introduzione* suggeriva *quando, dove* e *come* si dovesse spiegare: «Nei giorni festivi, nelle municipali case, nelle popolari adunanze, nelle piazze, nelle contrade, insegnate, istruite, spiegate le leggi, interpretatele con chiarezza, con semplicità, in dialetto piemontese per farvi intendere»[55]. Ricordiamo che l'invito all'uso del dialetto risuonò più volte nell'Italia del triennio, e che un'abbondante letteratura politica e satirica in dialetto - della quale finora gli studiosi si sono pochissimo occupati - fiorì in molte regioni italiane, compreso il Piemonte[56]. A Napoli si ebbe anche un giornale in dialetto, l'unico di cui si abbia

---

[55] Il problema della comunicazione si ripresentava con forza alla fine dell'*Introduzione* (n. 1, p. 9), là dove si diceva che gli estensori del giornale «non cercheranno in questo di far pompa di gran dottrina, cercheranno soltanto di rendere intelligibile con istile, ragionamenti, paragoni, esempi pianissimi la gran dottrina della libertà, del democratico repubblicanesimo all'universalità degli uomini, e soprattutto di renderlo loro caro insegnandogli ad evitarne gli scogli».

[56] Per quanto riguarda Napoli cfr. D. SCAFOGLIO, *Lazzari e giacobini. La letteratura per la plebe*

notizia, «La Repubbreca spiegata co lo Sant'Evangelio». Purtroppo questo giornale risulta oggi irreperibile[57].

L'educazione ai princìpi repubblicani non era l'unico scopo del «Giornale delle Guardie Nazionali». Lo scopo era anche quello di fare opera di divulgazione tecnico-scientifica avendo di mira soprattutto i contadini: «Non solamente vi comunicheremo le nostre riflessioni riguardo alla maniera di ben governare, ma tutte quelle notizie, che possono servire al miglioramento dell'agricoltura in tutte le sue parti, le scoperte utili, che in questa si faranno, i rimedi, e i metodi migliori per la conservazione della sanità dei contadini, e degli uomini che lavorano nelle varie arti, i migliori mezzi per la conservazione del bestiame ed animali domestici, nulla in una parola ommetteremo che al bene universale possa contribuire».

Attenendosi a quanto enunciato nell'*Introduzione*, il «Giornale delle Guardie Nazionali» s'impegnò su due versanti. E quasi a voler mettere subito in pratica le dichiarazioni programmatiche, all'*Introduzione* seguiva, nel primo numero, il *Discorso sopra i fondamenti del nuovo governo del Piemonte, e le varie specie di governo* (pp.10-19), *Discorso* che continuava nel n. 2 (pp. 25-31) col titolo *Discorso sopra gli avantaggi, ed i pericoli d'ogni sorta di governo*. Nei numeri 4-5-6 (pp. 65-72, pp. 81-92, pp. 106-12) troviamo il *Dialogo sopra i dritti dell'uomo fra un maestro di scuola, e un discepolo*: era uno dei tanti catechismi repubblicani pubblicati in Italia tra il 1796 e il 1799 (in Piemonte se ne contano nove)[58]. Nei numeri 8 e 9 (pp. 137-44, 153-58) apparvero le *Istruzioni adattate agli agricoltori, agli artigiani ed ai giovanetti sopra l'origine, ed i migliori caratteri della società civile*[59]. Quelli che abbiamo menzionato erano testi che, pur essendo tutti di tipo divulgativo, si collocavano a livelli diversi di complessità: in tal modo i mediatori avrebbero

---

(*Napoli 1799*), Napoli 1981, e M. RAK, *Educazione popolare e uso del dialetto nei periodici napoletani del 1799*, in *Teorie e pratiche linguistiche nell'Italia del Settecento*, a cura di L. FORMIGARI («Annali della Società Italiana di studi sul XVIII secolo», I, 1984), Bologna 1984, pp. 281-302. Relativamente al Piemonte, è stata soprattutto studiata la raffinata produzione del medico e poeta Edoardo Ignazio Calvo, del quale cfr. *Poesie piemontesi e scritti italiani e francesi*, a cura di G. P. CLIVIO, Torino 1973. Ma c'è anche tutta una produzione più modesta (spesso anonima) che attende ancora di essere analizzata. Interessanti sondaggi sono stati compiuti da G. GASCA QUEIRAZZA, *Voci di consenso e di plauso* cit., in *Ville de Turin* cit., vol. II, pp. 135-74.

[57] Cfr. *Napoli 1799. I giornali giacobini*, a cura di M. BATTAGLINI, Roma 1988, p. XXVI-XXVII.

[58] Sui catechismi repubblicani mi permetto di rinviare al mio *Les catéchismes républicains en Italie (1796-1799)*, in *L'image de la Révolution française. Communications présentées lors du Congrès Mondial pour le Bicentenaire de la Révolution*, Sorbonne, Paris, 6-12 juillet 1989, 3 voll., Paris-Oxford-New York 1989, vol. I, pp. 359-68. In particolare sui catechismi pubblicati in Piemonte cfr. il mio *I catechismi repubblicani piemontesi dell'anno VII*, in *Ville de Turin* cit. vol. II, pp. 33-61.

[59] Apparse anonime sul «Giornale delle Guardie Nazionali», queste *Istruzioni* furono pubblicate anche in opuscolo a parte, come annunciava lo stesso «Giornale», n. 7, p. 136. L'opuscolo, di 23 pagine, era intitolato *Primi erudimenti sopra l'origine, l'importanza, ed i migliori caratteri della società civile. Per istruzione facile degli agricoltori, degli artigiani, e di tutti i giovanetti*, Torino, Anno 7 Repubbl. (1799 v. s.). La breve prefazione era firmata «Giambatista Somis». È interessante notare come l'autore

potuto servirsi di un testo o dell'altro a seconda del pubblico con cui avessero avuto a che fare, e a seconda delle circostanze[60]. Se nel *Discorso*, nel *Dialogo* e nelle *Istruzioni* si cantavano le lodi del governo democratico e dei princìpi rivoluzionari, scarse, per contro, erano le preoccupazioni sociali. Soprattutto il *Discorso* e il *Dialogo* si premuravano di puntualizzare che eguaglianza non significava eguaglianza «di fatto», e in una recensione pubblicata sul n. 8 (pp. 145-49) venivano addirittura difese le grandi affittanze. C'è da chiedersi come adottando una simile prospettiva si potesse sperare di guadagnare il consenso dei contadini, quel consenso che pure il giornale perseguiva come obiettivo primario.

Quanto alla divulgazione tecnico-scientifica - affidata a rubriche con titoli diversi (*Scoperte, esperienze, osservazioni, Varietà,* ecc.), o ad articoli singoli -, essa dava senza dubbio utili notizie e consigli, ma non proponeva alcun mutamento sostanziale delle condizioni dei contadini. Si parlava dell'innesto del castagno, ci si augurava che «nel Piemonte si dilatasse più ampiamente la coltura dei pomi di terra o tartifle», si magnificavano le qualità del «fromento di Barbaria», si prescrivevano rimedi contro varie malattie, si mettevano in guardia i «medici pratici» dall'uso corrivo del fosforo, ecc. Non si mancava di condannare i timori superstiziosi - evidentemente ancora lungi dall'essere scomparsi - circa le comete e i terremoti: «Buoni abitanti delle campagne, non vi spaventi di più la vista di una cometa, che quella della luna, di Giove, di Marte, di Saturno» (n. 1, p. 21). A proposito dei terremoti, poi, si smentiva recisamente che fosse l'«ira celeste» a provocarli, e si polemizzava contro il fanatismo che sapeva trar partito da una simile credenza (n. 4, p. 76). Siamo dunque dinanzi ad un riformismo tecnicistico (peraltro da non sottovalutare) nel quadro di un atteggiamento illuministico volto a combattere pratiche *routinières* e tenaci pregiudizi.

Le notizie politiche, diplomatiche e militari non avevano molto spazio. In tale

---

dichiarasse che il suo scopo era quello di spiegare ai suoi concittadini termini politici di cui «molti di voi non intendono nemmeno il significato». Perciò avrebbe scritto «nella maniera più semplice, e nello stile più facile, che si potesse». L'opuscolo fu poi ristampato anonimo a Torino nel 1800 col titolo *Principj elementari della società civile per istruzione dei giovanetti repubblicani* (ma a p. 5, prima dell'inizio del testo, il titolo è *Primi erudimenti sopra l'origine, l'importanza, ed i migliori caratteri della società civile*). In tale ristampa non c'è indicazione né di editore né di stampatore, ed è stata eliminata la prefazione. Su Giambattista Somis, conte di Chiavrie (1762-1839), magistrato, letterato, deputato al Corpo legislativo in età napoleonica, chiamato a ricoprire varie cariche durante la Restaurazione, cfr. C. CALCATERRA, *I Filopatridi. Scritti scelti con prefazione sulla «Filopatria» e pagine introduttive ai singoli autori,* Torino 1941, pp. 433-55 e *passim.* Del Somis il Calcaterra parla anche in *«Il nostro imminente risorgimento». Gli studi e la letteratura in Piemonte nel periodo della Sampaolina e della Filopatria,* ivi, 1935, e *Le adunanze della «Patria Società Letteraria»,* ivi, 1943 (per il reperimento dei passi sul Somis cfr. l'*Indice dei nomi* dei tre volumi citati, in *Le adunanze* cit.). Degli orientamenti giansenistici del Somis si è occupato lo Stella in *Il giansenismo in Italia.* Collezione di documenti a cura di P. STELLA, vol. I, tomi I-III, *Piemonte,* Zürich 1969-74, t. III, pp. 625-34 e *passim* (cfr. *Indice delle persone, dei luoghi, delle materie e delle opere anonime*). Ai volumi del Calcaterra e dello Stella rimandiamo per ulteriori indicazioni bibliografiche sul personaggio.

[60] Il «Giornale delle Guardie Nazionali» ospitò altri testi variamente collegati al problema del-

spazio l'attenzione maggiore era riservata al Piemonte, con particolare riguardo all'attività del Governo provvisorio. Significativamente il giornale diede risalto ai lavori della Commissione creata il 9 ventoso anno VII (27 febbraio 1799) «per l'organizzamento dell'istruzione pubblica», sottolineando l'importanza delle scuole elementari (n. 6, pp. 119-20; n. 8, pp. 150-52). Circa il problema dell'annessione del Piemonte alla Francia, fu filoannessionista convinto[61]. Poche le segnalazioni e recensioni di libri ed opuscoli: generalmente le opere segnalate o recensite (cfr. le rubriche *Annunzi* e *Varietà*) si situavano all'interno dei due filoni che il giornale aveva scelto di trattare, il filone politico-educativo e quello tecnico-scientifico con caratterizzazione agronomica e medica.

«Post tenebras lux»

Il più vivace dei giornali rivoluzionari piemontesi fu certamente «La verità vendicata», che uscì per tredici numeri con cadenza decadaria tra il gennaio e l'aprile del 1799[62]. Edito da Morano, il giornale fu stampato fino al n. 8 da Gian Michele Briolo, il quale però, rivelatosi «non [...] repubblicano», come dichiarava un avviso inserito dall'editore all'inizio del n. 9, fu poi sostituito da Giacomo Fea; il supplemento al n. 9 fu stampato da Giuseppe Denasio. Direttore era Giovanni Giacinto Andrà, vecchia volpe del giornalismo piemontese che per anni - e fino ad un istante prima dalle pagine della «Nuova frusta letteraria» - aveva difeso a spada tratta la Chiesa e la religione cattolica (senza dimenticare i diritti dei re) dai minacciosi assalti di miscredenti, novatori e sovversivi di ogni risma, compresi i giansenisti[63]. Attaccato, dopo la repubblicanizzazione del Piemonte, per la sua condotta precedente, tentò di giustificarsi con un opuscoletto di quattro pagine dal

l'educazione repubblicana; cfr. n. 6, pp. 116-19; n. 7, pp. 121-27; n. 10, pp. 169-73.

[61] Cfr. «Giornale delle Guardie Nazionali», n. 3, pp. 41-43. Sullo stesso numero, pp. 44-55, era pubblicato il *Transunto* di cui si è detto *supra*, nota 41.

[62] Sono date che si ricavano indirettamente, poiché nessuno dei tredici numeri è datato. Ogni numero consta di otto pagine su due colonne (tranne il primo, di sei pagine) per complessive 104 pagine. Il supplemento al n. 9 (cfr. *infra*, nota 75) è di quattro pagine non numerate. In calce al n. 13 della collezione conservata alla Biblioteca Civica di Torino c'è la seguente annotazione manoscritta, proba-bilmente coeva: «Gli estensori di questo giornale sono stati costretti ad allontanarsi da questo Paese, essendo stato invaso dalle armate nemiche e ne hanno cessato la redazione [*sic*]».

[63] Giovanni Giacinto Andrà fu un instancabile poligrafo con prepotente vocazione apologetica (cfr. ad esempio *La voce del filosofo cristiano*, uscita a Torino in due volumi nel 1791-92). Come giornalista, svolse un'attività che dai primi anni novanta del Settecento arriva fino alla Restaurazione. Nel 1791-92 diresse l'«Enciclopedia piemontese», nel 1797 collaborò ai primi due numeri della «Biblioteca italiana», nel 1798 diresse la «Nuova frusta letteraria», di cui uscirono 12 numeri a partire dal gennaio del 1798. Nel n. 12 Andrà salutava festosamente «il tricolorato vessillo della gran Nazione» e s'adeguava al nuovo regime repubblicano. Solo pochi mesi addietro aveva composto un sonetto pieno di lodi iperboliche a Carlo Emanuele IV in occasione del compleanno del re, e per vari numeri aveva preso di mira Giovanni Antonio Ranza, bollato come «giansenista, plagiario, eretico», «protestante mascherato da cattolico». Su Andrà cfr.

titolo *Ai patriotti piemontesi il cittadino Giacinto Andrà*[64]. Giustificazione pia-
gnucolosa, confuşa e, almeno ai nostri occhi, assai poco convincente. Essa si
concludeva con un'enfatica e altisonante professione di fede: «Sono vero patriota,
e mi pregio d'esserlo. Io consacro alla patria i pochi miei talenti, la mia persona,
il mio sangue. O libertà, o morte: questi sono i miei sentimenti: credeteli sinceri:
amai la verità: eccone una: sono stato patriota, lo sono, e lo sarò sempre. O libertà,
o morte». Dopo aver scelto la libertà, Andrà si guardò bene dallo scegliere la morte.
Anzi, all'arrivo degli austro-russi passò come se niente fosse dalla parte dei nuovi
padroni e tornò a coltivare il suo zelo cattolico, monarchico e controrivoluzionario
sulle pagine di un nuovo giornale, la «Frusta letteraria»[65].

Ad accreditarsi come repubblicano Andrà era comunque riuscito[66]; e vi era
riuscito a tal punto che nella redazione della «Verità vendicata» ebbe come
collaboratore l'ex scolopio Gaspare Morardo, il quale aveva una storia molto
diversa (i suoi guai erano cominciati nel 1790 con la pubblicazione dell'opera *De'
testamenti*) e nel 1799 era ormai approdato alla teofilantropia. Sulla «Verità
vendicata» Morardo condusse una vivacissima campagna per il rinnovamento
ecclesiastico-religioso, contribuendo a caratterizzare fortemente il giornale[67].

Altro collaboratore fu Gaspare Antonio Degregori, del cui fiero atteggiamento
antinobiliare anche prima dell'installazione del Governo provvisorio abbiamo
testimonianza in un manoscritto conservato tra le sue carte[68]. Dopo essere stato,
in età napoleonica, membro del Corpo legislativo e Presidente di Camera della
Corte imperiale d'appello a Roma, si dedicò a ricerche erudite (che sfociarono
nell'opera sua maggiore, l'*Istoria della vercellese letteratura ed arti*, 4 voll., 1819-
24), e finì studioso dell'autore dell'*Imitazione di Cristo*. Ma nel 1799 tradusse uno
dei testi fondamentali della teofilantropia, l'*Instruction élémentaire sur la morale*

---

qualche notizia biografica (non priva di inesattezze) in *Il giansenismo in Italia* cit., vol. I, t. II, nota 2 alle
pp. 60-61; cfr. anche ivi, pp. 101, 159, 193, 295 nota 1, 296 nota 3. Interessante il *Catalogo delle opere edite
ed inedite del Signor Gio. Giacinto Andrà torinese, pubblicato dalla dita* [sic] *padre e figlio Reviglio*,
Torino 1828. Peccato che in questo catalogo ci siano molte inesattezze.

[64] Le pagine non sono numerate, né c'è indicazione di data; lo stampatore era Matteo Guaita.

[65] Sulla «Frusta letteraria» di Andrà cfr. *supra*, nota 3.

[66] Ad acceso repubblicanesimo era improntato il suo scritto *Una cosa d'importanza, o necessità
dei Circoli patriotici in Piemonte*, Torino, Anno 7 repubblicano e 1° della libertà piemontese, 8 pp.

[67] Su Morardo cfr. oltre in questo stesso paragrafo.

[68] Gaspare Antonio Degregori (1768-1846), nativo di Crescentino, è stato studiato poco e
superficialmente. Cfr. comunque: A. BERSANO, *Un conformista: Gaspare Antonio Degregori*, in «Bollettino storico-bibliografico subalpino», LXVI (1968), pp. 523-40; E. VALENTINI, *Un grande gesenista: il
cavaliere Gaspare De Gregory (1768-1846)*, in «Bollettino storico vercellese», XV (1986), pp. 69-91; G.
GIORDANO, *Profilo di Gaspare De Gregory*, ivi, XVI (1987), pp. 61-83. In epoca napoleonica il nostro
personaggio francesizzò il suo cognome in De-Gregory. Sul manoscritto cui facciamo riferimento nel
testo cfr. A. BERSANO, *Un conformista* cit., pp. 536-37. Le superstiti carte di Degregori sono conservate

religieuse di Jean-Baptiste Chemin[69]. Traduzione, questa, che era probabilmente l'espressione di un *réseau* teofilantropico torinese di cui dovettero far parte, oltre a Degregori, il già citato Morardo e Giovanni Antonio Ranza, il quale sul numero di pratile del suo giornale milanese, «L'Amico del popolo. Varietà istruttive», t. II, 1798, aveva pubblicato la traduzione del *Manuel des théophilantropes* di Chemin. Nell'anno VII Degregori sostenne l'annessione del Piemonte alla Francia nella *Risposta all'Opuscolo agli amici della libertà italiana* (l'opuscolo cui rispondeva era di Leopoldo Cicognara, ambasciatore della Repubblica Cisalpina presso il Governo provvisorio), e filoannessionista si dichiarò sulla «Verità Vendicata» (dove firmava con D. o D.G.). Fu inoltre tra i redattori del giornale «La vera repubblicana», di cui dirò qualcosa più avanti.

Sulla «Verità vendicata» scrisse anche Francesco di Sales San Martino della Morra, coinvolto nella congiura del 1794 e come tale condannato a morte in contumacia. Intimo amico di Morardo e poco stimato, invece, da Ranza, l'inquieto nobile piemontese pubblicò sulla «Verità vendicata» (dove firmava per esteso o con la sigla F.L., Francesco Lamorra) un articolo in cui invitava, in un'ottica paternalistica, a prendersi cura dei «miserabili» (n. 11, pp. 83-84), e forse a lui si debbono molti interventi nella sezione politico-satirica del giornale. Dopo Marengo fu autore di sferzanti satire contro la rapacità dei francesi (*Il sogno, Il pappagallo a Torino, Il mondo nuovo*, ecc.), rapacità messa alla berlina anche nella commedia *L'épée corrige la plume*, che è tra le sue cose migliori[70].

Menzioniamo, infine, il conte Giuseppe Francesco Scarrone (sigla G.F.S.). Giurista, letterato (era, in particolare, studioso di letteratura greca), biografo di Denina, collaboratore nel 1797 della torinese «Biblioteca italiana», non s'era mai fatto notare per spirito d'insofferenza e d'insubordinazione. Dopo aver aderito al nuovo regime, si schierò su posizioni repubblicane moderate, come attesta la *Guida interiore d'un buon repubblicano*[71]. Quanto di più radicale ebbe a scrivere è consegnato alle pagine di un'operetta in cui tra l'altro censurava duramente gli

---

presso la Biblioteca Civica di Vercelli.

[69] *Instruzione elementare sopra la morale religiosa ad uso de' teofilantropi. Opera di* J.B. CHEMIN, *approvata dal «Jury» d'instruzione pubblica del Dipartimento della Senna. Traduzione dall'originale francese del Cittadino G. Degregori, uomo di legge, del Dipartimento della Sesia.* Come si legge alla fine dell'opuscolo, l'*Instruzione* fu stampata dal Denasio nell'anno VII e si vendeva presso il libraio Morano. Sulla teofilantropia, e in particolare su Chemin, è tuttora indispensabile A. MATHIEZ, *La Théophilanthropie et le culte décadaire, 1796-1801. Essai sur l'histoire religieuse de la Révolution*, Paris 1904.

[70] Su Francesco di Sales San Martino della Morra cfr. qualche notizia in G. SFORZA, *L'indennità ai giacobini piemontesi* cit., pp. 147-48 (dov'è pubblicata la sentenza di condanna a morte); cfr. anche ivi, pp. 69, 146, 169, 192.

[71] *Guida interiore d'un buon repubblicano, del cittadino* G.F.S., Torino 1799 (l'opera fu stampata a Carmagnola da Pietro Barbiè). Dopo Marengo, il repubblicanesimo moderato di Scarrone si espresse in *La morale dell'onesto repubblicano, del cittadino* G.F.S., Torino, Anno VIII (stampatore Barbiè).

«abusi» del papa e in generale degli ecclesiastici[72]. Certe asprezze polemiche («stolidi coalizzati», «despoti imbecilli») se le concesse anche in un articolo sulla situazione della «forza armata» in Europa apparso sul n. 7 (pp. 49-50) della «Verità vendicata». La sua sigla, accompagnata questa volta dalla qualifica «uomo di leggi», riappare in calce ad un articolo sull'«amministrazione della giustizia civile» (n. 13, pp. 97-100). Sono i soli due articoli della «Verità vendicata» sicuramente attribuibili a Scarrone.

Il primo numero del giornale s'apriva (pp. 3-5) con un articolo anonimo - forse dovuto a Gaspare Morardo - che inneggiava alla verità e prolungava un dibattito che aveva attraversato il secolo: il dibattito sulla liceità di ingannare il popolo. L'articolista non aveva dubbi: non esistevano errori utili, la verità non doveva mai essere taciuta. Essa veniva associata ai governi liberi e contrapposta alla menzogna sistematicamente impiegata da tiranni e aristocratici, come perentoriamente si proclamava nella frase iniziale: «La verità sempre odiosa ai tiranni, sempre abborrita dagli aristocratici è la base di un governo libero». Più avanti si sottolineava il valore per così dire terapeutico della verità (si parlava di «rimedio [...] alla generale depravazione», di «guarigione» da operarsi mediante l'«istruzione generale»), valore terapeutico che il giornale s'impegnava a tradurre in pratica. La verità guariva e insieme liberava: «Popolo piemontese, se l'errore, e i pregiudizj resero tenaci le tue catene, la scienza, la ragione, la vera politica, la verità vendicata finiranno di distruggerle». Non si sarebbe potuto indicare più chiaramente l'intento di agire nel campo dell'educazione repubblicana, né stupisce, dopo i passi testè riferiti, che l'epigrafe del giornale fosse *Post tenebras lux*. Alla fine dell'articolo si designavano i due bersagli maggiori, «l'aristocrazia, e la teocrazia», bersagli che effettivamente il giornale tenne ben presenti.

Il giornale prevedeva, ad apertura di ogni numero, un articolo di riflessione politica. A partire dal n. 3 l'articolo d'apertura era costituito dall'*Abbozzo di un quadro politico del globo*, che proseguiva fino al n. 7 (col titolo *Quadro politico del globo*) svolgendo considerazioni di qualche interesse sulle prospettive della situazione politica internazionale vista alla luce della svolta epocale determinata dalla Rivoluzione francese[73]. Non mancavano attacchi al papa, secondo la linea di lotta alla «teocrazia» enunciata nel n. 1. Nell'articolo d'apertura del n. 2 (*Verità morali. Verità naturali*) emergeva l'altra linea, quella antiaristocratica. La polemica, intesa a suscitare ribrezzo e odio, era violentissima e minacciosa (pp. 11-12). L'aristocratico era rappresentato come un essere schifoso da eliminare: «Un aristocratico [...] è il

---

[72] *Del diritto de' governi di far correre il clero personalmente alla guerra. Dissertazione storico-politica del cittadino* GIUSEPPE FRANCESCO SCARRONE, *uomo di Legge*, Torino 1799. Anche quest'opera fu stampata a Carmagnola dal Barbiè.

[73] La terza puntata, apparsa sul n. 5, era siglata G.A. (Giacinto Andrà), e forse allo stesso Andrà vanno attribuite le due puntate precedenti, pubblicate sui numeri 3 e 4. La quarta puntata (n. 6) era anonima; la quinta (n. 7), che esaltava la potenza militare francese e la collegava allo spirito di libertà che

mostro più sordido, e più infesto al ben pubblico: l'immonda bava, che cola dalle sue fauci appesta, ammorba la società: guardisi ognuno dall'approssimarlo, il veleno che chiude in corpo si comunica per contatto, ed è sempre mortale. Questa peste non si schianta se non col fuoco, e col sangue, i soli antidoti non vagliono a dileguare il miasma».

Spesso agli articoli d'apertura se ne accompagnavano altri - sempre di riflessione politica, ancorché variamente atteggiati -, o subito dopo il pezzo iniziale o nelle pagine interne. Troviamo così (n. 5, pp. 37-38, e n. 6, pp. 43-44) il curioso articolo *Caratteri degli uomini* in cui Giovanni Giacinto Andrà distingueva tredici categorie di uomini ricorrendo a voci quali «preti», «aristocratici», «anarchisti», «terroristi», «moderati», «papisti», «clubisti», «giornalisti», ecc. Preti e aristocratici erano, ancora una volta, maltrattati senza riguardo. Ed era proprio Andrà, già intrepido campione della Chiesa cattolica, a scatenarsi contro i preti, fanatizzatori di popoli e macchinatori di tradimenti, e contro i papisti, apocalittici profeti di sciagure. Evidentemente il nostro personaggio tanto più si sgolava in anatemi, quanto più sentiva di avere qualcosa da farsi perdonare dai suoi nuovi amici repubblicani e teofilantropi.

Strettamente connessi con la situazione piemontese erano il *Progetto sulla forza armata* di Degregori (n. 5, pp. 36-37; n. 7, pp. 55-56) e l'articolo *Sulla moneta* (n. 7, pp. 51-52; n. 11, pp. 84-85) dello stesso autore. Il giornale ospitava pure la polemica tra Degregori e Pietro Riccati, l'uno fautore, l'altro avversario dell'annessione. Nell'articolo d'apertura del n. 8 Degregori replicava vivacemente alla lettera antiannessionista di Riccati pubblicata come supplemento al n. 32 del «Repubblicano piemontese».[74] A sua volta Riccati replicava, risentito e indignato, con una lunga lettera cui la «Verità vendicata» - dimostrando, bisogna dirlo, pieno rispetto delle regole di una corretta discussione - dedicava l'intero supplemento (4 pp.) al numero 9[75].

Un'ampia sezione era riservata alle notizie dall'Italia e dall'estero. Ma le notizie propriamente dette non erano molte. Prevalevano brevi considerazioni e commenti che, prendendo spunto dai fatti, tendevano spesso all'aforisma e all'epigramma con intenti critici e satirici nei confronti di atteggiamenti giudicati poco repubblicani o antirepubblicani (il modello era forse costituito dal milanese «Giornale senza titolo» di Carlo Barelle[76]). Torino e il Piemonte stavano naturalmente in primo piano.

---

animava la *Grande Nation*, era siglata G.F.S. (Giuseppe Francesco Scarrone). A quest'ultimo articolo di Scarrone s'è accennato *supra*.

[74] Cfr. *supra*, nota 45.

[75] La lettera di Riccati, datata 23 germinale anno VII (12 aprile 1799) e stampata da Giuseppe Denasio, portava il titolo *All'estensore del giornale intitolato «La verità vendicata» in supplemento al n. 9*.

[76] Sul «Giornale senza titolo» cfr. C. CAPRA, *Il giornalismo nell'età rivoluzionaria e napoleonica* cit.,

E anche se gran parte delle allusioni ad avvenimenti e personaggi ci sfugge, certo il giornale non era tenero verso le oscillazioni e il moderatismo del Governo provvisorio. Per esempio, sotto il titolo *Stile arci-aristocratico* e a firma A.B. (non so chi si celasse dietro queste iniziali), si poteva leggere: «Le petizioni che prima fra quindici giorni erano decise sul sì, o sul no, adesso richiedonsi tre mesi, e sarebbe ancora poco tempo, se si sapesse a capo di questi di ottenere una non dubbia risposta» (n. 6, p. 48). Vale inoltre la pena di osservare che se il giornale era favorevole all'annessione del Piemonte alla Francia, le battute antifrancesi non mancavano. Ferocissima questa, sotto il titolo *Le Finanze* e dovuta a F.L. (Francesco Lamorra): «Sta scritto sulla porta delle Finanze: *qui non v'è più denaro*. Un francese mi dimandò la spiegazione, ed io li risposi: voi l'avete già nelle vostre scarselle» (n. 6, pp. 47-48).

La battaglia antiteocratica annunciata nel n. 1 era affidata alla rubrica *Religione*, che andò via via acquistando importanza fino ad essere collocata al primo posto nei numeri 9-12. La rubrica era riserva di caccia di Gaspare Morardo[77]. Questi, per la verità, non firmava per esteso, limitandosi a usare la sigla G.M., o non firmava affatto. Tuttavia, anche se non avessimo la testimonianza resa dallo stesso Morardo qualche anno più tardi[78], chi conosce gli scritti di Morardo non ha difficoltà ad individuare come tipicamente morardiani il linguaggio e lo stile di una polemica incentrata sul sarcasmo, sull'irrisione (e persino sugli insulti), sul grottesco, sugli attacchi *ad personam*, nonché intessuta di molte delle idee che il personaggio espose in altre opere. Se per motivi tattici Morardo non combatteva apertamente il cattolicesimo sulle pagine della «Verità vendicata», e anzi presentava le sue proposte di riforma come volte a stabilire (o ristabilire) un cattolicesimo più puro ed autentico, non c'è dubbio che il suo obiettivo ultimo fosse una religione senza dogmi e senza organizzazione ecclesiastica, fondata sulla ragione e risolta nella

---

pp. 447-50.

[77] Per le idee religiose dello scolopio (poi ex scolopio) Gaspare Morardo (1743-1817), nativo di Oneglia, punto di riferimento essenziale è il saggio di F. VENTURI, *Adalberto Radicati di Passerano tra giansenisti e teofilantropi,* in «Rivista storica italiana», XCVI (1984), pp. 540-84. Ma Morardo, autore di un gran numero di opere in cui affrontò i temi più diversi, è personaggio ancora in gran parte da studiare. Notizie su di lui dà G. SFORZA, *L'indennità ai giacobini piemontesi* cit., nota 2 alle pp. 13-16 e *passim;* cfr. anche ciò che scrive P. STELLA in *Il giansenismo in Italia* cit., vol. I, t. III, nota 1 alle pp. 265-66. Alle pp. 265-73 lo Stella riproduce parzialmente il cap. VIII di *Del culto religioso e de' suoi ministri,* e interamente il cap. IX della stessa opera. Alle pp. 273-77 sono riportate alcune pagine di *Della religione e de' religiosi instituti in un governo libero,* opera pubblicata da Morardo nel 1802. V'è da osservare che sia lo Sforza sia lo Stella sono ostili a Morardo, e che non sempre esatte sono le notizie da essi fornite. Vari riferimenti a Morardo nei due volumi di G. VACCARINO, *I giacobini piemontesi* cit., *Indice dei nomi di persona e di luogo.*

[78] Cfr. *Catalogo di tutte le opere esistenti presso il librajo Michelangelo Morano pubblicate in varj tempi dal cit. Gaspare Morardo,* in appendice al volume dello stesso MORARDO, *Della religione e de' religiosi instituti in un governo libero,* Torino , Anno X, p. 62, dove Morardo dice di aver collaborato alla

morale. Questa religione aveva per lui un nome preciso: si chiamava teofilantropia, e teofilantropo egli si professò nel 1799 in *Del culto religioso e de' suoi ministri*[79]. Attraverso la polemica condotta con specifico riferimento alla Chiesa e al clero piemontesi, è possibile cogliere un nucleo di princìpi e convinzioni da cui quella polemica si dipartiva. Morardo avrebbe voluto ridurre drasticamente il numero dei vescovi, degli ecclesiastici, delle chiese (dopo Marengo propose di trasformare alcune chiese di Torino in templi per il culto decadario e in sale da concerto, e il santuario di Oropa in opificio). Anche i conventi e i monasteri gli sembravano troppi, e perciò bisognava procedere a massicce soppressioni e secolarizzazioni, incoraggiando le ex monache (specialmente le «belle monache») a sposarsi[80]. Con quest'ultima proposta, da lui formulata anche nel breve scritto coevo *Cosa faremo delle monache?*, Morardo portava alle estreme conseguenze la battaglia illuministica contro il celibato sacro. Tale problema gli stava molto a cuore, e nelle sue numerose opere vi tornò su più volte, dichiarandosi favorevole - così come Ranza - anche al matrimonio dei preti. Il celibato sacro non solo comprometteva l'incremento demografico, indispensabile allo sviluppo economico, ma creava altresì una quantità di persone oziose e inutili alla società. Al contrario, la società vagheggiata da Morardo s'imperniava sul lavoro e sulla ricerca di una concreta «felicità», secondo un orientamento ereditato dai lumi e largamente condiviso dai repubblicani del triennio. Morardo se la prendeva pure con le sterili ricchezze delle mense vescovili e con i canonici. Questi ultimi erano, ai suoi occhi, l'incarnazione stessa della fannullaggine e dell'inutilità; di qui la ferocia con cui li assalì non solo sulla «Verità vendicata», ma anche sul «Giornale per gli ecclesiastici dell'uno e dell'altro clero», che egli pubblicò dopo Marengo. «È propriamente una cosa vergognosa - scriveva in un passo che vale la pena di citare anche per fornire un esempio della prosa morardiana - che ancora esista l'inutile disutile cantante ceto canonicale, ceto bestialmente aristocratico» («La verità vendicata», n. 9, p. 67). Bisogna inoltre segnalare il rifiuto di usare il termine «arcivescovo», estraneo ai primi secoli del cristianesimo, la polemica contro l'assolutismo papale, la denuncia delle umilianti manifestazioni di ossequio pretese dai superiori degli Ordini regolari («cornuti superiori», diceva senza tanti complimenti il nostro autore).

Se alcune delle idee cui abbiamo accennato accomunavano Morardo ai giansenisti, le posizioni dell'uno e degli altri erano sostanzialmente lontanissime. I giansenisti infatti, pur aspirando a una Chiesa e a una religione purificate, intende-

---

«Verità vendicata» e alla «Vera repubblicana» insieme con Giuseppe Francesco Scarrone.

[79] *Del culto religioso e de' suoi ministri. Pensieri liberi di* GASPARE MORARDO *diretti ai rappresentanti de' popoli liberi*, Torino, s.d. [ma 1799], cap. V, *De' mezzi più agevoli a stabilire il culto proprio del Governo repubblicano, cioè la Teofilantropia*; cfr. anche cap. IV.

[80] Della soppressione di conventi e monasteri, nonché del matrimonio delle ex monache, si parlava nell'articolo *Circolo costituzionale*, in «La verità vendicata», n. 4, p. 29. L'articolo era anonimo, ma l'autore

vano mantenersi fedeli al *corpus* dogmatico del cattolicesimo, mentre Morardo era ormai al di là di ogni religione rivelata. Questo dobbiamo concludere quando leggiamo che «la vera devozione non è altro che la morale, e il bene operare», e quando sentiamo parlare di «Ente supremo» per adorare il quale «ogni luogo [è] assai proprio». Per completare il quadro della battaglia morardiana, va ricordato che nel n. 9 (p. 66) il nostro personaggio espresse l'intenzione di stendere un elenco di «que' preti e que' frati, che all'onestà della vita, e alla sufficiente dottrina accoppiano le virtù repubblicane». Cominciò da Torino (numeri 11 e 12), e contava di proseguire con «tutti gli ecclesiastici repubblicani di tutte le comuni del Piemonte», ma la fine del giornale a causa della minacciosa avanzata delle armate austro-russe gli impedì di portare a termine l'impresa. Tra gli «ecclesiastici sommamente benemeriti della rivoluzione» non mancò di includere se stesso. Vanitoso e incline al protagonismo lo era certamente: nel citato *Del culto religioso e de' suoi ministri* non esitò a proclamarsi «primo apostolo della rivoluzion del Piemonte», e sulla «Verità vendicata» pensò bene di farsi un po' di pubblicità raccomandando di leggere lo scritto or ora menzionato, «opera perfettamente democratica» di un «democratico autore». Né è escluso che fosse proprio lui a lodare, in un *Avviso bibliografico* pubblicato sul n. 8, due altre sue opere di cui si annunciava l'uscita, *Del lusso* e *La riforma degli studj d'Italia*.

Se elogiava gli ecclesiastici repubblicani (e tra questi metteva Michele Gautier, che dopo Marengo avrebbe preso di mira con furibondo accanimento), Morardo non risparmiava gli strali agli ecclesiastici antirepubblicani, in particolare al vescovo di Biella, Canaveri, e al «ricchissimo» arcivescovo di Torino, Buronzo del Signore, sul quale avrebbe in seguito infierito per il comportamento tenuto durante il periodo austro-russo. Questi elogi e questi attacchi *ad personam* Morardo li avrebbe ripresi in grande stile sul «Giornale per gli ecclesiastici dell'uno e dell'altro clero».

A conclusione del nostro discorso intorno alla «Verità vendicata», è importante ricordare che il giornale pubblicò un catechismo anonimo in più puntate[81], dando prova, in tal modo, di voler significativamente arricchire e variare la proposta

---

era senza dubbio Morardo.

[81] *Catechismo sui diritti dell'uomo*, in «La verità vendicata», 1799, n. 6, pp. 44-46; n. 7, pp. 52-53; n. 9, pp. 67-70; n. 10, pp. 75-77; n. 11, p. 85. Il catechismo è diviso in sette «articoli», e rimase incompiuto a causa della cessazione del giornale. I sette articoli citati riproducono, con varianti di scarsa importanza, il testo dei corrispondenti articoli di un catechismo (bilingue) pubblicato a Monaco nel 1794: cfr. *Catechismo su i diritti dell'uomo, composto dai cittadini* Tomaso, ed Orsi, *Patrioti Napoletani rifuggiti*, In Forte-D'Ercole, qui dianzi Monaco, Nella Stamperia Montanara [nel frontespizio in francese: *Montagnarde*] di Straforelli e Compagni. A tale catechismo accenna P. Onnis Rosa, *Filippo Buonarroti e altri studi*, Roma 1971, pp. 25, 93, 96 nota 73. Ivi, *passim* (cfr. *Indice dei nomi*), notizie sui due autori, gli ecclesiastici napoletani Michele De Tommaso e Ascanio Orsi. Del fatto che il catechismo apparso sulla « Verità vendicata» riproduce una parte del catechismo monegasco sono venuto a conoscenza soltanto dopo la pubblicazione del mio saggio *I catechismi repubblicani piemontesi* cit. Va quindi rettificato

politico-pedagogica complessiva di cui era portatore. Il catechismo s'avvolgeva talvolta (specialmente all'inizio) in questioni filosofiche che, nella loro astrazione, sembravano fatte apposta per respingere i lettori meno colti. C'erano, tuttavia, anche parti più semplici e più aderenti ai problemi concreti. Qui ci limiteremo a indicare schematicamente alcuni punti caratterizzanti. 1) Rivendicazione della più ampia libertà di parola e di stampa. Era una rivendicazione coerente con l'atteggiamento che indusse il giornale a esaltare la funzione formativa dei circoli costituzionali e a deprecare che nella Repubblica romana fossero stati proibiti[82]. 2) Richiesta di un'assoluta neutralità dello Stato in materia religiosa. 3) Netto rifiuto dell'eguaglianza dei beni, ma, al tempo stesso, aspirazione ad una società da cui fossero eliminati gli eccessi di ricchezza e di povertà. Non erano indicati settori d'intervento precisi, né provvedimenti attraverso i quali realizzare l'ideale che veniva prospettato: troppo poco per sperare di ottenere il consenso delle classi meno abbienti; ma almeno questo catechismo mostrava di rendersi conto dell'esistenza di drammatici problemi cui era urgente porre rimedio, differenziandosi in ciò dall'atteggiamento di distacco e di estraneità che abbiamo visto presente nel catechismo pubblicato sul «Giornale delle Guardie Nazionali».

Atteggiamenti diversi, e addirittura divergenti, di fronte ai bisogni delle classi inferiori sono riscontrabili in altri catechismi pubblicati in Piemonte[83] e, al di là del caso piemontese, attraversarono l'intero schieramento repubblicano del triennio, non restando confinati, spesso, al piano teorico, ma traducendosi in aspri scontri circa la politica economica da adottare. Approssimativamente - molto approssimativamente - si scontrarono una linea moderata e una linea giacobina. Fu la seconda, dappertutto, ad essere sconfitta.

Educare le donne

Assai più del rapido cenno che farò in questa sede meriterebbe «La vera repubblicana», probabilmente - per non dire certamente - l'unico giornale per le donne che uscì nell'Italia del triennio. Non parlo a lungo della «Vera repubblicana» perché a lungo - ed esaurientemente - ne ha parlato Elisa Strumia in un saggio al quale non mi resta che rimandare[84]. Occorre aggiungere che alla stessa Strumia si deve il ritrovamento, presso la Biblioteca del Museo del Risorgimento di Milano, dell'unica collezione finora conosciuta della «Vera repubblicana». Che questo

---

quanto è scritto ivi, pp. 39 e 58-59, circa l'origine piemontese del catechismo in oggetto.

[82] Sui circoli costituzionali cfr. «La verità vendicata», n. 10, p. 79, corrispondenza da Roma in data 30 ventoso.

[83] Cfr. il mio *I catechismi repubblicani piemontesi* cit.

[84] Cfr. E. STRUMIA, *Un giornale per le donne nel Piemonte del 1799: «La vera repubblicana»*, in «Studi storici», XXX (1989), pp. 917-46. A questo saggio rimando anche per indicazioni bibliografiche sulla

giornale fosse stato pubblicato era noto, ma nessuno era mai riuscito a rintracciarlo. Sono quattro numeri di 16 pagine ciascun (con numerazione progressiva fino a p. 64) apparsi tra la fine di dicembre del 1798 e il febbraio del 1799, ma non è escluso che altri numeri siano usciti successivamente. L'editore era Morano[85], mentre non c'è alcuna indicazione relativa allo stampatore:non è azzardato pensare a Matteo Guaita, che stampò il programma cui abbiamo accennato in precedenza[86].

Indirizzato alle donne (ma non senza l'intenzione di raggiungere anche un pubblico maschile), il giornale era probabilmente fatto da soli uomini, dato che tutt'altro che certa è la presenza, tra i redattori, di Vittoria Morano. Certa, invece, la presenza di Degregori e Morardo, sebbene gli articoli siano spesso di difficile attribuzione. Secondo una già citata testimonianza di Morardo[87], tra i redattori c'era anche Giuseppe Francesco Scarrone, il cui specifico apporto è peraltro impossibile da individuare. Ci troviamo quindi di fronte ad una parte della medesima *équipe* che redigeva «La verità vendicata», giornale, del resto, edito anch'esso da Morano.

Il pubblico femminile cui il giornale si rivolgeva apparteneva inequivocabilmente alle classi alte e medio-alte. Quanto agli orientamenti, siamo lontani dal radicalismo di testi come *La causa delle donne*, apparso anonimo a Venezia nel 1797, o come *I diritti delle donne*, pubblicato - esso pure anonimo - sul genovese «Difensore della libertà» del 16 settembre 1797. In realtà, se il giornale proponeva per le donne un'istruzione abbastanza ampia, forti erano i legami con idee che s'erano manifestate prima della Rivoluzione e che sia in fatto di istruzione femminile sia, più in generale, in fatto di ruolo da assegnare alla donna nella società non si caratterizzavano per particolare audacia. L'ideale prospettato dal giornale era quello della donna nemica delle frivolezze (veniva ripresa la polemica settecentesca contro il cicisbeismo), assidua nella cura della casa e della famiglia, impegnata a trasmettere ai propri cari i princìpi repubblicani di cui essa stessa era imbevuta. Di diritti politici delle donne non si parlava, ma occorre precisare che poche, nel triennio, furono le richieste in tal senso anche da parte femminile. Né va sottovalutato che i giornalisti della «Vera repubblicana» condannarono l'educazione nei conventi, esortarono le donne a frequentare i circoli costituzionali e a prendere la parola in pubblico, si pronunciarono a favore del divorzio come mezzo con cui le mogli avrebbero potuto sottrarsi alla tirannia dei mariti. Soprattutto le osservazioni circa la partecipazione delle donne alla vita pubblica e circa il divorzio erano cospicui elementi di novità; ma non si può neppure tacere che a favore di

---

questione femminile nel triennio repubblicano.

[85] Sulla ditta Morano e su Vittoria Morano cfr. *supra* la nota 2. Si tenga presente che sul frontespizio della «Vera repubblicana» c'era la scritta: «Presso la citt. Vittoria Morano». Sottolineare che l'editore era una donna poteva invogliare le donne all'acquisto del giornale.

[86] Cfr. *supra* la nota 12

[87] Cfr. *supra* la nota 78.

provvedimenti concreti atti a modificare la condizione d'inferiorità giuridica delle donne i giornalisti della «Vera repubblicana» non condussero alcuna battaglia.

La battaglia giansenista di Michele Gautier

Eliminava completamente la cronaca, e si presentava esclusivamente come strumento di dibattito religioso (o politico-religioso), la «Raccolta di opuscoli di cristiana filosofia e di ecclesiastica giurisdizione», che fu pubblicata per sette numeri, il primo in data 1° febbraio 1799 (13 piovoso anno VII), l'ultimo in data 1° maggio 1799 (12 floreale anno VII)[88]. Il curatore era Michele Gautier, uno dei maggiori esponenti del giansenismo piemontese[89].

Tra i periodici repubblicani torinesi la «Raccolta» è di particolare interesse perché nel marzo del 1799 il Governo provvisorio dichiarò di riconoscersi nella linea religiosa che essa esprimeva: proprio su incarico del Governo provvisorio, infatti, il Comitato degli Affari interni inviò una circolare a tutti i vescovi del Piemonte perché sollecitassero «li ministri del culto, e specialmente li parrochi delle loro diocesi», sia alla lettura «dei canoni, e decreti del Concilio nazionale di Francia celebratosi in Parigi nell'anno 1797 v.s., stati opportunamente tradotti da persona di lumi, e di patriottismo fornita» (cioè da Gautier), sia alla lettura «di vari opuscoli di cristiana filosofia, e di ecclesiastica giurisdizione, che dallo stesso traduttore vengono pubblicati, e da' quali sono le sode massime della cristiana religione

---

[88] Riportiamo qui appresso il frontespizio: *Raccolta di opuscoli di cristiana filosofia e di ecclesiastica giurisdizione compilata dal volgarizzatore del Concilio Nazionale di Francia, prete, e cittadino piemontese*, Torino, Presso il Cittadino Soffietti in casa Paesana, L'anno dell'Era Cristiana 1799, della Repubblica Francese 7, della Libertà Piemontese 1. L'epigrafe, tratta da Tertulliano, era *Illud verum quod prius traditum, illud falsum quod est posterius immissum*. Grazie ad inoppugnabili testimonianze, sappiamo con certezza che il «prete, e cittadino piemontese» era Michele Gautier, sul quale cfr. le note 89 e 90. Nei numeri 1-6 (che formano il primo volume della «Raccolta», corrispondente al primo trimestre) le pagine - una cinquantina per ogni fascicolo - sono numerate progressivamente fino a p. 296. Con il n. 7, che è l'ultimo, la numerazione delle pagine ricomincia da 1 e va fino a p. 112; ma intanto la periodicità era cambiata (cfr. *supra*). Che la «Raccolta» non sia andata al di là del n. 7 è lo stesso Gautier a dirlo in una lettera a Eustachio Degola inviata da Torino il 12 gennaio 1801. In tale lettera egli accennava al «n° 7 ed ultimo di *sua* antica raccolta di opuscoli»; cfr. P. Savio, *Devozione di Mgr. Adeodato Turchi alla Santa Sede. Testo e DCLXXVII documenti sul giansenismo italiano ed estero*, Roma 1938, p. 495. Della «Raccolta» esiste una collezione completa presso la Bibliothèque de Port Royal di Parigi. L'ha segnalata P. Stella in *Il giansenismo in Italia* cit., vol. I, t. III, p. 48, nota 1. I numeri 1 e 4-7, più il *Progetto di associazione*, esistono in un fondo da ordinare presso la Biblioteca del Dipartimento Casa-città del Politecnico di Torino. Ringrazio la direttrice e il personale di tale biblioteca per avermi permesso e agevolato la consultazione.

[89] Su Michele Gautier, originario di Ceva, appartenente all'Oratorio di S. Filippo Neri, poi espulso dall'Oratorio di Savigliano nel 1794 per essersi pronunciato a favore della costituzione civile del clero, cfr. le sezioni che gli dedica P. Stella in *Il giansenismo in Italia* cit., vol. I, t. II, pp. 545 sgg., e vol. I, t. III, pp. 48 sgg., 234 sgg. Per il reperimento di altri passi relativi a Gautier cfr. l'indice dei nomi dei due tomi citati, *ad vocem*. Nel vol. I, t. II, p. 545, nota 1, lo Stella fornisce notizie biografiche su Gautier,

saviamente illustrate»[90]. La «Raccolta» riceveva dunque una sorta di approvazione ufficiale, cosa che Gautier si affrettò a sfruttare pubblicitariamente facendo inserire nello stesso numero della «Gazzetta piemontese» in cui figurava la citata circolare un avviso che esplicitamente si riferiva al favorevole orientamento governativo per dare autorevolezza alla «Raccolta» e procurarle così nuovi abbonamenti. Non sappiamo se l'atteggiamento assunto dal Governo provvisorio comportasse anche una sovvenzione. Si potrebbe pensare di sì; tuttavia, anche ammesso che ci sia stata, la sovvenzione non dovette essere di grande entità se alla fine del n. 7 (l'ultimo) Gautier, come già abbiamo ricordato, lanciò un appello per l'acquisizione di nuovi abbonati, avvertendo che senza di essi il giornale non sarebbe potuto sopravvivere.

La «Raccolta» si componeva di dodici scritti («opuscoli») di varia lunghezza. Continui i riferimenti alla Sacra Scrittura, ai Padri della Chiesa, ai decreti conciliari, alle costituzioni pontificie, a dotti studiosi di questioni ecclesiastiche, sì che il periodico presupponeva un pubblico non soltanto colto, ma dotato di una preparazione specifica: un pubblico di ecclesiastici che avessero approfondito ardui problemi teologici, canonistici e storici. Gli opuscoli consistevano in documenti e scritti di autori diversi. Degli scritti anonimi è difficile dire chi fossero gli autori; in particolare, non sempre è possibile individuare con sicurezza quanto debba essere attribuito allo stesso Gautier.

Il *Discorso preliminare*, che occupava l'intero n. 1 ed era sicuramente di Gautier, faceva da sfondo agli opuscoli successivi. Già il titolo, *Discorso sulle massime e pretese della Romana Curia e suoi maneggi coi re,* era significativo; la trattazione, poi, aveva per filo conduttore il plurisecolare contrasto tra la «religione di curia», tesa ad esaltare il «dispotismo» papale, ingolfata nel temporalismo, fomentatrice di devozioni superstiziose, e la «religione pura» (chiamata anche, di volta in volta, «vera religione» o senz'altro «cattolica religione»), ispirata ai princìpi evangelici, vissuta in austera interiorità, anelante a ristabilire la Chiesa dei primi secoli. Era, questa, una ben nota tematica giansenista, riconoscibile anche grazie a coloro che venivano additati come punti di riferimento: Pietro Tamburini, Scipione de' Ricci,

---

ricordando tra l'altro le sue polemiche con Morardo e con Ranza, e definendolo «forse la personalità più rappresentativa del giansenismo piemontese del primo Ottocento». Per ulteriori indicazioni bibliografiche cfr. ivi.

[90] Cfr. la *Lettera circolare del Comitato degli Affari interni a tutti i vescovi del Piemonte* apparsa sul n. 12 della «Gazzetta piemontese», 30 ventoso anno VII (20 marzo 1799), p. 110. In tale circolare si ricordava l'incarico ricevuto da parte del Governo provvisorio in data 21 ventoso (11 marzo 1799). La traduzione di Gautier ivi menzionata è la seguente: *Canoni e decreti del Concilio Nazionale di Francia celebratosi a Parigi l'anno dell'Era cristiana 1797, cominciato ai 15 d'agosto e conchiuso ai 15 novembre dello stesso anno. Volgarizzamento di un ecclesiastico italiano dedicato ai vescovi dell'Italia,* Milano, Anno VII repubblicano. Questa traduzione fu riedita a Torino sempre nell'anno VII; cfr. *Il*

Henri Grégoire, l'ammirato e venerato vescovo di Blois, che con Gautier fu in rapporti epistolari. Altri autori giansenisti o cari ai giansenisti venivano citati nel *Discorso preliminare* e negli opuscoli: Giannone, Fleury, Duguet, Sacy, van Espen, Spanzotti.

Nel *Discorso preliminare* si profilava la difesa della costituzione civile del clero e del Concilio nazionale della Chiesa gallicana tenutosi nel 1797. Tale difesa ci fa comprendere i motivi che indussero Gautier e una parte dei giansenisti italiani (non tutti, si badi) a schierarsi con i francesi nel triennio 1796-99. Non è che avessero maturato coerenti convinzioni repubblicane: è che dai francesi speravano venisse una riforma della Chiesa modellata sulla costituzione civile del clero, ossia una riforma che ponesse fine al dispotismo pontificio, ridesse voce al popolo di Dio con l'elezione dal basso dei pastori, distruggesse le incrostazioni superstiziose accumulatesi nel corso dei secoli per colpa della Curia romana. In questa prospettiva, una parte dei giansenisti si dichiarò disposta ad un *ralliement* - che conobbe tutta una serie di sfumature e di varianti - al regime repubblicano[91].

Dopo aver accennato alle persecuzioni che i nemici della Curia romana, compreso lui stesso, avevano subito negli anni precedenti, Gautier inneggiava alla repubblicanizzazione del Piemonte, che aveva posto fine alle persecuzioni, e diceva di sentirsi «tutto gongolante di gioia» perché poteva ormai esprimere liberamente i propri «pensamenti», «concetti» e «disegni» volti, «Dio il sa, alla sua gloria, al maggior lustro e vantaggio della cattolica Chiesa e religione, e della cara ed amata patria nostra». Un incubo era finito, e il suo sollievo Gautier lo esprimeva curiosamente, ma eloquentemente: «Mi si permetta [...] dal cortese lettore, ch'io prima di passar oltre per ben tre volte a voce aperta respiri di giubilo e di contento: ah..! ah..! ah..!» (p. 28).

Ma non si trattava soltanto di sollievo. Il suo cuore s'apriva alla speranza di una religione «depurata», di una Chiesa che rimettesse prontamente in vigore «le elezioni canoniche secondo la forma di fresco ordinata dal Concilio nazionale francese», cioè chiamasse «il clero ed il popolo» ad eleggere i propri pastori, alla cui «approvazione», «ordinazione» e «canonica istituzione» avrebbero provveduto i metropolitani «senza formalità di bolle né di giuramento di curia, ma colla sola professione della fede Cattolica, Apostolica, Romana» (pp. 45-46).

Sin dal *Progetto di associazione* Gautier aveva indicato gli scopi che la «Raccolta» si prefiggeva. Essa avrebbe esposto «in tutta la sua semplicità e natia bellezza, e purgata da tutte le novelle a lei sì incomode, e disonorevoli aggiunte la Religione

---

giansenismo in Italia cit., vol. I, t. III, nota 2 alle pp. 234-35.

[91] Per una prima informazione sugli atteggiamenti assunti dai giansenisti italiani nel 1796-99 cfr. V.E. GIUNTELLA, *La religione amica della democrazia. I cattolici democratici del Triennio rivoluzionario*

cattolica, augusta, sublime, divinissima, quale la costrusse, e la stabilì su questa terra
Gesù Cristo Signor nostro, quella Religione in somma la più degna dell'Esser
supremo, la più amica degli uomini, e delle nazioni». L'altro scopo era quello di
rivendicare la piena legittimità della Chiesa costituzionale francese, facendo apparire «in chiarissimo lume la giustizia della gran causa de' novelli di lei vescovi, e
pastori, tutt'ora pendente con gli antichi loro antecessori, e colla curia romana».
Questi scopi venivano riaffermati nel *Discorso preliminare* e poi assiduamente
perseguiti attraverso gli opuscoli via via pubblicati, con i quali Gautier sperava di
guadagnare alle sue idee i vescovi piemontesi, destinatari di accorati appelli. Il
primo opuscolo (n. 2, pp. 57-74) trattava *Della verità, e divinità della Cristiana
religione, comprovata dal suo maraviglioso stabilimento sulla terra*; il secondo (ivi,
pp. 75-81) consisteva nell'*Elogio della religione estratto dall'insigne opera scritta in
confutazione del pessimo libro: «Origine di tutti i culti»* (il «pessimo libro» cui s'al-
ludeva era quello di Charles Dupuis). Nella «Raccolta», però, l'accento cadeva
soprattutto sulla difesa della Chiesa costituzionale francese[92], difesa che veniva
condotta in vari modi (ma sempre con grande apparato di erudizione), ora cercando
di scalzare la fondatezza delle condanne pontificie, ora invitando ad esaminare con
serenità le opposte ragioni, ora invocando lo «spirito di concordia, e di tolleranza»
nel supremo interesse della Chiesa universale, ora esaltando l'eroismo dei «pastori
detti costituzionali». Tutta la *Raccolta* era attraversata dalla contrapposizione tra le
due religioni sulla quale si fondava - come abbiamo visto - il *Discorso preliminare*,
e incessante era la polemica - talvolta molto aspra, pur in una complessiva gravità
di tono che la differenziava nettamente dai sanguinosi sarcasmi morardiani - contro
le «pretensioni» papali, nonché contro i «prezzolati curiali» che le avevano sostenute
e le sostenevano.

Occorre sottolineare che se Gautier combatteva vigorosamente la «religione di
curia», altrettanto vigorosamente combatteva «l'incredulità, specifico aborto della
falsa filosofia», e i «filosofi de' nostri dì», che avrebbero voluto togliere alla «cattolica
religione» i misteri e la rivelazione «lasciandole la sola morale»: così scriveva nel
breve *Proemio*, di cui è certamente sua la paternità, al n. 7, riprendendo l'attacco
ai «miscredenti, e fanatici de' tempi nostri» già abbozzato nel *Progetto di associazione*[93]. Sempre nel citato *Proemio* condannava come perniciosi errori «il teismo

(1796-1799), Roma 1990.

[92] Cfr. ad es. l'*Esame della seguente proposizione: «Il papa non riconosce i vescovi costituzionali
di Francia»* (opuscolo V), che occupava l'intero n. 4 (pp. 153-200) e proseguiva sul n. 5 (pp. 201-205),
e la *Dissertazione apologetica della causa de' presentanei pastori della Francia* (opuscolo XII), n. 7, pp.
44-112. Il Pasumeau del quale l'*Esame* recava la firma era François Pasumot (1733-1804), sul quale cfr.
E. CODIGNOLA, *Carteggi di giansenisti liguri*, 3 voll., Firenze 1941-42, voll. III, pp. 397-98. La *Dissertazione*
- anonima - era certamente di Gautier (cfr. n. 7, pp. 111-12).

[93] Cfr. anche *Confutazione della seguente proposizione sì ripetuta, e non mai provata dai filosofi*

di Rousseau, il culto della ragione, quello di Robespierre all'Ente Supremo, il culto provvidenziale, e in fine il teofilantropismo, ossia la religione naturale, che cercasi d'introdur di presente in Italia e nelle nostre contrade». «Nelle nostre contrade», cioè in Piemonte: Gautier pensava a Degregori e alla sua *Instruzione elementare sopra la morale religiosa,* pensava a Morardo, pensava a quel *réseau* teofilantropico torinese cui abbiamo accennato e sul quale vorremmo saperne di più. Dunque il giansenista Gautier, disposto a dire tutto il male possibile della Curia romana e delle superstizioni da essa alimentate, non era disposto a discutere sui dogmi: cattolico era, e cattolico intendeva rimanere. Con i *philosophes* di ogni sfumatura, e con la loro multiforme posterità, non poteva esserci, sul piano dei princìpi, che guerra aperta, anche se potevano esserci convergenze sul piano pratico. Del resto, i giansenisti non erano mai stati teneri con gli illuministi: basti ricordare l'ostilità di Scipione de' Ricci agli «increduli filosofanti».

Altri giornali repubblicani

Soltanto alcune informazioni darò riguardo a giornali di cui non restano che pochi numeri (pochi - quanto meno - sono i numeri che ho rintracciato).

Scritto in francese, e sorto con l'esplicita intenzione di sostenere la causa dell'annessione del Piemonte alla Francia, era il «Journal de la réunion, ou L'ami des Français», bisettimanale di cui conosco sette numeri scaglionati tra il n. 1 del 2 ventoso anno VII (20 febbraio 1799) e il n. 21 del 12 fiorile anno VII (1° maggio 1799)[94]. Sarebbe interessante sapere da chi fosse stato promosso il giornale e chi vi collaborasse. Purtroppo, nulla di preciso sono in grado di dire a questo proposito, anche se si può ragionevolmente supporre che l'iniziativa fosse venuta dalle autorità francesi in Piemonte: ciò sembra confermato dal fatto che il giornale era stampato non da una stamperia qualsiasi, bensì dall'«Imprimerie Nationale», cioè dalla Stamperia Nazionale: nome che era autorizzata ad assumere solo l'ex Stamperia Reale di Torino, come aveva decretato il Governo provvisorio in data 8 nevoso anno VII (28 dicembre 1798). Tutti gli articoli erano anonimi. In alcuni numeri c'era un articolo di riflessione politica accompagnato da un notiziario

---

de' nostri dì: *«La Cattolica Religione è incompatibile col Governo Repubblicano»*, n. 5, pp. 229-47, e n. 6, pp. 282-94. Le due parti di questo scritto formavano rispettivamente l'opuscolo VII e l'opuscolo IX. L'autore era Gautier, com'è provato dall'appello finale ai vescovi piemontesi e dall'espressione «mia raccolta d'opuscoli» che si legge a p. 294.

[94] Oltre ai numeri citati, conosco i seguenti numeri: n. 2, 5 ventose an 7 (23 février 1799); n. 3, 9 ventose an 7 (27 février 1799); n. 6, 19 ventose an 7 (9 mars 1799); n. 10, 3 germinal an 7 (23 mars 1799); n. 14, 17 germinal an 7 (6 avril 1799). La numerazione delle pagine è progressiva (l'ultima pagina del numero 21 corrisponde a p. 90). I numeri 1-3 portavano l'epigrafe tratta da Seneca *Interrogabo ad quam Rempublicam sapiens accessurus sit* (nei numeri 2 e 3 era aggiunta la traduzione francese: *Faut-il demander à quelle République l'homme sage doit souhaiter d'appartenir?*); nei numeri 6, 10, 14, 21 a Seneca

politico, diplomatico e militare, in altri c'era soltanto il notiziario.

Conosco i numeri 1, 2 e 3, più il supplemento al n. 3, di «Il critico delle Alpi»[95], che nasceva in un momento assai difficile per il Piemonte con lo scopo dichiarato di sfruttare giornalisticamente tale momento. Infatti nell'*Introduzione* pubblicata sul n. 1, dopo la constatazione che si sperava la pace, ed invece era cominciata una nuova guerra che avrebbe deciso «la gran questione tra la libertà e i troni», si proseguiva con queste parole: «Hanno sonato già gli oricalchi; ed ecco il momento interessante, che accompagna gli esordj di questo foglio periodico impegnato a seguitare colla più vigilante esattezza gli strepitosi avvenimenti, da cui pende il destino presso che universale della Terra, e ad esporre al pubblico sguardo il quadro fedele, che altre tinte mai non avrà, che quelle semplici della natura, e della verità». Il primo numero portava la data 28 germinale anno VII - 12 aprile 1799 (ma quel 28 germinale va corretto in 23, corrispondente appunto al 12 aprile); il secondo numero uscì il 30 germinale (19 aprile), il terzo il 6 (*recte*: 7) fiorile (26 aprile), il *Supplemento* al n. 3 il 10 fiorile (29 aprile). Della periodicità e del numero delle pagine abbiamo già parlato. Qui aggiungiamo che il giornale era stampato e distribuito dalla Stamperia Filantropica. Una sezione era dedicata alla cronaca, un'altra era composta da rubriche come *Favole, Astronomia, Legislazione, Lettere ed arti, Varietà letterarie*. Sembrerebbe un panorama ricco ed invitante; in realtà gli articoli erano superficiali, ed il giornale, nel complesso, presenta scarso interesse. Non so chi facesse parte dell'*équipe* redazionale.

Nel *Catalogo collettivo dei periodici delle biblioteche piemontesi* è segnalata l'esistenza, presso la Biblioteca Civica di Mondovì, del «Giornale dell'Adunanza Patriottica», a proposito del quale si indica «Torino, 1798-99», con la precisazione «scompleto». Purtroppo nella suddetta biblioteca il giornale non è più reperibile. Probabilmente, per non dire certamente, è da identificarsi con il primo numero del «Giornale dell'Adunanza Patriottica» la copia di un giornale (o piuttosto di un bollettino) di quattro pagine in 4°, senza titolo e con la scritta «N.1», ove si dava notizia dell'avvenuta apertura, il 22 frimaio anno VII (12 dicembre 1798), dell'«Adunanza Patriottica nel Teatro Notomico della Nazionale Università», e si riportavano, per esteso o in riassunto, i discorsi pronunciati il giorno dopo nella prima sessione. In calce all'ultima pagina si legge: «Torino dal citt. Fea Stampatore dell'Adunanza Patriottica, accanto la Chiesa di S. Francesco di Paola»[96]. Dell'«Adunanza pattriottica» di Torino, uno dei tanti circoli costituzionali sorti con vari nomi nell'Italia del triennio per dibattere temi politici e «educare il popolo»,

---

subentrava Plauto con l'epigrafe *Nunc meliori est opus auspicio, liberi perpetuo ut simus.*

[95] La notizia dell'uscita del «Critico delle Alpi» fu data dalla «Gazzetta piemontese», n. 16, 28 germile anno VII (17 aprile 1799), p. 147. Il nuovo giornale portava l'epigrafe oraziana *Argutum non formidat acumen.*

[96] La copia cui mi riferisco è conservata in Archivio di Stato di Torino, Corte, Carte dell'epoca

sappiamo molto poco. Qualche notizia la ricaviamo dai giornali, nonché dal frontespizio di opuscoli a stampa che contengono il testo di discorsi pronunciati appunto all'Adunanza (e cfr. nel tomo I il saggio di M. Carassi). Dal «Giornale» potrebbero venire informazioni preziose, ma di esso ho potuto rintracciare soltanto il n. 1: certo non l'unico uscito, dato che Giuseppe Vernazza segnala il n. 4 e il n. 6[97].

Conclusione

Ho dato notizia di nove giornali torinesi la cui esistenza è accertata, anche se non di tutti possediamo la collezione completa. Si tratta di un numero ragguardevole in rapporto alla brevità del periodo repubblicano in Piemonte (poco più di cinque mesi): un numero, comunque, di gran lunga superiore ai soli tre giornali che fino ad oggi erano ritenuti disponibili («Gazzetta piemontese», «Il Repubblicano piemontese», «Journal de la réunion»).

Se questa è la situazione, il tradizionale giudizio sulla povertà del giornalismo rivoluzionario piemontese nell'anno VII va radicalmente rivisto. Povertà non ci fu, né quantitativamente né - va aggiunto - qualitativamente, ché giornali come il «Giornale delle Guardie Nazionali» e «La verità vendicata» non sfigurano affatto di fronte ai migliori giornali del triennio 1796-99 pubblicati fuori del territorio subalpino.

Quanto alla «Raccolta di opuscoli» di Gautier, essa è non meno interessante, come testimonianza di un'attività giornalistica volta a diffondere temi giansenisti, degli «Annali politico-ecclesiastici» di Genova diretti da Eustachio Degola. Per non parlare del fatto che proprio in Piemonte vide la luce «La vera repubblicana», l'unico giornale per le donne che sia stato pubblicato nell'Italia del 1796-99. Non si debbono dimenticare, infine, giornali che furono soltanto progettati[98]: perché

---

francese, serie II, sezione VIII, mazzo 43.

[97] Biblioteca Reale di Torino, Mss. Vernazza, Miscellanea IX, n. 44.

[98] Due furono i giornali annunciati ma non pubblicati (cfr. anche *supra* la nota 19). Uno è il «Giornale fisico-matematico», che avrebbe dovuto essere pubblicato dall'Accademia delle scienze e avrebbe dovuto avere come redattori i più bei nomi della cultura scientifica piemontese (Eandi, Vassalli, Galeani Napione, Bonvicino, Giobert, Giulio, Rossi, ecc.); l'altro è «Il redattore subalpino», che prevedeva come «direttori della redazione» il carmelitano Evasio Leone e M. Basilio. Il *Programma di un Giornale Fisico-Matematico, compilato da una Società di Accademici, e pubblicato dalla Nazionale Accademia delle Scienze di Torino* è in «Giornale delle Guardie Nazionali», n. 2, pp. 23-24. Più ampie notizie sulle caratteristiche del periodico in «Il Repubblicano piemontese», n. 17, 18 piovoso anno VII (6 febbraio 1799), pp. 98-99. L'annuncio che l'uscita del «Giornale fisico-matematico» era stata rimandata al 22 settembre 1799 è in «Giornale delle delle Guardie Nazionali», n. 4, p. 77. Il *Programma del nuovo giornale politico-letterario intitolato «Il redattore subalpino»* è stato pubblicato da G. SFORZA, *L'indennità ai giacobini piemontesi* cit., nota 1 alle pp. 187-88. Del «Redattore subalpino» («il foglio - diceva il *Programma* - avrà principio il primo giorno di Germinale») non è mai stata trovata alcuna copia, e crediamo abbia ragione lo Sforza a definirlo «nato morto».

anche questi fanno parte di un fervore d'iniziative che - come abbiamo visto - riuscì in molti casi a tradursi in pratica. Di tale fervore, e dei risultati cui pose capo, credo occorrerà tener conto se si vorrà arricchire il quadro della prima esperienza repubblicana piemontese, quadro che si presenta tuttora vistosamente incompleto.

MARINA ROGGERO

L'istruzione di base tra Antico Regime e Rivoluzione*

La storia dell'educazione in età rivoluzionaria è stata concepita spesso, soprattutto in passato, come storia delle intenzioni, dei progetti, delle utopie. La cosa non è senza giustificazione, dal momento che la Rivoluzione ebbe una forte valenza pedagogica: le opinioni, i discorsi dei rivoluzionari sulla scuola non soltanto posero le basi su cui si fondarono i grandi dibattiti ottocenteschi, ma durano nel tempo, influenzando ancora la nostra percezione del problema. Nel corso degli ultimi decenni, accanto a questa, si è però precisata ed approfondita un'altra tendenza, che mira a analizzare le istituzioni ed i processi formativi nella loro concreta, quotidiana realtà, ad individuare le inerzie e le contraddizioni con cui le utopie rivoluzionarie dovettero misurarsi e che furono a lungo sottovalutate.

Riassumendo alcuni tra gli assunti più importanti oggi acquisiti possiamo affermare che la scuola repubblicana aveva *handicaps* materiali troppo pesanti per trionfare nel tempo breve di tradizioni secolari; ma che la sua stessa esistenza, per quanto precaria, deve considerarsi veicolo fondatore di nuovi fondamentali principi, dal civismo alla laicità. Insomma, se per un verso va riconosciuto che in quegli anni una nuova ideologia creò una concezione radicalmente diversa del ruolo della scuola, per l'altro bisogna ammettere che l'istituzione educativa — questo agglomerato proteiforme ereditato dall'Antico Regime — non cambiò che molto lentamente, come d'altronde accadde alla società all'interno della quale si inseriva.

È proprio muovendosi in questo spazio, esplorando la tensione, lo scarto tra analisi dei discorsi e analisi delle istituzioni e dei meccanismi sociali che può farsi oggi la storia dell'istruzione in età rivoluzionaria. Limitarsi a rilevare le variazioni di numero di allievi ed insegnanti nel tempo breve o, per fare un altro esempio, andare in cerca di una radicale rottura nel *curriculum* di studi delle *petites écoles* rurali al fine di rispondere alla più legittima e ovvia delle domande: come cambia la scuola dopo la Rivoluzione, rischia di essere poco proficuo sul piano della ricerca, oltre che ingeneroso nei confronti di uomini che tentarono in quegli anni di rifondare il sistema della pubblica educazione. In un settore ove era, ed è ancor

*La ricerca è stata compiuta con fondi erogati dal Ministero della Pubblica Istruzione e si colloca all'interno di un progetto di storia dell'istruzione coordinato da Egle Becchi.

oggi, indispensabile molto tempo e molto denaro per riuscire ad applicare una riforma generale, i repubblicani non ebbero infatti né mezzi né giorni che fossero pari alle loro ambizioni.

Tanto più peso assumono queste considerazioni quanto più ci si allontana dalla Francia. Per l'Italia, ad esempio, e per il Piemonte in particolare, bisogna tenere conto e della brevità dell'esperienza repubblicana e del fatto che l'invasione francese e la cacciata del monarca sabaudo corrisposero ad una fase in cui la politica della *Grande Nation* si era ormai consolidata su basi termidoriane ed il clima non appariva più favorevole a riforme immediate e radicali. Per tracciare un bilancio attendibile dei mutamenti nelle forme d'istruzione, per misurarne l'incidenza sulla realtà, la tenuta alla prova dei fatti bisogna scegliere dunque un tempo meno stretto ed arrivare al termine dell'età napoleonica.

Ma pur non prestandosi a rendiconti complessivi la fine degli anni novanta rivela, sotto il profilo della storia dell'educazione, una propria originalità, un peculiare interesse perché proprio allora il problema della formazione della gioventù assunse una nuova, straordinaria rilevanza. Per i democratici l'educazione aveva rappresentato sin dall'inizio una leva potente al fine di costruire la società rinnovata di cui sognavano, ma sotto l'incalzare degli avvenimenti anche i moderati e i monarchici si resero rapidamente conto che non si poteva abbandonare questo campo agli avversari e si convinsero che andava sfruttata per i propri fini, disciplinata e incanalata verso «lumi utili e buoni»[1].

Tali convinzioni sortirono almeno due conseguenze. Per un verso, contribuendo a focalizzare l'interesse di intellettuali e politici dei due campi sulle questioni educative, innescarono un dibattito molto acceso e determinarono tutto un fiorire di progetti di riforma, reperti preziosi che illustrano ancor oggi la gamma delle opinioni correnti. Per l'altro, più operativo, crearono il clima e le attese favorevoli all'infittirsi di relazioni informative, al delinearsi di inchieste che censivano scuole e maestri.

Di questi materiali ci si varrà per il Piemonte al fine di colmare un vuoto rotto solo da scarne e disarticolate notizie e per tracciare, nella prima parte del lavoro, un quadro delle forme dell'istruzione di base negli anni a cavaliere del secolo[2]. Si

---

[1] L'espressione è contenuta in una relazione «Sugli abusi da eliminare nella pubblica istruzione», redatta nei mesi della restaurazione austro-russa dal teologo Bruno, rettore di uno dei collegi torinesi. Archivio di stato di Torino (d'ora in avanti A.S.T.), Corte, *Carte epoca francese*, s. II, cart. 10.

[2] Tra le poche ricerche esistenti cfr. G. MANTELLINO, *La scuola primaria e secondaria in Piemonte*, Carmagnola 1909; per l'istruzione femminile esiste un accurato lavoro di G. Berardi, di prossima pubblicazione.

tratta certamente di una piccola tessera all'interno di un quadro più vasto, ma non destituita d'interesse e scelta di proposito. Lo stato sabaudo, infatti, data la mancanza di ogni intervento di riforma o riorganizzazione simile a quelli messi in atto in buona parte dei paesi europei, rappresenta su questo specifico terreno una sorta di museo, ove a forme scolastiche antichissime, sedimentate nel tempo, erano andate via via aggiungendosi istituzioni di nuovo tipo.

Censire e descrivere le forme d'istruzione di base in una società di Antico Regime può però, alla prova dei fatti, rivelarsi impresa poco agevole. Ordine, uniformità, coerenza d'intenti sono parole che valgono poco in questo settore, e buon criterio interpretativo sembra essere una avvertita diffidenza verso generalizzazioni troppo ampie o schematismi troppo rigidi. La stessa scuola — l'istituzione per eccellenza — era la risultante d'intenzioni e di pratiche sovrapposte, rivali o complementari, un instabile compromesso tra volontà locali, sorveglianza ecclesiastica e occasionali interventi statali che di luogo in luogo dava vita ad un mosaico diverso: insomma, per dirla con un'immagine assai calzante, una scuola *en miettes*[3]. Con queste premesse bisognerà fare i conti per tutto il corso della ricerca, così da ricordare come una descrizione apparentemente chiara, uno schema logico rischino in qualche modo di tradire una realtà sempre confusa e complessa.

Ma vediamo ora di dipanare qualche filo, illustrando dove, presso chi, in qual modo si potessero apprendere i primi rudimenti del sapere[4]. La scuola di base, la scuola di comunità, in Piemonte come altrove, era di norma nelle mani di ecclesiastici. Nei villaggi più piccoli si trattava per lo più di un coadiutore del parroco, che cumulava doveri didattici e pastorali; in altri casi, se le casse del comune nonché il numero e il livello degli allievi lo permettevano, a svolgere l'incarico era invece un maestro «professionale», scelto nei ranghi di quel proletariato ecclesiastico così numeroso nei paesi dell'Europa cattolica[5]. Nel medesimo luogo, accanto o in alternativa all'insegnante pubblico poteva operare anche un maestro privato. Ma, al di là delle forme di finanziamento, ben poche erano le differenze tra le due figure, come mostravano i frequenti scambi di ruolo. Soprattutto ai gra-

---

[3] F. FURET, J. OZOUF, *Lire et écrire*, I, Paris 1977, p. 81.

[4] Pagine esemplarmente chiare sulla struttura della scuola nell'Antico Regime ha scritto E. BRAMBILLA, *Istruzione e alfabetizzazione nei dipartimenti estensi dal 1800 al 1814*, in *Reggio e i dipartimenti estensi dall'Antico Regime all'età napoleonica*, Parma 1979, pp. 585 sgg.

[5] Sul numero sovrabbondante di ecclesiastici nelle comunità piemontesi cfr. G. PRATO, *La vita economica in Piemonte a mezzo il secolo XVIII*, Torino 1908, p. 378 sgg.

dini più bassi, il limitato prestigio, l'esistenza di una vasta fascia di disoccupazione clericale e l'identificazione tra indottrinamento religioso e processo formativo contribuivano a limitare l'area di reclutamento.

Tutti questi maestri insegnavano latino — dai primi rudimenti alla umanità e retorica — a seconda delle esigenze, del salario e del talento. Alla loro scuola si poteva anche, non in tutti i casi però, apprendere o perfezionare l'arte di leggere o scrivere ma il fulcro dell'insegnamento consisteva proprio nella lingua e grammatica latina: è questo il punto chiave che permette di cogliere con immediatezza la diversità di funzioni ed obiettivi che separa le piccole scuole d'Antico Regime dalla scuola elementare ottocentesca. Al contrario della seconda, infatti, le prime non erano aperte a tutti, ed anzi miravano a selezionare radicalmente coloro che intraprendevano gli studi. Ciononostante la vecchia scuola di latinità rispondeva ad una gamma di opzioni più ampia di quanto non si possa di primo acchito pensare. Il latino non era soltanto la lingua dei dotti, era anche la lingua della chiesa. E quindi un po' di latino appariva necessario agli occhi del parroco e dei fedeli del più umile villaggio almeno per dirozzare chierici e cantori ed addestrarli alle funzioni liturgiche. Ma il latino era altresì il mezzo grazie al quale si potevano assicurare nuove reclute al clero diocesano, selezionando nelle più sperdute campagne giovani di buona inclinazione e qualche talento da avviare al seminario. Per la piccola *élite* locale, infine, per il figlio del notaio, del coltivatore agiato, del chirurgo l'apprendimento del latino rappresentava la chiave per adire agli studi superiori o almeno assicurava qualche prestigio e le opportunità di carriera di cui la lingua classica costituiva ancora base indispensabile.

Queste esigenze, avanzate dal gruppo dei borghesi e dei possidenti e sostenute dal clero, contribuivano a bloccare la scuola di comunità entro il vecchio calco dell'educazione retorico-umanistica, che partiva dall'alfabeto solo in quanto strumentalmente necessario. Nelle mani di costoro, attraverso il Consiglio comunale, ricadeva di norma la scelta del maestro ed anche la gestione finanziaria, per quel tanto almeno che pesava sulle casse municipali. Si può ben capire come, prima di pensare ad estendere l'alfabetizzazione del popolo, badassero ad assicurare l'avvenire dei propri figli potenziando le classi di latino. Si spiega così il fatto che nel Piemonte di fine secolo una rete scolastica piuttosto fitta potesse coesistere con una alfabetizzazione piuttosto ristretta[6].

---

[6] Sui tassi di alfabetizzazione nel Piemonte di fine Settecento si sa molto poco. M.R. Duglio, (*Alfabetismo e società a Torino nel secolo XVIII*, in «Quaderni storici», 17 (1971) pp. 485-509) parla di un 83% di sposi maschi alfabeti in Torino e di un 65% nella provincia. Ma la rilevazione, compiuta sugli

Il problema dell'ampiezza del reclutamento di queste scuole era d'altra parte strettamente correlato a quello della gratuità degli studi. Purtroppo ad una documentazione troppo frammentaria si è sovrapposta nel tempo un'immagine che tendeva a rivendicare la superiorità del modello educativo prerivoluzionario, come capillarmente diffuso e aperto indistintamente a tutti i gruppi sociali[7]. Ma il problema reale con cui si scontra la ricerca è invece l'incertezza, la labilità di confini tra scuole gratuite e scuole a pagamento.

In mancanza di lasciti e donazioni sfruttabili per l'insegnamento — un tipo di donazione piuttosto raro e comunque irregolarmente distribuito sul territorio — non erano pochi i comuni che decidevano di stipendiare un pubblico maestro[8]. La buona volontà degli amministratori era destinata a perdersi spesso, però, nello sfascio delle finanze locali[9]. Bastava un anno di cattivi raccolti, un inasprimento del peso fiscale, l'opposizione dell'intendente, che bocciava una spesa ritenuta superflua, per spazzar via la scuola pubblica: ma lo stesso maestro poteva conti-

---

atti dotali, esclude tendenzialmente le coppie più povere e di norma illetterate. In una breve ricerca compiuta sulle firme apposte in calce ai verbali dei consigli comunitativi della provincia d'Ivrea, in occasione dell'inchiesta su professori e maestri della fine del 1799, ho rilevato un 78% di alfabeti tra i firmatari. Si trattava però dell'*élite* locale, composta da sindaci, consiglieri e maggiori contribuenti (A.S.T., Corte, *Carte epoca francese*, s. III, cart. 12). Una petizione firmata da tutti i capi di casa in un piccolo paese della pianura torinese, Candiolo, ha permesso di contare tra loro un 50% di alfabeti. Ovviamente però un dato isolato di questo tipo ha ben poco valore. Come termine di riferimento si può ricordare che in Francia la percentuale di alfabeti maschi nelle zone rurali oscillava a fine secolo tra il 60% di un «buon dipartimento» a nord della linea Saint Malo-Genève, come Seine et Marne, e il 20% di una zona meridionale come l'Aquitania, attardata anche rispetto alla media regionale.

[7] Si veda, a questo proposito, la descrizione della scuola savoiarda tracciata nella peraltro accurata ricerca di A. GROS, *Histoire de la Maurienne*, Chambery 1947, p. 146 sgg. Ma il giudizio qui ripreso ha origini assai antiche: venne elaborato nei mesi della prima Restaurazione, in un clima di accesa propaganda antifrancese, e, filtrato in età napoleonica, fu poi ripreso dalla storiografia sabauda ottocentesca.

[8] I dati relativi alla presenza di scuole sono rari ed estremamente frammentari. Per il 1773 ci si può valere di uno «Stato de' stipendi che dalle città e terre... si pagano alli loro impiegati» (A.S.T., *Regie finanze*, II arch., capo 2, n. 8; debbo questa segnalazione alla cortesia di Hery Costamagna). Su questa base è possibile distinguere un primo raggruppamento di province, aventi un alto numero di scuole (Torino, Asti, Alba), un gruppo in posizione intermedia (Ivrea, Cuneo, Mondovì, Saluzzo), e un gruppetto di coda, assai miseramente provvisto (Oneglia, Biella). Ma la rilevazione non si estende a tutti i comuni e riguarda comunque soltanto le scuole pubbliche. Ignorando la presenza degli insegnanti privati, non da' quindi un quadro attendibile delle molteplici forme dell'istruzione di base, e rende conto piuttosto della disponibilità di fondazioni pie, nonché del livello delle entrate municipali, elementi che determinavano di fatto l'apertura di una scuola comunale. In termini generali si può affermare che il processo di scolarizzazione era legato ad una molteplicità di variabili: taglia dei comuni, struttura economico-produttiva, natura dell'*habitat*, povertà degli individui e dei municipi.

[9] Cfr. G. QUAZZA, *Le riforme in Piemonte nella prima metà del Settecento*, Modena 1957, 2 voll.

nuare ad accogliere una parte degli antichi allievi, accordandosi per il compenso direttamente con le famiglie. D'altra parte il salario ufficiale degli insegnanti era di norma così basso da rendere necessaria una qualche integrazione da parte degli scolari, sotto forma di regali in denaro o in natura[10], esplicitata o meno che fosse questa clausola nel contratto. E tale consuetudine non poteva che ripercuotersi negativamente sulla fascia bassa del pubblico, scoraggiando le piccole ambizioni dei meno abbienti.

Se si considera che i collegi secondari aperti nelle città principali erano invece totalmente gratuiti e finanziati dalle casse regie[11], non si può non vedere in questa situazione il frutto di una scelta deliberata. Il sistema scolastico che ne risultava, in apparenza sconnesso, rispondeva pienamente agli obiettivi dei ceti dirigenti, arginando a monte il pericolo di un indebito accesso all'istruzione superiore e offrendo poi buone opportunità a coloro che superavano la prima selezione economica e sociale[12]. Come avrebbe notato un osservatore esperto e acuto, «in Piemonte il rendere gravose e mercenarie le prime scuole di latinità fu reputato il mezzo più efficace per popolare le campagne e le botteghe»[13]. Per quanto rilevante, la questione della gratuità non deve comunque essere sopravvalutata. Al di là di ogni retta esisteva infatti nelle società di Antico Regime una sorta di limite fisiologico alla crescita della frequenza scolastica, legato sia alla mentalità corrente sia a fattori strutturali. Si pensi ad esempio alla profonda estraneità delle campagne alla cultura scritta o alla persistente preferenza per l'educazione domestica, che giocava soprattutto nei confronti delle ragazze, già escluse di fatto dalle scuole comunali in virtù della totale estraneità del latino dal tipo di educazione per loro concepita e loro concessa, nonché della ripugnanza a mescolare i due sessi, sia pur nelle aule. Tra gli altri fattori, si consideri soltanto la frequenza e il

---

[10] Si trattava in genere di legna, vino e grano, a stare almeno ad uno «Stato dei maestri» per le provincie di Acqui e Casale, risalente agli anni trenta (A.S.T., Corte, *Pubblica Istruzione, Regia Università*, m. 3, n. 38); documenti di questo tipo sono però rarissimi nelle terre sabaude.

[11] Sullo smantellamento del sistema di collegi gestiti da ordini religiosi e sull'istituzione delle scuole regie cfr. M. ROGGERO, *Scuola e riforme nello stato sabaudo*, Torino 1981.

[12] Sull'organicità del tessuto scolastico nell'Antico Regime cfr. E. BRAMBILLA, *Il sistema scolastico di Milano: professioni nobili e professioni borghesi dall'età spagnola alle riforme teresiane*, in *Economia, istituzioni, cultura in Lombardia nell'età di Maria Teresa*, III, Bologna 1982, pp. 79-160.

[13] Il giudizio è contenuto in una «Relazione» del 1774 dell'abate Giovanni Bovara, ispettore e riformatore delle scuole di Lombardia che proprio in quegli anni stava attivamente lavorando alla nuova sistemazione degli studi provinciali. Cfr. E. CHINEA, *La riforma scolastica teresio-giuseppina nello stato di Milano e le prime scuole elementari italiane*, in «Archivio storico lombardo», LXI (1934), p. 340.

peso del lavoro infantile. La maggior parte dei bambini, superati i sette-otto anni, erano chiamati a dare il proprio contributo al bilancio domestico: mandati a servizio, impegnati nella custodia del bestiame o nei campi, costituivano un'insostituibile riserva di mano d'opera flessibile e gratuita. La scuola non poteva essere per loro che una scelta residuale, un'attività secondaria cui dedicarsi saltuariamente nei tempi morti degli altri lavori.

Proprio la frammentarietà e il disordine delle richieste dal basso possono contribuire a spiegare alcuni caratteri tipici delle scuole municipali, quali la confusione tra classi d'età diverse e l'accettazione di allievi con livelli di competenze disuguali. In certo qual modo la mancanza di vincoli precisi, il fatto che nelle classi potessero essere accolti bambini di sei-sette anni accanto a ragazzi di sedici o diciassette, che vi si potesse accedere sapendo appena compitare o già conoscendo il proprio latinetto, favoriva l'apertura del reclutamento. Ma nell'insieme il *curriculum* di studi degli allievi di «second'ordine» era pur sempre contraddistinto da frequenze saltuarie e uscite precoci rispetto a quello seguito dai coetanei più agiati. A conti fatti un sia pur sommario giudizio sulle scuole di comunità, caratterizzate da una totale anarchia nelle forme di organizzazione, nei livelli e nei metodi d'insegnamento e accomunate soltanto dalla vetustà dei programmi, non può certo essere positivo. Né d'altronde lo era sempre quello dei contemporanei. I funzionari regi, ad esempio, erano molto critici a questo proposito: parlavano di scuole messe «all'incanto» sulla base del salario più basso[14], ove «per il più esercisce chi vuole, senza la minima approvazione... a mero sua arbitrio e piacere»[15]. Una situazione senza via d'uscita, annotava, proprio alla vigilia dell'arrivo dei francesi, il riformatore agli studi[16] per la provincia d'Asti, mettendo a nudo la precaria situazione del corpo docente nelle piccole fondazioni rurali: «Con uno stipendio da servo di bassa corte, che non corre, che si fa disputare, ed in ultima analisi si riduce a nulla; con un vitto stentato, con uno spoglio d'autorità ed una licenza di disprezzarli ed insultarli non si hanno che uomini di rifiuto»[17].

---

[14] A.S.T, Corte, *Carte epoca francese*, s. II, cart. 11, «Inchiesta su professori e maestri», Asti 2.3.1800.

[15] A.S.T., Corte, *Istruzione pubblica, Regia università*, m. 8 bis, «Relazione informativa dell'intendente d'Oltrepò circa lo stato delle scuole pubbliche», 1771.

[16] In Piemonte il Riformatore agli studi era il rappresentante provinciale del Magistrato della Riforma, una sorta di Ministero della pubblica istruzione *ante litteram*, che almeno in teoria controllava ogni ordine di studi, dalla grammatica latina ai corsi universitari, escluse soltanto le classi di leggere e scrivere.

[17] A.S.T., Corte, *Istruzione pubblica, Regia università*, m. 3 di I ad., n. 9, «Progetto dell'abate Del

Il quadro sin qui tracciato, per quanto desolante, è tutt'altro che anomalo e potrebbe agevolmente estendersi a buona parte dei paesi europei[18]. Ma assai più stridente risulta in Piemonte il contrasto tra lo stato di disordine e la mancanza di controlli che caratterizzano la scuola di base e la rigorosa organizzazione dei livelli superiori d'istruzione, secondo canoni di gerarchia ed efficienza largamente lodati ed imitati dai contemporanei. Fu in primo luogo la mancanza di un saldo proposito politico, la convinzione diffusa — per quanto non sempre esplicita — che ciò che contava davvero era la formazione della classe dirigente a far fallire alcuni tentativi, alcuni progetti avanzati nel corso del secolo. Come dovevano scoprire ben presto illuministi e riformatori, per controllare realmente le scuole di base era necessario assumersi l'onere del loro finanziamento, e contro questo scoglio naufragò sempre la tiepida volontà del governo centrale. Così ci si limitò alle petizioni di principio, alla richiesta che i maestri delle terre si sottoponessero ad un esame pubblico e si attenessero a programmi ufficialmente prescritti[19]. Ma di fatto le cose continuarono a svolgersi come prima, perché i maestri sapevano bene che il procurarsi nuovi diplomi e nuovi libri — cose che costavano fatica e denaro — non avrebbe migliorato la loro posizione. Ben più vitale era invece riuscire a compiacere chi pagava, e quindi poteva sospendere, il loro salario. Come anche il governo era costretto a riconoscere[20], i vecchi legami di dipendenza rimanevano più forti delle nuove regole.

Se questa era la situazione delle scuole prime, ci si può legittimamente chiedere dove si apprendesse a leggere e a scrivere la lingua materna. Mancavano infatti le sedi istituzionali, pur continuando a funzionare come per il passato i canali informali di alfabetizzazione, all'interno delle famiglie o dei luoghi di lavoro. Qualche provvedimento era stato preso, ma soltanto nelle città principali, ove nel

---

Carretto, Riformatore della provincia d'Asti», 1798.

[18] Sulle immagini concordemente negative di scuole e maestri di primi rudimenti quali emergono da inchieste e proposte dei riformatori illuminati a fine Settecento, si veda, in particolare per l'area lombarda e padana, P. SEVERI, *Il buon maestro. Immagini di insegnanti nel XVIII secolo,* in *Il catechismo e la grammatica,* I, Bologna 1985, 174 sgg.

[19] Si vedano a questo proposito gli ordini e le ingiunzioni più volte ripetute nella corrispondenza del Magistrato della Riforma (A.S.T., Corte, *Pubblica Istruzione,* «Registri di lettere di Riformatori»).

[20] «Quanto a quegli inconvenienti che ella osserva costì riguardanti il primo incamminamento della gioventù nella carriera degli studi, vede il Magistrato con rincrescimento la difficoltà d'apporvi il rimedio opportuno, per la circostanza che essendo il mantenimento delle scuole alle spese della città, resta più difficile di ottenere nelle occorrenze quelle pronte variazioni o giubilazioni de' maestri, che sarebbero necessarie». A.S.T., Corte, *Istruzione Pubblica,* «Registri di lettere di riformatori», m. 7, il Magistrato al Riformatore di Cherasco, 15.12.1769.

corso del secolo una nuova classe abbecedaria — la settima — era sorta come appendice dei collegi secondari[21]. L'obiettivo però era ancora e sempre quello di dirozzare i fanciulli in vista dei corsi superiori, tanto che sin dalle prime lezioni vi si apprendeva a leggere e a scrivere nelle due lingue, italiana e latina[22]. Con tutto ciò il provvedimento era stato accettato a malincuore dal corpo docente e non erano mancati coloro i quali sostenevano non vi si dovesse ammettere «chi già non sapesse distinguer lettere, combinare e scrivere»[23]. L'insegnamento dell'ABC, insomma, veniva considerato ancora un lavoro tedioso e squalificato e dura a morire era la convinzione che andasse espletato preferibilmente fuori della scuola.

Naturalmente le autorità si erano ben guardate dal creare classi primarie gratuite. Gli allievi, che non pagavano nulla per seguire le lezioni di grammatica, l'umanità o la retorica, dovevano sborsare un po' più di sei lire l'anno[24] — a metà secolo l'equivalente di una decina di giorni di lavoro precario[25] — per frequentare la settima. Ma ad aprire una breccia in questa barriera sarebbe bastata, laddove esisteva, una piccola clausola in favore degli alunni privi di mezzi. Esemplare è a questo proposito il caso della capitale. A metà degli anni cinquanta, il responsabile dei collegi torinesi avrebbe denunciato con toni preoccupati i disordini derivanti dalla «oltremodo crescente quantità de' poveri che vanno alle scuole». La caritatevole decisione presa qualche tempo prima di ammettere gratuitamente qualche allievo[26] aveva messo in moto un meccanismo incontrollabile: «Ora arrivano già a quarantacinque o cinquanta e crescono sempre di più, e d'ogni mistura». Ammessi nelle aule accanto a fanciulli di civile condizione, costoro vi portavano lezzo di miseria — «sono mal propri e carichi d'immondizie» — e germi d'indisci-

---

[21] Il provvedimento, già attuato in vari collegi, venne poi esteso a tutte le scuole regie in base alle *Costituzioni di S.M. per l'Università di Torino* (Torino 1772).

[22] A.S.T., Corte, *Carte epoca francese*, s. II, cart. 11, «Regolamento del collegio delle scuole inferiori di Asti»; redatto negli anni 1780, era ancora in vigore nel 1798.

[23] A.S.T., Corte, *Paesi, Sardegna, Politico*, cat. 10, m. 4 non inv., lettera al ministro Bogino del gesuita prefetto delle scuole basse di Sassari, 14.4.1766.

[24] Per Torino il minervale fu fissato nel 1739 in 12 soldi e 6 denari al mese. F.A. DUBOIN, *Della pubblica istruzione e delle accademie delle scienze, lettere e belle arti*, in *Raccolta per ordine di materie delle leggi, editti, manifesti, ecc. della Real Casa di Savoia*, lib. VIII, Torino 1827, «Progetto di stabilimento.... per le scuole fuori dell'Università», p. 1287.

[25] PRATO, *La vita*, cit., p. 263 sg.

[26] Nel 1738, in occasione dell'apertura in città di sei collegi inferiori si era deciso di abolire le vecchie scuole dei poveri. Dietro pagamento di un contributo municipale, i prefetti dei collegi si impegnavano ad accogliere nella classe abbecedaria un numero non ben precisato di alunni disagiati a titolo gratuito. «Progetto di stabilimento» cit.

plina — «ve ne sono di quelli che rubbano... e la maggior parte poi sono scostu-
matissimi»[27] —. Affiorava nei toni allarmati di questa denuncia lo spettro di un indebito allargamento del sapere, che potesse minare le basi dell'ordine sociale:
una sorta di *topos* questo, che percorre e scandisce nel tempo la storia dell'educazione. Alle origini di ciò che veniva avvertito come flagrante rottura delle regole
stava l'eccessiva ambizione di certi padri che, «allettati dalla facilità e da grandi
speranze», mandavano i figli alle scuole invece di «applicargli a qualche arte o
mestiere»; ma non potendo poi «proseguire nel mantenergli», e «rincrescendo a
questi di ritornar alle fatiche», si davano all'ozio e divenivano degli spostati. Per rimediare a questi abusi bisognava creare, ben separate dai collegi, classi elementari gratuite ove far confluire gli alunni poveri, «che non è necessario che impari-
no di più che leggere e scrivere e far conti»[28]. Le prime proposte per l'istituzione
di una scuola elementare in lingua italiana nascevano dunque in Piemonte sotto il
segno della difesa dello *status quo*: dalla volontà di escludere i figli delle classi
pericolose da quella scuola latina che filtrava l'accesso agli studi superiori. Ma
questo è un discorso su cui occorrerà tornare[29].

Per il momento esistevano poche alternative istituzionali alle classi abbecedarie dei collegi[30]. In teoria, anche nelle scuole di carità si potevano apprendere
le prime nozioni di lettura e scrittura, ma di fatto l'insegnamento impartito a titolo
gratuito ai ragazzi poveri aveva finalità essenzialmente religiose e morali, mirava
cioè a radicare nei loro animi una ortodossa devozione cattolica e alcune regole
di buona condotta, dall'obbedienza ai genitori al rispetto verso i superiori. Il senso e il fine di questo tipo d'istituzione era estremamente chiaro nella coscienza
dei contemporanei: lettura e catechismo erano considerati sufficienti per questi

---

[27] A.S.T., Corte, *Istruzione pubblica, Regia università*, m. 7, n. 5, «Rappresentanza dell'avvocato
Pisceria, Preside della Facoltà delle Arti... sugli abusi e disordini che regnano nelle scuole de' collegi
stabiliti nella città di Torino», 1754.

[28] Ivi.

[29] Nel breve periodo della prima Restaurazione questo sarebbe stato un tema ricorrente all'interno del dibattito sulla pubblica istruzione. Scriveva ad esempio il Galeani Napione: «Lo spediente più
efficace per non lasciare instradare per vanità de' parenti nello studio delle scienze coloro che destinati sono per le arti meccaniche e per l'agricoltura... si è appunto diminuire il numero dei maestri di
latino, non permettendo che di tal sorta alcuno ve ne sia a peso delle comunità». A.S.T., Corte, *Istituzione pubblica, Regia università,* m. 3 d'ad., n. 15, «Intorno al modo di riordinare la Regia Università
di Torino», p. 113.

[30] In Piemonte non esistevano infatti fondazioni analoghe a quelle dei Fratelli delle scuole cristiane, che ad una vocazione caritativa univano una più moderna sollecitudine per i risvolti concreti
del processo educativo.

ragazzi, che probabilmente non sarebbero mai riusciti a redigere un testo o di venire a capo delle quattro operazioni. Meglio d'ogni commento, d'altronde, le franche parole d'un curato della periferia torinese possono restituirci con immediatezza l'opinione corrente: «Non vi è nel distretto di mia parochia ... scuola regolare di scrittura o di lingua, perché il maestro sarebbe ozioso e la scuola regolare sarebbe affatto superflua ai rurali fanciulli che, mandati massimamente in campagna nella bella stagione, non sarebbono in grado di profittarne in primavera, estate ed autunno... Non insegnarsi altro che la Dottrina Cristiana, la lettura del vespro e la maniera di servir la messa, perché resti la parochia uffiziata; e questi abitanti sono abbastanza contenti e soddisfatti di tanto, né cercan di più»[31].

Questo quadro apparentemente lineare si complica se si prendono in esame le comunità montane. Qui la scuola di villaggio o di semplice *hameau* — una scuola che si teneva nelle stalla o nelle case private — sfuggiva spesso alle rilevazioni dell'intendente ed alle visite pastorali del vescovo[32]. Ma se si riesce a penetrare oltre il silenzio delle fonti ufficiali — e la cosa è in qualche modo possibile per le Alpi nord occidentali — si può scoprire che vi si insegnava a leggere, scrivere e far di conto in lingua volgare. A un insegnamento di tipo diverso corrispondeva un diverso profilo dei maestri. Contrariamente a quanto accadeva altrove, in queste zone esercitava infatti un nutrito numero di insegnanti laici. Accanto a qualche cappellano[33], numerosi erano i contadini, gli artigiani che, nei lunghi e

---

[31] A.S.T., Corte, *Istruzione pubblica, Scuole primarie per A e B*, m. 4, «Relazione del curato della Crocetta», 11.7.1811. La data può apparire tarda rispetto al periodo trattato in questo saggio, ma si deve pensare alla straordinaria capacità di tale modello educativo di trasmettersi immutato nel tempo: la testimonianza di don Gioseffo Massa riflette una situazione che ha radici molto lontane. Proprio per tale ragione tutta una serie di documenti risalenti all'età napoleonica potranno essere usati all'occorrenza — e con le dovute cautele — per gettar luce sulle scuole d'Antico Regime.

[32] Sulle peculiarità del modello alpino cfr., per la Provenza, le osservazioni di M. VOVELLE, *Y-a-t-il eu une révolution culturelle au XVIII siècle? A propos de l'éducation populaire en Provence*, «Revue d'histoire moderne e contemporaine», XXII (1975), p. 127 sgg. Per un'accurata indagine sulla distribuzione dei tassi di alfabetismo in rapporto alle caratteristiche socio-economiche del territorio cfr. X. TOSCANI, *L'alfabetismo nelle campagne dei Dipartimenti del Mincio e del Mella e nella Alte Valli del Serio e dell'Adda (1806-1810)*, in *Sulle vie della scrittura. Alfabetizzazione, cultura scritta e istituzioni in età moderna*, Napoli 1989, pp. 549-610.

[33] L'intendente della provincia di Torino, Corte, dichiarava nel dicembre del 1799 che «in vari pubblici di montagna» si era «sin qui per l'addietro praticato di mandar li figlioli a leggere e scrivere dalli cappellani delle rispettive loro parocchie, li quali loro insegnano soltanto nell'invernale stagione, perché sogliansi nelle altre detti figlioli occupare nella custodia de' bestiami e ne' lavori di campagna». (A.S.T., Corte, *Carte epoca francese*, s. II, cart. 13, l'intendente di Torino alla Segreteria degli interni, 11.12.1799). Questo accomodamento si praticava in parecchi luoghi di «piccioletta e selvatica situazione», ove non si riusciva a stipendiare un vero maestro per le scuole. (Ivi. Groscaval-

nevosi inverni alpini — inverni che duravano almeno sei mesi e impedivano qualsiasi lavoro esterno — radunavano i ragazzi altrimenti oziosi, mettendo a partito le risorse della loro povera scienza. «Ainsi a toujours été l'usage», scriveva il sindaco di Mentoulles, nei primi anni dell'Ottocento, «ces petites maitres... sont tous des bons gens de compagne, sans reproche», per quanto spesso di «habilité très mediocre»[34].

Questa fitta trama d'insegnamento poteva giovarsi, oltre che del modesto sostegno delle autorità, della presenza di piccoli lasciti, dono di ecclesiastici e laici, magari antichi emigranti, che avevano sperimentato sulla propria persona l'importanza di un minimo di istruzione, e destinato poi al proprio paese i fondi per la scuola di lettura e scrittura[35]. Modi e livelli di finanziamento meritano d'altra parte qualche attenzione perché possono mettere a nudo le strutturali differenze tra pianura e montagna. Nelle terre basse a fine secolo la paga media di un maestro oscillava tra le 150 e le 300 lire l'anno. Di fatto, come sosteneva la municipalità di Villanova nel 1799, «un maestro di scuola non può aversi a meno di £.300 annue, ove uno non si contenti di un maestro inetto, dissipato e immorale»[36]. Ma nei paesi alpini del nord-ovest la soglia delle 100 lire appariva quasi insuperabile, e la norma erano piuttosto le 50, 40, 30 lire[37]. Era chiaro che con simili cifre non si poteva vivere e che il salario di maestro costituiva in questi casi la voce aggiuntiva d'un reddito fondato su altre risorse[38]. Molti dei maestri di montagna non erano

---

lo, Forno, Mottura, Chialamberto, novembre 1799).

[34] A.S.T., *Intendenza di Pinerolo*, cat. II, s. IX, Commune de Mentoulle, «Etat des maîtres des écoles primaires», 21 nivose an 12.

[35] Ben 69 delle 73 scuole primarie pubbliche censite nell'*arrondissement* di Aosta nel 1808 fruivano di qualche lascito o donazione. A.S.T., *Prefettura di Ivrea*, cat. XIV, «Renseignemens sur les écoles primaires», 1.12.1808.

[36] A.S.T., Corte, *Istruzione pubblica, Scuole primarie per A e B*, m. 4, Villanova 1799.

[37] Nell'*arrondissement* di Aosta, ancora nel primo decennio dell'Ottocento, più della metà dei maestri dei comuni montani percepiva uno stipendio pressoché simbolico, inferiore ai 50 franchi; salvo alcune fortunate eccezioni — 5 individui — che fruivano d'una paga dignitosa (200-500 franchi) tutti gli altri dovevano accontentarsi d'un salario inferiore ai 100 franchi. A.S.T., *Prefettura di Ivrea*, cat. XIV, «Renseignemens sur les écoles primaires», 1.12.1808. Per avere un termine di riferimento, si può considerare che in questi anni, nelle campagne più povere, il reddito di un medio agricoltore si aggirava intorno agli 800 franchi l'anno, e che con 1800 franchi si entrava già nella cerchia dei notabili. Si può fare un confronto più puntuale con gli stipendi assegnati dal governo ai professori delle scuole superiori: gli universitari guadagnavano dai 1500 ai 3000 franchi; i docenti delle secondarie dai 300 ai 600; lo scopatore ufficiale dell'ateneo 240 franchi, molto di più di quanto guadagnasse in media un maestro delle scuole primarie.

[38] Ben 80 dai maestri che lavoravano nei comuni della valle d'Aosta (su 108 casi noti) si dichiaravano infatti agricoltori. Presumibilmente insegnavano soltanto nel periodo delle nevi e del cattivo

dunque maestri a tempo pieno, non erano veri professionisti ma avventizi, e tali li consideravano anche i contemporanei. Nelle inchieste a cavaliere del secolo gli amministratori, sia locali sia governativi, avrebbero sempre rifiutato di censirli nominalmente, in ragione del rapidissimo avvicendamento e della scarsa rilevanza del ruolo: non sono «maestri fissi né patentati»[39], annotava ad esempio la municipalità di Inverso; «sono secolari — faceva eco quella di Pinasca — e vanno solo insegnando a quelli ancor in tenera età... la carta contenente l'A,B,C,D,» insomma, si trattava di gente di «poco rilievo»[40]. Non era questa nella coscienza dell'epoca la vera scuola. Detto questo, può essere opportuno domandarsi se i due modelli fossero davvero alternativi, come appare di primo acchito, o non risultassero piuttosto complementari. Un'analisi ravvicinata permette infatti di scoprire che le scuole abbecedarie in volgare attive nelle zone alte esistevano e funzionavano anche in pianura. La differenza sostanziale stava nel tipo di finanziamento e nel ventaglio delle offerte, che rispondevano ad una diversa gamma di richieste da parte del pubblico. Nel primo caso, mancando di norma a causa della povertà e dell'isolamento ragazzi in grado di intraprendere la carriera degli studi, le scuole abbecedarie rappresentavano l'unica forma d'insegnamento possibile. In ragione di vari fattori, che costituivano l'innegabile originalità del mondo alpino (lunga pausa invernale dei lavori, esistenza di forti correnti migratorie), la loro esistenza veniva formalizzata e riconosciuta e la comunità poteva decidere di destinarvi qualche soldo.

Anche in pianura, ove la domanda di istruzione era di gran lunga più articolata e gli studi classici rappresentavano lo sbocco più ambito, accanto, al di sotto della scuola di latinità, esistevano forme minori d'insegnamento, che si facevano carico dei primi rudimenti del leggere e dello scrivere. Ma non erano quasi mai istituzionalizzate e, situandosi nell'ambito di una transazione personale tra docente e discente, sfuggivano di fatto a controlli e registrazioni. Soltanto in età napoleonica, quando lo stato avrebbe tentato di disciplinare anche i più privati e informali tra i rapporti d'insegnamento, sarebbero emerse dall'ombra le figure di

---

tempo, in quel lungo inverno che nell'alta valle durava anche sei o sette mesi: nel loro caso il salario non rappresentava che una porzione di un reddito basato sulla coltivazione dei campi e sull'allevamento del bestiame. Lo stesso discorso vale per il piccolo drappello di artigiani e proprietari — una decina in tutto — che insegnavano ai fanciulli del paese nei tempi morti della loro attività. Soltanto una dozzina — circa 10 — risultavano essere invece i sacerdoti, una metà dei quali erano curati delle parrocchie. Ivi.

[39] A.S.T., *Intendenza di Pinerolo*, cat. II, s. IX, «Stato delle scuole», Inverso an XII.

[40] Ivi, «Nota dei maestri delle scuole prime», Pinasca an XII.

questi maestri improvvisati e saltuari, che nel processo di alfabetizzazione del popolo giocarono probabilmente un ruolo più rilevante di quanto non si sia sin qui immaginato. La loro presenza, oltre a dare buona prova dell'esistenza di una domanda sociale di istruzione, dovette a sua volta costituire un potente volano per l'ulteriore crescita della domanda stessa.

Non è difficile intuire che si trattava di un gruppo composto, dai confini abbastanza incerti. Parte a sé faceva il piccolo drappello di insegnanti di calligrafia e contabilità, operante nei centri maggiori: erano dei veri professionisti della penna, che si sentivano e si volevano più scrivani che maestri. Vi era poi un certo numero di ecclesiastici, i quali per carità o per denaro si prestavano a dare qualche lezione ad un pubblico talora molto composto: il prevosto di Airasca, per fare un esempio tra i molti possibili, insegnava buona parte dell'anno «alle persone anche piccole ed attempate, servi, vaccari e miserabili senza mercede alcuna»[41]. Ma, accanto ai tonsurati, in questa zona d'ombra ai confini dell'insegnamento ufficiale agiva anche un buon numero di laici della più diversa estrazione. Dalle carte emerge un universo disordinato e precario di ex domestici alla ricerca di un nuovo padrone, di anziani militari ammalazzati, di artigiani disoccupati[42]: individui che solo la miseria dei tempi e talora la fame avevano ridotto a questo lavoro, considerato un ripiego, una estrema risorsa. È questa una convinzione sottesa a tutti i documenti del tempo. Sarebbe difficile, per citare un solo esempio, esprimersi più chiaramente del sarto Giuseppe Satirana, nella petizione inoltrata al sindaco di Torino al fine di ottenere un permesso d'insegnamento. A causa della vecchiaia e dei repentini mutamenti intercorsi negli ultimi anni nello stile e nel taglio degli abiti («par le changement des modes») era rimasto «par sa disgrace sans ouvrage... ne sachant plus que faire pour gagner sa vie pour lui et pour sa pauvre famigle». «Sont art étant totalement inutil» s'era ridotto infine, *faute de mieux*, a «faire une petite école de la jeunesse»[43]. L'occuparsi dei bambini piccoli (la fascia d'età andava dai tre ai dieci anni) insegnando loro l'ABC era dunque una sorta di professione-rifugio o professione d'appoggio, scelta da persone troppo deboli o malate per sbarcare il lunario con il solito mestiere.

---

[41] A.S.T., *Intendenza di Pienerolo*, cat. II, s. IX, art. 2, «Atti consolari», Airasca 17 pratile an IX.

[42] Si veda il fascicolo relativo ad un'ispezione delle *écoles particulières* di Torino, ordinata nel 1806 (A.S.T., *Governo francese*, 1701). Sono proprio questi gli anni in cui, in risposta alle richieste di Parigi, in Piemonte si presero i primi provvedimenti per censire e disciplinare l'insegnamento privato. Purtroppo documenti che forniscano notizie così dettagliate sono molto rari.

[43] Ivi.

Nessuno di questi maestri improvvisati teneva lezione in una vera scuola: radunavano gli allievi laddove potevano, ammassandoli nella soffitta o nel retrobottega in cui abitavano o lavoravano, in un ambiente non di rado sprovvisto delle cose più indispensabili, dai sedili al materiale didattico[44]. Altri invece erano maestri itineranti e scorrevano il paese da un borgo, da un casolare all'altro, dando ai ragazzi lezioni saltuarie, magari all'aria aperta, per guadagnare «qualche soldo o qualche tozzo di pane»[45]. Alla loro maniera precaria e improvvisata tutti costoro fungevano da tramite tra il popolo e la cultura scritta, svolgendo un ruolo che la scuola ufficiale non intendeva né era in grado di sostenere.

L'universo dei maestri alla buona, «di poco conto», non era però esclusivamente maschile. Accanto a loro, sia pure a fatica, sia pure sullo sfondo, si delineano le figure di donne-maestre impegnate nel doppio ruolo di educatrici e sorveglianti e disposte, in cambio d'una modica somma, a prendersi cura dei bambini al di sotto dei sei-sette anni nonché delle fanciulle più grandicelle, già impegnate nei lavori di ricamo e di cucito. Erano mogli di piccoli artigiani, che cercavano così di integrare il reddito familiare oppure vedove senza risorse, alla ricerca d'un mezzo per «soulager de la misère»[46], senza dubbio attratte dal fatto che la scelta di una simile attività comportava poche spese. Oltre un piccolo, talora piccolissimo capitale di conoscenze, occorrevano qualche abbecedario, qualche libretto di dottrina cristiana ed un bel cartello fuori della casa, come quello appeso da Teresa Mottura: «Qui si fa scuola per li fanciulli»[47]; carta e penne erano utili, ma se ne poteva fare a meno. Il pubblico poi doveva essere piuttosto numeroso, almeno in

---

[44] Un buon esempio è rappresentato dalla maestra Irene Chiri, che teneva «son école au rez de chaussée, dans une arrière boutique où son mari travaille de son métier d'armurier... dans la boutique sur le davant son frère est marchand de vin, liqueur, brandevin ecc. Jugez de la tranquillité dont doivent jouir les jeunes éleves dans une pareille école», rimarcava il commissario di polizia incaricato dell'indagine. Ivi.

[45] In risposta ad una circolare del 1811 che chiedeva notizie su «les individus adonnés à l'enseignement primaire» nel circondario della capitale, il curato di Pozzo Strada annotava che nel distretto della sua parrocchia non esercitava alcun maestro ufficiale, ma vi era «peraltro taluno che va portandosi da una cassina all'altra ad insegnare così a qualche ragazzo ed a leggere ed a scrivere, per guadagnarsi qualche soldo o qualche tozzo di pane». Il parroco di Lucento segnalava che un maestro ambulante, «certo Pietro Marelli, già giovane argentiere, miserabilissimo... scorre il paese dando lezioni di lettura e scrittura anche in alcune cassine». A.S.T., Corte, *Istruzione pubblica, Scuole primarie per A e B*, m. 4. Su maestri itineranti e lezioni all'aria aperta nella Francia d'Antico Regime cfr. J. MEYER, *L'alphabétisation en Bretagne (XVI-XIX siècles)*, in *Histoire de l'enseignement de 1610 à nos jours*, Paris 1974, pp. 334 sg.

[46] Cfr. la già citata ispezione delle scuole *particulières*: A.S.T., *Governo francese*, m. 1701.

[47] Ivi, verbale del commissario di polizia su Teresa Mottura.

città, perché la pratica di mettere così a frutto un'età troppo tenera per il lavoro era diffusa nei ceti popolari[48].

Così anche queste donne fungevano da mediatrici tra mondi diversi: tra gioco e responsabilità, tra oralità e scrittura, tra dialetto, italiano e latino, almeno il latino delle preghiere[49]. Ai nostri occhi appaiono certamente strani tipi di insegnanti, capaci di distinguere le lettere ma già in difficoltà nel tracciare il proprio nome[50]. Eppure queste maestre, escluse e disprezzate dalla scuola istituzionale, si assumevano il compito di farvi accedere i ragazzi loro affidati, mettendoli in grado di leggere e tener la penna in mano. E per gli altri, per i molti che non avrebbero proseguito gli studi rappresentavano l'unica opportunità, l'unico momento di formazione parascolastica. Pensando alla loro presenza — troppo a lungo nascosta dai documenti ufficiali — e al loro insegnamento dimidiato possiamo meglio comprendere la molteplicità di forme di alfabetizzazione parziale che caratterizza la società d'Antico Regime, una società ove il compitare, il decifrare un testo noto, il leggere correntemente, il tracciare lettere erano non di rado saperi disgiunti.

Tali considerazioni rilanciano sul tappeto un problema più vasto, quello della validità, dell'efficacia dell'insegnamento impartito nelle scuole abbecedarie, fossero esse tenute da maestri ufficiali o da avventizi. I dati di partenza, se non altro, sono chiari: innanzitutto la quasi totalità degli allievi non sapeva inizialmente né intendere né parlare l'italiano; buona parte di fanciulli, poi, apprendeva a leggere e a scrivere direttamente su testi latini, in taluni casi addirittura sotto la guida di maestre che non sapevano nulla della lingua classica.

Quanto alla prima questione, per gli uomini del tempo era assodato — né costituiva motivo di stupore — il fatto che il dialetto costituisse l'unico strumento di espressione per molti fanciulli in età scolare[51]. Soltanto negli ultimi anni del se-

---

[48] Nel caso torinese, per fare un esempio, la presenza di numerose maestre è segnalata sin dal censimento del 1705. A.S.T., Camerale, art. 530, «Consegna di bocche», Torino 1705.

[49] Cfr. P. LUCCHI, *La prima istruzione. Idee, metodi, libri*, in *Il catechismo* cit., p. 69.

[50] Felicita Fume, *femme ménagère* e moglie d'un sarto, confessava al commissario di polizia di ignorare che occorresse un permesso «pour garder d'enfans et pour leur apprendre seulement l'abecedaire. Je n'enseigne pas à écrire — precisava — sachant à peine former mon nom». A.S.T., *Governo francese*. 1701.

[51] Il problema si pose in termini parzialmente diversi per la Sardegna. Qui, alla fine degli anni Settanta e nell'ambito del progetto di accentramento e riorganizzazione promosso dai vertici torinesi, vennero istituite nei principali villaggi delle scuole affidate ai vicari parrocchiali. L'insegnamento culminava ancora nella grammatica latina, ma i fanciulli vi potevano apprendere anche «il leggere e scrivere ed i primi elementi di aritmetica». Nell'isola la diffusione della lingua italiana assumeva una valenza più propriamente politica, e pertanto le autorità se ne occupavano con maggiore sollecitudine.

colo, quando gli avvenimenti politici scossero i fondamenti su cui si basava il tradizionale dominio delle masse, il problema della comunicazione tra i diversi gruppi sociali si pose con una nuova urgenza, per i democratici innanzitutto ma anche, di riflesso, per i conservatori. Allora apparve preoccupante ciò ch'era stato accettato come inevitabile, «che in molti luoghi anche cospicui non s'intende l'italiano da chi ha praticato per diversi anni le scuole»[52]. Si cominciò così a teorizzare la necessità di un insegnamento sistematico, graduale di questa lingua prima di affrontare lo studio del latino, pur accettando ancora l'uso strumentale del dialetto nelle aule, come tramite a moduli d'espressione più complessi[53]. E si cominciò a riflettere sull'opportunità di innovare i testi da sempre usati nelle scuole basse, introducendovi qualche libretto in volgare, appositamente scritto, semplice e chiaro ma ricco di utili notizie[54]. Si poteva sperare che i fanciulli, così aiutati, quasi «senza avvedersene» avrebbero imparato «ad intendere per lo meno se non a parlare tal lingua (italiana) come una seconda lingua materna»[55].

In questo modo, inseguendo le prime, caute idee di riforma ci si è spinti però troppo avanti nel tempo. Occorre tornare ancora alla scuola d'Antico Regime e,

---

Il primo libro da porre in mano ai bambini doveva essere una *Dottrina cristiana* bilingue, in «linguaggio sardo bensì, ma con a lato la traduzione italiana»: «così riuscirà più facile il far passaggio insensibilmente dalla cognizione dell'una a quella dell'altra lingua, il che avverrà esercitando i fanciulli... nel doppio idioma sì nel leggere che nel copiare». ARCHIVIO DI STATO DI CAGLIARI (d'ora in avanti A.S.C.), *Pastorali dell'Archidiocesi, Istruzione pratica del Magistrato sopra gli studi di questa regia Università per li maestri,* Cagliari 1777, pp. 14-15. Debbo l'indicazione di questi documenti alla cortesia di Laura Sannia.

[52] Così scriveva F. GALEANI NAPIONE, *Del'uso e dei pregi della lingua italiana,* Torino 1791, pp. 135-36. Nel Napione, ma anche in altri autori piemontesi, la difesa della lingua italiana diveniva in questi anni veicolo di una battaglia più propriamente politica, dai toni patriottici ed antifrancesi. Cfr. C. MARAZZINI, *Piemonte e Italia. Storia di un confronto linguistico,* Torino 1984, pp. 119 sgg.

[53] Un progetto steso nei mesi della prima invasione francese del Piemonte, e volto a tracciare il profilo della nuova scuola elementare repubblicana, prevedeva che gli allievi, appreso a leggere speditamente, passassero nella seconda classe. Qui dovevano applicarsi «ad intendere ciò che si legge, il che si ottiene con tre operazioni: 1. si spieghi in piemontese quanto leggono in italiano; 2. nello stesso tempo si insegnino gli elementi della lingua e le parti del discorso... 3. quando conoscano le parti del discorso si diano i principi della costruzione». A.S.T., *Intendenza di Pinerolo,* cat. II, s. IX, «Progetto normale per le scuole», Cavour sd. (ma an VII).

[54] Il modello, il testo di riferimento — per quanto da ridurre, semplificare o magari rovesciare di segno — era il libretto di M. CESAROTTI, *Istruzione di un cittadino a' suoi fratelli meno istruiti,* che in Piemonte era stato ristampato nell'anno VII da G.A. Ranza, con l'aggiunta dei *Diritti e doveri dell'uomo e del cittadino* premessi alla terza Costituzione francese, e prescritto come libro di testo nelle scuole a partire dalla grammatica latina sino alla filosofia.

[55] Si tratta ancora della memoria di F. Galeani Napione, «Intorno al modo di riordinare la Regia Università di Torino»: A.S.T., Corte, *Istruzione pubblica, Regia università.* m. 3 d'ad., n. 15, p. 123.

lasciato da parte il problema del dialetto, affrontare la seconda fondamentale questione sul piano didattico, vale a dire l'uso pressoché esclusivo di testi latini nelle classi abbecedarie. Un po' ovunque, infatti, nei grandi come nei piccoli centri — e ben al di là dei confini del Piemonte[56] — come sillabario e primo libro di lettura veniva adottato il Salterio, un libricino che riportava sul frontespizio l'alfabeto e qualche sillaba e conteneva poche pagine di preghiere, salmi e formule liturgiche latine[57].

La cosa, certamente assurda ai fini di una rapida alfabetizzazione, acquista una sua logica se si pensa alla finalità prima, di segno religioso, di quel tipo d'insegnamento. L'essenziale era la lettura o anche solo l'apprendimento mnemonico del catechismo, e per far questo in fondo non era necessaria la conoscenza dell'italiano. Soprattutto nel mondo rurale, ove l'uso del dialetto era generalizzato, e per alcuni gruppi sociali esclusivo, una scuola intimamente legata alla sfera religiosa poteva trasmettere frammenti di latino riservati all'uso sacro e distaccati dalla vita quotidiana. E agli occhi di un ragazzo di campagna, che in pratica considerava l'italiano come una lingua straniera, non appariva poi tanto strano che i libri di lettura imparati a memoria fossero scritti invece nella lingua della chiesa[58].

Per quanto comprensibile commisurato alla logica del tempo, questo sistema comporta qualche rischio di distorsione storica. Un simile apprendistato — ancora diffuso alla fine del XVIII secolo — portava, salvo eccezioni, solo a forme di alfabetizzazione ristretta. È questo un elemento da non trascurare nel valutare le conseguenze della crescita del numero di persone statisticamente date per alfabete nella società di Antico Regime: potrebbe essere azzardato inferire che vi corrispose un accesso generalizzato al senso, alla comprensione piena del testo. Ci si può legittimamente domandare infatti quanti, bambini o adulti, imparassero realmente a leggere e quanti non si accontentassero di riconoscere nel loro libretti te-

---

[56] Si vedano, a titolo di esempio, le osservazioni di P. DEL NEGRO, *Alfabetizzazione, apparato educativo e questione linguistica in Lombardia e nel Veneto,* in *Teorie e pratiche linguistiche nell'Italia del Settecento,* Bologna 1984, p. 254. In generale si può dire che soltanto là ove si affrontò il problema di una riforma delle scuole di base (Milano e Modena), si pose mano anche alla questione dei libri di testo, dal momento che i due aspetti erano inscindibilmente uniti. Cfr. C. ROSSI ICHINO, *Francesco Soave e le prime scuole elementari tra il '700 e l'800,* in *Problemi scolastici ed educativi nella Lombardia del primo Ottocento,* II, Milano 1977, pp. 169-86.

[57] A causa del basso valore e dell'uso prolungato, ben pochi di questi testi sono giunti sino a noi. Se ne possono trovare alcuni nell'ARCHIVIO DEL COMUNE DI TORINO (d'ora in poi A.C.T.), *Coll. Simeom,* c.s., n. 4664.

[58] Sulla separazione tra le due culture, l'una ecclesiale ove si leggeva o si cantava l'ufficio in lati-

sti già noti[59]. Doveva essere una prassi comune e destinata a protrarsi nel tempo, se ancora sotto il regno di Carlo Felice pedagogisti esperti condannavano la cattiva abitudine «tuttor vigente» di utilizzare come unico libro di lettura la Dottrina cristiana: «Dopo un anno di lettura continua in esso i figlioli non leggono più le parole, ma le recitano a memoria; onde avviene che non conoscendo eglino altri vocaboli che quelli... quando poi debbono por mano ad altri libri, odonsi leggere stentatamente e con mille spropositi»[60].

A limitare ancora l'efficacia dell'insegnamento di base concorrevano poi motivi più propriamente tecnici, come la vetustà dei criteri didattici, che era un tratto caratteristico della pedagogia del tempo. In quasi tutte le scuole piemontesi si applicava ancora a fine Settecento il vecchio metodo individuale. Il maestro faceva lavorare — leggere, scrivere, contare — ogni allievo separatamente; nel frattempo gli altri scolari erano abbandonati a se stessi e non combinavano nulla. È ovvio che questa scelta, o meglio questa abitudine, comportava un enorme spreco di tempo e l'impossibilità di organizzare secondo un piano razionale l'attività della classe.

Non si può neppure trascurare il fatto che il procedimento per imparare a decifrare un testo fosse particolarmente laborioso e complesso. Anche dopo aver appreso a riconoscere l'alfabeto sul foglio attaccato alle pareti dell'aula —la cosiddetta tavola — un bimbo delle prime classi non era affatto in grado di leggere. La difficoltà, insita nel metodo alfabetico universalmente applicato, consisteva nell'arrivare a riconoscere e a leggere correttamente le sillabe, superando l'equivoco tra i nomi delle lettere ripetuti mille volte (bi, ci, emme) e i suoni corrispondenti[61]. La parola pane, ad esempio, veniva inizialmente pronunciata «piaennee». Il passaggio tra il compitare e il legger richiedeva così molto tempo e molta fatica[62].

---

no, l'altra laica, basata sulla trasmissione orale in dialetto insistono P. BUTEL, G. MADON, *Alphabétisation et scolarisation en Aquitaine au XVIII et au début du XIX siècle*, in *Lire et écrire* cit., II, p. 32.

[59] Cfr. a questo proposito le osservazioni di D. JULIA, *L'apprentissage de la lecture dans la France d'Ancien Régime*, in *Espaces de la lecture*, Paris 1988, p. 135.

[60] M. PONZA, *Inviamento al comporre nella lingua italiana*, I. Torino 1826, p. 9. Sulla figura del Ponza e sulla sua attività di insegnante, redattore di testi scolastici e pubblicista cfr. MARAZZINI, *Piemonte*, cit., p. 179 sgg.

[61] Sulle difficoltà del processo di alfabetizzazione si sofferma P. LUCCHI, *La santacroce, il salterio e il babuino*, in «Quaderni storici», n. 38 (1978), p. 559.

[62] In una pagina di *Monsieur Nicolas*, Rétif de la Bretonne ricostruisce con vivezza di tocco una scena di vita quotidiana in una piccola scuola della Borgogna alla vigilia della Rivoluzione. Nel primo giorno di frequenza di Nicolas gli allievi più giovani leggevano ad alta voce il sillabario latino: «J'étais

Quanto alla scrittura costituiva un sapere a sé, un'arte separata che veniva appresa — se e quando essa veniva appresa — in una fase successiva alla lettura. Si può dire che fosse ancora anzitutto una tecnica, un'operazione manuale complessa[63]. I bambini dovevano lottare a lungo con penne d'oca, temperini, inchiostro, sabbia per asciugare ed abituarsi ad una difficile postura del braccio e del corpo[64]: i più grandicelli, poi, con le mani già callose e segnate dal lavoro, avevano ancor «meno agevoli ed ubbidienti le dita allo scrivere»[65]. Cavarsela da soli era quasi impossibile e bisognava ricorrere all'aiuto di un maestro. Per i genitori tutto ciò comportava spese aggiuntive, che bastavano a farla considerare un lusso, nel caso non si nutrissero mire precise sul futuro dei figli. Parecchi ragazzi appartenenti ai ceti popolari terminavano dunque la loro educazione prima di imparare a tenere la penna in mano o appena erano in grado di tracciare il proprio nome.

Eppure oggi sappiamo che la scrittura è una conquista primaria nell'ambito della formazione intellettuale, una conquista in base alla quale la stessa capacità di lettura si trova trasformata e può divenire silenziosa, interiore, personale. Senza gli strumenti di controllo razionale legati alla scrittura è molto più difficile per un individuo sottrarsi alle pressioni esercitate dal gruppo attraverso la tradizione orale. Soltanto un'ampia diffusione dell'arte di scrivere apre la via ad un nuovo rapporto con il mondo sociale e naturale e determina il passaggio tra alfabetizzazione ristretta e alfabetizzazione piena, nel doppio senso di intellettualmente completa e socialmente diffusa[66].

---

au pater, que je syllabais suivant l'ancien usage en faisant précéder la plupart des consonnes par une voyelle qui les dénature. J'épelais noster et je disais enneessetéerre». I compagni gli suggerivano «la bonne diction... je pleurais, croyant qu'on se moquait de moi, en voulant me fare dire noster». Nicolas si ostinava a leggere ciò che vedeva scritto secondo le regole di pronuncia che aveva appreso; i suoi piccoli vicini, invece, sapendo «leurs prières par coeur», non cercavano le lettere sul libro. L'esempio è riportato da JULIA, *L'apprentissage* cit., p. 135.

[63] Le operazioni legate alla scrittura si sarebbero un po' semplificate soltanto molto tempo dopo, intorno alla metà dell'Ottocento, quando le penne con pennino metallico avrebbero sostituito nell'uso comune le piume d'oca.

[64] Per facilitare ai principianti la copiatura degli «esemplari» o lettere modello, vennero ideati vari espedienti, dall'uso di fogli trasparenti alla preparazione di una traccia da parte del maestro, suggerita tra l'altro da Locke. Negli archivi torinesi è rimasta la descrizione di una complicata macchina «per facilitare ai fanciulli il modo d'abilitarsi nello scrivere», inventata da un calzolaio monregalese. A.S.T., Corte, *Istruzione pubblica, Istruzione pubblica in generale e pratiche complessive*, m. 1 di II ad., 1792.

[65] A.S.C., *Istruzione pratica del Magistrato sopra gli studi* cit., p. 14.

[66] La bibliografia su questi argomenti è molto ricca. Ci si limiterà qui a segnalare due testi tra i più significativi: W. ONG, *Oralità e scrittura*, Bologna 1986 (I ed. London New York 1982); J. GOODY, *La logica della scrittura e l'organizzazione della società*, Torino 1988 (I ed. London 1986).

Al di là di queste considerazioni generali v'è poi un elemento specifico da sottolineare. Al momento del trapasso tra Antico Regime e Rivoluzione il fatto di essere o meno alfabeti cambiò parzialmente di segno, ed anche le capacità intermedie, il saper leggere correntemente un testo comprendendone il significato oppure il saperlo decifrare a stento acquistarono un peso inedito. Nel vecchio mondo gli individui di umile condizione che vivevano nelle zone rurali avevano in fondo poche occasioni di misurarsi con testi scritti nel corso della loro esistenza. Se ciò avveniva, era comunque in maniera mediata e saltuaria, sotto forma per lo più di conti, contratti o preghiere. Ma gli avvenimenti rivoluzionari prima e l'invasione francese poi segnarono anche su questo terreno ed anche in Piemonte una svolta radicale. La circolazione dei libri, e soprattutto di libricini di poco prezzo e fogli volanti, che narravano degli straordinari avvenimenti di quegli anni, crebbe a dismisura; si moltiplicò il numero di proclami, decreti, avvisi emanati dai vari organi di governo, che si sovrapponevano e talora si contraddicevano l'un l'altro; le piazze di ogni più piccolo paese furono letteralmente tappezzate di manifesti, che di giorno in giorno annunciavano la distruzione del vecchio mondo e la fondazione di un nuovo ordine politico-sociale.

Ci si può legittimamente chiedere quanti degli individui che avevano seguito un tempo qualche lezione nelle scuole di base fossero poi in grado, al bisogno, di comprendere pienamente, correttamente un testo redatto in lingua italiana (o magari in francese) trattante argomenti di interesse generale. E ci si può altresì domandare quanto questa difficoltà di decifrazione, di comunicazione linguistica possa aver pesato nel rendere incomprensibile ed estranea la Rivoluzione per certa parte almeno dei gruppi popolari.

Delineato il quadro delle forme d'istruzione di base nello scorcio del secolo, vale la pena di affrontare la spinosa ma fondamentale questione dell'impatto degli eventi rivoluzionari su questo specifico terreno. Si è già avuto modo di dire che strutture e metodi dell'insegnamento primario furono solo marginalmente toccati dai tumultuosi avvenimenti e dalla trasformazioni politiche succedutesi tra il 1798 e il 1799. Nei pochi mesi della sua attività il Governo Provvisorio dovette far fronte a ben più urgenti e improrogabili impegni, e le prime cure in campo scolastico furono comunque riservate a Università e collegi. Più che misurarsi con decisioni politiche le scuole basse dovettero far fronte alla conseguenze dell'inflazione, della carestia, delle requisizioni, che falcidiavano insieme alle risorse delle famiglie le altre fonti di finanziamento: i beni ecclesiastici ed i già magri bilanci comunali.

Più che non alle istituzioni converrà quindi volgersi agli uomini che in esse operavano, per capire se gli insegnanti aderirono alle nuove idee, se accettarono o promossero il nuovo sistema di governo, se e sino a che punto insomma furono coinvolti negli avvenimenti di quel tempo. I monarchici, i conservatori nutrivano pochi dubbi a questo proposito. I documenti della prima Restaurazione parlavano dei maestri come di «persone per lo più di costumi corrotti e di uno spirito insubordinato», guidati da «mire ambiziose», tendenti a «distrurre la religione e il trono»[67]. I giudici più indulgenti attribuivano la causa agli stipendi «soverchiamente scarsi», «cosa che fu a molti di essi motivo a mostrarsi poco affetti al real governo... e gli espone a far delle viltà e delle parzialità e ingiustizie»[68]. I censori più serveri sostenevano addirittura che gran parte dei maestri di latinità delle terre, «come infetti di massime sediziose, o per meglio dir colpevoli d'averle per debolezza promulgate», aveva «preso il partito di nascondersi e fuggire»[69]. Timoroso delle «funeste conseguenze» che potevano scaturire da una simile situazione di disordine, nell'autunno del 1799 il governo sabaudo promosse una capillare inchiesta nelle province[70], per vagliare «qualità personali, idoneità, probità e attaccamento al governo» di tutti i docenti. Il controllo fu esteso anche alle scuole basse, «in cui i teneri garzoni succhiano le massime ... da' precettori con una tenacità che riesce in appresso difficile per non dire impossibile svellerle da' loro animi»[71]. Sotto il segno della paura e dei sospetti si avviava così il primo censimento dei maestri primari.

In realtà i risultati dell'indagine ridimensionarono i timori della vigilia. L'adesione dei maestri delle terre ai principi repubblicani apparve contenuta, limitata, in base ai dati disponibili, a due o al massimo quattro individui per provincia. Il circondario di Casale, con otto insegnanti denunciati, rappresentò un'eccezione[72]. In qualche caso le accuse misero in luce una scelta politica francamente an-

---

[67] A.S.T., Corte, *Carte epoca francese*, s. II, cart. 10.
[68] Ivi, car. 12, lettera del vescovo di Casale, 3.1.1800.
[69] A.S.T., Corte, *Istruzione pubblica, Regia università*, m. 3 d'ad., n. 15, «Intorno al modo di riordinare la Regia Università di Torino» di F. Galeani Napione, p. 111.
[70] Ad esprimere il giudizio sui maestri di scuola furono chiamati i Consigli comunitativi, allargati per la circostanza «alli maggiori registranti», vale a dire ai maggiori proprietari del luogo; nei casi dubbi furono consultati anche i parroci e i giudici. Tutti i nominativi vennero poi sottoposti ai vescovi per un'ultima revisione. A.S.T., Corte, *Carte epoca francese*, s. II, cart. 10, 11, 12, 13.
[71] A.S.T., Corte, *Carte epoca francese*, s. II, cart. 10.
[72] I dati qui riportati si riferiscono al numero dei maestri giudicati sospetti; tra parentesi è indicato il numero complessivo dei maestri inquisiti per ciascuna provincia. Acqui: 1 (38); Alessandria: 0 (25); Asti: 4 (97); Casale: .8 (89); Ivrea: 1 (64); Mondovì: 5 (40); Novara: 0 (63); Pinerolo: 2 (73); Saluzzo: 4 (50); Torino: 3 (87); Vercelli: 1 (53).

tisabauda: «sospetto di giacobinismo»[73], «poco attaccato al governo di Sua Maestà»[74], «propenso alla democrazia»[75]; in qualche altro segnalarono invece un comportamento che si prestava a diverse interpretazioni. Il procedimento contro quel maestro che avesse predicato in piazza, sotto l'albero della libertà, «parole infami repubblicanissime tendenti a diffamare e disonorare Sua Maestà»[76] era accettato pacificamente, ma assai diverso era considerato il caso di quegli insegnanti che avessero assunto cariche nelle municipalità democratiche. Condannati dal governo restaurato, costoro erano spesso giiustificati in sede locale dai concittadini, pronti a giurare che avevano «sostenuto l'impiego» soltanto al fine di impedire «il minimo abuso o disordine», vale a dire al fine di garantire una continuità nel trapasso delle cariche così da salvaguardare «la religione e le altrui proprietà»[77]. In altri comuni l'inchiesta, nata per individuare gli oppositori politici, offrì invece il destro per denunciare una condotta negligente o disordinata. Non tutti i maestri erano in grado di offrire quell'«esempio e modello di virtù... che tanto influisce sulla cristiana e civile educazione»[78] predicato dalle autorità. Gli uni erano detti di «abilità mediocre» e di «pochissima soddisfazione del pubblico»[79]; in qualche caso si trattava semplicemente di individui troppo vecchi, senza voce e con «difetto di pronuncia a causa della mancanza de' denti»[80]. Altri poi erano descritti come «persone di osteria»[81], «amanti eccessivamente del vino», «giocatori di professione»[82], «dediti alle crapule... in compagnia di persone di cattiva qualità d'ogni sesso»[83].

---

[73] Scalenghe (Pinerolo).

[74] Monastero (Acqui); Mondonio (Asti); Camagna (Casale).

[75] Moncestino, San Salvatore (Casale); Montaldo (Ivrea); Lenta (Vercelli).

[76] A.S.T., Corte, *Istruzione pubblica, Scuole e collegi secondari in genere*, m. 1 da inv., lettera di denuncia del maestro di Monteu da Po, 20.12.1799.

[77] Ivi, lettera dell'arciprete di Revigliasco, 22.11.1799; *Carte epoca francese*, s. II, cart. 13, lettera del podestà di Candiolo, 28.1.1800.

[78] Questa definizione di buon maestro si ritrova in un rapporto sugli insegnanti di Bra. A.S.T., Corte, *Istruzione pubblica, Scuole e collegi secondari in genere*, m. 1 da inv., lettera del teologo Baldi, gennaio 1800.

[79] A.S.T., Corte, *Carte epoca francese*, s. II, cart. 13, verbali di Ozegna (25.11.1799) e Traves (16.12.1799).

[80] Ivi, cart. 12, lettera del giudice di Cherasco, 28.2.1800. Il giudizio era relativo al maestro del luogo di Narzole, che da certuni era accusato di mancanze più gravi.

[81] A.S.T., Corte, *Istruzione pubblica, Scuole e collegi secondari in genere*, m. 1 da inv., verbale di Candiolo, 2.12.1799.

[82] A.S.T., Corte, *Carte epoca francese*, s. II, cart. 13, giudizio del vescovo di Vercelli sui maestri di Cozzo e Cortilione.

[83] A.S.T., Corte, *Istruzione pubblica, Scuole e collegi secondari in genere*, m. 1 da inv., parere del

Ma non sempre le denunce erano fondate. Nel clima fortemente conflittuale che caratterizzava la vita locale, ancora inasprito dalle recenti lotte politiche, l'indagine governativa offriva l'occasione di sferrare un buon colpo al partito avversario o di saldare vecchi conti[84]. Le simpatie filofrancesi apertamente ed incautamente manifestate qualche mese prima permettevano ad esempio al prevosto di Levone di incastrare finalmente il maestro, tal don Massa, una tipica figura di piccolo ras locale[85]. Questi si era «fatto crescere più di un quarto del solito stipendio» e in cambio «non fa un travaglio che vaglia un quattrino. Tutti borbottano ma niun osa parlare, che il padre ha tutti sotto» per essere segretario di tribunale, e di comunità. Ma la figura più temibile era quella del fratello, che esercitava le funzioni di esattore, uomo «alto, altissimo in menar le mani e ciò che non può fare alla scoperta lo fa al di dietro». Insomma non si stenta a credere, come scriveva in tutta segretezza il parroco, che una tal famiglia tenesse «tutto il paese in soggezione»[86].

Lo stesso tipo di denuncia poteva d'altra parte portare alla luce situazioni specularmente diverse. Il maestro di Montalenghe, ad esempio, sosteneva che il suo licenziamento, formalmente motivato dai trascorsi nella municipalità repubblicana, era stato in realtà fomentato con maneggi e raggiri da un notaio del luogo, suo personale nemico. In una lettera assai sgrammaticata narrava come la faida si fosse acuita al tempo della Rivoluzione quando, «eletto dal popolo membro municipale... dovette in tal qualità, affine di mantenere il buon ordine, opporsi alle perturbazioni del detto notaio»[87], già noto alle autorità come «persona di spirito torbido ed inquieto, che più e più volte è già stato causa di vari disordini in paese». Appaiono dunque fondati i sospetti dell'intendente di Asti, il quale sosteneva che in «alcuni pubblici singolarmente composti di persone illetterate» si fosse profittato dell'inchiesta «per far valere la briga in favore di qualche parente o locale», escludendo i maestri in carica «per motivi o frivoli o secondari»[88].

Per quante riserve si possano nutrire sulla attendibilità di alcune risposte,

---

giudice locale sui maestri di Mezzenile, 15.12.1799.

[84] Sull'intensificarsi delle rivalità locali in epoca rivoluzionaria cfr. M.G. BROERS, *The Restoration of Order in Napoleonic Piedmont, 1797-1814*, Thesis of D. Phil., University of Oxford 1986, pp. 131 sgg.

[85] «Nel giorno dello istallamento... del governo democratico predicò a' pie' dell'albero menzognero, e colle parole e coi fatti mostrò d'averlo fitto nel cuore... e contro il re andava cantando dopo le patriottiche cene epicuree le sciocche oltraggiose canzoni, per esempio re delle marmotte». A.S.T., Corte, *Carte epoca francese*, s. II, cart. 13, lettera del prevosto di Levone, 25.11.1799.

[86] Ivi.

[87] Ivi, cart. 12, lettera del maestro di Montalenghe, dicembre 1799.

[88] Ivi, cart. 11, lettera dell'intendente di Asti, 14.11.1799.

sembra tuttavia difficile ignorare la sostanza, il punto chiave dell'inchiesta, vale a dire il fatto che i maestri «giacobini», i maestri ferventi patrioti non furono davvero legioni, come temevano e sostenevano gli avversari. Se si volessero altre prove basterebbe scorrere i giudizi espressi di lì a qualche tempo dai funzionari napoleonici, ove si sarebbe parlato d'un gruppo chiuso in difesa della tradizione, pervaso da invincibili pregiudizi, ostinato nel fanatismo e nella superstizione. Bisogna d'altronde ammettere che era il ruolo stesso, ambiguo nella commistione tra doveri di religione e d'insegnamento, connotato da una scarsa professionalità sul piano didattico e svolto nel chiuso mondo dei piccoli comuni rurali ad indurre i maestri a schierarsi in difesa della tradizione. L'accusa di simpatie repubblicane e democratiche acquisterebbe invece maggior fondamento se riferita ai professori dei collegi secondari o ai docenti dell'università, persone che indubbiamente dimostrarono una maggior apertura verso le nuove idee, in virtù tra l'altro di letture più ricche, di frequentazioni più ampie, di contatti più vivaci. Ma questo sarebbe un altro e più lungo discorso.

È chiaro che sinora nel corso della ricerca si è posto l'accento soprattutto sulla continuità delle istituzioni e degli uomini, sull'inerzia del materiale e dei metodi didattici ben oltre la fine dell'Antico Regime. Un lavoro di taglio socio-istituzionale corre nonostante tutto il rischio di sottovalutar le linee di frattura, le innovazioni che gli eventi rivoluzionari determinarono nel settore educativo. Vale dunque la pena di riprendere brevemente la questione sotto questa angolatura. Si è già detto quali fossero i tratti caratteristici dell'insegnamento di base di tipo tradizionale. La scuola di comunità era di norma scuola latina, monopolizzata dai figli dei notabili, che se ne servivano come trampolino per il collegio. Esisteva poi tutta una gamma di forme minori e precarie d'insegnamento alla portata di un pubblico più vasto. Ma vi erano altresì barriere che ostacolavano un progresso generalizzato dell'istruzione primaria, al di là delle opposizioni politiche di segno conservatore e dei fattori strutturali (la diffusa miseria, l'impiego di forza-lavoro infantile). Infatti per coloro che avevano qualche ambizione e un minimo di possibilità l'alfabetizzazione rappresentava soltanto un obiettivo intermedio o un ripiego. Non era ragionevole sperare di trovare un buon impiego solo perché si sapeva leggere e scrivere. Bisognava studiare e naturalmente studiare il latino, che dava accesso a tutte le professioni intellettuali[89]. Per la fascia dei più diseredati, che non nutrivano simili speranze, scuole e maestri erano invece qualcosa di

---

[89] Cfr. su questo punto LUCHI, *La prima istruzione* cit., p. 79.

estraneo, veicolo di una cultura elaborata altrove dalle *élites* clericali e urbane. L'interesse di una sia pur elementare istruzione sfuggiva a tali persone, che non ne vedevano l'utilità nella sfera del lavoro quotidiano, effettuato da sempre in base ai dettami della tradizione, e tanto meno in vista di una troppo remota promozione sociale. L'estraneità tra certa parte del mondo contadino e la cultura scritta era ancora radicata. In fondo, come sosteneva uno dei corrispondenti dell'abate Grégoire per le campagne francesi, «è necessaria un po' di istruzione per capire quanto essa sia necessaria»[90].

Rispetto a tutto ciò l'età rivoluzionaria segnò una netta frattura. A cambiare fu il modo stesso di concepire l'istruzione, e l'istruzione primaria in primo luogo; a cambiare furono le aspettative della gente, le richieste avanzate nei confronti di scuole e maestri. Il nuovo fine — ambizioso e magnifico — proposto e perseguito dai gruppi democratici divenne la crescita dell'individuo, lo sviluppo delle sue potenzialità in ogni campo, quello politico e sociale non meno che quello culturale. Forse per la prima volta idee simili idee uscirono dagli studioli, dalle biblioteche e divennero patrimonio comune dell'opinione pubblica, forse per la prima volta vi furono uomini fiduciosi della loro realizzazione ed entusiasti nel diffonderle. Questo fervore pedagogico ineragì a sua volta con la crescente curiosità intellettuale e la crescente sete di sapere del pubblico innescando la speranza che l'educazione potesse costituire la chiave di volta della riforma della società. Ai ragazzi di «singolari talenti», per quanto umile fosse la loro nascita, doveva essere dato «il mezzo di svilupparsi e rendersi utile alla Repubblica». Ma anche i fanciulli dotati soltanto di «talenti mediocri» dovevano essere «istruiti a conoscere i suoi diritti, leggere ed intendere le leggi e spiegare i suoi sentimenti» cosicché «tutti, con principi d'onore e di probità, siano formati buoni cittadini»[91]. I nemici della Rivoluzione avrebbero parlato con timore negli anni a venire dell'avidità di sapere del popolo, dell'«effervescenza» e dell'«ardore» che lo muovevano a «procurarsi per ogni via ogni sorta di lumi»[92]. E i democratici avrebbero ricordato con rimpianto

---

[90] La frase è citata da R. CHARTIER, *Rappresentazioni e pratiche: letture contadine nel XVIII secolo*, in *Letture e lettori nella Francia di Antico Regime*, Torino 1988, p. 191 (I ed. Paris 1987) ed è tratta dalle risposte ad un'inchiesta sui costumi degli abitanti delle campagne promossa nel 1790 dall'abate Grégoire, deputato all'Assemblea nazionale.

[91] A.S.T., *Intendenza di Pinerolo*, cat. II, s. IX, «Progetto normale per le scuole», Cavour sd. (ma an VII).

[92] A.S.T., Corte, *Carte epoca francese*, s. II. cart. 10, «Collegi delle scuole inferiori in Torino. Abusi da eliminare nella pubblica istruzione», 1800. Si tratta di una memoria risalente al periodo della prima Restaurazione.

come «nel fortunato governo di libertà e d'eguaglianza, nel quale rendesi giustizia al talento, all'abilità, al merito, l'esser figlio d'un artista, d'un mercante, d'un agricoltore» non costituisse più un ostacolo alla carriera degli studi. È chiaro che questo progetto di istruzione universale e democratica si poneva in alternativa non soltanto rispetto alle vetuste forme di alfabetizzazione ancora in uso in Piemonte ma anche rispetto alle scuole elementari di tipo normale fondate in vari stati europei nel secondo Settecento, ove si mirava ad istillare nel popolo, al di dà delle più elementari conoscenze, il rispetto per i poteri e l'ordine costituito[93].

Che alla prova dei fatti i piani elaborati in quella breve stagione si rivelassero utopistici, che avessero ben pochi riscontri nel mondo chiuso delle piccole scuole rurali non incrina il valore ideale, di rottura, di una simile esperienza[94]. Se nel tempo breve tali idee non ebbero la forza di trasformare le istituzioni, rimasero pur sempre nel cuore degli uomini, che le trasmisero come legato di speranza alle generazioni future.

[93] Su caratteri e limiti di queste riforme cfr. M. ROGGERO, *La politica scolastica nei ducati padani nel secolo de Lumi. Realtà locali e problemi generali*, in *Il catechismo* cit., II, pp. 165-94.

[94] Per una rassegna degli studi più recenti sul tema dell'educazione in età rivoluzionaria cfr. D. JULIA, *Enfance et citoyenneté. Bilan historiographique et perspectives de recherches sur l'éducation et l'enseignement pendant la période révolutionnaire*, in «Histoire de l'éducation», n. 45, 1990, pp. 3-42.

ENRICO MATTIODA

La nostra perduta rigenerazione.
Accademici Unanimi, Uniti, Pastori della Dora dal 1789 al 1802.

> *Per rigenerare veramente la terra, bisogna*
> *distruggere il più che si può fatti e memorie*
> *degli errori o della corruzione del mondo antico.*
> Vincenzio Russo

In anni ancora recenti Carlo Dionisotti[1] ha proposto di studiare la letteratura piemontese del Settecento alla luce di un rapporto dialettico tra piemontesi e spiemontizzati: la proposta è di per sé accattivante in quanto consentirebbe di dividere gl'intellettuali piemontesi tra militanti e funzionari, tra chi, cioè, avrebbe aspirato ad un riconoscimento come funzionario all'interno dello stato sabaudo e chi, invece, ne avrebbe rifiutato la situazione culturale e politica decidendo di emigrare.

Questa contrapposizione sembra però venir attenuata dagli studi storici più recenti[2] che mettono in risalto una generalizzata crescita della società civile nel Piemonte di fine Settecento e il costituirsi di un'opinione pubblica finalmente in grado di misurarsi con i modelli europei.

La stessa composizione sociale delle accademie qui prese in esame conferma quest'interpretazione: esse sono composte da intellettuali per la massima parte provenienti dal terzo stato, da un ceto che ha raggiunto una certa preparazione culturale ed esercita professioni ad essa legate: banchieri, avvocati, insegnanti a vari livelli.

Il problema di fondo, per questo ceto intellettuale, diventa allora il suo riconoscimento da parte del potere sabaudo che nel 1783 aveva accettato la Società privata torinese trasformandola in Reale accademia delle scienze. Ma se quest'ultima diventa immediatamente un organismo consultato dal governo e se i suoi

---

[1] C. DIONISOTTI, *Appunti sui moderni,* Bologna 1988, pp. 11-31.
[2] Si vedano almeno V. FERRONE, *La nuova Atlantide e i lumi. Scienza e politica nel Piemonte di Vittorio Amedeo III,* Torino 1988 e G. RICUPERATI, *I volti della pubblica felicità. Storiografia e politica nel Piemonte settecentesco,* Torino 1989.

componenti sperano di attuare attraverso la tecnica e lo studio scientifico una politica di riforme, non così avviene per le accademie letterarie. Di queste le più prestigiose attraversano una crisi profonda: la Sanpaolina si è ormai sciolta e la Filopatria subisce una seria involuzione dopo il 1789[3]. Contemporaneamente nella provincia — tra Savigliano e Chieri — nasce una nuova accademia detta degli Unanimi, che nel 1790 si trasferisce a Torino inglobando i rappresentanti più significativi della Filopatria: Prospero Balbo, Vincenzo Marenco, Giuseppe Vernazza, Gian Francesco Galeani Napione ecc.

In poco tempo l'accademia degli Unanimi cerca una legittimazione anche all'esterno, giungendo ad un organico di circa duecento soci di cui una sessantina residenti in altri stati italiani. Il nome dell'accademia avrebbe dovuto con tutta probabilità indicare, nell'intenzione dei fondatori che si rifacevano al magistero del Denina, la fedeltà politica alla monarchia sabauda, al culto della storia patria e della religione; ma con gli anni l'accademia si estende e comprende intellettuali che si comporteranno in modi diversi di fronte all'evento rivoluzionario che di lì a poco avrebbe travolto lo stato sabaudo.

L'ideatore e protofondatore dell'accademia, Carlo Marco Felice Arnaud da Lagnasco, è un nipote dello spiemontizzato «malgré lui» Carlo Denina e pochi anni dopo la fondazione dell'accademia realizzerà la sua vocazione religiosa prendendo i voti sacerdotali. Confondatore è l'amico Luigi Giulio Maffoni da Sanfré presso la cui casa torinese si riunirà l'accademia. Oltre a loro il gruppo iniziale comprende Giuseppe Massa da Savigliano, il chierese Francesco Borgarelli e Pietro Paolo Demonte di Cavallermaggiore. Proprio la geografia del gruppo, che si estende dall'alto cuneese fino alle soglie di Torino, non può lasciar da parte un allora importante centro culturale come Saluzzo da cui viene chiamato a partecipare Silvio Balbis[4]. Fin dall'inizio l'accademia cerca di giustificare la propria esistenza di fronte al potere, magari suggerendo un'applicazione alle discipline umanistiche del motto *veritas et utilitas* dell'accademia delle scienze: non a caso il primo volume dato alle stampe dall'accademia si richiama all'utilità della storia — in particolare di quella religiosa — proponendo la continuazione dell'opera agiografica del canonico Pier Giacinto Gallizia, *Atti de'santi, beati e venerabili*

---

[3] Cfr. come contributo più recente e preciso RICUPERATI, op. cit.

[4] Sul Balbis si vedano la voce di M. CACCIAGLIA, *Silvio Balbis*, in *Dizionario biografico degli italiani*, Roma 1968, pp. 394-395 e la bella tesi di laurea (relatore prof. M. Cerruti) di LAURA COSTA, *Silvio Balbis: un letterato piemontese nell'Arcadia del secondo Settecento*, Torino 1988, dattiloscritto presso il Dipartimento di Scienze letterarie dell'Università di Torino.

che nacquero o morirono nel dominio della reale casa di Savoia[5] pubblicato dall'editore e libraio torinese Scotto nel 1792. Il volume riporta in fondo il catalogo della libreria, e bisogna credere che questo offra uno specchio fedele della diffusione libraria ufficiale in Piemonte[6], attestando ancora una volta — se mai ce ne fosse bisogno — il rigido e occhiuto controllo delle autorità civili e religiose sulla circolazione culturale in Piemonte.

Ma la pubblicazione più ambiziosa dell'accademia vede la luce l'anno seguente con i due tomi dei *Saggi dell'accademia degli Unanimi*[7] dedicati a Carlo Emanuele di Savoia e inneggianti almeno programmaticamente alla storia patria:

> Nelle prefazioni ai volumi pubblicati premesse si è dimostrata abbastanza l'utilità della storia patria sì sacra che profana, e la necessità, che questa da un'adunanza letteraria venga coltivata, poiché maggiori lumi e comodi può avere di quelli, che abbia un semplice privato. Si estese pure il nostro ragionamento all'utilità che apportano la poesia, e l'eloquenza, che formano unitamente alla storia patria lo scopo principale dell'accademia nostra[8].

Ma, a ben vedere, nei *Saggi dell'accademia degli Unanimi* l'unico scritto riferentesi alla storia patria rimane la *Dissertazione sopra lo stabilimento della regia università di Torino* di Carlo Tenivelli, già autore della *Biografia piemontese* e

---

[5] Le pubblicazioni dell'accademia degli Unanimi sono le seguenti:
- *Atti de' santi, beati, venerabili che nacquero o morirono nel dominio della reale casa di Savoia*, Torino, 1792;
- *Saggi dell'accademia degli Unanimi*, Torino, 1793, 2 voll.;
- *Epicedi alla onorata memoria di Gioachino Ignazio Vignola saluzzese, tra gli unanimi l'inflessibile*, Mondovì 1793;
- *Immolando la prima ostia di propiziazione l'illustrissimo sig. teologo Carlo Marco Felice Arnaud da Lagnasco*, Torino 1795 e comprende anche *Applausi da la Dalmazia (...) a Carlo Marco Felice Arnaud raccolti con altre poesie di autori piemontesi da Luigi Giulio Maffoni*, Torino, s.a. (ma 1795);
- *Voti della torinese accademia degli unanimi a Luigi Giulio Maffoni e Maria Teresa Bruna*, Parma, 1797.
- *Alla sacra maestà della Regina di Sardegna (...) restituendosi colle reali principesse sue figlie nella capitale del Piemonte: omaggio poetico dell'accademia unanime di storia e belle arti subalpina*, Cuneo, 1815.
[6] Il catalogo della libreria Scotto offre una vasta scelta di libri religiosi e edificanti. Vi sono poi alcuni titoli di geografia e scienze matematiche o naturali. Esso comprende come unico libro di filosofia il *Saggio di filosofia morale* di MAUPERTUIS. I classici italiani presenti sono Dante e Sperone Speroni. Seguono il teatro di Goldoni e i «classici» piemontesi: Tesauro, Alfieri, Denina e nulla più.
[7] *Saggi dell'accademia degli unanimi* cit.
[8] Op. cit., II, p. 1.

professore universitario che verrà fucilato nel 1797 dalle truppe sabaude per aver inneggiato alla rivoluzione e all'invasione francese, diventando una figura esemplare di martire per molti suoi allievi e amici fra cui Carlo Botta e Luigi Richeri.

Per il resto prevale un gusto bellettristico e retorico che bandisce le idee riformatrici presenti nella Filopatria: la prosa è lasciata più che altro ai corrispondenti italiani come il veneziano Pietro Zaguri che pubblica una interessante lettera sullo stile tragico di Alfieri, o come il vecchio commediografo bolognese Francesco Albergati Capacelli che pubblica nei *Saggi* la sua farsa *L'accademia di musica* e che come censore dell'accademia per lo stato pontificio dà una lezione di severità e di onestà verso se stessi e verso il pubblico ai componenti dell'accademia[9]. Albergati ha il coraggio di affermare che chi non sa scrivere poesie deve lasciar perdere e dedicarsi ad altro; se gli Unanimi avessero seguito il suo consiglio, del migliaio di pagine stampato dall'accademia sarebbe rimasto ben poco: qualche poesia del vercellese Jacopo Durandi e qualcuna del già citato Balbis, sempre avaro nello scrivere poesie e tuttavia uno dei pochi a saperne comporre. In mezzo a tanta spazzatura poetica già indagata *«fino al limite dell'umana sopportazione»*[10] si può forse individuare una dignitosa «linea saluzzese» che ha i suoi punti più alti in Balbis e nella sua allieva Diodata Saluzzo di Roero (con risultati minori in Ignazio Vignola e Onorato Pelicò, il padre di Silvio Pellico) che qualche anno più tardi parteciperà alle pubblicazioni dei Pastori della Dora. Ma la maggior parte della produzione poetica è composta da poesie scritte per altre occasioni: poesie per nozze, per voti, epicedi ecc., fino a composizioni del tutto gratuite e insopportabili del tipo *Sonetto a noiosissima rondine*.

Fortuna leggermente migliore raccoglie la prosa nel volume dedicato alle nozze del Maffoni, dove si trovano una prosa di Vincenzo Malacarne (altro saluzzese e noto chirurgo) *Del giardino di Venaria Reale*, e una *Lettera al signor abate Giuseppe Pavesio* di Gian Francesco Galeani Napione che discute i pregi (e i difetti) del matrimonio in particolare contro le opinioni a suo tempo espresse dal medico toscano Antonio Cocchi. Per il Galeani Napione il matrimonio ha un'utilità sociale rilevante ed è indispensabile per la moralità di dotti e scienziati:

> Di fatti troviamo gli scienziati uniti in società coniugale ad utili studi rivolti, amici del buon ordine, e del buon costume, moderati, ed umani,

---

[9] F. ALBERGATI CAPACELLI, *Lettera a Luigi Raby*, in *Immolando la prima ostia*, cit., s.i.pag.
[10] DIONISOTTI, op. cit., p. 25.

laddove sciolti da' giusti vincoli nuziali vissero i corifei più famosi del falso sapere, e i disseminatori crudeli delle dottrine struggitrici[11].

Nello stesso tempo Napione propone quell'interpretazione negativa e pessimistica del secolo ormai alla fine, dettata dall'avversione alla rivoluzione francese e che costituirà uno dei temi preferiti dei Pastori della Dora; tanto che considera quasi un eroe chi in quei tempi pensa a metter su famiglia:

> Né io stimo, che abbian men cuore quelli, che nelle presenti agitazioni non temono di contrar nozze, e di addossarsi il rispettabile, ma tremendo incarico di padre di famiglia[12].

Cito questi passi del Napione perché sono in qualche modo esemplari della tendenza conservatrice dell'accademia in quella che è la sua ultima pubblicazione nel fatidico 1797. Durante l'invasione francese del Piemonte e il seguente periodo napoleonico l'accademia sceglie il silenzio. Tornerà, con nome mutato e a ranghi ridottissimi, a pubblicare nel 1815 un volume di versi per il ritorno della regina[13], ma sarà un effimero e antistorico tentativo di far rinascere un'istituzione che aveva fallito lo scopo di promuovere gli studi storici.

Nel frattempo, all'inizio del nuovo secolo, alcuni ex Unanimi come Giovanni Giacinto Andrà e Onorato Pelicò parteciperanno ad un'esperienza come quella dei pastori della Dora che promuove ed incita un distacco del letterato dalla storia e dai suoi mali, sostituendovi gl'ideologici boschetti arcadici. Più interessante è il tentativo di altri ex Unanimi come Luigi Richeri, Paolo Luigi Raby, Carlo Casalis e lo stesso bifronte Andrà all'interno dell'accademia degli Uniti di creare una poesia di contenuto rivoluzionario: il loro breve entusiasmo sarà tuttavia raffreddato dagli eventi storici ed essi rifluiranno su di una vena intimista-religiosa oppure si adatteranno a cantare chi Napoleone, chi — più tardi — i restaurati Savoia.

L'accademia degli Uniti

Nel 1799 vede la luce un curioso volumetto intitolato *Le muse subalpine rigenerate*[14]. Fino alla pagina 54 contiene poesie di argomento rivoluzionario scritte

---

[11] G. F. GALEANI NAPIONE, *Lettera al signor abate Giuseppe Pavesio*, in *Voti della torinese accademia degli unanimi* cit., p. 212.

[12] Op. cit., p. 197.

[13] *Alla sacra maestà*, cit.

[14] L. RICHERI, *Le muse subalpine rigenerate*, Torino 1799.

da Luigi Richeri, ma di seguito a queste sono stampati i *Cantici repubblicani dei rigenerati accademici uniti*. Già da questi due titoli si nota l'uso del concetto di «Rigenerazione», ma l'uso è generale: basta dare una breve scorsa al volume per incontrarlo ovunque (*Il Piemonte rigenerato, Torino rigenerata dal sangue de're-pubblicani, Casale nel giorno della sua rigenerazione, Inno patriottico offerto al rigenerato popolo piemontese*, ma sono solo pochi esempi). Il termine rigenera-zione non compare soltanto negli scritti degli accademici Uniti; così Giuseppe Grassi scrive nella prefazione alla commedia repubblicana di Camillo Federici *La Figlia del fabbro*:

> Buoni patrioti piemontesi, io vi presento una produzione d'un nostro concittadino, dell'immortale Camillo Federici, che svolge i principi della libertà, che insegna i doveri del repubblicano, e che in questi tempi di *ri-generazione* infiamma i deboli, elettrizza i forti, ed istruisce gl'infelici avanzi dell'aristocratica ignoranza[15].

Un altro componente dell'accademia degli uniti, Fortunato Radicati, scrive invece a prefazione del suo melo-dramma *Il feudatario punito*:

> (...) celato all'occhio de'tiranni, in un piccolo villaggio del Monferrato in-cominciai per mio semplice passatempo, e sollievo il presente melo-dramma, destinato dalle avverate mie speranze ad un'epoca più felice. Le critiche circostanze di que' tempi sciagurati non mi permisero di con-tinuarlo; a richiesta poi di molti patrioti miei amici lo compietti in questi primi giorni della felice nostra *rigenerazione*[16].

La rigenerazione è prima di tutto un fatto politico: la liberazione dall'assoluti-smo sabaudo che sembra aprire nuove libertà d'espressione ai lettori e il ricono-scimento di uno status sociale a quelli che fino a poco tempo prima erano stati definiti «le surplus d'une nation». Ma a tutto questo si lega una sorta di apettativa messianica: la rigenerazione è l'inveramento storico di un tempo nuovo. Già il ca-lendario rivoluzionario segna questa rifondazione del tempo, e anche i piemonte-si insistono sul concetto facendo imprimere su molti libri del 1799 l'indicazione «anno I della libertà piemontese». Il concetto di «Rigenerazione» viene usato per

---

[15] G. GRASSI, *Prefazione* e C. FEDERICI, *La figlia del fabbro,* Torino 1799. Il corsivo nel testo è mio.
[16] F. RADICATI, *Il feudatario punito; coll'intervento dell'illustrissimo signor maggiore Branda di Lucioni,* Torino 1800. Il corsivo è mio. Sul tema dei Brandalucioni è fondamentale C. CORDIÈ, *I Bran-dalucioni,* in «Studi piemontesi», XII (1983), pp. 61-69.

esprimere la consapevolezza propria delle masse rivoluzionario nell'attimo del-
l'azione di — per dirla con Walter Benjamin — far saltare il «continuum» della storia[17].

Questo taglio netto col passato, questa distruzione del precedente per rifondare
o, meglio, rigenerare l'unità è ben spiegato dal rivoluzionario napoletano Vincen-
zio Russo:

> Per rigenerare veramente la terra, bisogna distruggere il più che si può
> fatti e memorie degli errori o della corruzione del mondo antico[18].

A questo rifiuto del passato è forse dovuta anche l'immunità dell'accademia
dal classicismo rivoluzionario.

Nello stesso tempo la distruzione del passato è compresa nel messianismo
rivoluzionario; il tempo nuovo è previsto alla luce di una profonda religiosità,
magari deistica, ma che può assumere toni apocalittici. L'associazione tra rivoluzione e religiosità si può scorgere in molti letterati del periodo: in Piemonte il caso più noto è quello di Giovanni Antonio Ranza, mentre fra gli Uniti si possono
segnalare Luigi Richeri e Giovanni Giacinto Andrà (l'unico ad aver partecipato a
tutte e tre le accademia qui prese in esame).

Ma riscoprire il concetto di «Rigenerazione» ha qui anche un'importanza storiografica: quella di riportare alla luce un termine opposto a quello comunemente
usato di «Risorgimento». Da molti anni ormai è stata smontata l'operazione teleo-
logica del Calcaterra che voleva vedere nel Setecento piemontese l'anticipazione
del Risorgimento (visto come cosa propria di casa Savoia) e a questo fine ripren-
deva una frase (il nostro imminente Risorgimento cui il nostro titolo vorrebbe in
qualche modo fare il verso) di un altro reazionario, il settecentesco conte Benvenuto Robbio di San Raffaele. Tuttavia occorre far notare che il concetto di «Risorgimento» — che si fonda, al contrario di «Rigenerazione», sulla ripresa delle tradizioni e della storia nazionale — non è il solo cui si ispirarono i patrioti italiani
dell'Ottocento. Accanto a questo che è risultato vincente, anche storicamente, rimane l'altro di «Rigenerazione» cui si sarebbe ispirato ancora in piena Restaurazione il gruppo dirigente del «Conciliatore»; così, infatti, il 7 aprile 1820 Ludovico
di Breme scrive a Federico Confalonieri:

> (...) Se i destini d'Italia si abbelliranno, se batterà l'ora della nostra *rige-*

---

[17] W. BENJAMIN, *Angelus novus*, trad. it. Torino 1982, p. 84.
[18] V. RUSSO, *Pensieri politici*, in *Giacobini italiani*, a cura di D. CANTIMORI, Bari 1956, I, p. 325.

nerazione, quest'epoca invocata e sospirata, troverà il tuo parere assai più maturo; e la tua coscienza, quindi il pubblico, te ne renderanno la dovuta mercé[19].

Intanto, per tornare agli accademici Uniti, il volume curato dal Richeri si apre con la dedica *Au citoyen Eymar*.

> Les muses piemontoises languissoient au sein de la mollesse, ou se te-noient cachées à l'ombre du silence pour se sauver de l'inquisition la plus tyrannique. Mais l'astre de la liberté à peine lui sur nos contrées heureuses, qu'elles ont repris l'essor audacieux, et quittant la sombre ré-traite ont fait retentir la plaine et la colline de leurs chantes libres et har-monieux. (...) Agréez donc l'hommage des Muses Subalpines régénerée-s[20].

Ma le muse subalpine — è l'aspetto che si coglie a prima vista — sono rigenerate solo nel contenuto: cambia l'oggetto della poesia (ed è già un notevole passo avanti rispetto alle inutili esercitazioni accademiche) ma non la forma. Il linguaggio poetico, le forme metriche non cambiano, restano legate alla retorica precedente e al linguaggio aulico legato solo alla poesia. Si veda ad esempio l'inizio di questo *Slancio repubblicano contro gli ipocriti* del Richeri:

> Io che le calde pagine
> a libertà sacrate
> nell'abborrita polvere
> tener dovea celate;
> oggi la musa impavida
> i suoi pensieri elice.
> O memorabil epoca
> degna d'eterno onore!
> O bella metamorfosi
> che ci dilata il core!
> È dunque ver che i despoti
> vindice mano atterra,
> che da' tiranni è libera
> la subalpina terra?

---

[19] L. di BREME, *Lettere*, Torino 1966, p. 614.
[20] RICHERI, op. cit., p. 3.

È ver: da noi sparirono
i mostri più feroci (...)[21].

A rigore non si può neppure parlare di un nuovo «Kunstwollen», nel senso che la poesia rivoluzionaria eredita le forme precedenti senza metterle in discussione: è il prodotto di un preciso momento storico che si esaurisce nel triennio giacobino. L'unica forma metrica in qualche modo nuova è l'inno che si ispira a quelli importati dalle truppe francesi e in particolare alla «marsigliese» come nel caso di questo *Inno rivoluzionario per la Gallia subalpina* di Angelo Pennoncelli (o Penoncelli) da cantare sull'aria di «allons enfants»:

> Subalpini, il segno è dato
> della vostra libertà;
> dal ridicol trono aurato
> il tiranno or or cadrà.
> Vinceran le nostre schiere
> de'magnati il folle ardir;
> vinceranno il loro potere
> che ci dié tanti martir.
> Vogliam col guerreggiar
> distrur la crudeltà;
> vogliam recuperar
> l'antica libertà. (...)[22].

Eppure nel 1799 l'oggetto che l'accademia si propone è già stato superato dai fatti storici: l'esperienza repubblicana è messa in forse dall'effimera ripresa austro-russa e soprattutto dagli ulteriori sviluppi della situazione francese. Con il 1800 l'accademia, sempre diretta da Angelo Lingua, abbandona gli slanci giacobini e sceglie il silenzio. I suoi componenti abbracciano, anche se in modi diversi, la strada della bella letteratura scegliendo temi che indicano il loro disagio. Luigi Richeri che si era impegnato a fondo anche nel giornalismo redigendo «L'anno decimo repubblicano» e — insieme a Ranza — «L'anno patriotico», nel 1809 pubblica un poemetto d'ispirazione neoclassica *La linea della bellezza*. Da questa scelta di evasione dall'impegno Richeri giunge poi a rientrare nei ranghi del restaurato potere sabaudo e nel 1815 scrive poesie per il ritorno della regina; nel

---

[21] Op. cit., p. 6.
[22] Op. cit., pp. 98-101.

1834 sarà ormai segretario emerito dell'università di Torino e tornerà a scrivere versi d'occasione per una raccolta propugnata dall'Accademia degli Immobili di Alessandria: in queste occasioni gli fanno compagnia due vecchi colleghi Unanimi, voglio dire Carlo Marco Arnaud e Onorato Pelicò. Intanto nel 1832 dà sfogo alla sua vena mistica tinta di younghismo pubblicando la *Meditazione poetica sopra le rovine degli antichi imperii, seguita da altre rime e prose funebri inedite del cantor delle tombe*[23]. Ma in questa rincorsa del negativo, di ciò che è più screditato o rimosso (come la morte) Richeri era stato preceduto dall'amico Penoncelli che già nel 1806 si era definito non cantor delle tombe ma cantor della merda nel suo poema *La merdeide*. Qui un discorso egualitario è sotteso alla comicità bassa materiale-corporea che riprende forme bernesche a nascondere la delusione storica e giunge a pregevoli risultati ancora in senso anticlassicista (come in questa strabiliante invocazione alla musa: Tu Tersicore in sen mi piscia e cacca, / onde calor ne senta il cor, la mente / e vigor prenda la mia vena fiacca[24].).

Anche Giovanni Giacinto Andrà che già si era impegnato nel giornalismo redigendo «La nuova frusta letteraria» e «L'enciclopedia piemontese», e aveva dato voce alla sua ispirazione cristiana nel 1791 con *La voce del filosofo cristiano* sceglierà il disimpegno con il rientro nell'alveo materno dell'Arcadia rifondata sulle rive della Dora. Tutti questi delusi dalla storia finiscono per cercare la consolazione nella bellettristica o nella religione. Più vicini ad un immediato consenso (ma nemmeno troppo distanti dalle posizioni qui delineate) sono due altri ex accademici unici: Carlo Casalis che nel 1804 darà alla luce una sua commedia in dialetto *La festa d'là pignata*[25] e soprattutto l'avvocato e commediografo Luigi Raby: quest'emulo (e traditore) di Goldoni, che aveva pubblicato nel 1793-94 due volumi di *Produzioni teatrali* dove prevalgono le commedie lacrimose e i drammi flebili, darà alle stampe una cantata celebrativa intitolata *L'incoronazione di Napoleone*.

I Pastori della Dora

L'accademia resta il luogo deputato dove coltivare la bella letteratura, le lettere consolatorie e ripagatrici dei mali della storia. In particolare l'Arcadia con la

---

[23] Quest'ultima fu pubblicata a Torino nel 1832. Di queste notizie sul Richeri sono in gran parte debitore a M. CERRUTI, *Le buie tracce. Intelligenza subalpina al tramonto dei lumi*, Torino 1988.

[24] A. PENONCELLI, *La merdeide*, canti tre, in Cacherano, dalle stampe di Bernardo Culati, presso Fabriano Medardo Stronzino, libraio all'insegna del mappamondo (ma Torino, Giossi 1806).

[25] C. CASALIS, *La festa d'la pignata*, a cura di R. GANDOLFO, Torino 1970.

sua pretesa ideologica di un trasferimento spazio-temporale nei prati e boschetti della Grecia pastorale fornisce ancora un accattivante richiamo per chi voglia star lontano dall'impegno politico in letteratura. Così nel 1800 l'Arcadia viene rifondata sulle rive della Dora:

> Questa colonia ebbe principio in aprile del 1800. La necessità di allontanare momentaneamente lo sguardo dai funesti mali, che produce la guerra, determinò alcuni amici e coltivatori delle belle lettere a raunarsi, e leggere le loro poetiche produzioni in casa del banchiere Filippo Merlo (...) Determinarono, che tanto gli argomenti sacri quanto i profani, purché decenti ed istruttivi, fossero l'oggetto delle loro produzioni (...) Infine non ignorando, che ordinariamente la sola poesia non interessa bastevolmente l'universale attenzione, stabilirono che vi avesse luogo anche la prosa, quando ragionasse unicamente di cose relative all'amena letteratura[26].

Queste notizie che Giovanni Giacino Andrà premette alle *Veglie dei pastori della Dora* spiegano il fine — totalmente diverso da quello della precedente — che si propone l'accademia: così non ci stupiamo di trovare all'interno del volume poesie ancora intitolare *Ad un gelsomino in un bel seno, Amore e il grillo, Il ritorno di Clori, Il salasso a Licori* ecc. Ma accanto a questo filone imbevuto di evasione arcadica ne compaiono altri due. Il primo è quello bernesco che ha i suoi risultati più rilevanti nel *Don Chissiotte* del torinese Nicola Limosino alias Dalindo, rifacimento in versi della parte iniziale del romanzo di Cervantes, e nel sonetto *Ad un pessimo poeta* dell'eporediese Giuseppe Vagina-Emarese fra i pastori Nireo, che si rifà alle dantesche rime aspre e chiocce.

Il secondo, e più importante per gli sviluppi della tematica in senso ideologico, è quello che proclama la condanna del XVIII secolo: il volume delle *Veglie* si apre proprio con tre odi del presidente dell'accademia, il già ricordato banchiere Filippo Merlo, dal significativo titolo *Ai potentati d'Europa per la ritardata pace nel 1800*. Qui alla retorica invocazione ai potenti perché concludano la pace, si unisce il semplicistico rimprovero agli stessi perché la guerra sarebbe dovuta esclusivamente alla sete di potere dei singoli: ma le guerre e soprattutto (anche se il termine resta tabu — non viene mai pronunciato —) la rivoluzione vengono utilizzate al fine di creare un'immagine negativa del secolo XVIII. La rivoluzione,

---

[26] *Veglie dei pastori della Dora*, Torino 1801, pp. IV-VI.

cioè, viene già interpretata sotto la lente di un'ideologia conservatrice che vuole gettare una luce sinistra su tutto il secolo trascorso, come si può vedere nel sonetto *Allo spirante secolo XVIII* di Luigi Andrioli (Filinto):

> L'orrenda bocca ingoiatrice ingorda
> avidamente eternità disserri,
> e te di sangue e di nequizia lorda
> o età spirante, in l'ampio sen rinserri.
>
> Degli aspri affanni la terribil orda
> teco vi piombi, ed i sanguigni ferri,
> giù dove il pianto eternamente assorda,
> con la ria face il Dio guerrier sotterri.
>
> Chiuda l'atra voragine profonda
> obblivione, e in denso tenebrore
> di te l'infame rimembranza asconda;
>
> ché al suono sol dell'esecrato nome
> i secoli più tardi per l'orrore
> rizzarsi in fronte sentirian le chiome[27].

Questo nonostante la composizione quasi esclusivamente borghese dell'accademia in cui dodici fondatori erano: Filippo Merlo (Torino), Nicola Limosino (Torino), Luigi Andrioli (Canton Grigioni), Filippo Cambiano (Torino), Onorato Pelicò (Saluzzo), Michele Antonio Ballor (Torino), Giuseppe Franchi Pont (Centallo), Giovanni Giacinto Andrà (Torino), Giuseppe Francesco Regis (Mondovì), Giuseppe Vagina Emarese (Ivrea), Giambattista Ghio (Isola d'Asti), e Giulio Capizucchi Cassine (Torino).

Dopo questa prima prova l'accademia tenta di allargarsi chiamando a partecipare personalità già famose come Gian Francesco Galeani Napione o grandi speranze della poesia piemontese come Diodata Saluzzo di Roero[28]. Tuttavia l'accademia si esaurisce presto seguendo il destino di un'istituzione superata dai tempi.

---

[27] Op. cit., p. 60.
[28] *Ghirlanda poetica dei pastori della Dora*, Torino 1804.

GIOVANNI PAGLIERO

L'Accademia Fossanese

Come spesso e da più parti rilevato[1], resta a tutt'oggi scarsamente sondata e vagliata la realtà culturale della provincia piemontese sullo scorcio del secolo decimo ottavo: e ciò vale, a maggior ragione, per le molte accademie che pure vi sorsero e proliferarono, raccogliendo e associando gruppi d'intellettuali destinati ad attraversare, in modi variamente partecipi e *engagés* (o più prudentemente defilati e appartati) le tese sequenze del giacobinismo *fin du siècle*.

Un caso per certi versi significativo, ancorché senza primati in quella vasta costellazione, può rinvenirsi nell'Accademia Fossanese, altrimenti detta «Colonia fossanese dell'Accademia d'Arcadia»[2], che aveva visto la luce sin dagli anni Settecentosettanta per iniziativa di alcuni aristocratici ecclesiastici professionisti e notabili della città, dal conte Emanuele Bava di San Paolo, già (e contemporaneamente) animatore della eponima «Sanpaolina», all'abate Giuseppe Muratori, da Vincenzo Marenco al chirurgo Busson[3].

Primo presidente era stato il marchese Valperga di Albarey, comandante la piazza forte di Fossano[4], affiancato nella nuova incombenza dal giovane Cosma Marchisio, che svolgeva le funzioni di segretario. Le cariche erano state assegnate

---

[1] Basti per tutti un riferimento, alla relazione con cui Marco Cerruti introdusse nel 1981 il convegno di S. Salvatore Monferrato su «Piemonte e letteratura 1789-1870»: *Spazio e funzioni del letterario nel Piemonte del tardo '700*, nei relativi *Atti*, s.l., s.d. (ma 1983), I, pp. 3-14, poi in *Le buie tracce. Intelligenza subalpina al tramonto dei Lumi*, Torino 1988, pp. 13-26.

[2] Notizie generali sull'Accademia Fossanese si trovano innanzitutto nel fondamentale lavoro di T. Vallauri, *Delle società letterarie del Piemonte*, Torino 1844, voll. 2, specialmente in II, pp. 227-234; e inoltre in un più specifico contributo di V. Gilardi, *Fossano e la sua Reale Accademia*, in «Historica», IX (1956), pp. 1-19.

[3] Fra i protettori e i collaboratori della nascente accademia si noveravano anche il padre Guglielmo Della Valle, l'abate Oddone Manassero e il marchese Ottavio Falletti di Barolo.
Sul Bava, cfr., di V. Jemolo, la relativa «voce» nel *Dizionario biografico degli italiani* (vol. VIII, p. 303 sg.). È noto che il conte, nato a Fossano nel 1737, aveva maturato nel '76 la decisione di rinunciare non solo alla carriera militare ma anche a quella diplomatica per dedicarsi interamente agli studi e ad una promozione culturale di carattere mecenatico. Quanto al Marenco, attento critico letterario ed estimatore entusiasta del teatro goldoniano, gli si deve soprattutto l'edizione dei dodici *Poemetti italiani* (Torino 1797), da lui progettata e curata dopo una lunga gestazione cui contribuirono, presumibilmente, gli incontri del sodalizio fossanese.

[4] Giovanni Alessandro Valperga di Masino marchese di Albarey (o Albaretto) era nipote del più celebre Valperga di Caluso.

605

con unanime delibera nel corso della prima seduta, tenutasi nel maggio 1777 nelle sale del Bava: e il medesimo palazzo avrebbe ospitato per parecchi decenni le periodiche adunanze del gruppo. Che volesse trattarsi di un'operazione non priva di risonanze sul terreno della politica culturale era apparso palese nella successiva inaugurazione pubblica, celebrata due anni dopo con solenni cerimonie e parate: sintomatica, quest'ultima iniziativa, d'una volontà, probabilmente un poco velleitaria, di intervenire da un lato sull'inerzia della società civile circostante, dall'altro sull'isolamento di un'*élite* composita ma ancor troppo circoscritta.

Non erano rimaste episodiche le aperture e le intenzioni moderatamente innovative manifestate agli inizi.

Erano, quelli, anni in cui, nonostante il controllo censorio e la mancanza di referenti sociali, «il grande fiorire di accademie, di società scientifiche sia in provincia sia nella capitale era segno che una nuova domanda ed offerta di cultura venivano crescendo» e sempre più di frequente «le accademie piemontesi, popolate di nobili, funzionari, professori universitari, percorrevano la strada di un enciclopedismo scientifico, ricco di riscontri con quanto stava evolvendo nella società lombarda»[5]. Non a caso fra i primi opuscoli prodotti dall'accademia[6], a divulgazione di quanto — di più interessante — ivi esposto e discusso, era stata la composizione, nient'affatto retorica, del «professore di retorica» Antonio Costamagna *Sui mezzi di dirigere il movimento orizzontale del pallone aerostatico* («letta nell'adunanza del 9 di settembre 1784»), frutto di una buona e aggiornata informazione sulle ricerche in corso, e su Montgolfier e dintorni[7].

Ma procediamo con ordine. La lettura dei ventitré articoli del *Regolamento*

---

[5] G. RICUPERATI, *Intellettuali e istituzioni della cultura nello Stato Sabaudo della seconda metà del '700*, in *Vittorio Alfieri e la cultura piemontese fra illuminismo e rivoluzione*, a cura di G. IOLI (Atti del convegno di San Salvatore Monferrato 22-24 sett. 1983), s.d. (ma 1985), pp. 3-15 (cit. p. 11).

[6] Pare l'esordio collettivo sotto i torchi sia consistito nella stesura di una *Raccolta di poesie della Reale Accademia di Fossano per la solenne consacrazione del nuovo Duomo sotto il titolo di San Giovenale dedicato a S.E. Mons. Carlo Giuseppe Morozzo* (s.d.) dove metafore baroccheggianti e secentesche proliferavano sugli ottavi moraleggianti e sulle interiezioni encomiastiche.

[7] «Al dibattito europeo sulla conquista del cielo con i primi palloni aerostatici [...] partecipava proprio in quegli anni la stessa Accademia delle Scienze di Torino con progetti, esperimenti e prove in Savoia e nella stessa capitale». V. FERRONE, *Tecnocrati militari e scienziati nel Piemonte dall'antico regime alle origini della Reale Accademia delle Scienze di Torino*, in «Rivista storica italiana» XCVI (1984), pp. 414-509 (cit. p. 426). Il Ferrone riporta, a tale proposito, un'ampia e dettagliata bibliografia: ci limitiamo qui a menzionare gli interessanti contributi del conte IGNAZIO MARELLI DEL VERDE (*Il modo di dirigere il globo aerostatico*, Vercelli 1784) e di CARLO LUDOVICO MOROZZO (*Discours adressé au roi dans la séance publique du 28 juin 1789*, in *Mémoires de l'Académie royale des sciences. Années 1788-89*, Torino 1798, p. XXI sgg.).

per l'accademia di Fossano[8] aiuta a intendere lo spirito in cui ci si muoveva, oltre che le modalità spicciole d'una prassi associativa di notevole continuità, se è vero, come sembra, che non s'interruppe neppure nella bufera dell'invasione francese, diversamente da quanto accadde altrove. Le riunioni dovevano essere frequenti — tutti i giovedì da novembre a giugno —, assai più, ad esempio, che nella Sanpaolina, altra creatura del Bava, che la ospitò trisettimanalmente nella sua abitazione di Torino dal '75 al '91; e, ciò che più importa, ciascuno s'impegnava ad una mutua «fratellanza» (!) ed a «non essere inquieto, o satirico, né commettere azione, che tornar possa in disonor del Corpo». Gli accademici si dividevano in due «classi» — comunque cumulabili —, di lettere e di filosofia, con una struttura dicotomica volta ad affiancare, se non ad anteporre, muratorianamente, le sode ragioni dell'«utilità morale o fisica dell'uomo» agli intrattenimenti frivoli e alla mera contemplazione. Ne aveva lucidamente riconosciuto il senso, e il valore, Tommaso Valperga di Caluso, membro egli stesso — e sin da principio — dell'accademia, allorché in una missiva del 22 settembre 1784 aveva scritto che questa «associava al diletto delle umane lettere l'utile non della sola filosofia morale, ma della naturale ancora». Quanto alle lingue, ne erano ammesse e adottate tre — l'italiano, il latino, il francese —, a conferma d'un prevalente atteggiamento di neutrale disponibilità nei confronti del plurilinguismo vigente.

Se si scorre, poi, il *Catalogo de' soggetti componenti l'accademia di Fossano*, che l'editore Briolo di Torino allegava al regolamento di cui sopra, si può osservare la consistente presenza dei non fossanesi più o meno illustri, dall'appena citato Caluso all'erudito barone Vernazza di Ferney, per non dire del Malacarne, del Robbio di San Raffaele, del Durandi, del Tenivelli e del Tiraboschi. A metà degli anni Novanta si sarebbe loro aggiunta la giovanissima Diodata Roero di Saluzzo, in procinto di segnalarsi con i suoi *Versi*.

Vien da pensare che i promotori dell'accademia e, ovviamente, il conte Bava *in primis* ambissero ancorare quell'esperienza a una rete piuttosto fitta, ed a suo modo vitale e feconda, di presenze, relazioni e «corrispondenze». La stessa ragione li aveva indotti, sin dal gennaio 1778, ad accogliere con favore il titolo di «colonia» della romana Arcadia, incorporandosi, invero senza carico alcuno, in quell'organismo accentratore; e a richiedere, sino ad ottenerla, una sorta di associa-

---

[8] Torino 1787. Fu ristampato a Cuneo nel 1819, con un *Nuovo catalogo degli accademici*, ove tra i nomi di maggior spicco compariva quello di Antonio Maria Vassalli Eandi, «direttore della Specola astronomica e meteorologica dell'Accademia delle Scienze di Torino».

zione alla Reale Accademia delle Scienze di Torino, con la facoltà di presenziare alle riunioni di entrambe. Della benevolenza e simpatia del Caluso s'è detto; e questa, unitamente alla solerte sollecitudine del Bava e ai molteplici rapporti cui s'è fatto cenno — attestati dall'apprezzamento di giornali di Roma e di Liegi[9] — contribuì senz'altro a mantenere in vita, tra *ancien régime*, Napoleone e restaurazione, quel sodalizio, provinciale abbastanza, forse, da non essere travolto nella diaspora delle fazioni cittadine, ma non a tal punto da naufragare per mancanza di autorevoli protezioni.

La produzione degli accademici è, anche negli anni Novanta, prevalentemente in versi, se si eccettua qualche occasionale tributo alle scienze in voga, come il menzionato saggio sui dirigibili. Fa la sua comparsa in quegli anni una cospicua raccolta di *Versi del cittadino Emanuele Bava di San Paolo* (Torino 1795): un «cittadino» che in apertura s'attarda ad inneggiare *Alla Pace conchiusa nel 1783 tra Francia e Inghilterra in cui fu riconosciuta la libertà degli Stati Uniti d'America*;[10] ma suggella poi la sua poetica fatica con un poemetto dedicato *All'ombra immortale di Federico II*, non senza verseggiare, anche, una mercantilistica (e filogallica) soddisfazione *Per la strada di Nizza*[11].

---

[9] Vi accennava, non senza orgoglio, GIUSEPPE MURATORI nelle sue *Memorie storiche della città di Fossano* (Torino 1787; ristampe anastatiche Venaria 1968 e Bologna 1972), da cui può esser utile stralciare un breve brano. «All'occasione del solenne aprimento varie medaglie si distribuirono fatte stampare da un nostro generoso e nobile Socio Arisba Pileo, sul cui diritto vedesi Apollo allusivo alla testa di esso Nume trovatasi in questi contorni, che ora conservasi nel Regio Museo di Torino, coll'epigrafe *Apolline dextro*, e sul rovescio l'istrumento pastorale dell'Arcadia Romana, di cui era questa una Colonia. Capo com'io sono della medesima, mi farò sollecito di dire, che all'ombra del Real favore è tutta intesa a trattar quelle materie, ch'esser possono d'alcuna pubblica utilità. Le accademie degli uomini dotti, dice il Zaccaria, quando non vadano a finire unicamente in qualche sonetto sopra gli occhi, o gl'ingannevoli capegli di qualche pastorella, sono senza dubbio un utile mezzo per gli studi». Si noti, per inciso, che, stando alla testimonianza dell'abate, e diversamente da quanto stabilito nel *Regolamento*, le riunioni non erano settimanali: «Uso letterario degli Accademici è di radunarsi una volta ogni mese nel bel salone del signor Conte Bava di Sanpaolo ragguardevole socio, e leggervi qualche dissertazione, il soggetto della quale sta sempre in libertà del Dissertatore» (p. 42 sg.). Puntuali «notizie» sulla vita del Muratori, che sin dal frontespizio vantava il titolo di «segretario perpetuo dell'Accademia Fossanese», furono redatte dal suo predecessore Cosma Marchisio.

[10] Trasparente la concordanza, tematica e stilistica, con la (più nota) ode di G. FANTONI, *Per la pace del 1783*, nella comune tensione verso una somma di classicismo e modernità, «di Grecia, Scozia, assemblea costituente, di Orazio e di Ossian con Rousseau e Franklin» (Carducci).

[11] Il volumetto del Bava poeta raccoglieva alcuni componimenti (come i primi due qui citati) già editi nel 1790 presso la Reale Stamperia e sarebbe stato riproposto dalla Stamperia Filantropica torinese nell'anno XI (1803), con la ponderosa e significativa addizione della *Parafrasi di alcune odi di Orazio* (pp. 197-417), nonché del poemetto giovanile *Del bello visibile*, interessante trattazione, anche in chiave metaforica e tardivamente *philosophiste*, oltreché evangelica, del contrasto fra «luce» e «tene-

Non prive d'interesse, nonostante il carattere vistosamente encomiastico e occasionale, le *Acclamazioni della nobilissima donzella Diodata Saluzzo*, che gli accademici propongono nel '97 per i tipi dello stampatore Onorato Derossi di Torino, ove sonetti e canzoni (ancora del Bava, e del Franchi di Pont, di Odoardo Cocchis, del Valperga di Albarey...) sono introdotti da alcune pagine del Caluso: scarso, ovviamente, il pregio artistico, ma singolarmente tempestiva la decisione di celebrare un astro nascente delle lettere, così come, *a contrario* (e *si parva licet*) la medesima accademia aveva confezionato nell'82 un libretto a più mani *In morte del poeta cesareo abate Pietro Metastasio*[12]; e se in quella circostanza la prefazione (del cavaliere Capizzucchi di Cassine di Strada) esaltava «il Genio sublime e divino», qui, con ermetica e sintomatica dissonanza, o variante, il Caluso ammirava «il Genio (...), felicissima combinazione di cause inesplicabili» e, a svelarne qualcuna, innestava sull'elogio altro elogio, ad un padre straordinariamente interessato all'educazione femminile.

Ma non mancarono strofe di più politica matrice e fattura, espressioni d'una militanza entusiastica, od opportunistica, o improvvisata, risonanze comunque d'un coinvolgimento dei singoli accademici a titolo individuale — ma di parecchi di loro —, nelle vicende del famoso «triennio» ed oltre. Purtroppo irrecuperabili appaiono i due canti, di complessive 126 ottave, sulla *Liberazione di Fossano*, narrazione della battaglia sul fiume Stura nella prima campagna napoleonica, conclusasi con l'occupazione pacifica della città da parte delle truppe di Bonaparte, opera letta nell'accademia dal «capitano» Emanuele Tettù di Camburzano nel 1796[13]; mentre illuminanti risultano i lavori prodotti da altri due accademici, ovvero la *Canzone patriottica del cittadino Giambattista Luchino professore di Retorica* e *La Vera Felicità. Poemetto repubblicano ai Piemontesi del cittadino Cosma Marchisio, professore di Umanità*[14]. Sono strofe che meriterebbero un esa-

---

bre»: motivo, quest'ultimo, probabilmente familiare ai «fossanesi», ove si rammenti che il medesimo testo aveva fatto la sua prima comparsa nella raccolta dei *Poemetti italiani* del Marenco accanto ad un analogo poema, dal titolo *La luce*, di Giuseppe Muratori.

[12] Sulla notevole presenza e fortuna di Metastasio nella Torino del '700 cfr. E. SALA DI FELICE, *Metastasio a Torino*, in *Vittorio Alfieri* cit., pp. 449-478; e si ricordi, in particolare, il poemetto in versi sciolti dell'accademico MARENCO, *Elogio di Pietro Metastasio o sia il gusto* (Torino, s.d.)

[13] Di lui è invece rimasto un gradevole sonetto, di segno politicamente opposto, a p. 14 dell'*Ossequio poetico della città di Alba per la venuta in essa del re Vittorio Amedeo III e di Maria Antonia Ferdinanda* (Asti 1783): a riprova, se occorresse, delle singolari e radicali «conversioni» operatesi con la Rivoluzione e con l'invasione francese.

[14] S.d. Giovanni Battista Luchino aveva già dato discreta prova di sé quale verseggiatore d'occasione (*Per la laurea del conte Carlo Vittorio Ferrero della Marmora*, Torino 1779). Del Marchisio —

me più puntuale di quello consentito in questa sede: basti qui rilevare la continua ricorrenza, in esse, dei motivi della «liberazione» («La gran Nazione il laccio, ond'eri oppresso, / Sciolse... Già dalla Senna Libertade arriva»), d'un decollo economico borghesemente inteso («Il commercio di forze egro, e finito, / Rivive»), d'una soluzione dei drammi della plebe e del pauperismo («Or viver puoi / Pago col frutto de' sudor tuoi»), della conciliazione fra cristianesimo e rivoluzione («Iddio dall'alto applaude» e «Religion al nuovo stil sorride»), del solidarismo (contro «la sozza e fella / Arpia che il popol *egoismo* appella»), del richiamo ad un'austera — antilibertina, ed antilibertaria — moralità repubblicana, «lungi dal brutal piacer che snerva» («Chi vanta dal servaggio il pié disciolto / E ha schiavo il cor de' propri affetti, è stolto»). Ma su tutti questi temi campeggia e s'impone una metafora, quella dell'albero della libertà («Alfin la trionfal libera pianta / Sorge» è l'apertura del Luchino; e analogamente esordisce l'*Ode saffica* posposta alla *Canzone*: «Già col vessillo tricolor la pianta / Alzòssi augusta: il Popol ne gode / E al Dio dator di Libertà ne canta»). Verosimilmente, proprio alla presenza di quell'emblema furono recitati i versi di cui si discorre: tant'è che in appendice si trovano le *Iscrizioni collocate appiè dell'Albero di Libertà*, parto del frate agostiniano Fulgenzio Martini[15].

Dietro le cure poste al germogliare e crescere dell'albero si intravvede anche qui una prospettiva di rigenerazione, espressa, per lo più, negli accenti tirteici del canto patriottico; ma ancora riecheggiante nella tradizionalissima cornice degli *Applausi poetici al cittadino Tommaso Rainieri de' Predicatori che nella cattedrale di Fossano con ammirabile eloquenza e zelo predicò la quaresima dell'anno IX repubblicano* (Mondovì, s.d.), ove il medico (ed arcade fossanese) Carlo Giuseppe Busson, in un sonetto sul *Sentimento di vera democrazia*, esortava alla riconciliazione postrivoluzionaria con toni che si sarebbe tentati di definire premanzoniani: «Così parlò quell'umanato Dio / Che d'Eguaglianza e Libertade fonte

---

come del Tettù — va rilevata la dubbia coerenza politica: di lui abbiamo uno scritto *In occasione del solenne Te Deum* per il ritorno dei monarchi (1814), cui fece seguito una più pregevole produzione di *Poesie lugubri* in morte d'una nobildonna saluzzese (1824).
[15] Eccone la testuale trascrizione.
«ALLA LIBERTÀ / NON DEGENERANTE / IN LICENZA / ED ALLE LEGGI SUDDITA / UNIVERSALE ACCLAMAZIONE. / ALL'EGUAGLIANZA / DISTRIBUTRICE / IMPARZIALE / DEI PREMI E DELLE PENE / PUBBLICI APPLAUSI. / ALLA VIRTÙ / D'EGUAGLIANZA DI LIBERTÀ / DI PUBBLICA SICUREZZA / UNICO SOSTEGNO / ETERNI OMAGGI».
Al priore Martini dedicava le sue preoccupate attenzioni l'inchiesta compiuta dal governo sabaudo nel 1799 sulle persone sospette di giacobinismo, definendolo «uomo senza religione, libertino all'eccesso» Cfr. G. VACCARINO, *I giacobini piemontesi (1794-1814)*, Roma 1989, II, 779.

/ Liberi tutti, e tutti egual ci rese»[16].

A non molta distanza, in Carmagnola, operò fra il 1788 e il '92 un'altra accademia, a carattere assai più locale, quella degli Hombresi. Ne sono rimasti, accanto a una collezione manoscritta di *Versi*, pochi cenni nelle cronache del tempo: l'intento era esclusivamente ludico, «passar le serate d'inverno» in una «brigata di sollazzevoli cittadini». Quando la svolta storica parve ineluttabile, si sciolse: non era più possibile esorcizzare in burle e *divertissements* l'inverno del vecchio regime[17].

Ma persino quei giochi e trastulli erano stati un segnale. Come lo fu, nella medesima stagione, la pubblicazione da parte del Bava, in «aggiunta» ai componimenti seri di cui s'è detto, d'una *Canzone sopra l'odontalgia*: esercitazione futile e scherzosa, barettianamente bernesca, eppure a suo modo anch'essa metaforica.

Quasi a denunciare, pur tra le pieghe dei positivi mutamenti dell'*establishment* e della *scena mundi*, l'insorgenza o la persistenza d'ineludibili disagi, sofferenze, malesseri interiori.

Di lì a poco il Bava — sigillata con amarezza la *Canzone* («Felicitade in terra! / Voce d'orgoglio figlia, e di stoltezza») — avrebbe deciso l'estrazione di quel suo allusivo dente del giudizio, di nessuna utilità, ormai, e di gran tormento. Avrebbe dato alle stampe, postumi, due poemetti inediti di Benvenuto Robbio di S. Raffaele, *La legislazione* e *L'Italia*, ancoràti ad una lucida e coerente polemica antiilluministica che opportunamente il Ricuperati ha contrapposto agli ottimistici

---

[16] E continuava, nel suo appello al perdono cristiano: «E tu, Repubblican, le avute offese / A condonar di tanto esempio a fronte / Sì tu, Repubblican, sarai restio?».

[17] «Era venuto a mancare il suo principale alimento, l'allegria, e ogni voglia di scherzare restava soffocata da cupi e tristi pensièri prodotti dalle turbolenze di Francia». Cfr. R. MENOCCHIO, *Memorie storiche della città di Carmagnola*, Torino 1980, p. 162, e N. GHIETTI (che ringrazio per la collaborazione gentilmente prestatami), *Famiglie e personaggi della storia carmagnolese*, Torino 1980, p. 212. Il gioco dell'«hombre» che dava il nome all'accademia, derivandolo dall'esclamazione che vi si ripeteva, consisteva nel leggere ai presenti spiritosaggini in prosa o poesia. Tra gli accademici si distingueva il chirurgo Grandi, membro anche — sotto lo pseudonimo di «Affaticato» — degli Unanimi di Torino e autore, tra l'altro, d'un *Sonetto in odio della discordia recitato al pranzo di fraternizzazione dal cittadino Giuseppe Grandi* (s.l. 1800).
In margine a questi cenni, va segnalata la presenza di altre esperienze per qualche verso affini e più o meno prossime geograficamente, dalla sopravvivente Accademia degli Innominati di Bra all'assai più recente aggregazione costituitasi a Saluzzo intorno a Silvio Balbis; mentre proprio negli ultimi mesi del 1789 Carlo Marco Arnaud dava vita, nella vicina Lagnasco, a quell'Accademia Teocrita da cui sarebbero derivati gli Unanimi, il cardinale Costa d'Arignano avviava, sotto la propria protezione, i lavori della Società Filologica di Torino (esordiente con un'*Orazione sopra l'utilità delle scienze*) ed a Vercelli nascevano, a versificare con l'occhio fisso — pur'essi — a Teocrito, i Pastori Morzanesi.

aperçus dell'altro «fossanese» (e sanpaolino, e filopatride) Marenco ne *Lo spirito di patriottismo riguardo alle scienze e alle lettere appresso alle nazioni*, edito nell'83: ove avevano invece trovato spazio e risalto «la ripresa settecentesca italiana», «la crescita di peso specifico dell'intellettuale», «l'apologia del mecenatismo», «lo sviluppo della cultura legato all'interesse verso di essa della nobiltà come classe dirigente» e un «illuminismo scientifico lontano da ogni tentazione irreligiosa»[18].

Venute meno quelle condizioni, l'accademia sarebbe decorosamente sopravvissuta sino al 1829 sotto la direzione del Bava, che sopperì alle spese e la lasciò erede di cinquemila volumi della propria biblioteca, suscitandone e ricevendone — per l'estremo omaggio — l'ultima pubblicazione: *Sull'urna dell'uom grande il Conte Emanuele Bava capo già suo religioso e umano, gigli e viole spande la R. Accademia di Fossano*[19].

---

[18] Cfr. G. RICUPERATI, *I volti della pubblica felicità. Storiografia e politica nel Piemonte settecentesco*, Torino 1989, p. 212 sgg. Sul Raffaele si veda l'intervento di LUISA RICALDONE negli *Atti* (cit.) del convegno di S. Salvatore del 1983 (*Progetti di educazione letteraria intorno al 1790: Benvenuto Robbio di S. Raffaele e la teoria del «Melius aliquid nescire secure, quam cum periculo discere»*, I, p. 368 sgg.).

[19] Ulteriori informazioni sull'Accademia Fossanese sono fornite da M. MAYLENDER, *Storia delle Accademie d'Italia*, III, Bologna 1929, p. 52 sgg. che riferisce — tra l'altro — d'una lettera di Giuseppe Solaro di Villanova Solaro, datata 7 luglio 1780, in cui «havvi pure l'Elenco degli Accademici coi loro nomi pastorali, nel seguente ordine: ab. Giuseppe Muratori (*Labinto Pisauro*), P.M. Della Valle (*Ismerio Peliaco*), ab. Della Valle di Soglio (*Polipete Amonio*), Marchese di Albarey (*Arisba Pileo*), Conte Tapparelli di Genola (*Isandro Atlanteo*), Conte Marenco di Castellamonte (*Nicaste Fereo*), Conte Richelmi (*Lida Festiade*), ab. Lanzon (*Florideno Licario*), Ottaviano Pasquini (*Belsindo Carmoneo*), ab. Cavalli (*Protagora Attico*), Dottor Trinelli (*Melanzio Cardamite*), Gio. Oddone Manassero (*Amintore Aufidio*), P. Lodovico Goletti Ch. R.S. (*Oribeo Miseo*), avvocato Lanzon (*Nireo Simoesio*), Giuseppe Busson (*Macaone Leonicida*), Dottor Bessio (*Peone Magnesio*), Ignazio della Valle (*Nebillo Insideo*), Giuseppe Antonio Cauda (*Vilmero Samio*), Giuseppe Boccardi (*Zelindo Carpasio*), Guido Gaschi (*Velandro Cleone*) e l'ab. Odoardo Cocchis (*Giuristo Cecropio*)».

MARCO CERRUTI

Tipi ed esperienze intellettuali

Nell'affrontare, inevitabilmente in grande sintesi, la questione dei tipi, d'alcuni possibili tipi intellettuali presenti nel *milieu* culturale piemontese, o di provenienza e formazione piemontese fra ultimo Settecento e primissimo Ottocento, non posso non richiamarmi súbito al quadro che tentai di delineare nell' '81 durante il Convegno di San Salvatore Monferrato «Piemonte e letteratura 1789-1870», in un contributo poi confluito, con altre successive indagini e riflessioni, nel mio recente volume *Le buie tracce. Intelligenza subalpina al tramonto dei Lumi**. Proponevo dunque allora questa ipotesi, diciamo di lavoro (non più che ipotesi, data la relativa scarsità di conoscenze particolari): l'ipotesi di riconoscere, entro tale ambiente, tre aree abbastanza ben distinte, legate alla collocazione sociale dei diversi uomini di cultura. Aree, preciso, che ritenevo potessero corrispondere a categorie, ed eventualmente a tipologie. Una prima, quella dei grandi aristocratici in prevalenza di tradizioni feudali, come Vittorio Alfieri o Tommaso Valperga di Caluso, che sin dallo scorcio degli anni Sessanta vivono una crisi complessa e prolungata, cui certo non è estraneo quell'insieme di fatti che va sotto il nome di crisi e quindi fine dell'Antico Regime.

Una seconda, costituita da un gruppo, che ci appare per ora abbastanza omogeneo, di aristocratici di minore e più recente nobiltà e di borghesia variamente alta. È il caso, per esempio, del conte Felice di San Martino, nipote di un funzionario della Real Casa investito del comitato nel 1747, o del meglio noto Carlo Bossi, che fu autore di tragedie di carattere politico (intorno al 1780: *Rea Silvia, I Circassi*) e che nel 1816, conclusa l'Età Napoleonica, pubblicherà un importante poema, *Napoleonia*, rievocazione storica e interpretazione politica di quella vicenda per tanti aspetti epocale cui egli stesso aveva attivamente partecipato. Una

---

* Le riflessioni proposte in queste pagine sono nate al margine e nell'elaborazione di alcuni lavori, fra cui questo ora citato, apparso a Torino, presso il Centro Studi Piemontesi, nel 1988. Altri, cui si rinvia per lo sviluppo di temi qui appena accennati e per minute indicazioni bibliografiche, sono: *Neoclassici e Giacobini*, Milano 1969 (specie per quanto riguarda Alessandro Verri); *La ragione felice e altri miti del Settecento*, Firenze 1973 (per Tommaso Valperga di Caluso); «Introduzione» a V. ALFIERI, *Vita*, Milano 1987; «Premessa» ad ANONIMO, *L'arte di piacere alle donne e alle Amabili Compagnie*, Pisa 1990 (ristampa anastatica di testo settecentesco). Alcuni motivi si trovano sviluppati nel quarto volume della *Storia della civiltà letteraria italiana*, diretta da G. BÁRBERI SQUAROTTI, di imminente pubblicazione presso la Utet di Torino.

terza infine, che si potrebbe definire, ricorrendo con la dovuta cautela a una terminologia propria di anni e realtà più recenti, di fondo medio — e piccolo — borghese. La compongono medici e cultori di scienze della natura, come Edoardo Ignazio Calvo, avvocati e legisti, professori come Carlo Denina e Carlo Tinivelli, ufficiali anche, come Camillo Maulandi, Vittorio Amedeo Borrelli, e il «quartiermastro» Ignazio Avventura; e molti religiosi di rango non elevato, come gli abati Angelo Penoncelli, Luigi Richeri e il più conosciuto Giovanni Antonio Ranza.

Si trattava, convien ripetere, di un quadro congetturale, cui dare integrazione e conferma con ulteriori indagini, che di fatto non sono mancate, sia da parte di chi scrive (sul Tana e altri) sia di numerosi giovani studiosi di area e formazione soprattutto torinese (da Fabrizio Cicoira a Laura Nay a Giovanni Pagliero), senza dire naturalmente di Luciano Guerci e Giuseppe Ricuperati con il loro attivo *entourage*, e s'intende in più direzioni: non solo cioè le singole esperienze intellettuali e, nel caso, letterarie nel senso anche più lato del termine, ma la varia dinamica delle accademie, i periodici, i gruppi intellettuali, le scuole e l'Università, la produzione libraria, l'introduzione e lo smercio di testi stampati, le biblioteche pubbliche e private. Con la cura inoltre di tener d'occhio l'interscambio della Capitale con gli altri centri degli Stati Sardi, minori come la Fossano di Emanuele Bava di San Paolo o la Saluzzo di Silvio Balbis e Onorato Pelicò (padre del più noto Silvio Pellico) o la Casale di Carlo Vidua, maggiori come Cagliari, dove operano per diversi anni Michele Antonio Gazano e Giambattista Vasco; e con i luoghi dove si fa cultura nei vari Paesi italiani ed europei. Onde l'importanza dei carteggi, gran parte dei quali resta ancora da portare alla luce, catalogare ed esplorare (penso a questo punto a una buona tesi svolta di recente nell'ambito del mio insegnamento di Storia della letteratura italiana moderna e contemporanea su un'altra personalità notevole oltre i tanti nomi ricordati, il conte Benvenuto Robbio di San Raffaele, la cui evoluzione intellettuale si è potuta ricostruire, oltreché sulle molte opere, anche alla luce delle lettere, sinora inedite, da lui inviate, sull'arco di una vita, all'abate Paolo Maria Paciaudi, che per diversi anni fu attivo a Parma).

Ora è evidente come un insieme così ricco e articolato e in via di graduale illuminazione, e insisterei soprattutto sul carattere di rapida progressione — oggi — di quest'ultima, debba rendere molto cauti nel prospettare tipologie ben determinate, che vadano cioè oltre categorie forse ancora troppo generali, alla luce dei dati che via via si vengono acquisendo. Come quella di una media e piccola borghesia e di un clero medio-basso che partecipano in modo tendenzialmente attivo, quando non entusiastico, dopo il 1796, al movimento patriottico, e vengon

614

ben presto emarginati e messi a tacere con l'annessione del 1802 alla Francia pri-moconsolare (il caso di un'esperienza di particolare spicco come quella del Cal-vo). O, per ripercorrere a ritroso il discorso d'avvìo, la categoria intermedia della grande borghesia e della nobiltà meno facoltosa e di tradizioni relativamente re-centi (figure-faro, come oggi usa dirsi, il Bossi e il San Martino, anche loro già ri-chiamati) che tendono generalmente a vivere in modo non radicale l'esperienza patriottica e in seguito ad accettare il regime bonapartista, assumendo a volte nel-le sue strutture amministrative anche incarichi di rilievo. O, ancora, la categoria di un certo settore, naturalmente molto ristretto, della grande nobiltà, che fra gli anni Settanta e gli Ottanta vive un momento di forte tensione utopica, e alla prova di un'effettiva «rivoluzione», dopo l'Ottantanove, passa rapidamente dall'attesa di un mondo nuovo, «rigenerato», al «disinganno», e ricorrendo a questo termine si torna ovviamente ad Alfieri.

Ora mi sembra che sia proprio quest'ultima categoria, alla luce delle cono-scenze di cui si dispone, a presentare una tipologia specialmente definita e deli-neabile nei suoi tratti essenziali. Accennavo prima alla tensione utopica, cioè alla disposizione, che caratterizza la giovinezza di questi nobili intellettuali di grandi e antiche tradizioni, a vivere con forte intensità, nello spazio dell'immaginario, l'utopia, e in particolare l'utopia di un'umanità rigenerata, o tale da potersi rigene-rare, rinascere a nuove condizioni di esistenza. Notissimo fra tutti il caso appunto di Alfieri, di cui vorrei qui soprattutto ricordare, a questo proposito, la prima reda-zione — che risale al 1777 — del trattato *Della Tirannide*. Si può ora aggiungere che questo utopismo maturava attraverso, anche, la preziosa esperienza del viag-gio, del *tour* europeo, consentito dalle grandi facoltà della famiglia e peculiare del costume grande-aristocratico settecentesco. Viaggiare significava vivere in concreto, non solo sui libri, un'esperienza cosmopolita, apprendere dal vivo altre lingue, soprattutto l'inglese, oltre al più comune francese, fare incontri importanti, acquistare i testi di cui al momento più si parla e si scrive. Ancora illuminante su quest'ultimo punto la testimonianza di Alfieri, che ricorda nella *Vita*, a proposito del suo «passar di Ginevra» (nel 1768, diciannovenne): «Nel passar di Ginevra io avea comprato un pieno baule di libri. Tra quelli erano le opere di Rousseau, di Montesquieu, di Helvetius, e simili».

Per questi uomini il maturare di una cultura e di una visione delle cose lega-ta, con maggiore o minor radicalismo, ai Lumi comporta, pur secondo varie mo-dalità, una sorta di distacco, non sempre clamoroso come nel caso ben noto di Al-fieri, che sceglie di vestire i «negri panni» del *philosophe* rinunciando a tutto quan-to sappiamo, dal proprio mondo d'origine, o almeno da certi suoi usi e tradizioni.

Così, interessante il caso di Agostino Tana (nato nel 1745, quattro anni prima del-
l'«amico» Alfieri), il quale normalmente avviato alla carriera militare, sulle orme
del padre che era stato viceré di Sardegna e fra i tanti incarichi governatore della
Cittadella di Torino, nel 1781, mancato quest'ultimo, decideva di lasciare il ruolo
di ufficiale per ricercare, son sue parole, «la tranquillité, la gloire aussi, mais non
celle qui pourrait (...) revenir des charges, et de la richesse», e intraprendeva un'e-
sistenza divisa tra la funzione di segretario perpetuo della torinese Reale Accademia di pittura e scultura, i viaggi, gli amori, e un notevole impegno di poeta e
«autor tragico». Si tenga presente che Alfieri aveva scelto di rompere i «ceppi» in
cui era nato (per parafrasare un suo illuminante sonetto) appena tre anni prima,
nel 1778. È notevole per questo riguardo anche il caso di Tommaso Valperga di
Caluso, imponente figura di intellettuale versatile, per qualche aspetto alla maniera di Voltaire, su cui resta ancora moltissimo da fare. Anche qui, una famiglia di
altissimo rango: il fratello primogenito Carlo Francesco fu per esempio ambasciatore in Spagna e, lui pure come il padre del Tana, viceré di Sardegna. Come cadet-
to Tommaso, che era nato nel 1737, intraprendeva un *cursus* prima di paggio, a
Malta, del Gran Maestro dell'Ordine Mauriziano poi di ufficiale di marina al servizio di quest'ultimo. Quindi una svolta radicale: prolungati viaggi e soggiorni in
città variamente significative come Roma, Napoli, Lisbona; l'ordinazione e, per alcuni anni, la pratica sacerdotale; infine, prevalente, l'esercizio e il gusto della
poesia e degli studi. La scelta di vivere come semplice e libero abate (di qui il nome invalso di abate di Caluso) e, nel 1783, la nomina intervenuta a segretario del-
l'Accademia delle Scienze confermavano definitivamente questa linea di apparta-
ta studiosità, fra scienze matematiche e astronomiche, riflessioni estetiche e filosofiche, esperimenti di poesia in italiano, latino e greco antico.

Queste varie forme e modalità di distacco dalle radici di classe, o quanto meno di scarto ricercato rispetto al destino, per dire così, di rampolli di famiglie gran-
de-aristocratiche si lega in genere, come ho accennato poc'anzi, ad un incontro,
diversamente modulato a seconda delle singole esperienze, con la cultura dei Lumi. Parecchio, per questo riguardo, sappiamo di Alfieri, assai meno di altri. Non
conosciamo per esempio le letture di Tana. Ma non è difficile riconoscere nel suo
Elogio del celebre fisico Giovan Battista Beccaria, stampato nel 1781 a seguito
della morte di quest'ultimo, le tracce di un illuminismo risentito, non privo di prospettive materialistiche; mentre nei *Versi di vario metro*, apparsi a Firenze l'anno
seguente, risulta notevole la forte presa di distanza dalla «pingue opulenza» che,
«non felice», passa la vita fra «conviti, e danze», «insultatrice / della troppo avvilita,
/ e flebile indigenza». Quanto al Caluso, per tener ferme queste tre figure-guida,

neanche dei suoi primi studi o letture sappiamo per ora granché. Tuttavia, in attesa di reperire sue lettere e diari giovanili, possiamo intuire l'importanza del periodo (1761-'69) trascorso nella Napoli genovesiana, dove ebbe probabilmente modo di recepire la prospettiva di un cattolicesimo sottilmente aperto ai Lumi, secondo appunto la lezione del maestro salernitano. E sono piuttosto rivelatori certi versi del 1769 rivolti a celebrare il valore sfortunato dei Corsi e di Pasquale Paoli, che si collocano nel quadro dell'intelligenza avanzata che seguì con interesse e simpatia, durante gli anni Sessanta, quella notevole esperienza politico-civile (e si pensa a un altro aristocratico piemontese, Dalmazzo Francesco Vasco, che per altro rimarrà fedele a queste tensioni, sino a finire i suoi giorni in carcere in un anno critico come il 1794, l'anno delle progettate «congiure» massoniche).

Il reperimento di carteggi o altro materiale inedito, lo studio più ravvicinato — di quanto sinora non si sia fatto — di altre personalità, certo anche non piemontesi, che abbiano vissuto consimili esperienze (e penso al conte veneziano Alessandro Pepoli, autore nel 1783 di un interessante *Saggio di libertà sopra vari punti,* al marchese di Lunigiana Azzo Giacinto Malaspina, il «feudatario giacobino» che morirà alla fine del secolo deportato ai lavori forzati in Ungheria), potrà aiutarci a meglio comprendere le radici complesse di tali scelte, che vanno probabilmente al di là dell'irrequietezza generazionale, delle suggestioni di un Illuminismo che dalla fine degli anni Cinquanta si fa particolarmente aggressivo (pensiamo all'Helvetius e al Rousseau acquistati da Alfieri a Ginevra), delle spinte «liberatorie» indotte dai movimenti massonici (esemplare per questo riguardo il poema di Antonio Jerocades, ancora del 1783, *Il Paolo o sia l'umanità liberata*), e mi par possibile affondino, specie per quanto riguarda il Piemonte, nel disagio crescente delle punte più sensibili della grande nobiltà nella dinamica d'insieme di quella realtà statuale. Non insisterei dunque in questa direzione, limitandomi a rilevare un momento successivo sulla linea esistentiva e mentale delle figure che si sono assunte a guida. È il momento, come già anticipato all'inizio di queste pagine, del «disinganno», che è parola alfieriana alfierianamente forte, colma di risvolti emotivi, e può, per altre personalità, venir sostituita da «disincanto», «caduta di attese», e simili. Un tempestivo cadere o meglio venir meno di attese interveniva, verisimilmente, in Tommaso Valperga già nel corso degli anni Settanta, forse anche a seguito del fallimento dell'esperienza corsa. Mi inducono a pensarlo altri suoi versi, e precisamente il poemetto *La ragione felice,* del 1779. Qui infatti, come bene già lascia intendere il titolo, la «felicità», questo grande e centrale mito della cultura protoilluministica e illuministica, non è più e non è comunque riferita, o considerata riferibile a una condizione, a un modo d'essere pubblici, colletti-

617

vi (la «pubblica felicità» muratoriana, affidata ai «buoni prìncipi», o la repubblica «altra» tentata dai corsi). È invece — secondo un discorso che circola molto, con varie modulazioni, fra gli anni Sessanta e l'inizio degli Ottanta — un fatto strettamente privato, individuale, e consiste (qui l'originalità del Caluso rispetto agli altri teorici del tempo) nella pienezza dell'esperienza intellettuale, della «ragione» appunto: «Felice chi col rapido intelletto / Or per l'immenso vuoto il cieco amore / Traccia, ond'è ogn'astro a carolar costretto...»

Di qui il dedicarsi, in misura crescente col volgere degli anni, agli studi e alle attività mentali di cui si diceva, e un contegno di serena comprensione e distacco, *en sage*, nei confronti del mondo, quel contegno che lo farà definire da Alfieri un «Montaigne vivo» e che è possibile trovar alluso nel sottile e un po' enigmatico sorriso che caratterizza le numerose immagini che di lui possediamo.

Nel Tana, una pesante caduta di attese si può trovar attestata dalla tragedia *La congiura delle polveri*, del 1782, che s'incentra sulla non-riuscita appunto di una «congiura» antidispotica, del tentativo violento cioè di eliminare un potere tirannico, e trova il suo nucleo in una considerazione intensamente risentita dell'«infelicità» dell'esistenza, come ben lasciano intendere queste parole conclusive, pronunciate, prima della morte, dal protagonista Percy, il promotore della fallita iniziativa:

> O passion terribili, e funeste!
> Voi siete di piacer, di gioia immensa
> promettitrici. Ma fin'or fallace
> tutto trovai, tolto l'amaro fiele
> che mi porgeste, e che gustar fu forza,
> (...)
>   Quando verrà la pace?
> Quando terrete le promesse vostre?
> Comincio a paventar, che sien mendaci!
> ch'altro non sien, ch'illusion locate
> su l'orlo ohime del precipizio, dove
> a traboccar va l'ingannata turba.

E che questa riflessione sull'«infelicità» dell'esistenza (che fra l'altro trova un diffuso riscontro nella cultura del tempo) non fosse per il Tana qualcosa di episodico, o una trovata drammaturgica per conferire un rilievo *up to date* alla figura di Percy, induce a pensare anche la seconda tragedia, di poco successiva (forse dell' '85), il *Coriolano*, tutta incentrata sulla profonda, immedicabile crisi del protagonista, aristocratico di mezz'età disgustato della realtà presente, nostalgico di un passato che non conosceva «la tribunizia potestà», ossessionato dall'emergere della «plebe» e per ogni riguardo infelicissimo. Da rilevarsi, non proprio per inciso, questa considerazione, che direi fra impaurita, sprezzante e conflittuale, della «plebe», che nel Tana raggiunge i modi e i toni dell'invettiva (dice Coriolano: «Oh plebe nell'amor, nell'odio cieca, / Or imbelle, or robusta, e pazza sempre. / (...) Io t'odio, / T'odio assai più che non m'odiasti mai»), e che avvicina, anche per questo riguardo, l'autore del *Coriolano* all'ultimo Alfieri e, ancora, al Caluso di certi versi letti nella «Patria Società» torinese nel 1793, in particolare *Sul crudel fine di Maria Teresa Luigia Principessa di Lamballe*; senza dire, anche per questo riguardo, di tante altre testimonianze in ambito più generalmente norditaliano, e sempre di area nobiliare, come l'Alessandro Verri del romanzo *Le avventure di Saffo*, in cui s'incontra un sottile discorso (e ancora siamo nel 1782) sul pericolo di eversione rappresentato dal mondo popolare, o l'Ippolito Pindemonte dell'*Epistola ad Alessandra Lubomirski* (1801), un testo dedicato alla bella aristocratica messa a morte dai rivoluzionari di Parigi, in cui si legge di «sdruscita plebe»: «D'una immensa città feccia, e rifiuto, / Per via t'arresta, e con audaci insani / Detti scomposti ti circonda, come / Rombanti insetti a gentil pianta intorno». Ma vorrei ritornare ad Agostino Tana, per ricordare che nei suoi ultimi anni (morirà nel 1791) egli accentuava ancor più la ritiratezza del suo vivere, fra prolungati soggiorni nella residenza dei Carignano a Racconigi (fornita di splendido parco all'inglese, dove avrà passeggiato e conversato con la principessa Giuseppina e con l'abate di Caluso) e vari esperimenti di scrittura, per buona parte súbito o presto distrutti, fra cui un notevole saggio, molto in linea con i tempi, sul «tedio».

Tedio appunto, noia, *spleen* (termine già allora in uso in questa accezione, come rivela l'omonimo libro del Besenval) congiunti o intrecciati, se posso dire così, a «mal di vivere» (la formula s'incontra nell'anonimo trattatello, comparso nel 1762, *L'arte di piacere alle donne e alle amabili compagnie*), a «malinconia», nell'ampio spettro del suo prodursi, ad attese o *rêveries* di morte, questo il quadro che si potrebbe definire emozionale entro cui si muove questa intelligenza nel momento conclusivo della sua vicenda, momento, converrà ripetere, che si svolge negli anni storicamente cruciali tra fine dell'Antico Regime ed Età Napoleonica.

È persin ovvio il richiàmo ancora ad Alfieri, e in particolare all'Alfieri di certe notissime «rime». Ma penso qui anche ai sottili *avouements*, nei *Latina carmina*, del pur equilibrato e sorridente Caluso: «(...) sensim tetrior umbra subit».

Un'ultima considerazione. Testi come quelli cui ora accennavo, o altri di diverse aree come le *Poesie* e le *Prose campestri* del già richiamato Pindemonte, presuppongono un'insistita attenzione di chi li compone al proprio «in sé» o, per dirla con la scuola di Otis Fellows, al «self», un'attenzione che si fa in genere particolarmente viva, in ambito europeo, nella cultura e nella sensibilità del maturo Settecento. Credo allora si possa osservare che l'intelligenza grande-aristocratica di cui sto discorrendo è specialmente ricettiva di questa tendenza. Con una particolarità, non priva per altro, anche in questo caso, di riscontri al di là della Alpi: il fatto intendo dire che il crescente guardare al proprio «in sé», ripiegarsi su di esso, auscultarsi, inclina, anche, a farsi esperienza memoriale, di ricupero cioè, attraverso il ricordo, del proprio vissuto e, con quest'ultimo, di ciò che è stato, del passato. Già diversi anni fa ho avuto modo di analizzare questo processo nel caso dell'abate di Caluso, il quale compone e in parte pubblica testi poetici sull'arco di una vita e poi, ormai non lontano dalla morte, dà alle fiamme, distrugge gran parte degli inediti e dà o ridà alle stampe fondamentalmente solo quanto assume un valore appunto memoriale, producendo qualcosa come un'autobiografia in forma di versi sparsi, con sparsi intendendo non legati fra loro se non in quanto tutti testimonianza di una lunga, quarantennale *Erlebniss*. E più di recente mi è parso possibile spiegare in termini analoghi, anche se formalmente e per alcuni aspetti e ragioni diversi, la composizione della *Vita* di Alfieri, anche segnalando il valore illuminante che per meglio comprendere questa grande esperienza mnestica ha un passo assai fine delle pindemontiane *Prose campestri*:

> Con piacer grande ricorro sempre ai giorni della prima mia giovinezza. Per molti riguardi felicissima è quell'età, ma tale la rende principalmente il prospetto degli anni avvenire, prospetto tutto pieno di colori e di luce bugiarda, ma perciò appunto bellissimo e scintillante. La nostra vita è come un gran monte, in cima del quale un palagio risplende di tal bellezza, che fatto sembra per ordine delle Fate; ma secondo che andiam salendo, sempre più dileguando si va quell'edifizio incantato, finché, giunti sopra, nulla si trova: allora si comincia a discendere; ma nulla fermando i nostri occhi, rivolgiamo spesso la testa, e a traverso del monte, ch'è trasparente, riveder ci giova l'opposta strada, che da noi fu salita nella giovinezza. Ed allora si vive *Di memoria assai più, che di speranza*.

LAURA SANNIA NOWÉ

Ideale felicitario, lealismo monarchico e coscienza «nazionale»
nelle pubblicazioni della Reale Stamperia di Cagliari (1770-1799)

Ragioni bibliografiche

A centocinquant'anni circa dalla sua pubblicazione, il *Catalogo della Bibliote-ca sarda del cavaliere Lodovico Baille*[1] costituisce ancora, per quanto attiene al XVIII secolo e limitatamente alla Biblioteca Universitaria di Cagliari, il più ampio e informato strumento bibliografico per chi voglia affrontare lo studio della letteratura sarda, o della cultura letteraria in Sardegna.

É noto che queste dizioni sono tutt'altro che equivalenti; esprimono, invece, due tendenze diverse nell'affrontare il problema della «letteratura regionale». Radi-calizzando le posizioni, che non sono mai nella realtà così nette e unilaterali, da una parte abbiamo la visione di un *corpus* compatto «autenticamente» isolano, sebbene non necessariamente dialettale; dall'altra, la considerazione globale di tutti i prodotti culturali generati all'interno delle dominazioni succedutesi in Sardegna. I pregi e i limiti di atteggiamenti così definiti sono da un lato l'individuazione di una, pretesa, «identità», che affonda le sue radici nell'insularità, condizione certo influente sulla cultura, ma che mai le ha impedito di intrattenere fecondi scambi con l'esterno: dall'altro lato, una visione più aderente alla storia che al mito, ma che rischia di sottovalutare l'elemento locale e di liquidare come «ritardati» e esteticamente irrilevanti i risultati conseguiti all'interno delle singole culture[2].

---

[1] *Catalogo della Biblioteca Sarda del cavaliere Lodovico Baille preceduto dalle Memorie intor-no alla di lui vita del cavaliere Pietro Martini membro della Regia Deputazione sopra gli studi di Storia Patria Bibliotecario della R. Università di Cagliari ecc. ecc.*, Cagliari 1844. La raccolta, messa insieme dai fratelli Lodovico e Faustino Baille, per volontà testamentaria del primo entrata a far parte del patrimonio librario della Regia Università di Cagliari l'8 marzo 1843, è «senza dubbio il più ricco e scelto nucleo di opere di autori sardi, di leggi isolane, di scritti attinenti all'isola in materia politica civi-le, giurisdizionale, di monumenti della tipografia sarda»: R. CIASCA, *Introduzione a Bibliografia sarda, sotto gli auspici della R. Università degli studi di Cagliari*, I, Roma 1931, p. XXXII. Quest'opera, in 5 voll. apparsi dal 1931 al 1934, è di fondamentale importanza per gli studi sardi. Nonostante gli errori e le inesattezze, inevitabili in un lavoro di così ampio respiro, presenta l'enorme vantaggio di localizza-re il materiale citato nelle biblioteche pubbliche e private dell'isola e di offrire indici per materie abba-stanza particolareggiati. Rispetto al *Catalogo Baille,* che è ovviamente una delle fonti, ha però un limi-te: è privo di quelle notizie, descrizione e storia dei testi che orientano immediatamente la ricerca.

[2] Per l'impostazione metodologica della questione in riferimento alla Sardegna cfr. G. PIRODDA,

In epoca recente questi problemi, come quelli linguistici, demologici, sociologici, sono stati dibattuti secondo un punto di vista nuovo e più complesso, generato dal profondo mutamento degli orientamenti storiografici.

Ribaltata l'ottica tradizionale e i metodi degli storici «ufficiali», per la «nuova storia» le periferie sono divenute un luogo d'osservazione e un campo di indagine essenziali alla costruzione della storia generale, non meno dei centri che detengono il potere[3].

È di pertinenza dei professionisti della disciplina ridiscutere ambiti, qualifiche, rapporti con altri settori del sapere, priorità, gerarchie o parità di tematiche nel «fare storia»[4]; come è di loro competenza ridefinire criticamente, nella specificità del caso sardo, le interconnessioni tra storia locale e, senza entrare nel merito di questioni terminologiche, storia globale[5], dense di implicazioni scientifiche e ideologico-politiche vive e attuali[6]. Rientra, invece, nei compiti dei «letterati» riflettere sugli esiti che questa rivoluzione copernicana induce sulla letteratura, assumendo il sostantivo nell'accezione vasta che esso ebbe nel secolo XVIII.

È opinione da più parti sostenuta che, per nessun'altra regione d'Italia, forse, quanto per la Sardegna, sia proficuo applicare il criterio della differenziazione geografico-storica, avanzato pionieristicamente dal Dionisotti alla fine degli anni Qua-

---

Lo studio delle letterature regionali: la Sardegna, in «La grotta della vipera», XI (1985) n. 32-33, pp. 5-16. Sulle nozioni di preistoria, storia e mito nella storiografia sarda contemporanea, Sandro Maxia si è soffermato, con polemica lucidità, in una conferenza tenuta il 9 marzo 1988, in occasione del quindicesimo anniversario della rivista «Archivio sardo del movimento operaio contadino e autonomistico». Il testo, intitolato *Storia locale e letterature regionali*, è stato parzialmente pubblicato su «Ichnusa», VIII (1989) n. 17, pp. 21-32.

[3] Cfr. *La nuova storia*, a cura di J. LE GOFF, Milano 1980, specialmente il saggio iniziale di Le Goff, che dà il titolo alla raccolta; J.C. SCHMITT, *La storia dei marginali* e E. PATLAGEAN, *Storia dell'immaginario*, rispettivamente alle pp. 7-46, 257-87, 289-317.

[4] Cfr. *Fare storia. Temi e metodi della nuova storiografia*, a cura di J. LE GOFF, e P. NORA, Torino 1981. Offrono notevoli spunti di riflessione agli studiosi di testi letterari i saggi di J. STAROBINSKI, *La letteratura: il testo e l'interprete*, e di J. LE GOFF, *Le mentalità: una storia ambigua* pp. 193-208 e 239-55.

[5] Cfr. J. DAY, B. ANATRA, L. SCARAFFIA. *La Sardegna medioevale e moderna*, in *Storia d'Italia*, diretta da G. GALASSO, X, Torino 1984, per la *Sardegna sabauda*, pp. 665-829; C. SOLE, *La Sardegna sabauda nel Settecento*, Sassari 1984; G. SOTGIU, *Storia della Sardegna sabauda 1720-1847*, Bari 1984; *Storia dei sardi e della Sardegna*, diretta da M. GUIDETTI, IV. *Dal governo piemontese agli anni '60 del nostro secolo*, Milano 1990.

[6] Si vedano, per esempio: G. SOTGIU, *Note e osservazioni sulla storiografia sarda*, in «Archivio sardo del movimento operaio contadino e autonomistico», 1976, quad. 6-7, pp. 31-60 (relazione presentata al seminario di studi su *Problemi di storia e storiografia della Sardegna*, feb. 1976); i contributi accolti in questa rivista «per una storia della cultura in Sardegna»; G. SERRI, *Microstoria non più al bando (ma come è difficile insegnarla...)*, in «Ichnusa», VIII (1989) n. 17, pp. 33-38.

ranta[7] e, assai più tardi, recepito metodologicamente su vasta scala dall'impresa einaudiana della *Letteratura italiana*[8]. Sebbene, anche di questo modello storiografico sia stata contestata l'adeguatezza nei confronti «di quelle aree caratterizzate da maggiore isolamento e da forte differenziazione linguistica», quali, ad esempio, il Friuli e la Sardegna. Tale modello, infatti, andrebbe integrato con la questione, totalmente trascurata dal Dionisotti, del rapporto tra oralità e scrittura[9], che complica il grafico di flussi e intersezioni e getta nuova luce sugli interrogativi posti dalla produzione letteraria in dialetto[10].

Pare indispensabile, anche per il Settecento sardo, la proposta di un'indagine letteraria che accantoni la tesi unitaria toscano-centrica, e proceda, invece, in molteplici direzioni, interrelate fra loro, tante almeno quante sono le lingue attestate nei documenti a noi pervenuti, talvolta compresenti nelle opere di uno stesso autore[11]; oltre a verificare, con strumenti e tecniche di rilevazione adeguati, la circolazione verticale di temi e generi. Com'è noto, quest'epoca vede il trapasso del territorio sardo da una plurisecolare dominazione aragonese e spagnola, che comportò una profonda ispanizzazione della cultura, sia nei centri urbani sia nell'interno dell'isola[12], alla dominazione sabauda che avviò, non meno capillarmente, il processo

---

[7] Il famoso saggio, intitolato *Geografia e storia della letteratura italiana*, stampato per la prima volta in Inghilterra nel 1951, figura ora nel vol. einaudiano di C. Dionisotti, *Geografia e storia della letteratura italiana*, Torino 1967, pp. 23-45.

[8] Cfr. la *Presentazione dell'editore* e A. Asor Rosa, *Letteratura, testo, società*, in *Letteratura italiana*, I: *Il letterato e le istituzioni*. Torino 1982, pp. XVII-XXII e 3-29; R. Antonelli, *Storia e geografia, tempo e spazio nell'indagine letteraria*, in *Letteratura italiana. Storia e geografia*, I: *L'età medievale*, Torino 1987, pp. 5-26.

[9] Tale critica è stata formulata da Pirodda, *Lo studio* cit. (sopra n. 2), p. 13 e da Maxia, op. cit. (sopra n. 2). La citazione è tratta da questo art., p. 29. Sul rapporto tra oralità e scrittura nell'ambito delle «lettere», cfr, *Oralità e scrittura nel sistema letterario*, a cura di G. Cerina, C. Lavinio, L. Mulas, Atti del Convegno, Cagliari 14-16 aprile 1980, Roma 1982.

[10] Sulle condizioni di egemonia della lingua e sulla funzione, estetica e polemica, dei dialetti cfr. C. Segre, *Polemica linguistica ed espressionismo dialettale nella letteratura italiana*, in *Lingua, stile e società*, Milano 1963, pp. 383-412.
Per un profilo storico del processo di unificazione linguistico-letteraria e delle sue connessioni con le culture locali dialettali cfr. A. Stussi, *Lingua, dialetto e letteratura*, in *Storia dell'Italia* I: *I caratteri originali*, Torino 1972, pp. 677-728. Vedi pure l'antologia *Letteratura e dialetto*, a cura di G.L. Beccaria, Bologna 1975.

[11] È il caso, per esempio, dei gesuiti Francesco Carboni (1746-1817), raffinato scrittore in latino e in italiano, e Antonio Porqueddu (1743-1810), autore di un poema didascalico in sardo con traduzione italiana a fronte.

[12] Sull'argomento, lungamente e accanitamente discusso a causa delle sue ripercussioni politiche, cfr. G. Pirodda, *La Sardegna*, in *Letteratura italiana. Storia e geografia*, III: *L'età contemporanea*, Torino 1989, pp. 919-66, in particolare p. 919 sg.

623

di conversione all'ambito culturale italiano[13].

Le pagine che seguono avviano la ricognizione di un periodo della cultura sarda relativamente meno indagato, e per il quale, se si eccettuano alcuni lavori recenti[14], difettano anche gli strumenti bibliografici.

Nel campo dell'ispanistica sono state già effettuate rilevazioni sistematiche del materiale bibliografico, compreso tra il XV e il XVIII secolo, esistente nelle biblioteche sarde, pubbliche e private, e si è giunti alla pubblicazione del *Catalogo degli antichi fondi spagnoli della Biblioteca Universitaria di Cagliari*[15], e di altri repertori più specifici[16]. Un inventario altrettanto preciso manca, invece, per le pubblicazioni in lingua italiana e nei vari dialetti sardi[17]. È vero che indicazioni bibliografiche molto circostanziate si desumono dall'ancora fondamentale *Storia letteraria di Sardegna* di Giovanni Siotto-Pintor, contemporanea al *Catalogo* del Mar-

---

[13] Ma sarebbe pure da chiarire se, in quale misura e a quali livelli pesò l'influsso della cultura francese, della quale permangono tracce non insignificanti nel dialetto (cfr. A. DETTORI, *Francesismi nel dialetto di Cagliari*, in «Annali della Facoltà di lettere e filosofia dell'Università di Cagliari», nuova serie VIII (XLV) 1988, pp. 277-305) e quanto furono persistenti ed efficaci le resistenze della cultura spagnola, se è vero che Giovanni Siotto-Pintor testimonia, nel 1843, che «vivo si mantiene anche oggi in alcuni monasteri il parlare spagnuolo» (*Storia letteraria di Sardegna*, lib. I, vol. I, Cagliari 1843, p. 108).

[14] Cfr. G. MARCI, *Produzione letteraria del Settecento sardo: bibliografia* in appendice a *Settecento letterario sardo: produzione didascalica e dintorni*, in «La grotta della vipera», XI (1985), n. 32-33, pp. 35-37 (per altri studi critici del medesimo v. nota 48); S. UTZERI, *Il teatro civico di Cagliari (1770-1943). Storia e cronologia di un teatro minore*, Bologna 1989, dattiloscritto presso la Facoltà di Lettere dell'Università di Bologna.
Il *Catalogo storico ragionato degli scrittori sardi dal IV al XX secolo* pubblicato, in edizione provvisoria, dall'Istituto Bibliografico Editoriale Sardo (Isbes), nel 1977, del quale il Marci dà notizia, non ha avuto seguito, né è consultabile in questa stesura pur parziale. È, invece, in corso di pubblicazione per la collana della casa ed. La Scuola «La letteratura delle regioni d'Italia», a cura di P. GIBELLINI, un volume di G. PIRODDA, *La Sardegna*.

[15] Il *Catalogo*, con introduzione di Giuseppina Ledda, redatto da Ornella Gabrielli e Marina Romero Frias, è stato pubblicato a Pisa, nel 1982.

[16] P. LEDDA, *Repertorio delle «relaciones de comedias» esistenti nell'antico fondo spagnuolo della Biblioteca Universitaria di Cagliari.Cagliari 1980 (Pubblicazioni della Fac. di Magistero, Istituto di lingue e letterature straniere)*; P. LEDDA, M. ROMERO FRIAS, *Catalogo dei «Pliegos sueltos porticos»della Biblioteca Universitaria di Cagliari*, Pisa 1985. Vedi pure il catalogo della mostra *«La Corona d'Aragona. Un patrimonio comune tra Italia e Spagna*, (Cagliari novembre 1988 - aprile '89), Arese 1989.

[17] È da segnalare il catalogo di una mostra che esula, però, dal periodo qui considerato: *Vestigia vetustatum. Documenti manoscritti e libri a stampa in Sardegna dal XIV al XVI secolo. Fonti d'archivio testimonianze ed ipotesi*, Cagliari 1984. Inoltre P. MANINCHEDDA, *Il testo della «Commedia» secondo il codice della Biblioteca Universitaria di Cagliari*, Cagliari 1985, dattiloscritto presso la Biblioteca della Facoltà di Lettere e Filosofia e Magistero dell'Università di Cagliari.

tini[18]. L'opera, pur contenente giudizi assai equilibrati[19], è, però, fondata su un'ottica italocentrica, storicamente spiegabile ma oggi difficilmente accettabile, che impone la comparazione tra epoca spagnola e epoca piemontese, a tutto vantaggio di quest'ultima[20].

Sempre limitatamente al XVIII secolo, i repertorii biobibliografici otto e novecenteschi[21] sono prodighi di notizie preziose per la ricostruzione dello stato sociale degli intellettuali, delle condizioni e, talvolta, delle istituzioni nelle quali essi operarono; ma, oltre a richiedere un radicale aggiornamento, presentano un'impronta cronachistica piuttosto che critica.

Un criterio selettivo, ma non di ordine estetico, né linguistico, ha presieduto all'individuazione del *corpus* di testi all'interno del *Catalogo Baille*, sui quali, in questa sede, si espongono alcune riflessioni iniziali. Essi hanno come denominatore comune l'essere stati pubblicati dalla Reale Stamperia di Cagliari tra il 1770 e il 1799[22]. Le date corrispondono all'apertura di questo fondamentale strumento della politica culturale piemontese, voluto dal ministro Bogino, e all'arrivo dei sovrani esiliati in Sardegna; e coincidono, quasi, con i termini cronologici della *Storia moderna della Sardegna* di Giuseppe Manno[23]. Tra i testi, non sempre di facile reperimento, si sono privilegiati quelli letterari drammatici — melodrammi, tragedie, cantate —, la poesia e le prose didascaliche, la letteratura «d'occasione». Le conclusioni alle quali si è pervenuti sono parziali, in quanto tracciate su uno spoglio non

[18] G. Siotto-Pintor, *Storia letteraria di Sardegna*, Cagliari 1843-44, 2 voll. (ristampa anastatica, Bologna 1966).
[19] Per esempio sui melodrammi di Antonio Marcello, in Siotto-Pintor, op. cit., lib. VIII, vol. II, pp. 108-109.
[20] Cfr. op. cit., lib. I, vol. I, p. 130 sgg., in cui l'autore esamina le iniziative dei Savoia «a vantaggio delle lettere sarde», cominciando dal constatare che «Costante politica del governo coi nuovi sudditi fu di rifarli italiani divezzandoli dalle abitudini, e perfino dalle inveterate opinioni spagnole», e «Quello per cui tornammo principalmente italiani si fu l'introduzione della lingua italiana con ogni possibile studio promossa».
[21] P. Tola, *Dizionario biografico degli uomini illustri di Sardegna ossia Storia della vita pubblica e privata di tutti i sardi che si distinsero per opere, azioni, talenti, virtù e delitti*. Torino 1837-38, 3 voll.; P. Martini, *Biografia sarda*, Cagliari 1837-38; Ciasca, op. cit. (sopra n. 1); R. Bonu, *Scrittori sardi dal 1746 al 1950 con notizie storiche e letterarie dell'epoca*, I: *Il Settecento*, Oristano 1952 (2ª edizione ampliata: Cagliari 1972); F. Alziator, *Storia della letteratura di Sardegna*. Cagliari 1954 (ristampa anastatica Cagliari 1982).
[22] Il decreto istitutivo porta la data del 9 dicembre 1769. Sulla storia della fondazione, sui protagonisti, le finalità, l'attività della Stamperia Reale, cfr. in questo vol. M. G. Sanjust, *La politica culturale e l'attività della Reale Stamperia di Cagliari dal 1770 al 1799*.
[23] *Storia moderna della Sardegna dall'anno 1773 al 1799 del barone Giuseppe Manno*, Torino 1842, 2 voll. (rist. anastatica a cura di G. Serri, Cagliari 1972).

integrale, per esempio dei volumi miscellanei. Tuttavia si propongono come un contributo all'acquisizione di quelle auspicate «conoscenze fondate su accertamenti rigorosi»[24], ancora troppo lacunose perché si possa elaborare un quadro storico della cultura letteraria in Sardegna ampiamente articolato e scientificamente attendibile.

Due osservazioni preliminari

Prima di entrare nel merito dell'argomento, ovvero delle forme letterarie presenti, delle finalità cui risponde la loro adozione, dei livelli raggiunti, paiono importanti due riflessioni preliminari.

La prima è stimolata dai risultati di un'indagine su *Editoria e pubblico in Sardegna tra Cinque e Seicento* dello storico Bruno Anatra[25]. In un secolo e mezzo di attività editoriale delle stamperie del Canelles, a Cagliari, del Canopolo, poi degli Scano-Castelvì, a Sassari, l'italiano è presente con appena *due* titoli, mentre il castigliano copre, nella seconda metà del Seicento, l'87% dei testi pubblicati, e il sardo raggiunge appena lo 0,2%. Per valutare la produzione della Reale Stamperia dobbiamo partire da questi dati, cioè dallo stato di ispanizzazione della cultura isolana, pressoché totale fino ai primi decenni del XVIII secolo, ma ancora assai profondo alla fine del medesimo, se è vero che raccolte di leggi, libri di devozione, corrispondenza privata si servono della lingua spagnola ancora negli anni Novanta[26].

Scorrendo libri, opuscoli e fogli volanti dell'epoca di Vittorio Amedeo III, ci si imbatte in una quantità veramente cospicua di sonetti, soprattutto, ma anche di cantate e di canzoni, di poemetti didascalici e in versi sciolti, di melodrammi e di

---

[24] PIRODDA, *La Sardegna* cit. (sopra n. 12), p. 922. Lo studioso così conclude: «Qualsiasi panorama storico non può essere che problematico, offrendosi come tappa necessaria ma provvisoria di un processo d'approssimazione e quadro di riferimento per ulteriori indagini: ma lo stato attuale degli studi su questo specifico argomento accentua di molto la problematicità del discorso e il suo carattere propositivo, come quadro di riferimento per nuove ricerche» (p. 933).

[25] B. ANATRA, *Editoria e pubblico in Sardegna tra Cinque e Seicento*, in *Oralità e scrittura*, cit. (sopra n. 9) pp. 233-43.

[26] Cfr. il *Pregone* del Viceré Valperga di Masino che invita la Stamperia Reale a pubblicare «in ambi gli idiomi» (italiano e spagnolo) i provvedimenti legislativi emanati dal governo sabaudo (*Misc. di vario genere*, Bibl. Univ. di Cagliari, segn.: S.P.6.9.46); le *Pratiche di vera divozione in onore de' sette dolori di Maria madre di Dio* pubblicate col testo spagnolo a fronte: *Exercicio de verdadera devocion en honra de los sietes dolores de Maria madre de Dios*, Cagliari 1799 (3ª ed; la I è del 1769). È in spagnolo anche la dedica al Sig. Don Manuel Ripol Asquèr, marchese di Neoneli, premessa da Antonio Demontis Licheri alla sua *Exposicion breve sobre el ataque de los Franceses, dado à la Sardena en el henero del corriente ano 1793 compuesta en octava rima, y otras composiciones* (ms. inedito, Cagliari, Bibl. Univ.,: S.P.6. bis 1.8/965).

tragedie, di «applausi poetici» per festeggiamenti civili e religiosi, talvolta tipografi-camente assai pregevoli[27], benchè abbastanza modesti dal punto vista letterario. Insomma, per tipi di componimenti, per occasioni, per destinatari, il quadro cultu-rale «ufficiale» offerto dal capoluogo sardo pare non molto dissimile da quello atte-stato a Bologna negli ultimi decenni del secolo dal catalogo delle opere della Co-lonia Renia[28].

Questa constatazione prova da una parte l'efficacia dell'iniziativa del Bogino, proseguita sotto Vittorio Amedeo III, nel ferreo proposito di conquistare l'isola alla sfera culturale italiana; dall'altra parte testimonia, nonostante le forti resistenze che la florida sopravvivenza dello spagnolo dimostra, l'alto livello di integrazione rag-giunto dal ceto intellettuale sardo in poco più di un trentennio. Risale, infatti, al 1764 il «ristabilimento delle due regie università», al quale un eminente giurista al-gherese, Giovanni Andrea Massala (1777-1817), attribuiva nel 1803 il «progresso delle scienze e della letteratura in Sardegna»[29].

Integrazione che però non significa soltanto adeguamento all'Arcadia poeti-ca, cioè a un costume sociale ormai radicato e diffuso in tutta Italia, al quale si as-soggettarono pur recalcitranti, anche i Verri e gli Alfieri[30]. L'ampia messe di lettera-tura didascalica, in prosa e in versi, attesta l'adesione consapevole e fattiva all'idea-le illuministico della pubblica felicità — del quale importante veicolo erano stati i Vasco e i Gemelli, Venturi insegna[31] —, da parte di alcuni esponenti sardi della cul-tura: i Cossu, i Simon, i Porqueddu.

Una seconda osservazione merita l'atteggiamento tutt'altro che discriminato-rio della Reale Stamperia nei confronti degli idiomi locali. Per quanto dettato da op-portunità politica, esso mostra la tolleranza del governo per questa ed altre manife-stazioni d'identità isolana, almeno fino al 1793, poi ostacolate, ma sancite legal-

[27] Cfr. in questo volume A. SAIU DEIDDA, *Aspetti figurativi e decorativi nella produzione della Reale Stamperia di Cagliari (1770-1799)*.

[28] *La Colonia Renia. Profilo documentario e critico dell'Arcadia bolognese*, a cura di M. SACCEN-TI, Modena 1988. 2 voll.

[29] G.A. MASSALA, *Dissertazione sul progresso delle scienze e della letteratura in Sardegna dal ri-stabilimento delle due regie Università*, Sassari 1803.

[30] Sulla poesia del Settecento vista come «strumento della comunicazione sociale» per «allietare» ed «onorare» la realtà quotidiana della società non soltanto aristocratica, cfr. G. GRONDA, *Per un'anto-logia della lirica settecentesca*, in *Le passioni della ragione. Studi sul Settecento*, Pisa 1984, pp. 55-85 (prima in *Poesia del Settecento*, a cura di G. GRONDA, Milano 1978).

[31] Cfr. F. VENTURI, *Gian Battista Vasco all'Università di Cagliari*, in «Archivio Storico Sardo», XXV (1957), pp. 15-41; Id., *Francesco Gemelli*, in *Illuministi italiani*, VII. *Riformatori antiche repub-bliche, Ducati, Stato Pontificio, Isole*, Milano - Napoli 1965, pp. 891-961.

mente dal regio diploma dell'8 giugno 1796, sotto la pressione degli eventi rivoluzionari.

Per coloro, invece, che se ne servono in testi con finalità scopertamente utilitaristiche, l'uso del dialetto sardo sembra significare la consapevolezza della diversità, pur nella fedeltà e nell'obbedienza al sovrano piemontese e nel contestuale entusiasmo per i lumi. Questa duplice matrice, patriottica e illuministica, è evidente nella *Dedica* della *Moriografia sarda* (1788) di Giuseppe Cossu al viceré conte Thaon di Sant'Andrea:

> Io, mercè la non dubbia sovrana protezione, auguro alla *mia patria* con questa impresa [la produzione della seta] una *compiuta terrena felicità*, quanto si può questa dalle cose temporali sperare[32].

L'orgoglio per la ricchezza del proprio idioma prevale sull'opportunità di non offendere i conterranei nell'*Annotazione* preliminare di Antonio Porqueddu al suo *Tesoro della Sardegna ne' bachi e gelsi* (1779): egli traduce tutte le autorità necessarie alla trattazione solo per dimostrare che «in Sardo si può tradurre qualunque linguaggio»[33].

Assai più tardi, nel 1793, l'olienese Raimondo Congiu, autore di *Su Triunfu de sa Sardigna*, cela l'orgoglio della propria identità, che è linguistica ma insieme morale, nel *topos* letterario della rozzezza e semplicità, opposte alla raffinatezza e complessità del poeta in italiano. Dice di non volere

> congegnar un tal poema che fosse degno dell'applauso comune, facendo ostentazione della purità del linguaggio con abbellimenti di figure, od esattezza di regole, poiché questo converrà a coloro, che potranno colla penna più felicemente scherzare: ma *con ordinarie rime adattate piuttosto all'ordinario, e triviale gusto del Paese semplicemente esprimere il riportato trionfo*[34].

Convinto ideale felicitario e germinale coscienza «nazionale»: queste le due costanti, prevalenti in un genere di componimenti piuttosto che in un altro, ma

---

[32] G. COSSU, *Moriografia sarda ossia Catechismo gelsario proposto per ordine del Regio Governo alli possessori di terre, ed agricoltori del Regno Sardo*, Cagliari 1788. Salvo indicazioni contrarie, i corsivi nelle citazioni sono miei.

[33] *Il tesoro della Sardegna ne' bachi e gelsi. Poema sardo e italiano di Antonio Porqueddu accademico del Collegio cagliaritano*, Cagliari 1779, p. 25.

[34] *Il trionfo della Sardegna esposto in ottava rima sarda da Raimondo Congiu olienese colla parafrasi italiana di Gio. Maria Dettori tempiese ambi baccellieri in Sacra Teologia*. Cagliari 1793.

spesso compresenti, che caratterizzano la produzione letteraria della Reale Stamperia, assieme a una terza, ovvero la fedeltà al sovrano-padre.

Sintetizzando al massimo, e pertanto con l'inevitabile rigidezza e generalità che ciò comporta, diremmo che la letteratura didascalica è portatrice della certezza illuministica nelle possibilità di progresso, anche della Sardegna; la lirica d'«occasione» è segnata essa pure dall'ideale felicitario, ma di ascendenza muratoriana; all'interno di questo secondo gruppo, la poesia epica e lirica dettata dai successi militari sardi sui francesi è percorsa da un orgoglio «nazionale» che anima, tuttavia, anche gli scritti precedenti, per esempio del gesuita Matteo Madao (1723-1800)[35] e del citato Censore Generale Giuseppe Cossu.

Restano esclusi da questo quadro sinottico i «drammi» del medico cagliaritano Antonio Marcello (1730-1799). Cinque in tutto, ma due non rintracciati già dal Martini (*Il Perdicca e Le trecento matrone romane*[36]), gli altri furono pubblicati dalla Stamperia Reale: *Il Marcello* (1784), *La morte del giovane Marcello* (s.a.), *Olimpia ovvero l'estinzione della stirpe di Alessandro il Grande* (1785).

Conviene soffermarsi su di essi non soltanto perché documentano la diffusione capillare del sottogenere melodrammatico, ovvero dell'influsso metastasiano perfino in una zona periferica come la Sardegna; ma soprattutto perché le favole, tratte dalle storie greca e romana (autore citato Giustino), vertono sul problema del potere, compresa l'*Olimpia*, che mette in scena la lotta per la successione al governo della Macedonia. Quest'ultima fu sicuramente rappresentata a Cagliari dalla compagnia dell'impresario Francesco Mazzolà[37].

Per gli altri due drammi, si obietterà che la scelta di un momento critico per la libertà romana è dovuta al proposito autocelebrativo dell'autore piuttosto che alla sua sensibilità al coevo dibattito istituzionale. Egli, infatti, si ricollega idealmente a

---

[35] Nel 1776 egli pubblicò il *Saggio* di una vasta opera che intendeva comporre per la creazione di un sardo «illustre», fondato sul «ripulimento» della variante logudorese, accolto poi dalla stamperia Titard nel 1782. Per i tipi della Stamperia Reale uscirono, invece, *Le armonie dei Sardi* (1787), manualetto storico-critico, con antologia, delle forme metriche della poesia sarda, e le *Dissertazioni storiche, apologetiche e critiche delle sarde antichità* (1792). Di queste ultime, annota il Martini, «non venne in luce il secondo volume promesso dall'autore, che doveva abbracciare le di lui investigazioni sopra le colonie venute in Sardegna da varie parti della terra dopo i tempi degli antichi princìpi postdiluviani» (MARTINI, *Catalogo*, cit. (sopra n. 1), p. 99).-

[36] Cfr. MARTINI, *Biografia*, cit. (sopra n. 21), II, *ad vocem*. F. ALZIATOR, op. cit (sopra n. 21), p. 274, cita, invece, del *Perdicca*, l'ed. della Stamperia Reale, 1773.

[37] Nella didascalia dei *Personaggi* dell'*Olimpia* vengono citati gli attori della compagnia, composta da otto elementi, quattro uomini e quattro donne. Poiché il melodramma prevedeva cinque parti maschili, la signora Elisabetta Mazzolà avrebbe dovuto sostenere il ruolo del giovane figlio di Alessandro, Ercole. La cit. da Giustino si trova nell'*Argomento* di questo dramma.

due famosi Marcelli: uno è il Marcello difeso da Cicerone, l'altro, il nipote di Ottaviano, poeticamente immortalato da Virgilio. Il primo esibisce, in parte, i caratteri
dell'eroe alfieriano: a rischio della morte, è geloso della propria libertà, fisica e interiore[38], e propenso alla soluzione del tirannicidio[39]. Tuttavia, l'amor di patria pre-
valendo sull'amor proprio, egli accetta infine la clemenza del dittatore[40] e dispone
il ritorno a Roma. Il secondo appare titubante[41] tra l'ideale repubblicano di Agrip-
pa, supplicante Ottaviano Augusto affinché «la libertà primiera/Ritorn*i* a Roma»,[42] e
quello assolutistico di Mecenate, per il quale un «dolce giogo» imposto ai romani
farà scordare loro «l'antica libertà».[43]

Potrà pure esistere un aspetto autobiografico: riservato e solitario, a detta del
Martini, il buon medico innamorato di Petrarca e di Metastasio si adombrava forse
in quei suoi due omonimi, aspirante il primo a «morire in libertà», da stoico (II, 1),
drammaticamente consapevole il secondo che la propria ascesa avrebbe coinciso
con la rovina della patria (I, 4). Forse per l'innocuità del sogno di un letterato, oltre
che per la risibile fine dei personaggi[44], traditi dalla gelosia e dall'avida dissolutez-
za femminili, i melodrammi del Marcello ebbero via libera dalla censura governati-

---

[38] A. MARCELLO, *Il Marcello*, I, 4: «E pur si vuole / Che del tiranno al piede / Vada Marcello ad im-
plorar mercede. / Ah! pria m'inghiotta il suol! libero nacqui: / Vuo' libero morir. E se non posso
/Contrastarli il comando, almen sottrarmi / All'ubbidienza voglio». È assai improbabile però, che sia
stato l'Alfieri a ispirare questo carattere. Allo stato attuale delle ricerche, infatti, si può accertare l'esistenza delle tragedie dell'Astigiano soltanto nell'ed. Didot, non in quella Pazzini-Carli del 1783.
[39] Op. cit., II, 1: «Ah! forse adesso / Qualche onorata man il ciel destina / Per opprimer l'iniquo;
ah forse alcun / Buon cittadin la propria man prepara / All'onorato colpo. Il sol non sono / L'offeso,
altri ven'ha. Qualcuno affretta, / Per unirla a la sua, / Il proprio braccio alla comun vendetta».
[40] Op. cit., III, 2: Marcello si lascia convincere da questa lettera di Cicerone: «Già del Senato a'
preghi il tuo ritorno / Cesare concedé. Pensar tu puoi / Che se da forte oprasti non chiedendo, / Da
superbo non sembri / L'offerta ricusar: se con saviezza / La patria abbandonasti, il non bramarla / Non
si creda durezza; e se non puoi / La repubblica aver, vivi privato».
[41] A. MARCELLO, *La morte del giovane Marcello.* I, 4: «Forsennata fortuna, oggi procuri / Innalzar-
mi repente a tanta altura; / Ma poi chi m'assicura, / Ch'il tuo genio incostante un dì non voglia / Farmi
precipitar in un istante? / Quanto tu mi sollevi, tanto abbatti / La libertà romana; e scemi tanto / La già
cadente speme / Di sollevarsi un dì».
[42] Op. cit., I, 6: «Cesare brami / Il tuo riposo? Ecco ch'io te l'addito; / Ecco la via: la libertà primie-
ra / Ritorna a Roma».
[43] Op. cit., I,9: «Darai a Roma / In Ottavio un signor, ma un signor tale, / Che sempre fia di Roma
/ Vera felicità: che il dolce giogo / Di cui scordar le faccia, / E di Silla, e di Mario i tempi orrendi. / E
sempre intenta e fissa / Nelle gìoie presenti, / L'antica libertà più non rammenti».
[44] Nel *Marcello* l'eroe eponimo viene ucciso dall'amico Magio, ma per ordine della gelosa Servi-
lia (cfr. III, 4 e 10); mentre nella *Morte del giovane Marcello*, «per dar maggior vaghezza allo spettacolo
si è cambiata la maniera di morire» del nipote di Ottaviano (*Argomento*): invece che avvelenato, «mentre siede appresso al tavolino, li rovina la parete addosso, e cade morto» (didascalia dell'a. III, sc. XII).

va. Rimane incontestabile, però, il fatto che l'autore affronta con dovizia di sfumature — tutto il I atto della *Morte del giovane Marcello* è incentrato su questo tema — la spinosa questione dell'assolutismo e delle possibili alternative ad esso, discusse dai suoi contemporanei italiani ed europei. Per esempio, la rinuncia al potere, il ritorno a privato cittadino, il dono della libertà alla patria sono oggetto, com'è noto, degli alfieriani *Timoleone, Panegirico di Plinio a Trajano, Bruto secondo*[45], ma pure delle *Observations* di Diderot a Caterina II di Russia[46].

L'ideale felicitario nella letteratura didascalica

La letteratura didascalica, fiorita rigogliosamente in Sardegna sull'onda del ponderoso studio del Gemelli[47] e della politica agraria del governo sabaudo, è stata oggetto di varie rivisitazioni critiche[48], dopo che, più a lungo al livello locale che in sede nazionale, ha pesato su di essa prima la svalutazione dei positivisti[49], succes-

---

[45] Cfr. V. ALFIERI, *Timoleone*, II.3, vv. 200-205; *Bruto secondo*, III, 2, vv. 153-195. Quanto al *Panegirico*, la rinuncia all'«assoluto imperio legittimo» (cap. II) è la «magnanima impresa» alla quale Plinio vuole piegare Traiano lungo i dieci capitoli dell'esortazione.

[46] D. DIDEROT, *Observations sur l'instruction de l'impèratrice de Russie aux députés pour la confection des lois* (1774), che si leggono nella trad. ital. di Furio Diaz in D. DIDEROT, *Scritti politici*, Torino 1967, p. 370.

[47] F. GEMELLI, *Riforimento della Sardegna proposto nel miglioramento di sua agricultura libri tre*, Torino 1776, 3 voll. (rist. a cura di L. BULFERETTI, Cagliari 1966). Nonostante il giudizio limitativo su certi aspetti di quest'opera di autori coevi (PORQUEDDU, op. cit. (sopra n. 33), p. 253 sgg) e di storici a noi contemporanei (SOLE, op. cit. (sopra n. 5), pp. 122-27), è incontestabile che essa costituì un fortissimo incentivo all'elaborazione di nuovi progetti in campo agricolo. Lo provano tutti i testi esaminati in questo paragrafo.

[48] G. MARCI, «*Il tesoro della Sardegna* di Antonio Porqueddu: un poema didascalico del Settecento sardo, in «Annali della Facoltà di Lettere e Filosofia dell'Università di Cagliari», nuova serie, I, XXXVIII (1976-77), pp. 223-58; Id., *Settecento* cit. (sopra n. 14) e *Intorno a un trattato settecentesco. Letteratura, agricoltura, rinascita della Sardegna e altre cose*, in «La grotta della vipera», XIII (1987), n. 40-41, pp. 33-39 (su l'*Agricoltura di Sardegna* di Andrea Manca dell'Arca (1716-1796), pubblicato a Napoli 1780).

[49] RAFFA GARZIA (*Un poeta latino del '700. Francesco Carboni*, Cagliari 1900) dedicò il quarto cap. del suo studio ai numerosi versi didascalici del Carboni e a quella che, sulle orme del Bertana, definì «Arcadia della scienza» sarda. Il suo giudizio non differisce molto da quello dell'illustre collega il quale, pur riconoscendo alle «forme d'arte meno sane» «una grande importanza come documenti storici», atti ad «integrare l'immagine del secolo al quale appartengono», aveva negato dignità estetica alla poesia scientifica, in quanto partecipe anch'essa dell'estenuato e superficiale gusto arcadico (cfr. E. BERTANA, *Prefazione a L'Arcadia della scienza. C. Castone della Torre di Rezzonico. Studi sulla letteratura del secolo XVIII*, Parma 1890). Da notare che il Bertana comprese nella sua rassegna i due scrittori sardi più letterati: Domenico Simon (cfr. pp. 159-60) e il Carboni (cfr. p. 168), degni di menzione per le tematiche trattate: la teoria della generazione spontanea, dal Simon (*Le piante*, c. I), e il condizionamento fisico dell'estro poetico dal Carboni (*La sanità dei letterati*).

sivamente la condanna degli idealisti[50]. Qui interessa tornare sull'argomento soprattutto per ribadire l'importanza di poemi e prose fortemente permeati di quell'ideologia del progresso che le apparenta al vivace sviluppo del genere sulla terraferma.

Nella sua opera *Le piante* (1779), composta per ottenere l'associazione al Collegio delle arti liberali dell'Università di Cagliari, il nobile Domenico Simon (1758-1829) invita la musa a farsi «filosofessa», abbandonando «i vezzi, e le grazie, e il finger vano», e a non rifiutare di «Penetrar di natura il cupo arcano»[51]. Dopo aver disquisito sull'origine, la vita e l'utilità delle piante, l'autore trascorre, non certo inavvertitamente, dal discorso storico-scientifico alla cronaca economica e commerciale dell'isola. Lamenta che i sardi non curino l'esportazione dei propri prodotti, tonno, granaglie, formaggi, vini, coralli[52]: l'allestimento di una flotta commerciale spezzerebbe il fatale circuito di una esportazione-spoliazione da parte di napoletani, liguri, francesi, svedesi e d'una importazione-capestro di beni che i sardi sono in grado di produrre nella loro terra.

Oltre allo «spirito filosofico» che ispira queste ottave, così come tanta parte della letteratura italiana coeva[53], è possibile cogliervi sorprendenti affinità di concetti coi capitoli XV e XVI della *Pubblica felicità* del Muratori, quelli cioè in cui si discute «Dell'agricoltura» e «Dell'arti o necessarie o utili allo stato; e del commercio». Il Simon pare conoscere le argomentazioni contenute in quel trattato, che sappiamo bene dovette esercitare una forte suggestione sul progetto riformatore del Bogino: in particolare, sulla molteplicità degli alberi e sulla loro coltivazione in terreni anche non perfettamente adatti, ma pur sempre capaci di certe colture, con l'aiuto della «fisica sperimentale»; infine, sull'importazione di prodotti che il principe, per negligenza, trascura di «far nascere» nel proprio stato[54].

---

[50] Su questo genere poetico si veda il giudizio inappellabile dell'Alziator, op. cit. (sopra n. 21), p. 250: «il "furor didascalicus" è come la morte e non risparmia nessuno, una volta entrato in corpo può far scrivere di come si cura la lue o di come si pilota una nave, di come si allevano le api o di come si caccia al falcone, nessun secolo è immune, né alcuna letteratura può dirsi vaccinata; in alcuni secoli questo morbo è soltanto endemico, in altri addirittura epidemico.
Il Settecento, e quello sardo in particolare, tra i secoli infetti dal furore didascalico, fu certo quello che presentò una delle epidemie più massive».

[51] D. Simon, *Le piante*, Cagliari 1779, c. I, ottava 2.

[52] Op. cit., c. III, ott. VIII-XIII.

[53] G. Petronio, *Letteratura e scienza in Italia nell'età dell'Illuminismo*, in «Problemi», XLVI (1976) n. 2, pp. 132-59, poi in *Letteratura e scienza nella storia della cultura italiana*, Palermo 1978, pp. 163-92.

[54] Cfr. L. A. Muratori, *Della pubblica felicità, oggetto de' buoni Principi* in L.A.M., *Opere*, a cura di G. Falco e F. Forti, («La letteratura italiana storia e testi») vol. 44, t.I, p. II, Milano-Napoli 1964, p.

632

Non dalla filosofia, ma, pragmaticamente, dall'«utile patrio», dichiara invece di essere spinto a scrivere Antonio Porqueddu, ex-gesuita di Senorbì (Cagliari), nella *Prefazione* al suo *Del tesoro della Sardegna ne' bachi e gelsi*[55]. Il poema in tre canti, in sardo meridionale con traduzione italiana a fronte, pubblicato nello stesso anno di quello del Simon che lo preannuncia[56], precede nel tempo e nelle finalità i due *Catechismi* del Cossu. Vi si caldeggia, con ricchezza di dottrina e specificità di informazione, lo sviluppo di un'attività agricolo-manifatturiera in grado di migliorare le scarse risorse economiche dell'isola. Nelle copiosissime *Annotazioni*[57], si discutono svariate autorità contemporanee in materia di agricoltura in genere (l'*Encyclopdie, La coltivazione italiana, o sia Dizionario d'agricoltura*, 1771) e di allevamento dei bachi da seta in particolare (*Memoria intorno a' bachi da seta* del De Sauvages e due poemetti didascalici, Il *Filugello*, 1752, del Giorgetti, e la cinquecentesca *Sereide* di Alessandro Tessauro, ristampata a Vercelli nel 1777); vi si conferma, infine, la necessità della prova sperimentale «in cosas fisicas»[58]. L'adesione alla cultura scientifica e la fiducia che una sua corretta applicazione all'agricoltura possa migliorare le condizioni di vita delle popolazioni si colgono un po' ovunque nella *Moriografia sarda, ossia Catechismo gelsario* e nella *Seriografia sarda, ossia Catechismo del filugello* di Giuseppe Cossu, dialoghi redatti in sardo e in italiano (1788 e '89). Nella già citata *Dedica*[59], il

---

1590 sg. e 1601-1603. Per l'influsso del Muratori sul Bogino, cfr. G. Ricuperati, *Il riformismo sabaudo settecentesco e la Sardegna*, in «Studi storici», XXVII (1986), pp. 57-92; il riferimeto è a p. 74. Il saggio si legge ora in G. Ricuperati, *I volti della pubblica felicità,* Torino 1989, pp. 157-202.

[55] Porqueddu, op. cit. (sopra n. 33).

[56] Simon. op. cit., c. III, ott. XIII.

[57] Per l'apparato ipertrofico di queste *Annotazioni* è stato ipotizzato un destinatario diverso da quello del testo, palesemente didascalico. Le note al III libro, redatte soltanto in italiano, sembrano rivolte alla classe dirigente, critica verso l'isola; con precisi dati statistici, vengono confutate, per esempio, alcune osservazioni del Gemelli circa la «brevità» della giornata del contadino sardo e la stasi dello sviluppo nella produzione e nel commercio isolani. Cfr. Marci, *Il tesoro* cit. (sopra n. 48), p. 249.

[58] Porqueddu, op. cit., nota 29 al II canto, p. 174. Il testo dice: «Ah! ch'is regolas giustas de Newtonu / Mali intendi, deu naru, chisisiat, / Ed in fisica fueddat a su bentu, / Si no tenit a manu sperimentu».; e in italiano: «Ah! che i canoni giusti di Newtono / Intende mal qualunque, e mal rileva / Ed in fisica parla sempre al vento, / Se non tiene a la mano sperimento!».
Le opere si trovano citate rispettivamente alle pp. 243, 75, 111, 163, 23.

[59] Cossu, *Moriografia*, cit. (sopra n. 32). Sul Cossu vedi il fondamentale profilo di F. Venturi, *G. Cossu*, in *Illuministi italiani*, VII, cit., pp. 849-71 e il precedente contributo *Il conte Bogino, il dottor Cossu e i monti frumentari. Episodio di storia sardo-piemontese del secolo XVIII*, in «Rivista storica italiana», LXXVI (1964), n. 2, pp. 470-506; C. Sole, *Un economista sardo del '700 precursore dei «Piani di Rinascita»: Giuseppe Cossu*, in «Ichnusa», VII (1959), n. 2, pp. 45-56 e il saggio successivo sui «riformatori sardi» G. Cossu e G.M. Angioy nel vol. *Sardegna e Mediteraneo*, Cagliari 1970, pp. 65-104; M. Lepori, *Un riformatore sardo del '700: Giuseppe Cossu*, in «Annali della Facoltà di Magistero dell'Università di Cagliari», nuova serie, vol. VIII, p. II, 1984, pp. 195-222; Marci, *Settecento* cit. (sopra n. 14).

Censore Generale esprime la certezza che la produzione della seta *in loco* renderebbe «più felice la sorte de' Sardi» e limiterebbe le uscite, ingenti, per un bene di consumo voluttuario. Le *Istruzioni* della Giunta, però, saranno più facilmente operanti se esposte in un dettato limpido, immediatamente comprensibile: di qui l'uso del dialetto, posto a fronte dell'italiano, e la forma del dialogo «riputato il metodo più facile per far capire li precetti», «onde vedonsi dilucidate ragionevolmente anche le cose più complicate e più oscure» (nota A della *Dedica*). Non è superfluo sottolineare, a questo proposito, l'adesione del Cossu a quel recupero tutto settecentesco del *dialogo* in funzione didattico-divulgativa[60].

Uguale proposito traspare dalla finzione letteraria della prefazione, stesa a mo' d'«allocuzione di un Parroco a' suoi figliani». In essa si pongono in risalto sia le condizioni che favoriscono l'impresa: di ordine fisico, il clima temperato ideale alla coltivazione dei gelsi, e di ordine morale, l'obbedienza e la laboriosità dei fedeli sudditi-figli; sia i vantaggi economici di questo lavoro, così piacevole da costituire un gradito passatempo perfino per le principesse reali. L'osservazione accattivante è diretta alle destinatarie del secondo *Dialogo*, le padrone di casa, donne di media condizione sociale: esse non sdegneranno questa attività «per aumentare il reddito della famiglia», «non già per convertire il prodotto delli bigatti in abbigliarsi di seta, e coprire di essa pareti e letti» (p. 26), giacché tale lusso non si addice al loro ceto.

Leggendo queste esortazioni tornano alla mente non soltanto la filogina e cordiale *Difesa delle donne*, apparsa sul «Caffè» (I, XXII), nel 1765[61], ma, ancora una volta, i perspicaci e pietosi suggerimenti del Muratori ai parroci dei villaggi. Costoro venivano rimproverati di predicare, tanto vigorosamente quanto inutilmente, contro gli eccessi delle veglie invernali; meglio avrebbero fatto a consigliare delle sane occupazioni alternative, come la filatura della lana, della bambagia, del lino, della canapa: «L'inerzia del popolo — si legge nel cap. XVI della *Pubblica felicità*

---

[60] Cfr. M.L. ALTIERI BIAGI, *Scrittori di scienza e generi letterari*, in *Scienza e letteratura nella cultura italiana del Settecento*, a cura di R. CREMANTE e W. TEGA, Bologna 1984, pp. 311-40. Con l'Altieri Biagi, possiamo avanzare l'ipotesi che il genere del dialogo fosse preferito anche per le minori resistenze offerte alla traduzione in un altro idioma, in questo caso il sardo.

[61] «L'aggiustatezza di mente persuaderà alle donne che il maneggio e l'economia domestica sia di loro ragione; che il travaglio, essendo una necessità universale, conviene anche ad esse, di qualunque rango siano; che l'amore al medesimo mantiene tutte le virtù, e *fa onore al sesso ancor sul trono*. Il sedere ad un banco di cambio per dirigere le opportune corrispondenze, ed il *presedere ad una manifattura non è fuori della sfera d'una mente ben regolata d'una cittadina...* Questo costume sarebbe d'un utile insigne allo Stato, perché si formerebbero esse da sé la loro dote, *soccorrerebbero nelle occasioni il marito e la famiglia*, e darebbero coraggio agli uomini di contrarre matrimoni». («*Il Caffè*», a cura di S. ROMAGNOLI, Milano 1960, p. 178).

— ha bisogno di chi l'esorti, lo sproni, e se conviene, ancora lo *sforzi a far quello che è utile suo e del pubblico*[62].

Le coincidenze concettuali con l'opera del riformatore di Vignola non significano automaticamente che quella sia, con certezza, la fonte dei nostri riformatori. Sta di fatto, tuttavia, che il trattato è presente fra i testi del «Fondo antico» della Biblioteca Universitaria di Cagliari, assieme alla *Perfetta Poesia* e alle *Riflessioni sopra il buon gusto*, ai *Rerum* e agli *Annali*, alla *Filosofia morale*, alla *Regolata devozione* e ad altre opere ancora, alcune registrate pure nel catalogo della Biblioteca Comunale della città. Tali idee, pervenute direttamente o attraverso mediazioni, per esempio del Gemelli, paiono, comunque, appartenere ormai al bagaglio culturale della classe dirigente sarda, per buona parte formatasi all'epoca e secondo i disegni del Bogino[63].

Né sminuisce il valore dei *Catechismi* del Cossu e degli altri testi didascalici, frutto di un notevole impegno letterario e artistico[64], l'obiettare che essi obbediscono a una logica «colonialista»: infatti, l'iniziativa del governo mirava, in un primo momento, a contenere le spese per l'importazione di questo articolo, in seguito ad arginare il dissesto provocato, in Piemonte, dalla crisi del settore. I dialoghi del Cossu videro la luce proprio negli anni in cui, a Torino, l'Accademia delle Scienze promuoveva un dibattito sui rimedi da adottare «pour viter que la crise de la soie, qui avait investi le Piémont l'année précédente, mène les ouvriers à la famine»[65]. In verità, i Simon, i Cossu, i Porqueddu paiono stimolati prima di tutto dal desiderio di giovare alla comune «patria» sarda[66]: questo impegno è alimentato dalla fiducia nella ragion pratica e dalla consapevolezza culturale che li induce a smantellare arcaici pregiudizi. Il Censore Generale, ad esempio, si attarda a spiegare ai contadini e ai massari l'opportunità di abbandonare le pratiche ataviche nella coltivazione dei

---

[62] MURATORI, op. cit. (sopra n. 54), p. 1610.

[63] Cfr. RICUPERATI, op. cit. (sopra n. 54), p. 86 sgg. È ancora da compiere l'esatta ricognizione delle presenze, dei luoghi e dei tempi in cui certa cultura italiana ha circolato in Sardegna. Il compito è reso assai arduo sia dalle vicende storiche del materiale bibliografico, sia dalla dispersione di quello d'archivio. La copia della *Pubblica felicità*, per esempio, nell'ed. di Lucca 1749, apparteneva sicuramente ai gesuiti, ma solo una lunga, e fortunata, ricerca potrà stabilire il momento dell'acquisto di quel volumetto.

[64] Il *Tesoro* del Porqueddu fu una delle gemme editoriali della Stamperia. Cfr. SAIU DEIDDA, op. cit. (sopra n. 27).

[65] G.P. ROMAGNANI, *La culture au royaume de Sardaigne, pendant le siècle des lumières*, in *Batir une ville au siècle des lumières. Carouge: modèles et réalités* (Catalogo dell'esposizione tenuta a Carouge, 29 Maggio-30 sett. 1986), Torino s.a., p. 460.

[66] SIMON, op. cit. (sopra n. 51), c. IV, ott. 26; PORQUEDDU, *Prefazione* cit. (sopra 33); COSSU, *Dedica* cit. (sopra n. 32).

campi, a favore delle tecniche moderne, suffragate dai «lumi dell'utile fisica».[67]

Il richiamo alla scienza agronomica, a sostegno, in questo caso, della distinzione dei terreni in «forti» e «volpini», più o meno adatti al trapianto dei gelsi, è frequente negli anni Ottanta del secolo, e non soltanto sulla bocca di intellettuali e amministratori laici. Gli ecclesiastici, secolari e regolari, a cominciare dal Porqueddu, spendono anch'essi tutta la loro autorevolezza per propagare l'ideale felicitario, non utopico bensì realizzabile attraverso un'oculata e informata pratica agricola.

Vediamo l'arcivescovo di Cagliari, Vittorio Filippo Melano di Portula, assumere l'ufficio di mediatore delle «istruzioni» governative presso i parroci, che così esorta nella sua lettera pastorale del 25 marzo 1788:

> Non vi scordate, che siete altresì cittadini e membri della società, in cui vivete, la quale a buon diritto da voi richiede, che siate tutto a tutti, e perciò *ripieni d'amor patriottico diffondiate nel vostro popolo le più utili cognizioni d'agricoltura*, eccitandolo colla voce e coll'esempio a porre ogni suo studio nell'ampliare, e condurre alla *più desiderabile perfezione questa sicura sorgente della civile prosperità*[68].

Circa due lustri prima, invece, nell'anno in cui una micidiale carestia aveva decimato la popolazione delle campagne, il carmelitano Alberto Maria Solinas Nurra, futuro vescovo di Nuoro, aveva inutilmente inviato al sovrano una specie di «piano di rinascita» nel quale, accanto allo sviluppo dell'allevamento del bestiame, trovava posto un documentato esame della situazione agricola e perfino una normativa pratica per l'istituzione di un ufficio di consulenza sui terreni, sulle sementi, sulla rotazione delle coltivazioni[69].

Capita, addirittura, che i presuli, più solleciti del viceré, si accollino le spese per la pubblicazione degli opuscoli sui nuovi metodi di coltivazione, sempre redatti in sardo e in italiano. È il caso del vescovo di Bosa, D. Giambattista Quasina, che fece tirare un certo numero di copie del *Discorso sopra la coltivazione di alcuni alberi,* insofferente di dover attendere il *Calendario sardo* dell'anno successivo[70]. Il

---

[67] Cossu. op. cit., p. 110.

[68] In G. Cossu, op. cit., pp. 249-50.

[69] A.M. Solinas Nurra, *Saggio di varie riflessioni sulle più principali cause della quasi comune povertà dell'Isola e Regno di Sardegna, e sui più facili mezzi d'arricchirla, e renderla utile e vantaggiosa al suo Principe.* Il saggio, inviato al re Vittorio Amedeo III nel 1780 e rimasto inascoltato, giace inedito presso l'archivio di Stato di Torino. Di esso diede notizia O. Alberti, *Un «piano di rinascita» della Sardegna che risale al 1780,* in «Frontiera», I (1968) n. 1, pp. 3-5.

[70] Il *Discorso sopra la coltivazione di alcuni alberi riconosciuti allignanti al terreno, e clima*

clero isolano appare, pertanto, un intelligente mediatore delle istanze culturali provenienti d'oltremare e d'oltralpe e, contemporaneamente, interprete di esse dal punto di vista isolano[71].

La letteratura didascalico-scientifica, della quale abbiamo ricordato alcuni esempi, testimonia allo studioso odierno lo sforzo ragguardevole compiuto dalla classe dirigente in quegli anni per strappare il paese all'arretratezza e all'isolamento. In questa prospettiva vanno interpretate le forme letterarie e linguistiche prescelte le quali, ben lungi dall'essere «strumento inerte della comunicazione»[72], stimolano la produttività degli autori e agiscono persuasivamente sui destinatari.

Così, se lo scrittore vuole dilettare insegnando, sceglie l'ottava rima, metro prediletto dalla poesia popolare, invece dell'endecasillabo sciolto, prevalente nel poemetto didattico degli scrittori di terraferma. Se invece l'intento è più praticamente divulgativo, le forme sono quelle dell'oralità, simulata nel *discorso*, o addirittura, della «scena» riprodotta dal *dialogo*. Insomma, la forma segnala immediatamente, ad apertura di pagina, il proposito di trasmettere nuove cognizioni, ma pure di suscitare nei destinatari la fiducia nelle proprie capacità, assolvendo il compito di formare sia il carattere, sia le competenze professionali, in una scuola agraria di mutuo insegnamento *ante litteram*. Il personaggio del Censore, infatti, nella *Moriografia* del Cossu, rassicura il suo modesto ma volenteroso interlocutore dicendogli:

> Non crediate, che sia di mestieri essere filosofo, e dottore per saper conservare, e medicare le piante; è necessario bensì sapere le regole, e le maniere inventate ed insegnate dagli uomini letterati. Voi, che sapete leggere, e scrivere qualche poco, non solamente ascolterete quest'istruzione ma *la leggerete, e rileggerete qualora sia stampata, e quando l'abbiate ben bene fissa in capo, la spiegherete ai vostri amici, e compagni che non sanno né leggere né scrivere*[73].

---

della diocesi di Bosa, *la maniera di preservarli dagli insetti, cogliere i frutti, e conservarli lungamente col metodo di estrar l'olio delle olive fatto per uso de' parrocchiani di Bosa ad istanza del degnissimo monsignore D. Giambatista Quasina vescovo di detta Diocesi*, Cagliari s.a. (ma del 1780; tradotto anche in sassarese) segue di un anno il *Discorso sopra l'utilità delle piante e della loro coltivazione colla traduzione in idioma Sardo del Capo di Cagliari*, Cagliari 1779. Sono probabilmente entrambi del Cossu il quale, nella *Moriografia* (p. 118), ci informa che quest'ultimo discorso venne «stampato a spese e per ordine del fu monsignor Pilo vescovo d'Ales ad uso de' suoi diocesani».

[71] Anche per questi anni pare valida la seguente osservazione generale del Pirodda: «Sono stati più spesso gli ecclesiastici che, pur con molte contraddizioni e ambiguità, hanno per secoli svolto un ruolo di interpreti di un punto di vista sardo, in particolare nelle zone interne» (*La Sardegna* cit. (sopra n. 12), p. 921). D'altra parte, è indubbio che le energie spese dal Bogino per «la trasformazione qualitativa dei quadri dirigenti locali, compresi quelli religiosi», a distanza di un decennio hanno conseguito alcuni risultati significativi. Cfr. RICUPERATI, *Il riformismo*, cit. (sopra n. 54), pp. 77-82.

[72] ALTIERI BIAGI, op cit. (sopra n. 60), p. 311.

[73] COSSU, op cit., p. 166.

Quanto agli strumenti linguistici, l'assunzione dei dialetti accanto all'italiano pare rispondere alla medesima esigenza di instaurare un rapporto paritetico con i contadini indotti, ma al tempo stesso di riconoscersi latori di una cultura di più vasto respiro, atta a edificare per l'isola un futuro di pubblica felicità.

Il «topos» del sovrano-padre nella letteratura encomiastica

A differenza delle opere didascaliche, in Sardegna come in terraferma la letteratura con finalità parenetico-encomiastiche è elaborata, destinata e fruita interamente all'interno della classe dirigente.

Si celebrano nozze, funerali, promozioni, monacazioni o altre ricorrenze della nobiltà piemontese, inviata nell'isola a ricoprirvi le più alte cariche, e della nobiltà locale, di antiche origini feudali[74]. Del ceto professionale laico si festeggiano le lauree in medicina e in entrambi i diritti; degli ecclesiastici, gli ingressi nelle sedi episcopali e le felici prove nell'oratoria sacra e profana[75]. La forma metrica preferita è

---

[74] Cfr. gli *Applausi epitalamici al Signor Conte Cavaliere, e Commendatore Giannantonio Brizio della Veglia nelle sue nozze con la damigella Felicita Nicolis di Brandizzo*, Cagliari 1781; *Per le faustissime nozze de' nobilissimi signori D. Gioanni Amat Manca de Ghiso, marchese di S. Filippo, Visconte di Fuente Hermosa ecc. colla Damigella D. Eusebia Amat..*, Cagliari 1789; *Ne' solenni funerali di Angelo Berlendis vicentino oratore poeta chiarissimo e professore emerito d'eloquenza italiana nella Regia Università di Cagliari differiti per le vicende de' tempi*. Cagliari s.a. (ma 1793); *Nel solenne giuramento di Generale delle armi del Regno, e governatore di Cagliari, e sua dipendenza del nobile D. Gavino Paliaccio Marchese della Planargia... Un suo affezionatissimo servitore già uffiziale nel Reggimento Sardegna offre al suo impareggiabile merito i seguenti Sonetti*, Cagliari, Titard, 1783; G. CHIAPPE, *Poemetto per le Feste pubbliche per sua Eccellenza D. Carlo Thaon conte di Sant'Andrea vicerè di Sardegna*, Cagliari 1789: *All'illustrissimo signore Marchese di Trivigno Pasqua D. Pietro Vivaldi-Zatrillas Capitano generale della cavalleria miliziana nella grandiosa serenata, con cui la sera delli vent'otto d'aprile si festeggiò la notizia di averlo S.M. distinto coll'onore di Suo Gentiluomo di Camera. Il suo umilissimo servitore Vincenzo Piazza*, Cagliari 1793; *Vestendo l'abito de Cappuzina Sor Francesca Carta*, Cagliari 1785; *In ocasion d'un solene bancheto fato a la nobiltà sarda a bordo de la flota veneta. Soneti*, Cagliari 1788.

[75] Cfr. *Per la laurea dottorale in ambe leggi dell'ornatissimo signore Giammaria Deledda nuorese. Componimenti di alcuni accademici imolesi*, Cagliari 1787; G. CHIAPPE, *Nell'arrivo dell'illustrissimo e reverendissimo Mons. D. Vittorio Melano di Portula dell'Ordine de' Predicatori alla sua sede arcivescovile di Cagliari*, Cagliari 1778; *Nel primo ingresso alla sede archiepiscopale di Oristano dell'Illustrissimo e reverendissimo mons. Don Luigi Cusani di Sagliano. Monumento d'ossequio ed applauso di Bonaventura Porro e Vincenzo Piazza*, Cagliari 1784; *Applausi poetici per la consagrazione del novello vescovo d'Ales e Terralba*, Sassari 1787; *Per la consagrazione di Monsignor D. Francesco Sisternes De Oblites arcivescovo d'Oristano*, Cagliari 1798; *Al novello arcivescovo di Cagliari Monsignor Cadello di Santo Sperato. Applausi poetici*. Cagliari 1798; *Per la nascita del Serenissimo Delfino in occasione d'un solenne triduo celebrato in Cagliari nella Chiesa di Santa Lucia alla Marina dal signore Giambattista Lionardo Durand de las Bordas... Orazione recitata dal P.M. Alberto Marchi carmelitano professore di fisica sperimentale nella Regia Università nel giorno XXII di gennaio*

il sonetto, prevalente, per la sua brevità, negli innumerevoli «fogli volanti» commissionati dalle Confraternite e Arciconfraternite di fedeli devoti a un particolare culto, omaggio pietoso solitamente per il giovedì e venerdì santo, e al tempo stesso segno di prestigio sociale dei committenti[76].

Inoltre i torchi della Stamperia imprimono di frequente degli opuscoli per manifestazioni spettacolari, nelle quali il testo letterario drammatico consiste nella cantata. Talvolta figura il nome dell'autore della musica, ma mai, allo stato attuale delle ricerche, è stata rinvenuta allegata la partitura.

Anche nell'isola questo genere riscuote un notevole successo. Si compongono cantate di vasta tessitura, divise in due parti, come *La Pace d'Italia, L'acclamazione dei poveri*, la *Cantata estemporanea* per i voti di Suor Lucia Quesada e *Il trionfo di Giuseppe*, che è redatto in questa forma pur recando l'indicazione generica di «componimento drammatico»[77]; il coro spesso introduce il recitativo che si alterna alle arie, concludendosi con una di esse. Oppure ci si limita al modulo aria-recitativo-aria, come nei saggi scolastici degli studenti del Collegio gesuitico. Il recitativo è generalmente in endecasillabi e settenari liberamente rimati, talvolta variati dall'inserzione di versi quinari. Le arie assumono le forme più varie, ma con una netta prevalenza della quartina doppia di settenari o ottonari, di cui l'ultimo tronco.

Anche nell'isola la cantata si conferma quella «forma onnivora»[78], il cui linguaggio, «il più convenzionale, salottiero, estemporaneo che si possa immaginare»[79], si piega alle più disparate esigenze celebrative, sacre e profane.

1782 e dedicata all'istesso regio console; Orazion funebre nella morte dell'augustissima Maria Antonia Ferdinanda Infanta di Spagna e Regina di Sardegna recitata dal p. Alberto Marchi carmelitano professore di teologia dommatica nella Regia Università nel Duomo di Cagliari il dì XXIX nov. dell'anno 1785, Cagliari; *Orazione panegirica in lode di S. Tommaso d'Aquino del Sacro Ordine de' Predicatori Dottor della Chiesa, recitato nella Chiesa degl'istessi padri domenicani il dì VII marzo 1794 dal P.M. Alberto Marchi Carmelitano professore di teologia dommatica e storia ecclesiastica nella Regia Università di Cagliari*, Cagliari; *Nelle solenni esequie di Sua Maestà Vittorio Amedeo III Re di Sardegna Orazione di Don Pietro Sisternes di Oblites, canonico dottorale nel Capitolo di Cagliari, Teologo e prefetto del Collegio di ambe leggi. Detta nella Chiesa Primaziale. Addì XV dicembre 1796*, Cagliari 1797.

[76] In una *Miscellanea di vario genere* (Bibl. Univ. di Cagliari, S.P.6.1.29) figurano ben diciassette associazioni diverse.

[77] Per i testi citt., vedi note 80 e 81.

[78] G. GRONDA, *Tra lirica e melodramma: la cantata dal Lemene al Metastasio*, in *Le passioni*, cit. (sopra n. 30), pp. 121-54, in particolare p. 130.

[79] G. FOLENA, *La cantata e Vivaldi*, in *A. Vivaldi. Teatro musicale, cultura e società*, Firenze 1982, poi in G. FOLENA, *L'italiano in Europa*, Torino 1983, p. 266.

Esalta, infatti, le nozze del Principe di Piemonte con Clotilde di Francia (1775) e l'insediamento a Cagliari dell'arcivescovo Vittorio Filippo Melano di Portula (1779); la saggia amministrazione del viceré Giuseppe Vincenzo Lascaris (1780); la partenza del viceré Don Solaro di Moretta e l'arrivo, immediatamente successivo, del conte Thaon di Sant'Andrea (1787); la reggenza del medesimo conte che l'autore, auspice Giove, prevede provvidenziale per gli amministrati (1787), e la promozione al comando generale della città e contado di Nizza di Don Gavino Paliaccio della Planargia (1787)[80].

Ma canta anche eventi religiosi quali la celebrazione dei Dolori della Vergine (1782), l'elevazione al vescovado di Giovanni Antioco Serra Urru nella diocesi di Galtellì, novellamente istituita indipendente da quella cagliaritana (1781); la professione dei voti, in Sassari, di Suor Lucia Quesada e della nobildonna Maddalena Manca Simon (1788), o le lodi in onore della SS. Eucaristia e di S. Tommaso d'Aquino (1790 e 1791-'92), nelle Accademie del Collegio di S. Croce[81].

Le cantate, per lo più in forma drammatica ma anche lirica a una sola voce, alla quale si unisce il coro nell'aria finale, come nel caso delle Accademie del Collegio dei Nobili, hanno per protagonisti ora gli dei della mitologia o allegorie di senti-

---

[80] *La pace d'Italia. Cantata per le auguste nozze del Real Principe di Piemonte con Madama Clotilde di Francia eseguita nel palazzo di S.E. nell'occasione delle feste.* Cagliari 1775; *Complimenti poetici del sacerdote Luigi Soffi prefetto degli studi del Seminario Tridentino di Cagliari. Da recitarsi in una pubblica Accademia da' signori Alunni del medesimo seminario il dì del mese di aprile 1779*, Cagliari s.d.; *Il trionfo di Giuseppe, componimento drammatico,* Cagliari 1780; *Rimettendo il governo del Regno di Sardegna Don Angelo Solaro di Moretta a Don Carlo Taone di Sant'Andrea. Sonetto e cantata dell'abate Angelo Berlendis,* Cagliari 1787; *Il decreto di Giove. Cantata in festevole applauso a sua Eccellenza il signor D. Carlo Francesco Thaon conte di Sant'Andrea. Pubblicata 28 giorni dopo l'arrivo di S.E.,* Cagliari 1787; *Per la promozione al comando generale della città, e contado di Nizza del nobilissimo signore Don Gavino Paliaccio... Cantata nel Teatro Allì Maccarani, la sera delli 13 maggio,* Nizza 1787.
[81] *Per la Settimana Santa. Affetti di Maria. Cantata,* Cagliari 1782; *L'acclamazione dei poveri. Cantata in musica in occasione della solennissima consacrazione dell'illustrissimo e reverendissimo Monsignore D. Gioanni Antioco Serra Urru Vescovo di Galtellì seguita nel giorno 14 di gennaio dell'anno 1781 nel Duomo e Chiesa arcivescovile in Oristano,* Cagliari 1781; *Professando nel monistero di S. Chiara in Sassari Sor Lucia Quesada il 6 luglio 1788,* Sassari s.d.; *Componimento drammatico recitato privatamente nel pranzo datosi dalla damigella Donna Maddalena Manca Simon il giorno 2 luglio 1788 in cui vestì abito religioso delle cappuccine.* Sassari s.d.; *Cantata in musica in occasione d'un'accademia tenutasi dagli Studenti delle Regie Scuole di S. Croce sulla SS. Eucaristia,* Cagliari 1790; *Cantate per una accademia in onore di S. Tommaso d'Aquino eletto protettore delle Regie scuole del Collegio di S. Croce in Cagliari per l'anno scolastico 1791-92,* Cagliari s.d. Su questa produzione cfr. M.L. DI FELICE. *Per uno studio dell'attività drammaturgica a Cagliari nel secolo XVIII* in *Metastasio e il melodramma,* a cura di E. SALA DI FELICE e L. SANNIA NOWÈ, Padova 1985, pp. 161-81, specialmente pp. 167-69.

menti (Gioia, Dolore), ora i tradizionali esponenti della favola arcadico-pastorale, ora, infine, i fiumi Dora e Tirso, significanti per metonimia il Piemonte e la Sardegna[82].

In questa lirica ufficiale, accanto alla lode per la sollecita operosità e le vigili cure del viceré in carica, non manca mai l'elogio del sovrano, padre del fedele regno sardo, e la preghiera a Dio per la sua conservazione. Questo luogo comune diventa più frequente e acquista una maggiore pregnanza semantica negli anni cruciali 1794-'96, quando l'espulsione dei funzionari piemontesi, il 28 aprile 1794, i sanguinosi eventi del luglio '95 e le concessioni regie del giugno 196 sostanziano metafore, allegorie e personificazioni della più coinvolgente e drammatica attualità[83]. Lungi dall'essere mere figure di stile, le figure retoriche, tra le quali è preminente per noi e più interessante la metafora del re-padre, mirano a rinsaldare il consenso dell'élite destinataria su un modello che possiamo definire muratoriano, dei rapporti tra principe e sudditi. Non è escluso che questo *topos*, peraltro molto comune, avesse una forte risonanza poetica grazie alla mediazione metastasiana: la clemenza, infatti, è ripetutamente invocata a temperare la giustizia di un sovrano al quale Dio ha affidato i popoli in qualità di figli, non di schiavi[84].

---

[82] Cfr. *La felicità di Sardegna*, nota 85.

[83] È interessante leggere la relazione-interpretazione che di queste vicende danno due contemporanei: uno è Giuseppe Melis Azeni, portavoce della «versione ufficiale» avallata dalla Reale Udienza, che assunse negli anni '94-'95 prerogative superiori a quelle istituzionali, nell'anonimo *Giornale di Sardegna cominciatosi a pubblicare dopo l'emozione del VI luglio MDCCXCV in seguito all'eccitamento fattosi da' tre Ordini del Regno* (Cagliari, Stamperia Reale); l'altro è Matteo Luigi Simon, fratello di Domenico, protagonista di quegli eventi con simpatie rivoluzionarie, poi esule in Francia, autore di un opuscolo intitolato *Crisi politica dell'isola di Sardegna ossia Risposta imparziale di Astemio Lugtinnio P.A. a due quesiti propostigli sulla medesima da un Oltramontano* (Italia 1800). Il *Giornale* è stato ripubblicato da Virgilio Lai, *La rivoluzione sarda e il «Giornale di Sardegna» (1795-1796)*, Cagliari 1971. La *Crisi*, da Rafael Catardi, Alghero 1964. Offre una ricostruzione degli eventi molto articolata ed equilibrata SOTGIU, *Storia* cit. (sopra n. 5), cap. VI e *Nota bibliografica*; più sintetica e cauta nell'attribuire uguale consapevolezza rivoluzionaria, pur attenta a differenziare le motivazioni delle rivolte al nord e al sud dell'isola, SCARAFFIA, *La Sardegna* cit (sopra n. 5), pp. 717-47.

[84] Cfr. MURATORI, op. cit. (sopra n. 54), cap. X (Delle leggi), p. 1563, per la virtù della clemenza; per la metafora del principe-padre, le pp. 1513, 1515, 1560, 1650, 1652, 1655, 1658, 1693, 1716. Uno studio puntuale sulla fortuna del Metastasio nell'isola è ancora da fare. Mi limito a ricordare che il Siotto-Pintor (op. cit. (sopra n. 18), 1.VIII, vol. II, nota a p. 512) dava notizia di una rappresentazione a Cagliari dell'*Artaserse*, nel 1750, «per le nozze di Vittorio Amedeo duca di Savoia e di Maria Antonia infanta di Spagna». Per parte sua, il gesuita vicentino Angelo Berlendis, approdato nell'isola nel 1765 e morto a Cagliari nel 1793, professore di eloquenza all'Università e prefetto delle scuole di S. Croce, lo riecheggia nei suoi versi, sia tragici (*Sardi liberata*, IV, 5, Cagliari 1783), sia lirici (*Rimettendo il governo* cit. (sopra n. 80). Antonio Marcello infine si cimenta, come abbiamo visto, nella stesura di ben cinque melodrammi.

Alcuni esempi sono particolarmente significativi: *La Felicità di Sardegna sotto il governo del novello Viceré Sua Eccellenza Signor Marchese Don Filippo Vivalda (...) Cantata eseguita da scelta musica sulla piazza del palazzo Viceregio la sera del giorno XIII settembre in cui la prefata E.S. prestò nella primaziale di Cagliari il pubblico giuramento* e le *Poesie in omaggio alla Sacra Real Maestà di Vittorio Amedeo III Re di Sardegna per il grazioso diploma delli VIII giugno 1796*[85]. In questi testi, Clemenza, che fa del re «immagin viva del Supremo Regnator», allontana Rigore, per intercessione di Amore, dal cuore del sovrano «Regnante maestoso», ma nel contempo «amoroso Genitor»[86].

La clemenza di Tito e la giustizia di Traiano, assieme al valore di Cesare e al senno di Augusto, presiedono all'intera raccolta del '96, per bocca di Francesco Algarotti che offre lo spunto all'*exergo*, tratto dall'encomio dell'imperatrice russa Anna Ivanovna[87]. Livore e invidia sono messi in rotta dal sovrano che ha riportato la pace tanto desiderata, liberando la Sardegna dal mostro che stringeva nell'adunca

---

Pur non trascurando la metafora del re-padre, di matrice cristiana, il Metastasio insiste maggiormente su quella del re-pastore, di ascendenza platonica. Cfr. E. SALA DI FELICE. *L'arbitro dei destini: ideologia e drammaturgia in Metastasio*, in *Metastasio. Ideologia, drammaturgia spettacolo*, Milano 1983, pp. 149-68 e *Virtù e felicità alla corte di Vienna*, in *Metastasio* cit. (sopra n. 81), pp. 55-87. Per la funzione «argomentativa» delle figure retoriche cfr. O. LONGO, *Metafore politiche di Platone* in *Simbolo, metafora, allegoria*, a cura di D. GOLDIN, premessa di G. FOLENA, Padova 1980, pp. 49-60.

[85] La *Cantata*, testo poetico del canonico Giuseppe Chiappe e musica del maestro di cappella napoletano Michele Fusco, apparve per i tipi della Stamperia Reale nel 1794. Questo testo pare confortare l'interpretazione di Girolamo Sotgiu, secondo il quale, nonostante l'insurrezione del 28 aprile 1794, «era diffusa la volontà di giungere a un accordo con la corte di Torino e (...) la cacciata del viceré e dei piemontesi non voleva essere il segnale di un distacco dalla dinastia sabauda» (op. cit., sopra n. 5, p. 165).
Le *Poesie* furono stampate il 13 giugno 1796. Si tratta di una raccolta, tipograficamente curata, di sonetti, liriche, poemetti e di iscrizioni di emeriti intellettuali, per lo più ecclesiastici, tra i quali figurano il canonico della Cattedrale, Giuseppe Chiappe, il canonico Faustino Cesare Baille, il dotto in teologia, oltre che in belle lettere, Gio.Maria Dettori, il dottore del Regio Collegio cagliaritano Alberto Delitala (si trovano in *Raccolte poetiche del XVIII sec.*, Bibl. Univ. Ca., segn.: S.P.6bis 3.6/30 e pure in Miscellanea 683). Con le stesse caratteristiche si presenta la raccolta di *Applausi poetici*, Cagliari 1796, anch'essi scaturiti dalla concessione del regio diploma del '96.
[86] In *La felicità di Sardegna* cit.
[87] F. ALGAROTTI, *Epistola III. Alla Maestà di Anna Giovannona Imperatrice delle Russie*, in *Opere del conte Algarotti*, I, Venezia 1792, p. 6: «Dell'aureo sol nel seno, ampia miniera / Di colori e di luce, arde il rubino, / Lo smeraldo sfavilla ed il zaffiro, / Immutabili e puri; insiem confusi / Ne' dolci raggi suoi la terra, e il cielo / Dorano immerso, e danno vita al mondo. / Così nel grande animo tuo le varie / Di Tito e di Trajan virtù temprando, / Di Cesare il valor, d'Augusto il senno, / D'un mondo intier tu sei delizia e nume». Se il re sabaudo doveva sentirsi molto lusingato dal paragone con l'imperatrice delle Russie, implicito nella citazione, a noi non sfugge l'atteggiamento fortemente conservatore di questo omaggio poetico, che ricorre a valori e formule dell'assolutismo illuminato.

mano «lugubre face in Flegetonte accesa»: quel Vittorio Amedeo III che Giovanni Maria Dettori (1773-1836), con ripetuta *correctio* in *climax*, denomina non più re ma padre, non padre ma Nume, non semplice Nume ma Nume tutelare[88].

Figure e concetti analoghi affollano anche il poemetto in endecasillabi sciolti del dottore collegiato Alberto Delitala (1778-1800), che leva un inno alla patria e al monarca. Nell'atrio del tempio, superbo di cento porte e cento colonne, innalzato dalla Sardegna al suo re, saranno scolpiti i trionfi di Vittorio «e in alto / Pender vedransi le testè rapite / dal Sardo ardir moltiplici bandiere / Alla temuta libertà Franzese»[89]. Al sovrano, nel quale, ancora una volta, giustizia e misericordia si compensano reciprocamente, il poeta rammenta la vittoria sarda contro i francesi, quasi a sottintendere l'opportunità di premiare l'eroica fedeltà con quella clemenza che, secondo il Muratori, doveva costituire «una delle più luminose gemme della (...) corona».

Alle soglie del nuovo secolo, mentre la Francia rivoluzionaria da un lustro s'è data nuovi ordinamenti, e ha perfino consegnato al boia i propri sovrani, rinnegati come rappresentanti del volere divino presso il popolo, i poeti «di corte» in Sardegna continuano a ispirarsi al modello del dispotismo illuminato. E fanno appello alla regale virtù della clemenza che, ben trent'anni prima, Cesare Beccaria aveva rigettato come giuridicamente illecita.

La Stamperia, che il lungimirante Bogino aveva fondato poco prima del suo «congedo», svolge, com'é evidente, il ruolo di promozione del consenso, accreditando ancora, presso l'opinione pubblica, un'immagine del potere messa ormai in crisi dagli eventi storici. Voci di incitamento alla lotta contro l'ordinamento feudale, che il governo sabaudo non aveva voluto intaccare, si levano pure nell'isola, non numerose ma accese e pressanti: sarebbe assurdo, però, cercarle tra le pubblicazioni della Stamperia Reale, la quale, se aveva concesso ampio spazio al mito della pubblica felicità, non poteva certo contribuire a divulgare le nuove idee rivoluzionarie.

Lealismo monarchico e coscienza «nazionale» nelle pubblicazioni tra il '93 e il '96
    Gli eventi bellici del gennaio e febbraio 1793, qualunque sia stata la loro reale

---

[88] G. DETTORI, XII componimento, poemetto in endasillabi sciolti del genere della «visione» in *Poesie* cit.

[89] A. DELITALA, XIII componimento, poemetto, in endec. sciolti, *Poesie* citt. Vedi pure i due sonetti: *Celebrandosi dalla fedelissima città di Cagliari un divoto triduo in ringraziamento a Dio per la preservazione di S.S.R.M. e R. Famiglia dalla recente congiura di Torino,* Cagliari 1794 e *Per la festa celebratasi dalla centuria urbana di Stampace nella chiesa di S. Chiara in onore della Beatissima Vergine sotto il titolo della Pace,* Cagliari 1795.

consistenza, variamente interpretata dagli storici[90], hanno un'eco vastissima nelle pubblicazioni della Reale Stamperia. Ai fini del nostro discorso non ha tanta rilevanza il fatto che i componimenti siano di modesta fattura e ridondanti di retorica, quanto, piuttosto, che l'isola vi si accampi protagonista indiscussa, finalmente *soggetto* di Storia, con una sua fisionomia distinta dalla struttura amministrativa e militare piemontese.

Il «prode Sardo» trionfa sull'«audace Gallo»[91], altrove qualificato «insano»[92]; «i buon guerrieri» isolani figurano «all'ara riverenti e pii / Detestar della Senna i folli vanti / Gl'idoli vani, i spregiator de' dii»[93]. La libertà, «perversa madre» di ministri avidi e sacrileghi, viene messa in rotta da fede, rispetto e amore, grazie ai quali regnano «I Regi in terra, e il Sommo Dio dall'alto»[94]. La Fama è esortata ad annunziare al sovrano «Il bellico valor la fè, le imprese / De' figli del suo Tirso», ai quali tutta l'Europa deve volgere lo sguardo, ammirata e imitatrice[95]. Quest'immagine della Sardegna eroica, fedele e pia, tratta dall'esemplare raccolta di sonetti per celebrare la «gloriosa liberazione dall'armata francese», ritorna con lievi variazioni in tante altre liriche, ancora sonetti o canzoni, ampiamente annotati, in opuscoli di poche facciate[96].

---

[90] Cfr. SOLE, op. cit. (sopra n. 5), pp. 175-221; SOTGIU, *Storia* cit. (sopra n. 5), pp. 133 sgg. e la relazione tenuta al convegno *Giovanni Maria Angioi e i suoi tempi* (Bono, 15-17 dic. 1988), dal titolo *La Sardegna e i tempi di Giovanni Maria Angioi*, in corso di stampa; L. DEL PIANO, *Giacobini e Massoni in Sardegna fra Settecento e Ottocento*, Sassari 1982, in particolare l'*Introduzione*, con una ricca rassegna bibliografica e i capp. I e II.

[91] P. BIANCO, V sonetto della raccolta *In occasione del solenne rendimento di grazie con processione generale in Cagliari il dì primo di aprile MDCCXCIII per la gloriosa liberazione dall'armata francese ottenuta mediante il patrocinio della santissima Vergine del Rosario e de' SS.MM. Saturnino ed Efisio specialmente invocati*, Cagliari s.d. (Bibl. Univ. di Ca., segn.: Misc. 683/23).

[92] A. CORRIAS, *Allusivamente all'atto di mandarsi dalla batteria nominata di San Saturnino una palla infocata, che colpì in un vascello, e per le relazioni avutesi offese gravemente il legno che tosto si allontanò, e poi si osservò che stettero i nemici parecchi giorni calefattandolo, ed offese anche le persone, avendone ucciso, e ferito non poche, tra le quali il figlio del comandante di quella nave cui spiccò la testa. Per lo che si seppe la gran costernazione di Francesi, e si vide la pompa funebre nel seguente giorno*, Cagliari s.d.

[93] CAPIZUCCHI DI CASSINE. son. XI della raccolta *In occasione*, cit.

[94] V. PILO, son. II, dedicato al vicerè Balbiano, e il III, in op. cit. Vedi anche il son. IV, di T.C.G.L.P.

[95] CAPIZUCCHI DI CASSINE, son. I, in op. cit.

[96] Solitario Cagliaritano (FAUSTINO BAILLE), *Per la celebre vittoria riportata dai sardi sulle sbarcate truppe francesi nella spiaggia di Quarto nei giorni XV, XVI, e XVII febbraio MDCCXCIII in cui si segnalarono singolarmente li signori Cav. don Girolamo Pizzolo, colonnelli Marchese Ripoll di Neoneli, Visconte Asquer di Flumini, Marchese Borro di S. Carlo, ed il signor avvocato Nicolò Guiso*, Cagliari s.d. (sonetto) e la canzone in endecasillabi e settenari *Restituendosi il simulacro di Sant'Efisio alla sua Chiesa dopo il solenne ringraziamento celebratosi nella primaziale per la prodigiosa liberazione della città di Cagliari dall'armata francese*, Cagliari 1793.

Il tentativo di invasione della Francia rivoluzionaria, latrice di una insana libertà che ha immolato sul patibolo il proprio paterno sovrano[97], desta uguali sentimenti di ribellione e di orgoglio «nazionale» in esponenti di diverso ceto e livello culturale. Vi sono coloro che, come s'è visto, li manifestano in lingua e forme letterarie italiane; ve ne sono altri, per esempio Raimondo Congiu, che preferiscono divulgare la gloria della vittoria, in armonia con «l'ordinario, e triviale gusto del Paese», in dialetto logudorese e in una forma narrativa cara alla cultura orale, oltre che alla tradizione colta: il cantare in ottava rima[98].

L'amore per la propria terra e la volontà di vederla sottratta alla secolare miseria, che avevano animato il Simon e il Cossu alla fine degli anni '70-'80; la preoccupazione di conferire dignità all'eloquio e garantire la memoria delle tradizioni locali, che aveva sorretto la ricerca storica e linguistica di Matteo Madao nello stesso torno di tempo (dal 1776 al '92), si colorano nettamente di un patriottismo che assume i connotati di coscienza «nazionale» sarda.

La lotta armata contro la Francia rivoluzionaria, sta, paradossalmente, all'origine dei «moti» che, passando per la cacciata dei piemontesi, culminarono nella tentata eversione della feudalità da parte di Giovanni Maria Angioi. Le ragioni giuridiche, umane e religiose che l'Angioi avrebbe cercato di realizzare nella sua generosa quanto utopica marcia verso Cagliari, sostanziano l'inno *Su pariottu sardu a sos feudatarios* di Francesco Ignazio Manno (1758-1817)[99].

---

[97] Ho trovato un'unica esplicita rievocazione dell'arresto e della condanna di Luigi XVI in *Il genio di Cagliari. Poemetto in tre canti in terza rima*, in forma di «visione», che il comico Giuseppe Peli scrisse e dedicò alle dame e ai cavalieri della città, pubblicato presso Titard, Cagliari 1794. Il poemetto interpreta, nella maniera più rozza, il punto di vista della propaganda antirivoluzionaria: i francesi vorrebbero distrutta la religione, violate le vergini, disonorate le «consorti», strappati i figli ai genitori, trafitti i padri, arse le campagne, cancellato il diritto, abbattute le fortezze e «oppressi / Gli uomini (...) sotto il giogo iniquo / Dell'uguaglianza».
[98] L'uso dell'ottava rima nella poesia popolare sarda fu introdotto grazie all'ampia circolazione del poema agiografico di G. ARAOLLA, *Sa vida, su Martiriu et Morte dessos Gloriosos Martires Gavinu, Brothu et Gianuari*, Cagliari 1582. Cfr M. BRIGAGLIA, *Intellettuali e produzione letteraria dal Cinquecento alla fine dell'Ottocento*, in *La Sardegna*, a cura di M. BRIGAGLIA, Cagliari 1982, I, 3, pp. 25-42, in particolare p. 29 e PIRODDA, *La Sardegna* cit. (sopra n.12), pp. 935-36.
[99] Si tratta di una lirica in sardo logudorese di 376 ottonari, ripartiti in 47 strofe di otto versi ciascuna, con schema a -bb -cc -dd -e. L'ultimo verso ha solo due rime, in -ia e in -are, che si alternano senza regola. Con ricca introduzione storica e commento critico essa fu pubblicata da Raffa Grazia (*Il canto d'una rivoluzione*, Cagliari 1899), in occasione del centenario dell'entrata in Sassari di Giommaria Angioi.
Pur rifiutando come assolutamente sproporzionato il confronto con *Il Giorno* pariniano, avanzato dal

Questo vigoroso canto di protesta di un uomo di legge, il Manno era giudice della Reale Udienza, subito diventato patrimonio popolare, fu stampato alla macchia in Corsica. In esso, feudatari di antica data e recente nobiltà piemontese formano un unico, nutrito manipolo di predatori, sì che «a su sardu restada / una fune a s'impiccare». L'iniziale monito ai ciechi baroni affinché depongano i loro privilegi, si distende nella gagliarda denuncia dell'immorale sopruso esercitato attraverso le rendite parassitarie[100], per innalzarsi in un minaccioso «verrà un giorno» che rammenta profeticamente, con le parole del *Magnificat*, la difesa che Dio assume dei miseri: «Però su Chelu ha' difesu / Sos bonos visibilmente, / Atterradu ha' su potente, / E i s'umile esaltadu»[101].

Le similitudini e le metafore rimandano di frequente al mondo agro-pastorale, del quale il canto interpreta i diritti: il popolo-ronzino (str. 3), che si impunta e rovescia il basto; gli uomini venduti come se fossero vigne, poderi, o un branco di pecore (str. 5); sudditi non amministrati, bensì «scortecciati», come le querce da sughero[102], infine, la possente metafora conclusiva, che trasferisce nell'ambito dell'attività familiare al contadino l'idea per lui astratta della rivoluzione: «Candu si tene su bentu / Es prezisu bentulare», quando c'è il vento, allora appunto bisogna ventilare il grano, bisogna trebbiare.

Mi sono soffermata su questo componimento, indebitamente considerata la sua pubblicazione addirittura fuori dell'isola, non soltanto perché è un assai pregevole testo poetico, l'unico forse, fra tutti quelli citati, che meriti veramente l'attenzione del critico letterario, ma anche perché presenta delle caratteristiche comuni al quasi coevo *Triunfu de sa Sardigna*. In entrambe le opere, infatti, il linguaggio figurato è ridotto al minimo, per lo più interno al mondo agro-pastorale, oppure all'ambito venatorio come nel poemetto eroico. Quest'opera e la sua parafrasi italia-

---

Garzia, per il quale, invece, l'inno è opera poetica (op. cit., pp. 135-36), Francesco Alziator è costretto a riconoscere che «esso si impone e sovrasta allora su tutta la letteratura del genere, si impone e sovrasta per l'altezza delle idee e la dignità dell'espressione» (op. cit. sopra n. 21, pp. 296-97). Interpretato pregiudizialmente secondo ottiche diverse, romantica, crociana, ideologica, che ne hanno sempre orientato unilateralmente la lettura, l'inno attende ancora una rigorosa edizione critica. In un articolo in corso di stampa, che apparirà sul n. 30-31 dell'«Archivio sardo del movimento operario contadino e autonomistico», dal titolo *Su patriottu sardu a sos feudatarios» di Francesco Ignazio Mannu*, Antonietta Dettori per la prima volta esamina il testo sotto il profilo linguistico.

[100] Nella str. 20a, che cito dall'ed. Garzia, il barone sperpera le rendite per mantenere cicisbee, carrozze, livree, per giocare alla bassetta, «E pro poder sa braghetta / Fora de domo isfogare».

[101] Vd str. 30a, che così continua: «Deus, chi s'es declaradu / Pro custa patria nostra, / De ogn'insidia bostra / Isse nos hat a salvare».

[102] Vd. str. 17a: «Feudatariu, pensa / Chi sos vassallos non tenes / Solu pro crescher sos benes, / Solu pro los *iscorzare*».

na, curata dal teologo tempiese Giovanni Maria Dettori, offrono, inoltre, un riscontro illuminante circa il diverso sistema dei campi figurativi, approdante a risultati poetici superiori nel testo dialettale rispetto a quello in italiano[103]. Vediamo, di conseguenza, che la tradizionale similitudine del naufrago, distesa in italiano per ben dodici versi, nel testo sardo ne occupa appena cinque[104]; il paragone classico armento-leone soccorre il Dettori a nobilitare quello instaurato dal Congiu tra l'agnello francese e i lupi sardi[105]. Scompare poi, nella parafrasi italiana, l'uccello gallico che ha l'astore alle costole e i colonnelli-cacciatori isolani che tendono l'agguato alla fiera straniera[106].

Un'altra somiglianza tra l'inno e il poemetto, puntualmente disattesa dalla versione del Dettori, concerne l'uso della mitologia, di preferenza sostituita da immagini bibliche. Pur imbattendoci nel *Trionfo* sardo in Scilla e Cariddi, non vi troviamo né «il fier Ciclope *che* strali a Giove affina», né «un feral tremoto» che «Sconvolge di Nettun l'ondoso scoglio»[107]. Sovente, invece, il linguaggio figurato attinge alle Sacre Scritture: nell'inno del Manno, l'esaltazione degli umili del *Magnificat*; la «Turre Babilonia» (*lapsus* o necessità di rima?) e l'arca di Noè, nel congedo oracolare del poemetto: «De Noè sa Sardigna tenet s'Arca / Chi s'estremu diluviu no l'inundat»[108].

Infine, entrambi gli scritti, pur di genere così diverso, l'uno un *pamphlet*, tra l'argomentativo-giuridico e il profetico, l'altro un racconto epico, adottano lo stesso tono sarcastico, aggressivo e sprezzante, che si avvale del «tu» conativo per misurarsi coi baroni e coi francesi con audacia egalitaria; come se i poeti, sulla carta, volessero ora anticipare l'avvento della rivoluzione, ora perpetuare lo smacco della sconfitta[109].

Oltre a questi aspetti del linguaggio poetico comuni al canto rivoluzionario, il testo del Congiu ne presenta alcuni suoi specifici, come l'uso della ripresa tra ottava e ottava[110] e l'introduzione del popolo a soggetto di enunciazione[111], e un altro

---

[103] Il TOLA (op. cit., sopra n. 21, II, p. 56) formulò un giudizio esattamente contrario, sulla base di un criterio classicista e italiano.

[104] Cfr.R. CONGIU, *Il trionfo* cit. (sopra n. 34), pp. 32 e 14.

[105] Op. cit., pp. 34 e 16.

[106] Op. cit., rispettivamente pp. 16 e 15.

[107] Op. cit., pp. 15 e 32.

[108] Op. cit., pp. .14 e 19.

[109] Si vedano, per es., le prime strofe dell'inno che iniziano con tre verbi all'imperativo: «Procurad' 'e moderare, / Barones, sa tirannia»; / «Mirade chi est azzendende / Contra de 'ois su fogu»; «No apprettedes (non premete) s'isprone / A su poveru ronzinu».

[110] In *Su triunfu* cit., ottave 4/5, 6/7, 8/9, 37/38.

[111] Op. cit., p. 15: «Su Sardu ti si mirat, e si rie / Nende: *Sa Franza in gherra est meda accorta*» (Il

che condivide con la *Moriografia* del Cossu: e cioè, l'espunzione quasi totale del-
l'encomio cortigiano. Infatti, se il «Prence Augusto» del Dettori traduce abbastanza
correttamente l'«Altu Monarca» del Congiu, l'«amor del Prence» che, secondo il primo, per ben due volte stimola l'ardire dei sardi, è invece del tutto assente per il secondo[112].

Dal canto suo, il Cossu aveva ritenuto opportuno riassumere nella «Reali Do-
mu de Savoia» l'elenco dei sovrani, Vittorio Amedeo II e Vittorio Amedeo III, Carlo
Emanuele III (citati i primi due erroneamente come primo e secondo); ma, soprattutto, aveva omesso nel testo sardo l'enumerazione di molte benemerenze *extra
insulam*, che spiega partitamente nel testo italiano[113].

Seppure con modalità differenti dall'inno del Manno, il Cossu e il Congiu
esprimono il medesimo senso di dignità del popolo soggetto. Nei testi italiani, destinati a un pubblico diverso, per opportunità diplomatica compaiono le formule
rituali dell'encomio, segni di un'altra cultura che esterna in tal modo la propria fedeltà alla Corona. Laddove il sardo ricorre o al linguaggio proprio, o a figure di forte
suggestione e d'antica sapienza per confermare al sovrano il proprio attaccamento,
non disgiunto tuttavia dalla coscienza della propria alterità. I due congedi del poemetto, letti a confronto, offrono un'efficace sintesi di questo complesso stato d'animo, difficilmente traducibile nei modi della poesia italiana:

> Eccoti sa Sardigna, Altu Monarca,
> Triunfante de Franza, e pius abundat
> In valore, e costanza, fida, e parca;
> Pronta si battaglia li secundat:
> De Noè sa Sardigna tenet s'Arca
> Chi s'estremu diluviu no l'inundat:
> O Tue in Sardu Soliu, ed altura,
> O Sardigna a ferale pianura.
>
> PRENCE AUGUSTO, di cui la fama amica
> Vola dall'Indo molle al Trace fero,

---

sardo ti guarda e se la ride dicendo; la Francia in guerra è molto abile); p. 16: «Sa gente ad altas boghes
giulende: *Placadas sun de Franza sas chimeras*» (La gente gridando ad alte voci, levando alte grida:
Si sono placate le chimere di Francia). Il corsivo è nel testo.
   [112] In *Il triofo* cit., pp. 34 e 36.
   [113] Cossu, *Moriografia* cit. (sopra n. 32), p. 34: i sovrani «hanno saputo ancorché lontani mante-
ner la pace in esso (regno), malgrado che fossero costretti a restar armati, ed in campagna per difen-
der gli stati più vicini assaliti dai nemici, vegliare acciò le pesti, che ne' vicini paesi devastavano le
provincie, non s'introducessero nel regno».

Col nuovo allor, che il degno crin t'implica
Vivi felice a noi, vivi all'Impero.
A cimentar la nostra fede antica
Venga la Senna, e seco il mondo intero.
PRENCE, o tu solo hai da regnar fra noi,
O morrem tutti i fidi Sardi tuoi.

Costanza, impeto guerriero, fedeltà fino alla morte: questi i tratti distintivi degli isolani, secondo il cantore epico, nel 1793. Ma qualche tempo addietro, anche il gesuita vicentino Angelo Francesco Berlendis (1735-93) aveva foggiato un carattere analogo per il personaggio di Efisio, il santo martire protettore della città, nella tragedia *S. Saturnino*:

> Confronta
> Maurizio con Efisio (...)
> Eppur Maurizio umil, placido, e mite;
> *Fervido Effisio, e franco, e tutto fuoco.*
> L'un tace, e simulando aspetta il colpo;
> L'altro l'affretta *impaziente*. Il primo
> a Massimian, che lo minaccia e sgrida,
> Scrive sommesso, e rispettoso parla;
> L'altro *Cesare affronta*, ed in un foglio
> *L'insulta il primo, e di tiràn lo accusa.*
> Ecco il caratter, che in cotai cimenti
> Questa fra tutte l'altre orna e distingue
> Detta da lor Calaritana Chiesa:
> *Spirito di valore e di fortezza,*
> *Che non teme o rispetta altro che Dio.*[114]

Il santo ci appare come la nobile sineddoche di un popolo che mantiene immutate nei secoli le sue generose e scabre virtù, a gloria di Dio e del suo rappresentante sulla terra.

---

[114] A.F. Berlendis. *S. Saturnino*, in *Tragedie*, III, Torino 1785, a. IV, sc. 1, pp. 185-86. La tragedia fu scritta per gli allievi del Regio Collegio di Cagliari. Su questa e sull'altra tragedia del gesuita, *Sardi liberata*, di dignitosa fattura e molto interessanti per la ricostruzione delle condizioni dell'attività teatrale a Cagliari nel Settecento, tornerò presto nell'ambito di uno studio sul teatro di collegio.

MARIA GIOVANNA SANJUST

La politica culturale e l'attività della Reale Stamperia di Cagliari dal 1770 al 1799

Il regio diploma firmato dal re Carlo Emanuele III a Torino in data 9 dicembre 1769[1], che prevedeva l'istituzione di una stamperia in Cagliari, rappresenta l'ultimo atto e il coronamento di una serie d'interventi volti al controllo e alla razionalizzazione di un settore considerato rilevante per garantire la pubblica tranquillità, per attuare col Piemonte un'unione sostanziale recidendo quei legami culturali e linguistici che univano ancora saldamente la Sardegna alla Spagna, per completare il processo di centralizzazione del potere volto a realizzare un regime forte che fosse in grado di superare le resistenze profonde e diffuse nei confronti dei nuovi dominatori. Rientra cioè nel più ampio processo di riorganizzazione degli ordinamenti interni e della vita politica, produttiva, amministrativa e culturale che caratterizza sin dai suoi primi anni il governo sabaudo; è dettato dal tentativo di colmare le diversità esistenti tra le popolazioni isolane e quelle degli Stati di terraferma; è ispirato da quegli orientamenti generali che, nel secolo successivo, avvieranno il processo di laicizzazione dello Stato[2].

Già col pregone del 5 giugno 1761[3], Carlo Emanuele III, per impedire che alcuni stampatori omettessero di richiedere il previsto *imprimatur* al Reggente la Real Cancelleria e che stamperie attivate da ordini religiosi si arrogassero privilegi mai concessi, dopo aver fatto riferimento alle disposizioni legislative spagnole del 5 dicembre 1630 e ribadite il 9 luglio 1647 ed al suo stesso Regolamento del 12 aprile 1755, aveva emanato provvedimenti miranti a garantire ancora l'osservanza di quelle norme e a regolamentare «l'introduzione nel Regno di qualunque Stampa, o Libro procedente da fuori Stato». Le stesse istruzioni vengono riconfermate, evidentemente perché ritenute sempre valide, il 29 agosto 1763[4] e sono trasfuse poi nella Carta Reale del 3 gennaio 1764[5] contenente le disposizioni relative alle stampe in genere e i regolamenti a cui librai e mercanti devono attenersi. Ad operare in tal senso il sovrano era stato stimolato dalla relazione elaborata l'anno

---

[1] Archivio di Stato di Cagliari (citato d'ora in avanti A.S.C.), *Atti governativi*, vol. 6, n. 296.

[2] Sulla politica riformatrice sabauda cfr. G. SOTGIU, *Storia della Sardegna sabauda*, Bari 1984, ma anche almeno G. MANNO, *Storia moderna della Sardegna dall'anno 1775 al 1799*, Cagliari 1972; A. MELIS, *Dominazione sabauda in Sardegna-Storia politica - civile - religiosa*, Oristano 1932; F. LODDO CANEPA, *La Sardegna dal 1478 al 1793*, Sassari 1975; C. SOLE, *La Sardegna sabauda nel settecento*, Sassari 1984 e *Politica, economia e società in Sardegna nell'età moderna*, Cagliari 1978.

[3] A.S.C., *Regie provvisioni*, vol. 3, n. 14.

[4] Ivi, *Regie provvisioni*, vol. 3, n. 61.

[5] Ivi, *Regie provvisioni*, vol. 4 , n. 2.

precedente da una giunta appositamente incaricata di proporre i provvedimenti più opportuni per razionalizzare il settore. Da questa stessa relazione è verosimile che il re abbia anche dedotto essere i tempi ormai maturi per svolgere un'attenta azione di controllo e una più rigida censura su quanto doveva essere dato alle stampe, mediante l'istituzione di una stamperia direttamente controllata dal potere centrale e dotata di privilegi e prerogative che la ponessero al riparo da ogni possibile e non gradita concorrenza. I relatori infatti precisavano che nell'isola «non vi è stata mai concessione particolare per poter Stampare; che l'esercitare una tal arte, è in libertà di chiunque abbia fondi, e capacità; che furono per l'addietro concesse privative di potere stampare tale, o tal altro libro a tempo però, e non mai in perpetuo; che sono perciò cessati in oggi quanti Privilegj sono stati concessi fin'ora» e sottolineavano che, se compiti di rilievo erano stati attribuiti nel 1723 alla stamperia di Pietro Borro, cui era stato concesso «il privilegio esclusivo per anni 10 di stampare le Prammatiche, i Capitoli di Corte, la Carta Locale, e varj libri ad uso delle Scuole», e nel 1738 a quella di Giuseppe Pisà che aveva ottenuto, sempre per un decennio, di «stampare Pregoni, licenze, Passaporti, Titoli di Viceré, ed ogni qualunque altra opera che fosse di R°. Servizio», al presente la loro produzione era ridotta per l'inesistente attività culturale e la mancanza di carta, oltre che per la fatiscenza degl'impianti ormai usurati:

> «Stanno in riposo i loro torchi la maggior parte dell'anno, poiché nulla si dà qui alla stampa se non se qualche mandamento de Vescovi, o Sinodo Diocesano, qualche Pregone, che facciasi stampare dal Governo, o sentenza della Reale Udienza. E per la stessa ragione che sono per lo più oziosi i Torchi, non sono provvisti di carta i proprietari delle Stamperie, anzi dovendola comprare al minuto a proporzione di quanto loro abbisogna da rivenditori, viene lo stampare a sì caro prezzo, che per fino gli ordinarj de Preti per recitare i Divini Offizi, sonosi in questi ultimi anni fatti stampare fuori Regno. […] I P.P. Domenicani tengono due torchi […] benché molto usati […] Hanno pure i mercenarj una Stamperia, non è però in istato a potersene presentemente servire»[6].

Ciò nonostante, pur nella pochezza di queste strutture, Carlo Emanuele III e il conte Bogino preferiscono far chiudere, con un provvedimento datato 7 marzo 1768[7], la «meschina Stamperia del convento di S. Domenico», che, contravvenendo alle norme sulla stampa, aveva pubblicato «gli atti dell'ultimo Capitolo Provinciale, e la Conferma e i Decreti aggiunti dal padre generale dell'ordine» senza aver previamente ottenuto l'*exequatur* dal Magistrato della Reale Udienza, con l'ingiunzione al Padre Provinciale di disfarsi di tutte le attrezzature, dei torchi, dei

---

[6] Ivi, *R. Segreteria di Stato*, cart. 149.
[7] Ivi, *Regie provvisioni*, vol. 8.

caratteri e degli altri mobili necessari alle stampe.

Poco meno di due anni dopo la compagine societaria della Reale Stamperia di Torino, integrata e coadiuvata da due soci sardi che la rappresentavano a Cagliari - i negozianti Baïlle e Alemand o Callamand - e dal libraio Onorato Romero, si dichiarava «disposta ad intraprendere lo stabilimento di una stamperia nella città di Cagliari nel regno di Sardegna, e di metterla su di un piede, che corrisponda al decoro di quella Regia Università ristaurata pochi anni sono [...] non meno che al lustro della nazione, e serva ad un tempo ad accertare il Reale suo servizio, e del pubblico coll'esattezza, e pulizia delle stampe occorrenti al Governo, ed alle finanze di V.M., od all'Università, e scuole inferiori, o ad uso de' particolari» e chiedeva pertanto «per l'introduzione, e progressi di un'opera così vantaggiosa, e conferente alle sempre benefiche mire [del re] in favore di que' sudditi, quelle grazie e privilegj, che possono meglio assicurarne il successo».

In cambio, s'impegnava a far funzionare, entro un anno «dalla data del privilegio», «una stamperia a tre torchi di stampa, ed uno a rame, provvedendola d'un assortimento conveniente di buoni caratteri, con una sufficiente dote d'intagli, e rilievi in legno, e rame, e lettere iniziali, vignette, finimenti, e di altre cose simili inservienti non meno alla pulizia che all'ornamento delle stampe; con un fondo di buona carta sufficiente ad ogni occorrenza», a far «passare da terra ferma due compositori approvati», un proto facente funzioni di direttore e «due torcolieri, uno de' quali [capace] di maneggiare anche il torchio a rame», a formare *in loco* allievi «tanto in qualità di compositori, che di torcolieri pel buon servizio della stamperia», a reperire un correttore che garantisse stampe «esatte, e pulite», ad eseguire le stampe «per servizio Regio, del Governo o dell'Intendenza generale» a un prezzo prefissato, a «sottomettersi alla tassa [...] fissata dal Magistrato sopra gli studi» per le «stampe concernenti l'Università, le tesi pubbliche, ed i libri di scuola», a praticare prezzi inferiori «nelle vendite all'ingrosso a librai», a provvedere «le scuole di tutti i libri, che occorrono ad uso delle medesime», ad uniformarsi «nelle stampe de' libri per le scuole» alle decisioni «del Magistrato sopra gli studi, affinché possano sempre preferirsi i più utili, e necessari», a fornire infine un esemplare di tutti i libri stampati «alla libreria dell'Università».

Posta sotto la «special protezione» del sovrano, le furono accordati per venticinque anni privilegi e agevolazioni[8] mai prima concessi a una stamperia. Ottenne l'esclusiva per la stampa «degli editti, pregoni, manifesti, e notificanze, e

---

[8] La Reale Stamperia difenderà in seguito con molta fermezza e determinazione i privilegi che le erano stati concessi dal sovrano, in quanto "stabilita al pubblico servizio", al momento della sua istituzione. Riuscì a mantenerli inalterati anche quando, il 12 settembre 1806, passò in proprietà di una Società di sudditi sardi. Fece valere il diritto di privativa, appellandosi al viceré, tramite il proprio direttore, nonostante avesse difficoltà a far fronte ai soli impegni ordinari, quando, nel 1826, lavori a carico della Regia Cassa e l'edizione di Calendari e testi scolastici furono affidati dall'Intendente

simili cose appartenenti al servizio di S.M. o del Governo, o dell'Intendenza generale» oltre che dell'Università degli studi di Cagliari «comprensivamente alle tesi, che si difendono dagli studenti in occasione degli esami, o di altre esercitazioni letterarie» come anche per quella, altrettanto rimunerativa, dei testi scolastici[9]; fu protetta dalla possibile concorrenza sia con la interdizione «a chiunque di stampare, o d'introdurre da fuori i libri» stampati già dai suoi torchi «per uso delle scuole» o di altro genere, sia con sgravi fiscali e con l'esenzione «dal pagamento di ogni dritto di dogana sì Reale, che civica, ed anche di transito» per gli approvvigionamenti «di carta, cartoni, pergamene, caratteri, rami, inchiostro, e simili altre cose» necessarie al suo funzionamento e per l'esportazione di libri; le furono concesse facilitazioni nel disbrigo delle pratiche burocratiche.

L'atto ufficiale di nascita della stamperia può essere considerato una lettera scritta il 20 maggio 1770 dal conte Bogino, ministro per gli affari di Sardegna, al viceré:

> «Finalmente sono in grado di annunciare a V.E. che codesto stampatore sig. don Bachisio Nieddu avrà tra breve terminato di prevalersi della circostanza d'esser solo per obbligare il Governo ed il pubblico a pagare quanto voleva le sue stampe»[10].

L'impianto effettivo, la cui prima sede fu nei locali sotterranei dell'Università[11], avvenne infatti solo nell'agosto del 1770, come recita l'iscrizione composta dal

---

Generale alla stamperia civica di Carlo Timon in quanto dotata di macchinari più moderni, di torchi per l'impressione di ampi registri, di manodopera più qualificata e più efficiente. Impose, nel 1828, vincendo una controversia durata due anni, di applicare i prezzi dell'"antica tichetta", ormai divenuti "esorbitanti" e comunque superiori a quelli offerti dalla concorrenza. Tutelò le prerogative in godimento finché cessò l'attività, "dopo il 1848, in seguito alla promulgazione dello Statuto". (Cfr. A.S.C., *Segreteria di Stato* serie I; P. CUGIA, *Nuovo itinerario dell'isola di Sardegna*, Ravenna 1892, in particolare pp. 101-102; G. SPANO, *Guida della città e dintorni di Cagliari*, Cagliari 1861, p. 93; F. LODDO CANEPA, *Il riformismo settecentesco nel Regnum Sardiniae*, in "Il Ponte", sett.-ott. 1951, n. 9-10, p. 1034).

[9] A.S.C., *Atti governativi*, vol. 6, n. 320 e *Segreteria di Stato*, serie II n. 149. Vi sono registrati i prezzi, in "moneta sarda e di Piemonte", "da corrispondersi alla Reale Stamperia di Cagliari per le stampe fattesi […] per Regio Servizio" fino al 22 novembre 1771 e quelli relativi ai libri. Da questi documenti si rileva l'ampio giro di affari ormai in atto, la varietà e l'alto numero delle pubblicazioni che comprendono vocabolari, grammatiche e testi di retorica, classici latini e opere di narrativa, scritti filosofici e, in notevole quantità, di edificazione e di formazione religiosa.

[10] Ivi, *Segreteria di Stato*, serie I, n. 35.

[11] Quando divennero troppo angusti, il re Vittorio Amedeo III ne permise il trasferimento nei locali al pianterreno dell'antico collegio gesuitico di Santa Croce, dei quali fornisce la pianta Giuseppe Cossu nella sua opera *Della città di Cagliari-notizie compendiose sacre e profane* edita dalla Reale Stamperia nel 1780. Nel 1802, per disposizione di Carlo Emanuele IV, dovette abbandonarli per essere trasferita nuovamente nei locali dell'Università, ma al pianterreno (Cfr. A.S.C., *Segreteria di Stato*, serie I).

Melano, allora docente di teologia scolastico-dogmatica, ivi affissa. Precisamente il giorno 10 il viceré comunicava che la nuova stamperia era in grado di «fare buon uso dei torchi» ed inviava la prima pubblicazione, cioè una copia del Regio Diploma contenente i privilegi che erano stati concessi appunto alla stamperia. Tempestivamente, il 5 settembre, arrivò la risposta del Bogino:

«Ho con vero piacere veduti questi primi saggi d'uno stabilimento sì utile e desiderato a cotesto Regno, che sembrami ora posto in piede a far onore al medesimo e al Governo»[12].

La stamperia infatti, in breve tempo, grazie alle competenze di un giovane ma già esperto direttore torinese, Bonaventura Porro, raggiunse «floridezza e lustro»[13] lavorando a pieno ritmo.

Le benemerenze del Porro, la sua competenza e abilità, la condotta irreprensibile e la costante esattezza vennero elogiate dal viceré des Hayes nella relazione mandata a Torino nell'anno1771, l'ultimo del suo mandato. Anche in seguito, le lodi per l'«arte tipografica» del Porro sono unanimi. Le tesse indirettamente, già nel 1779, Antonio Porqueddu nelle note al terzo canto del suo poemetto *Il tesoro della Sardegna ne' bachi e gelsi*, edito dalla Reale Stamperia, col citare, facendole proprie, le «osservazioni tipografiche di Libano Tritonio P.A. della colonia Fossanese». L'accademico infatti, tracciato un breve quadro delle origini della stampa in Sardegna, rileva che «le vere native bellezze [di quell']arte procedono dai torcolieri e dai compositori» ma dipendono soprattutto dall'«eccellenza o dalla mediocrità» del direttore della stamperia. A lui infatti spetta non solo distribuire il lavoro e controllare che l'esecuzione avvenga correttamente, ma anche stabilire quali caratteri siano più adatti per l'opera in corso di stampa, decidere il formato e l'ampiezza dei margini, sovrintendere alla «proporzione: il che insomma è l'arcano della tipografia. [...] Pochi hanno veduto le opere uscire dalla stamperia reale di Cagliari, i quali non ne abbiano ammirato la preclara bellezza tipografica, e non abbiano esaltato con giustissime lodi l'intelligenza di chi vi presiede. [...] Volgasi una occhiata alla *storia di Sardegna* del Gazano, alle *poesie* del Carboni, al *Morgante maggiore* [del Pulci], all'*onest'uomo filosofo* [del Gagliardi], al *Tobbia* [dello Zampieri], alla *lezione sulla stampa* [del Vernazza][14]. Veggansi i *pregoni*, la *farmacopea* [del Palietti], i *sinodi*, i tre vol. dell'*officio della B.V.*, i libri di scuola. Osservinsi gli opuscoli ascetici, e fra questi lo *stimulus compunctionis*, la *divozione*

---

[12] Ivi, *Segreteria di Stato*, serie I, n. 36

[13] V. CORRIAS, *La stamperia reale di Cagliari nel decennio 1770-1780*, in *Tria*, Cagliari 1968, p. 17.

[14] A integrare il quadro si potrebbe citare anche G. DELLA CASA, *Il galateo*, edito nel 1790.

alla Vergine addolorata. Prendansi le cose tenui e tumultuarie, e per fino i libretti del teatro, i calendari Sardi. Forse che non vi risplende l'artificio di quella industre mano che divulgò il *podere di Luigi Tansillo*? Or qual'è quell'anima sì malevola e scabra che non trovi una pudica Rafaellesca bellezza in quei tipografici lavori? [...] Chi vuol conoscere per quali gradi si sale alla perfezione, ponga a confronto del salterio le quattro pagine di Ebraico inserite maestramente negli *applausi poetici* a monsignore di Portula». Insomma, a dieci anni dall'istituzione della stamperia, «i suoi progressi hanno ampiamente agguagliata la speranza del Re suo fondatore» proprio grazie ai meriti del direttore.

Quando, dopo un decennio, il Porro fu richiamato a Torino[15], Domenico Simon scrisse:

> «Ma già Tirso pian pian s'insuperbia:
> Dora gelosa al contrastato onore
> Porro richiama alla città natia».

A lui fecero eco altri poeti ed eruditi sardi, fra cui Francesco Carboni; mentre la tipografia sassarese di Giuseppe Piattoli pubblicò per immortalare l'evento un *Accompagnamento d'applausi* corredato da un encomio del barone Giuseppe Vernazza sull'attività di quel direttore che si era impegnato a fondo per ottenere un rendimento ottimale dei torchi con «preclara intelligenza» e che era destinato a lasciare un'impronta indelebile.

Anche le *Effemeridi letterarie* di Roma del 1781, alle pagine 175 e 176, riconoscono che «il signor Porro ha gloriosamente introdotto in Sardegna il buon gusto delle stampe» tanto che «a lui deve la stamperia di Cagliari tutto il suo lustro» e gli rendono omaggio con lodi iperboliche affermando che l'edizione elegante e tipograficamente curata, da lui dedicata al capo della società della Reale Stamperia in occasione delle sue nozze «risplende fra le più belle stampe d'Italia vel ut inter astra luna minora» e «pare compita in Pafo, o in Cnido, ed eseguita dalle Grazie auspice Apollo e Minerva»[16].

In seguito il Manno lo definisce «insigne allievo della reale stamperia di Torino

---

[15] Gli successero altri due piemontesi, Carlo Fea e Gio. Sebastiano Botto, che lasciarono inalterati l'impostazione e le scelte, i criteri e le direttive del loro predecessore, lavorando però con diseguale fortuna. Nel 1794 ne assunse la direzione Giacomo Paucheville. "Sotto di lui - afferma G. Siotto Pintor, (*Storia letteraria di Sardegna*, Cagliari 1843, vol. I, pp. 142-43) - invilì l'arte tipografica" e tiene a sottolineare che, se ai suoi tempi "la stamperia reale [era] surta a stato di qualche floridezza", il merito era da attribuirsi al successore del Paucheville, l'ex direttore della stamperia arcivescovile Lussorio Lecca, "uomo operoso, pieno del desiderio di migliorare l'arte tipografica" in Sardegna.

[16] *Applausi epitalamici al signor conte, cavaliere e commendatore Giannantonio Brizio della Veglia nelle sue nozze con la damigella Felicita Nicolis di Brandizzo*, Cagliari 1781.

[...] destinato con ottimi auspici a governare la stamperia reale del regno»[17].

Il Martini loda in particolare gli applausi poetici che il Porro dedicò a Filippo Vittorio Melano di Portula quando fu nominato arcivescovo di Cagliari, pubblicati «con tanto lusso tipografico, che forse miglior lavoro egli non fece». E aggiunge: «La varietà dei caratteri sì tondi che corsivi, anche nella lingua greca ed ebraica, la loro nitidezza e gli altri pregi della stampa lo distinguono»[18]. In questo caso, indubbiamente, trattandosi di un lavoro che portava, come donante, il suo nome, il Porro dovette impegnarsi ancor più del consueto anche per differenziarlo dalle numerose altre pubblicazioni dello stesso genere che erano uscite dai torchi della Reale Stamperia per la medesima circostanza, come la raccolta di sonetti che il teologo collegiato Giuseppe Chiappe aveva offerto nel 1778 «in contrassegno di sincera letizia, e dovuta riconoscenza» o come quella composta, sempre nel 1778, «in segno d'ossequiosissimo rispetto, ed umile riconoscenza» da Ignazio Garau e Giovanni Muscas delle Scuole Pie o come quella, ancora del medesimo anno, degli accademici della colonia Fossanese, per tacere dei numerosi fogli sparsi[19]. Ancora il Martini estende il suo giudizio più che lusinghiero («non sai se più abbi a lodare i pregj dei caratteri, della carta, dell'inchiostro, degli ornamenti oppure quelli che provengono dall'industre mano dell'artista») a tutta l'attività in genere del Porro, un «artista che, alla grande conoscenza dell'arte ed al lungo amore per essa, accoppiava una rara diligenza, una operosità straordinaria»[20].

Il Siotto Pintor parla delle sue «purgatissime edizioni piene di venustà e di leggiadria» e di «un lusso infino allora sconosciuto» che hanno reso «celebre anche in Italia» la tipografia[21].

Rispettivamente alla metà e alla fine dell'ottocento lo Spano e il Cugia ripetono che le edizioni realizzate dal Porro sono «molto belle» e «nitide».

Il direttore dunque si valse con intelligenza e con competenza degli strumenti tecnici e dell'«ottimo corredo di caratteri, di carta, di inchiostro, d'utensili» che una moderna stamperia «bene, e sodamente stabilita» poteva offrirgli, realizzando edizioni tipograficamente corrette, nitide ed uniformi nell'impressione, sempre curate nella scelta dei caratteri[22], talvolta ricercate perché adorne nel frontespizio

[17] G. MANNO, *Storia di Sardegna*, Capolago 1840, lib. XI, p. 93.
[18] P. MARTINI, *Storia ecclesiastica di Sardegna*, Cagliari 1841, III, p. 169.
[19] Bastino per tutti, come esempio, il sonetto composto dal segretario di un brigadiere (*À l'occasion de l'entrée de Monseigneur Victor-Philippe Melan de Portula archevêque de Cagliari*, Sonnet, par Jaoul sécrétaire de monsieur le Brigadier Niderer au Régiment Suiffe-Grifon de Carignan, Cagliari 1778) e quello, sempre encomiastico, ma volto a sottolineare le virtù del neo eletto "che rapiron il cor del [suo] Sovrano", scritto dal Chiappe "in segno di rispettosissimo ossequio" (*Nell'esaltamento dell'illustrissimo, e reverendissimo monsignore Fra Vittorio Melano de' Conti di Portula dell'ordine de' predicatori alla sede arcivescovile di Cagliari*), entrambi del 1778.
[20] P. MARTINI, *Memoria sulle vicende tipografiche in Sardegna*, Cagliari 1847, p. 141.
[21] Siotto Pintor, op. cit., I, p. 141.
[22] Dal primo saggio dei caratteri esistenti nella Reale Stamperia, curato da Faustino Baïlle e

e nelle pagine interne d'incisioni, fregi, iniziali eseguite con lettere diverse e più grandi di quelle del testo e anche colorate in rosso o arricchite da immagini. Così, con una corretta gestione che non tradiva le aspettative dei governanti, contribuiva alla soluzione dei gravi problemi che poneva il possesso della Sardegna dopo secoli di dominazione spagnola. I Savoia se ne servirono per la realizzazione di un'iniziativa volta a facilitare la rapida amministrazione della giustizia e a garantire l'ordine, tutelare la sicurezza delle persone e della proprietà, rendere più sicure le vie di comunicazione e più difficili le scorrerie dei malviventi, cioè la raccolta degli *Editti e Pregoni ed altri provvedimenti emanati per il regno di Sardegna* dal 1720 al 1775, curata dal giurista Pietro Sanna Lecca. Ordinate sistematicamente per materie, le molteplici disposizioni a carattere prevalentemente amministrativo e di polizia, emanate dal governo di Torino (editti) e dal viceré (pregoni) per il governo dell'isola, tutte definitivamente operative, divennero quindi di agevole consultazione e furono messe a disposizione sia delle curie che dei tribunali dell'isola.

Nei decenni successivi al 1775, il persistere dei fenomeni che impedivano di superare l'iniziale situazione d'instabilità politica e d'incertezza, portò a rogare e a far pubblicare dalla Reale Stamperia atti governativi tesi ad estendere un controllo quanto più possibile rigido su tutti i settori della vita dello Stato: dalle leggi riguardanti le truppe destinate alla difesa e la forza pubblica[23] alla normativa che in modo diplomatico e graduale mirava a eliminare sfere di privilegio[24] o a di-

---

intitolato *Discorso sull'invenzione della stampa esposto in nove qualità di caratteri esistenti nella reale stamperia di Cagliari, l'anno 1778*, si apprende che quelli in dotazione erano canoncino, testo, silvio nuovo, silvio vecchio, lettura, garamone nuovo, garamone vecchio, testino, nomparelia e rispettivi corsivi. Successivamente, come si apprende dalle *Vicende tipografiche di Sardegna esposte in dodici qualità di caratteri esistenti nella reale stamperia di Cagliari da F.C.B.*, del 1801, furono integrati col silvio moderno, con la lettura nuova e col testino nuovo oltre che con caratteri greci ed ebraici e con una maggiore varietà di fregi e filetti.

[23] Cfr. il *Regolamento di Sua Maestà* [Vittorio Amedeo III] *per la polvere da somministrarsi ai corpi di fanteria, cavalleria e dragoni* del 26 giugno 1781; il pregone di Sua Eccellenza il Signor Viceré Conte Valperga di Masino per disporre la normativa per le truppe da mandarsi in distaccamento del 27 luglio 1782, per stabilire *gli obblighi delli capitano, capitan-tenente, tenenti, alcaidi, artiglieri, e soldati delle torri del regno, pel buon governo e difesa delle medesime* del 20 ottobre 1782, per emanare *provvidenze dirette a conservare la pubblica sicurezza di nottetempo nella città di Cagliari* del 26 marzo 1782 e per disporre *lo stabilimento delle Ronde, ed altri capi concernenti la pubblica salute* del 7 agosto 1781; il pregone del suo successore, il Cavaliere Solaro di Moretta, sempre riguardante *lo stabilimento delle Ronde, ed altri capi concernenti la pubblica salute* del 13 luglio 1784 che viene confermato e ripubblicato il 22 giugno 1785 e il 9 luglio 1786; quello in cui il Solaro *notifica la convenzione fra S.M. e la serenissima repubblica di Genova per l'arresto e vicendevole consegna de' banditi e malviventi rei de' delitti in essa divisati, da durare per anni 7 dal giorno della pubblicazione della medesima* del 2 aprile 1784; il *Catalogo de' banditi in cui, oltre a quelli che si possono impunemente uccidere come nemici della patria e dello stato, vi s'indicano eziandio gli altri, quali devono essere solamente perseguiti ed arrestati, e si specificano i loro rispettivi delitti, le pene, a cui sono stati condannati, e da quali tribunali* del 31 luglio 1784 e più volte riedito aggiornato negli anni successivi, tanto per fare solo qualche esempio (Bibl. Univ. Cagliari, *Atti governativi del 1780-1790*).

[24] Per esempio, il pregone del Valperga di Masino sui chierici del 17 dicembre 1781 o il *Compendio*

sciplinarle[25] o a precisarne diritti e ruoli[26], dalle disposizioni volute per migliorare le condizioni di vita e di lavoro nelle campagne[27] e per promuovere nuovi tipi di coltivazioni[28] a quelle che si proponevano d'incentivare e regolamentare il commercio[29] e di esercitare un controllo sui prezzi e sulla disponibilità di generi di prima necessità[30] o d'impedire le frodi alimentari[31], dalle prescrizioni di carattere amministrativo[32] e concernenti imposte sul reddito e oneri tributari in genere[33] a

---

delle incombenze, ed indulgenze dell'arciconfraternita [...] *del Riscatto* del 14 dicembre 1794.

[25] Per esempio, il *Regolamento riguardante il conservatorio delle figlie della provvidenza stato da S.M. approvato con carta Reale de' 5 ottobre 1751 colla quale si è S.M. degnata di prendere quest'Opera sotto l'immediata sua Real Protezione* del 23 settembre 1782.

[26] Per esempio, il pregone del Valperga di Masino *con cui si rendono pubbliche alcune provvidenze emanate da S.M. rispetto ai sindacati dei ministri di giustizia sì reali che baronali* o la delibera di don Giambattista Toesca, intendente generale, giudice del real patrimonio e conservatore generale del Tabellione, *sull'attività di notai, attuari e segretari de' tribunali de' gremi comuni e università*.

[27] Per esempio, l'*Editto di Sua Maestà* [Vittorio Amedeo III] *con cui stabilisce il regolamento da osservarsi nell'amministrazione de' nuovi monti di soccorso in danaro nelle città, e ville del regno di Sardegna* del 22 agosto 1780; il *Regolamento di Sua Maestà per il monte nummario di soccorso nella città di Cagliari* del 12 ottobre 1781; il pregone del Valperga di Masino *con cui viene ingiunto a' Notai di dover interrogare ed esortare i testatori a far qualche lascito in benefizio dei monti di soccorso* del I° agosto 1782 e quello in cui legifera *per lo sterminio delle cavallette negli alberi da frutta* del 9 aprile 1782; il pregone del Solaro di Moretta *sulla protezione della classe degli agricoltori* del 30 agosto 1784.

[28] Per esempio, il pregone del Valperga di Masino *per l'innesto, e la maggiore piantagione di alberi fruttiferi* del 29 gennaio 1781 e quello per *il seminerio dell'erba Salicornia volgarmente detta Soda, e la fissazione de' Regi dritti per la sua estrazione fuori Regno* del 10 luglio 1781.

[29] Per esempio, l'editto con cui Vittorio Amedeo III notificava *l'ordinata formazione pel regno di Sardegna di Biglietti di Credito verso le Regie Finanze da lire cinquanta Sarde cadauno per la concorrente d'un milione e mezzo di lire* promulgato in data 29 settembre 1780 per estendere anche al regno di Sardegna "lo spediente adottato con vantaggio dalle nazioni commercianti" che negli Stati di terraferma si era già rivelato "di singolare utilità al commercio pel comodo, che gli risulta colla maggiore agevolezza nelle numerazioni e ne' trasporti" essendo "tali biglietti riputati come moneta effettiva, e corrente", e rinnovato, "per la concorrente di lire trecentomila", l'11 settembre 1781; o il pregone del Valperga di Masino *portante varie provvidenze per impedire le clandestine estrazioni ed imbarcazioni del grano fuori Regno* del 23 ottobre 1782.

[30] Per esempio, il pregone del Valperga di Masino *concernente diverse provvidenze dirette a procurare l'abbondanza, ed il moderato prezzo de' commestibili nella città di Cagliari* del 26 marzo 1781, o quello del Solaro di Moretta *per procurare l'abbasto della carne* del 28 agosto 1785.

[31] Per esempio, il pregone del Solaro di Moretta *portante proibizione dei mescolamenti del grano vecchio col nuovo* del 15 giugno 1784.

[32] Per esempio, il pregone del Valperga di Masino *prescrivente le regole, e cautele da osservarsi intorno l'amministrazione della dogana di Cagliari* del 21 luglio 1781 e quello con cui rendeva *noto il trattato tra S.M. il Real nostro Sovrano, e S.M. il re di Spagna per la reciprocità delle successioni fra i sudditi delle due Corone* del 22 aprile 1783; il pregone del Solaro di Moretta *prescrivente le marche che devono apporsi ai cavalli de' particolari a differenza di quelli della Regia tanca* del 26 giugno 1784 e quello *portante alcune disposizioni riguardanti le monete colla loro tariffa* del 10 febbraio 1786.

[33] Per esempio, il pregone del Valperga di Masino *prescrivente varie provvidenze per assicurare in avvenire alla regia cassa del Regno l'esazione del donativo, massimamente dagli ufficiali di giustizia, e scrivani delle curie reali e baronali, e della porzione dovuta alla medesima dagli scrivani delle curie reali sul prodotto del loro impiego* del 29 gennaio 1782 e quello *per l'esatta denuncia del bestiame, del*

quelle relative alle opere pubbliche[34] o al cerimoniale ufficiale[35].

Con la pubblicazione di questo imponente complesso di leggi, redatte in italiano dai nuovi governanti, la Reale Stamperia divenne lo strumento più funzionale per indurre coloro che in Sardegna erano preposti all'amministrazione della giustizia ad abbandonare l'uso dello spagnolo o a limitarlo «a casi di mera necessità». Le resistenze però furono molto forti. E se il Bogino scriveva il 15 marzo 1765:

> «Inseguendo le venerate Regie Istruzioni, dopo aver usata dell'alternativa delle due Lingue nelli Decreti, secondo l'indole degli affari, e delle Persone, cui erano indirizzati, già da qualche tempo tutti si estendono in Italiano, e lo stesso si pratica nelle Lettere circolari»,

in realtà, nel settembre dello stesso anno, ingiungerà al giudice della Reale Udienza Gavino Cocco di non servirsi più dello spagnolo nelle sue relazioni al viceré. Ancora molti anni dopo, nel 1782, la preoccupazione che gli ordini potessero essere fraintesi induce il viceré Valperga di Masino a promulgare un pregone per la pubblicazione da parte della Reale Stamperia «in ambi gli idiomi Spagnuolo, ed Italiano in due volumetti separati» degli editti, pregoni e degli altri provvedimenti emanati dai Savoia. Nel 1788, tuttavia, si redigevano ancora documenti in spagnolo soprattutto per la concessione di privilegi. Sia la nobiltà che il clero e la classe colta[36] continuarono infatti sino all'ultimo decennio del secolo ad esprimersi preferibilmente in spagnolo, nonostante gli sforzi dei nuovi governanti per diffondere con gradualità l'uso dell'italiano non solo nel legiferare ma anche col miglioramento dell'istruzione religiosa e profana. A questo riguardo va detto che sin dal 1765 uno specifico invito era stato avanzato dal Bogino al viceré:

> «La giusta premura che si ha d'introdurre universalmente in codesto regno l'intelligenza e l'uso della lingua Italiana, come la più adatta alle pubbliche convenienze, avendomi eccitato quanto possa giovare che anzi essere necessario ad un tal fine di far seguire in essa lingua la

---

grano, orzo e legumi che si sono seminati e raccolti del 16 giugno 1782.

[34] Per esempio, il pregone del Valperga di Masino *con cui si rendono pubbliche le Regie determinazioni emanate con carta reale del 2 settembre 1783 sul regolamento economico della nuova azienda delle strade, e ponti, e sulla esecuzione dell'intrapresa* del 22 settembre 1783.

[35] Per esempio, il pregone del Solaro di Moretta *concernente il lutto, e funerali da farsi per la morte di S.M. la regina M. Antonia Ferdinanda* dell'8 ottobre 1785 e quello *vietante a' domestici e gente di livrea il portare la divisa denominata l'épaulette* del 24 luglio 1784.

[36] Significativa la dedica all'Illustrissimo Señor Don Manuel Ripol Asquer Marques de Neonely e conde de Tuily premessa a un componimento in logudorese rimasto inedito, intitolato *Exposicion breve sobre el ataque de los franceses dado à Sardeña en el henero del corriente año 1793 compuesta en octava rima y otras composiciones*, scritta in spagnolo dall'autore, il sacerdote di Neonely Antonio Demontis

dottrina cristiana, i catechismi e le spiegazioni del vangelo, ho stimato d'insinuare io stesso con questo Corriere agli Arciv. di Cagliari, Sassari ed Oristano [...] d'introdurne la pratica nelle rispettive loro Diocesi [...] onde diano tutti disposizioni uniformi».

La battaglia apparve subito però molto difficile per le resistenze del clero, timoroso che la parola di Dio potesse essere fraintesa ove esposta in una lingua ancora poco familiare. I governanti piemontesi si mostrarono sensibili a queste obiezioni di carattere pastorale, pur ribadendo l'invito a limitare allo stretto necessario il ricorso allo spagnolo fino a che l'italiano «col mezzo delle scuole e coll'uso più frequente», non si fosse reso «universale».

La Reale Stamperia continuerà a pubblicare in spagnolo[37] e talvolta in latino[38] le opere di devozione e di edificazione, affiancata in questa attività, nei primi anni della dominazione sabauda, dalle tipografie di ordini religiosi e anche da alcune rette da laici; solo alla fine del secolo ne proporrà in italiano col testo spagnolo a fronte[39].

Ma accanto a questa produzione minore la Stamperia assolve sistematicamente il ben più rilevante incarico di pubblicare le lettere pastorali, facendosi portavoce di un cattolicesimo conservatore basato sulla stretta unione del trono con l'altare, che sarebbe stata destinata ad aver lunga vita nella cultura della Restaurazione[40]. Attività, questa, considerata funzionale al controllo dell'ordine pubblico, come aveva dichiarato apertamente il Bogino già nel 1769 sostenendo che la «troppo superficiale cognizione [della morale cattolica] è la vera sorgente di tutti i delitti d'omicidio, furti, vendette, spergiuri e simili che si sentono da ogni parte, ai quali la religione, più che il terrore di umani castighi può imporre freno». In seguito i magistrati preposti agli studi dell'Università sarda ribadiranno l'utilità di una formazione cattolica nel redigere le istruzioni pratiche per i maestri elementari, suggerendo come primo libro da porre in mano agli allievi la *Dottrina Cristiana*, preferibilmente quella «in linguaggio sardo ma con a lato la traduzione italiana per facilitare il passaggio dall'una all'altra lingua». Mentre allo scadere del secolo

---

Liqueri.

[37] Nel 1760, per esempio, pubblica una prosa del vescovo di Bosa Giuseppe Stanislao Concas che contiene riflessioni sui sacramenti, sui diritti e doveri del clero, sui vizi della popolazione e sui mezzi per estirparli, sull'amministrazione dei beni della chiesa e su quella degl'introiti degli ordini religiosi.

[38] Per esempio, il *Directorium manuale ad horas canonicas recitandas missasque celebrandas conforme ritui Breviarii, atque Missalis Romani sub auspiciis Illustrissimi, et Reverendissimi D.D. Ioannis Baptistae Quasina episcopi bosanen pro anno Domini 1774.*

[39] Si cita, ad esempio, *Pratiche di vera divozione in onore de' sette dolori di Maria madre di Dio - Exercicios de verdadera devocion en honra de los siete dolores de Maria madre de Dios*, Cagliari 1799³ (Iª ed. 1769, IIª ed. 1778).

[40] G. RICUPERATI, *Periodici eruditi, riviste e giornali di varia umanità dalle origini a metà*

l'arcivescovo Diego Gregorio Cadello sarà ancora più esplicito, forse per l'impressione suscitatagli dagli avvenimenti occorsi nella Francia rivoluzionaria ed atea:

> «Sta a cuore al monarca assicurare l'esatta osservanza dei precetti della sacrosanta religione e il mantenimento del buon costume, e la più pronta e retta amministrazione della giustizia, a contegno di coloro, che dimentichi dei proprj doveri turbano quella pubblica tranquillità, che tanto sta a cuore a S.M. di mantenere ne' suoi Regj Dominj. Occorre pertanto garantire nella diocesi l'istruzione della gioventù ne' sacri doveri di Religione, ed in quelli di suddito fedele verso il proprio Sovrano; indurre alla osservanza della festa di precetto e al buon costume.»[41]

Redatte sistematicamente in italiano fin dal 1730, le pastorali dei vari arcivescovi della capitale affrontano un ampio ventaglio di questioni etico-religiose e di aspetti relativi al culto e al cerimoniale, ma svolgono anche un'azione sistematica di appoggio alle iniziative del potere regio a vantaggio dei sudditi[42] e danno un valido contributo per inculcare nella popolazione il rispetto dei civici doveri[43] e l'osservanza di una condotta morale irreprensibile.

Ne rappresenta un esempio sintomatico la pastorale rivolta «a tutti i sardi» dal Cadello. Scritta sotto la spinta dell'emozione per gli avvenimenti seguiti allo sbarco dei francesi e ispirata sia dalla viva preoccupazione per i tragici fatti del 28 aprile 1794, frutto di quel malcontento diffuso e ormai incontenibile generato dalla mancanza e dal rincaro dei generi di prima necessità ma soprattutto dalla

---

Ottocento, in *Letteratura italiana - Il letterato e le istituzioni*, Torino 1982, in particolare pp. 934-35.

[41] Bibl. Univ. Cagliari, *Pastorali*.

[42] Nel *Discorso sopra la coltivazione di alcuni alberi riconosciuti allignanti al terreno, al clima della diocesi di Bosa, la maniera di preservarli dagl'insetti, cogliere i frutti, e conservarli lungamente col metodo di estrar l'olio dalle olive fatto per uso de' parrocchiani di Bosa ad istanza del degnissimo monsignore D. Giambatista Quasina vescovo di detta diocesi*, edito dalla Reale Stamperia, si fa rilevare e si sottolinea che "i vescovi del Regno [...] a gara sonosi fatti un particolar impegno di promuovere questi articoli a pena sono stati chiamati a parte delle cure del governo; pastorali le più erudite, persuadenti, ed obbliganti si hanno fatto una premura di spedire dirette a' Parochi, ed altri suoi dipendenti, acciocché prendessero a cuore, ed il migliore, ed avvantaggiar il prodotto delle terre delle Chiese, e di loro patrimonio; ed il persuadere i villici all'intrapresa della coltivazione degli alberi, riputando esser debito del loro sacro ministero l'istruire i contadini affidati a loro cura dopo dei doveri della religione e di quelli dovuti al clementissimo Sovrano ne' rami più utili dell'arte che esercitano, onde ad un tratto ai benefici spirituali vada congiunto il ben essere risultante da quella civile prosperità, che un saggio e rischiarato governo e di continuo rivolto a far sempre più godere a' sudditi suoi fortunati". Per poi concludere encomiando: "Vivranno per sempre i nomi di quei zelantissimi Prelati che per levar la scusa di non por in pratica questi salutevoli avvertimenti perché scritti in idioma Italiano li fecero tradurre in dialetto volgare, e ordinarono la stampa di un copioso numero di esemplari per ripartirli gratis ai Parochi ed altri coltivatori".

[43] Si può ricordare, per brevità, solo quella del 25 marzo 1788 *tendente alla riforma delle sepolture entro le chiese ed alla general rinnovazione de' pubblici Cimiteri.*

determinazione a sottrarsi al peso dei diritti feudali e all'esosità dei tributi, sia dall'inquietudine cagionata per il persistere della propaganda filofrancese, contiene pressanti e infiammate esortazioni a «non oprare né contro la legge né fuor della legge», ad astenersi «da ogni privata e arbitraria innovazione», a «far tacere tutte le private pretensioni» in nome dei più alti interessi della nazione, ad obbedire e rispettare i superiori, ed a versare all'erario i contributi dovuti in proporzione alle proprie facoltà.

Ma il documento stesso contiene ancora più marcate prescrizioni (tali, in vero, sembrano, non già semplici consigli) laddove si legge:

> «Sardi tutti, amatissimi fratelli [...] invigiliamo alla pace, all'unione, al buon ordine: rispettiamo le leggi, e i superiori: ascoltiamo gl'illuminati, pieghiamoci ai loro consigli, e reprimiamo i perturbatori. [...] Sia tutta la nostra gloria di conservar la Sardegna al nostro Monarca pacifica e più felice e per esso, e per noi. Se noi non nutriamo simili sentimenti, se non osserviamo simili doveri il Signore, ed i Santi che finora ci hanno sì manifestamente protetto ci abbandoneranno, ed invece d'aver fatto la nostra sorte faremo la nostra rovina, il nostro disonore, la nostra vergogna».

Nel 1793 con l'edizione della traduzione in sardo campidanese delle lettere apostoliche inviate dal papa Pio VI all'arcivescovo di Cagliari, la Stamperia si fa portavoce del tentativo compiuto dai governanti, dalla nobiltà e dal clero di trasformare le azioni militari contro i francesi in una guerra di religione per la difesa della fede dall'assalto di un esercito di miscredenti e di profanatori. La pastorale che accompagna e commenta il testo delle lettere del papa, infatti, definiti i francesi «empi» e autori di tante «dolorose orribili catastrofi», conclude con la constatazione che «le reiterate carneficine dei Ministri del Santuario, il macello e la furibonda persecuzione d'un numero infinito d'onesti cittadini di qualunque sesso grado e condizione, le rapine, gli spogli, le oppressioni, le calunnie, i tradimenti, e le profanazioni di quanto vi è di più sacro sono abbastanza note per non doverle ricordare individualmente».

Pochi anni dopo, lo stesso avvenimento storico e i successivi sviluppi rivoluzionari sono affrontati in un'interessante iniziativa editoriale della Reale Stamperia che, col «Giornale di Sardegna», un settimanale divenuto poi quindicinale, pubblicato dal 13 agosto 1795 al 26 luglio 1796, offre uno strumento d'informazione riguardante la politica interna ed estera. Il redattore Giuseppe Melis Azeni, che dichiara di voler adottare «il sistema di far parlare i fatti nudi e semplici da loro stessi, e la opinion pubblica riguardo agli affari politici», lavora con una certa professionalità. Mira ad offrire un bilancio, talvolta critico e ragionato, delle vicende contemporanee, pur se con l'ottica moderata e conservatrice della classe dominante, e propone ai lettori un giornale «politico» che ha però ancora molte

663

affinità con le gazzette italiane di fine secolo[44].

Lo sbarco francese e lo scontro a fuoco che ne seguì è l'argomento di una serie di componimenti poetici editi dalla Reale stamperia, tutti indistintamente emanazione della visione del mondo della classe al potere[45]. Anche dal complesso di questi versi emerge dunque nei confronti dei francesi invasori, ma soprattutto in prospettiva dei temuti eventi della rivoluzione, lo stesso giudizio negativo e di severa condanna morale emesso dalle pastorali.

Nella visione elaborata dal «Solitario cagliaritano» lo stesso dio cristiano e i santi combattono dalla parte dei sardi contro la Francia e scatenano le forze della natura per danneggiare la potente flotta degli empi assalitori. Dalla parte dei francesi si schierano, ma invano, le forze del male capeggiate da Satana. Intorno si muovono una serie di personificazioni (la Fortuna, il Fanatismo, la Vendetta, la Morte, la Discordia) e i protagonisti sono paragonati dall'autore, che scrive con la mente e l'orecchio a fonti letterarie, a personaggi della storia, del mito, del mondo ebraico. È dunque un esempio di verseggiare accademico, corretto nella forma e meramente letterario che denota l'incapacità del compositore di recepire gl'impulsi ideologici che avrebbero potuto venirgli dalla nazione al cui interno maturavano i nuovi destini d'Europa.

Con lo stesso decoro formale e lo stesso formulario, il «Solitario cagliaritano» compilò anche un sonetto per esaltare i graduati distintisi nella battaglia di Quartu: il visconte Asquer eroico difensore della «Torre de' segnali»[46], il marchese Borro di San Carlo comandante in capo della Fanteria Miliziana e promosso colonnello per i suoi meriti, il marchese Ripoll di Neoneli che aveva armato «una compagnia de' più scelti fra i principali de' suoi feudi», il cavaliere avvocato Girolamo Pitzolo e l'avvocato Nicolò Guiso. Il medesimo autore, infine, celebrò con un altro sonetto «il fausto annunzio delle reali beneficenze compartite alla nazione sarda» per il suo eroico comportamento. Gli stessi temi sono accennati, con l'inconsistenza e la superficialità del componimento d'occasione, in un sonetto del canonico Chiappe, volto a esaltare la bontà dell'ordine costituito:

«Sollevar la dolente umanità,
Collocar la studiosa gioventù,

---

[44] La voce più significativa che, dall'esilio, illustrerà la situazione da un'ottica ben diversa sarà, in Sardegna ma anche dai governanti francesi, totalmente ignorata. Cfr. G.M. ANGIOY, *Mémoires sur la Sardaigne (1799)*, in *La Sardegna di Carlo Felice e il problema della terra*, a cura di C. SOLE, Cagliari s.d.

[45] Per una possibile diversa analisi dei fatti, con riferimento a quella realizzata da studiosi stranieri che si sono basati quasi esclusivamente sulla documentazione degli archivi francesi, cfr. C. SOLE, *Echi della spedizione franco-corsa del 1793 contro la Sardegna*, in "Studi Sassaresi", XXV (1953), n. 3.

[46] Eppure l'Angioy, nel citato memoriale, lo inserisce nell'elenco dei sardi "qui se sont montrés le plus partisans de la cause de la Sardaigne" e fra coloro che avrebbero fatto "tous leurs efforts pour seconder l'armée républicaine dans ses opérations", a dimostrazione del fatto che nobili senza feudo e intellettuali (il Liberti in particolare) avevano sposato "la cause de la liberté".

Le zitelle dotar della città
Amoroso pensier d'un padre fu.

Premiar la coraggiosa Nobiltà
Che astrinse il Gallo a non tornar mai più,
Fu giusta cura, e sempre mai sarà
D'un Re in cui brilla il fior d'ogni virtù»[47].

Mentre in un altro sonetto, scritto dallo stesso canonico in occasione del *solenne ringraziamento a Dio per la singolare protezione ottenuta nel 1793 contro la nemica flotta francese*, riemerge il turbamento dei benpensanti nei confronti degli «orgogliosi miscredenti Galli, / profanator de' Tempi». La più certa libertà non è quella che promette la Francia rivoluzionaria, ma quella che è assicurata dal buon governo di un valoroso eroe come il viceré Pietro Vivaldi Zatrillas per merito del quale «[...] rivarca / fuggiasca l'oste il mar e mille guai / ne soffre, e freme tra amarezze e pianto». È la verità adombrata da Raimondo Congiu di Oliena nel poemetto in ottava rima in logudorese intitolato *Il trionfo della Sardegna* che, a detta del Tola[48], ha il solo merito di «aver tramandato [...] alla posterità la memoria di un fatto che onora la nazione [...], della resistenza generosa [cioè] opposta dai sardi nel 1793 alla flotta francese».

Il ricordo di quegli eventi, il valore, la generosità e la fede dei sardi, la conseguente protezione loro accordata da Dio, la diffidenza nei confronti dei francesi aggressori che, in nome della libertà e dell'uguaglianza, hanno rinnegato la vera religione, sono le componenti che acriticamente ricorrono anche in un gruppo di sonetti che alcuni versificatori, fra cui giudici della Reale Udienza, arcadi e religiosi, dedicarono a Vittorio Amedeo III «in occasione del solenne rendimento di grazie con processione generale in Cagliari il dì I° aprile 1793 per la gloriosa liberazione dall'armata francese».

Legata alle istituzioni che producevano cultura, quali l'università, le accademie, le biblioteche, la Reale Stamperia era uno strumento per diffondere il sapere, ma anche per fare appunto cultura in prima persona, da quella tipica della seconda metà del secolo, fatta di economia, politica, scienze applicate, a quella più tradizionale o d'occasione.

Pubblica così nel 1787 il *Discorso georgico indicante i considerevoli vantaggi che si possono ricavare dalle pecore sarde* di Giuseppe Cossu e, nei due anni

---

[47] Bibl. Univ. Cagliari, *Miscellanee poetiche*, segnatura S.P.6.I.26.

[48] P. TOLA, *Dizionario biografico degli uomini illustri di Sardegna*, Bologna, ristampa anastatica dell'ed. di Torino 1837-38, *ad vocem*, II, p. 36. L'opera del Congiu ebbe, fin dal 1793, una libera parafrasi italiana, sempre pubblicata dalla Reale stamperia, da parte del tempiese Gio. Maria Dettori che la dedicò al "prestantissimo cavaliere" don Girolamo Pitzolo.

successivi, *La coltivazione de' gelsi, e propagazione de' filugelli in Sardegna* dello stesso autore, in dialetto cagliaritano con la traduzione italiana a fronte. Quest'opera si articola in due volumi che hanno dedicatari e destinatari diversi: il primo, intitolato *Moriografia sarda* ossia *Catechismo gelsario proposto per ordine del Regio Governo alli possessori di terre, ed agricoltori del regno sardo*, è dedicato al viceré, conte Thaon di Sant'Andrea, ed è «diretto agli agricoltori, perché ad essi si aspetta la piantagione e coltivazione de' gelsi, come tutte le altre che si fanno alla campagna, e coll'aiuto di rurali istromenti»; il secondo, intitolato *Seriografia sarda* ossia *Catechismo del filugello*, al «gentil sesso» perché «riguarda a dar vita ed educazione a' filugelli, operazione che si eseguisce in casa, e che richiede la pazienza, l'attenzione e la man delicata del femminil sesso». Entrambi i tomi, che compendiano quanto in materia era stato scritto negl'«infiniti catechismi italiani e francesi che già esistevano», sono scritti in dialogo, il «metodo più facile per far capire li precetti» e per «dilucidare agevolmente le cose più complicate e più oscure», ed ornati «di alcuni rami rappresentanti le principali operazioni agrarie ed economiche della coltivazione dei gelsi, e dell'allevamento dei bachi da seta; e vi sono aggiunte circolari del governo, e pastorali di vescovi emanate in quel tempo, onde promuovere in Sardegna un tal ramo d'industria»[49].Un decennio dopo esce il già ricordato poemetto in tre canti in ottava rima di Antonio Porqueddu, *Il tesoro della Sardegna*, composto in dialetto meridionale e accompagnato dalla traduzione italiana a fronte, dello stesso autore e nello stesso metro. In esso, osserva il Tola, l'autore «mirò principalmente a propagare nel popolo sardo le utili cognizioni sulla cultura del gelso e allevamento del filugello per allettarlo ad un ramo d'industria fino ad allora sconosciuto» e «raccolse i più minuti precetti e le osservazioni fatte sopra tale materia dagli scrittori georgici d'Italia e d'oltremonti»[50].E, sempre nel 1799, il poemetto di quattro canti in ottava rima di Domenico Simon, *Le piante*, allora «assai lodato», come riferisce ancora il Tola[51], in cui l'autore si richiama alle leggi emanate fin dal 1761 per incrementare e migliorare la produzione agricola dell'isola e, in epigrafe, all'opera cinquecentesca di Luigi Tansillo, *Il podere*[52].

Ma la Reale Stamperia dà ampio spazio anche alle opere letterarie e pubblica, oltre alle già ricordate edizioni di classici latini e italiani, scritti teorico-linguistici, filosofici, agiografici, storici, poetici e per teatro di autori locali. Basta pensare, fra

---

[49] TOLA, op. cit., I, p. 234.
[50] Ivi, III, p. 123.
[51] Ivi, III, p. 189.
[52] Le sue fonti più immediate potrebbero forse essere piuttosto il *Discorso sopra l'utilità delle piante e della loro coltivazione* e il *Discorso sopra la coltivazione di alcuni alberi, accomodati al terreno e clima della diocesi di Bosa, col metodo di estrarne l'olio delle olive* di Antonio Ibba e il *Rifiorimento della Sardegna proposto nel miglioramento di sua agricoltura* di Francesco Gemelli.

i tanti, a *Le armonie de' sardi* di Matteo Madao del 1787, alle *Massime di cristiana filosofia* di Gio. Battista Manni del 1792, alla *Vita, invenzione e miracolo di Sant'Antioco* di autore anonimo del 1784, al *Della città di Cagliari - notizie compendiose sacre e profane* di Giuseppe Cossu del 1780 seguite nel 1783 da un'opera analoga dedicata alla città di Sassari, alle *Dissertazioni storiche, apologetiche e critiche delle sarde antichità* di Matteo Madao del 1792, ai *Recentiora Francisci Carbonii Carmina* del 1780, alle rime sacre de *La via della Croce* di Girolamo Baruffaldi del 1780, alla raccolta di poesie di Filippo Ercolani del 1783, a quella di autori vari, curata dal Porro, del 1784, alla corona di sonetti, sempre di autori vari, del 1796, al dramma *Il trionfo di Giuseppe* di Nicolò Navoni del 1780, ai drammi per musica di Antonio Marcello (*Morte del giovine Marcello* e *Olimpia, ovvero la estinzione della stirpe di Alessandro il Grande*) del 1784-85, alla cantata in musica *L'acclamazione dei poveri* di Vincenzo Luigi Sanna Bologna del 1781, a quelle dell'abate Gaetano Porcu del 1792, a *La felicità della Sardegna* di Giuseppe Chiappe del 1794, a *Il decreto di Giove* di Giovanni Antonio Paliaccio della Planargia del 1787 e al *Dialogo drammatico* dello stesso autore del 1789.

La Reale Stamperia offre inoltre le sue prestazioni per la pubblicazione di un ampio ventaglio di componimenti d'occasione commissionati per le più diverse circostanze.

Sonetti del canonico Chiappe per protestare un'inossidabile fedeltà al sovrano da parte della nobiltà e del popolo cagliaritano o, sempre dello stesso autore, per festeggiare l'incoronazione prima di Carlo Emanuele IV e poi di Vittorio Emanuele I, o per celebrare la ricorrenza del compleanno del duca d'Aosta. Orazioni funebri per il re Vittorio Amedeo III del Pugioni e per la regina Maria Antonia Ferdinanda del carmelitano Alberto Marchi o i sonetti, scritti sempre per la morte di questa regina, di Gianfrancesco Simon e di Giacomo Ceva Grasso, o il madrigale del Chiappe *In morte del real principe Carlo Emanuele figlio di Sua Altezza Reale il duca d'Aosta*. Una cantata di Gaetano Porcu per dolersi della partenza da Cagliari, nel 1799, del re Carlo Emanuele IV, che fa eco ai sonetti e ai carmi che ne avevano celebrato l'arrivo in Sardegna «coll'inclita reale famiglia».

Sonetti, odi, madrigali e raccolte poetiche di autori vari per la partenza o per l'arrivo di viceré, dei quali cantano con lodi iperboliche meriti e virtù. Inoltre versi celebrativi nel giorno del loro pubblico giuramento o in quello del loro onomastico o per un'avvenuta guarigione. Forse degna di menzione è l'ode sardo-latina di Matteo Madao *Ichnusa in Luctu* per la partenza del Lascaris.

Ma anche altri eventi pubblici, considerati degni di menzione, non sono passati sotto silenzio. Si dedicano, per esempio, nel 1786, *Applausi poetici* «per la nomina della nobile Damigella Filippina Lovera Vivalda a rappresentare il viceré nelle Corti generali»; si celebra con un sonetto del Chiappe l'arrivo a Cagliari dell'ammiraglio della flotta veneta Tommas Condulmer; si esalta, sempre con un sonetto, la generosità con cui il viceré ha «accolti e trattati gli ambasciatori del re del Marocco»; si ricorda con un *Accompagnamento d'applausi* la partenza da Cagliari di Bonaventura Porro; si lodano il virtuosismo di concertisti e l'abilità di uomini di teatro o le competenze di studiosi, autori di pubblicazioni scientificamente valide.

Si dà inoltre il debito rilievo all'insediamento di religiosi con raccolte poetiche o con singoli componimenti; se ne piange la scomparsa con orazioni funebri; se ne loda la facondia con orazioni panegiriche; se ne ricorda la consacrazione o la prima messa con singoli sonetti.

Parenti e amici scrivono e fanno stampare od ordinano a versificatori di professione versi per neo-laureati o per monacazioni.

Le numerose arciconfraternite attive in tutta la Sardegna commissionano, a edificazione dei fedeli o per indurli a pentirsi dei propri peccati, un numero imponente di eleganti fogli sparsi per le pratiche di culto della settimana santa o per la ricorrenza di particolari festività religiose.

La Reale Stamperia infine, a soddisfare tutte le possibili richieste e alla ricerca di un adeguato rapporto col mercato locale e quindi con la committenza privata oltre che con quella pubblica, dedica una cura particolare alle raccolte di versi o ai singoli componimenti per nozze che venivano richiesti e compilati più spesso quando gli sposi appartenevano all'aristocrazia, ma che potevano essere dedicati, e in questo caso composti da familiari, anche a giovani appartenenti a famiglie facoltose[53].

Come si vede la Reale Stamperia non disdegnava far gemere i torchi anche per semplici componimenti poetici, così come per opere letterarie per così dire di maggior respiro, ma non è certamente questo aspetto, anche se abbastanza significativo, del servizio reso dalla Stamperia che qui, a conclusione, vogliamo sottolineare.

Ben più significativo, infatti, crediamo sia porre in maggior rilievo l'aver contribuito questa iniziativa sabauda in primo luogo alla diffusione delle disposizioni legislative, via via succedutesi, e ciò fosse pure, lo ribadiamo ancora, per più capillarmente incidere nella gestione propriamente politica del possedimento Sardegna e, in secondo luogo, alla divulgazione degl'insegnamenti religiosi e morali di volta in volta promananti dall'autorità ecclesiastica. Due modi, a ben vedere, di fare politica e di contribuire al rafforzamento indolore del principio di autorità, laica o religiosa che essa fosse, nella lontana Sardegna.

Se tuttavia a queste considerazioni si unirà l'apprezzamento per l'eleganza

---

[53] Cfr. almeno le seguenti miscellanee conservate nella Bibl. Univ. di Cagliari con le seguenti segnature: S.P.6.I.12; S.P.6.I.26; S.P.6.I.27; S.P.6.I.29; S.P.6bis.3.6; S.P.6.8.45; S.P.6.5.61; S.P.6.8.42; S.P.6.9.59; S.P.6.5.5; S.P.6.5.11; S.P.6.9.42; S.P.6.5.46.

della veste tipografica e la cura dei testi, impreziosita da frequenti incisioni e l'amore per il lavoro ben fatto, se ne potrà serenamente concludere che la Reale Stamperia - certamente *mutatis mutandis* - degnamente figurerebbe nel panorama editoriale dei nostri tempi ed ancor più meriterebbe che gli studiosi, cosa sin qui mai fatta, le dedicassero maggiore attenzione.

ANNA SAIU DEIDDA

Aspetti figurativi e decorativi nella produzione della Reale
Stamperia di Cagliari (1770-1799).

La Reale Stamperia di Cagliari, istituita con il privilegio del 9 dicembre 1769[1], fu aperta nell'anno seguente sotto la guida di Bonaventura Porro[2] che era stato fino ad allora compositore nella Stamperia Reale di Torino, di cui quella cagliaritana era una emanazione[3].

Nel primo periodo della sua attività essa fu collocata nell'edificio costruito dall'architetto Saverio Belgrano per l'Università degli Studi, che era stato inaugurato appunto nel 1769[4], e solo alcuni anni dopo trovò una sistemazione definitiva nell'ex Collegio gesuitico di Santa Croce (ancora incompiuto al momento della soppressione della Compagnia di Gesù)[5], i cui spazi interni furono adattati alle nuove esigenze dall'ingegnere militare Varin de La Marche[6] che seguì fedelmente,

---

[1] Per le vicende che portarono alla istituzione del Privilegio: Archivio di Stato di Cagliari (A.S.C.), *Segreteria di Stato*, Serie II, voll. 36 e 149; *Storia di Sardegna del Barone Giuseppe Manno*, III, Capolago 1840, p. 397; *Catalogo dei libri rari e preziosi della Biblioteca dell'Università di Cagliari pel suo presidente Pietro Martini, dell'Accademia Reale delle Scienze di Torino*, Cagliari 1863, p. 141. Per un quadro generale sulla Reale Stamperia di Cagliari vedi ora M.G. SANJUST, *La politica culturale e l'attività della Reale Stamperia di Cagliari dal 1770 al 1799* e L. SANNIA NOWÈ, *Ideale felicitario, lealismo monarchico e coscienza 'nazionale' nelle pubblicazioni della Reale Stamparia di Cagliari (1770-1799)*, in questi stessi Atti.

[2] *Al novello Arcivescovo di Cagliari Monsignore Don Vittorio Filippo Melano di Portula primate di Sardegna e di Corsica applausi di Bonaventura Porro, Cagliari* MDCCLXXVIII nella Stamperia Reale, p. 5 della dedica (Biblioteca Comunale di Cagliari (B.C.C.), S.F. 211); G. VERNAZZA, *Dizionario dei tipografi e dei principali correttori ed intagliatori che operarono negli Stati Sardi di terraferma e più specificamente in Piemonte sino all'anno 1821*, Torino 1859, alla voce *Porro Bonaventura*.

[3] La Stamperia Reale di Torino era stata creata nel 1740, sotto Carlo Emanuele III, che vi aveva voluto anche una scuola per giovani apprendisti: VERNAZZA, op. cit. alla voce *Stamperia Reale*.

[4] *Della città di Cagliari notizie compendiose sacre e profane compilate da D.G.C. G. e C.G.*, Cagliari 1780, pp. 65-66. Per l'edificio dell'Università cfr.: A. CAVALLARI-MURAT, *Saverio Belgrano di Famolasco, ingegnere sabaudo quale architetto in Sardegna*, in "Atti e Rassegna tecnica della Società degli Ingegneri e Architetti di Torino", 1961; Id. *Indagini sull'espansione in Sardegna dell'architettura piemontese settecentesca*, in "Bollettino del Centro Studi per la Storia dell'architettura", XVII (1961), p. 160; Id., *L'architettura del '700 in Sardegna, in Atti del XIII Congresso di Storia dell'architettura (Sardegna)*, Cagliari-Sassari 1963, Roma 1966, p. 285.

[5] G. SPANO, *Guida della città e dintorni di Cagliari*, Cagliari 1861, pp. 93-94; D. SCANO, *Forma Kalaris*, Cagliari 1934, p. 39; R. SALINAS, M. FREDDI, *Il complesso monumentale di Santa Croce a Cagliari*, in "Bollettino tecnico, del Circolo culturale Ingegneri e Architetti", n. 4; Cagliari 1958; P. Piga Serra, *L'attività edilizia in Sardegna. Il Collegio di S. Croce nel Castello di Cagliari, in Arte e cultura del '600 e del '700 in Sardegna*, a cura di T.K. KIROVA (Atti del Convegno Nazionale Arte e cultura del '600 e del '700 in Sardegna, Cagliari-Sassari 2-5 maggio 1983, promosso dall'Accademia Nazionale dei Lincei nell'ambito del programma *Arte e Cultura nell'Italia del Seicento*), Napoli 1984, p. 197.

[6] M. CABRAS, *Varin de La Marche, ingegnere sabaudo in Sardegna*, in "Atti e Rassegna tecnica della

per quel che riguardava la collocazione dei torchi e le stanze destinate ai compositori, le indicazioni del Porro. Egli infatti nell'ottobre del 1777 poteva descrivere il «sito tanto bello, spazioso e lucido che sembra stato fabbricato a bella posta per uso di stamperia»[7].

Protetta da privilegi molto ampi che le garantivano l'esclusiva della stampa di ogni scrittura riguardante il Governo, l'Ufficio dell'Intendenza generale, l'Università di Cagliari, e i libri scolastici per la Sardegna meridionale[8], la stamperia prese a lavorare a pieno ritmo fin dal primo anno, malgrado le difficoltà dovute all'approvvigionamento della carta che si presentarono quasi subito, e che tormentarono continuamente l'attività di Bonaventura Porro, insieme alla manifesta antipatia dell'ambiente culturale locale. Ingiustamente gli si rimproverava la chiusura della stamperia di Bachisio Nieddu[9] e, soprattutto, apparivano incomprensibili le sue esigenze di finissimo tipografo[10], cresciuto nello stesso contesto da cui aveva preso le mosse Giovanni Battista Bodoni, «piemontese spiemontizzato» il quale aveva trasferito a Parma la sua attività ma che continuava ad essere l'indispensabile punto di riferimento per tutta l'attività editoriale non solo d'Italia ma anche d'Europa[11].

Società degli Ingegneri e degli Architetti in Torino", novembre 1964, n. 11; D. PESCARMONA, *Nuovi contributi alla conoscenza dell'attività degli ingegneri militari piemontesi in Sardegna nel secolo XVIII,* in "Bollettino d'Arte del Ministero per i Beni culturali e ambientali", XXVII (1984), p. 71; A. SAIU DEIDDA, *Teatro e scenografia a Cagliari nel Settecento,* in "Studi Sardi", XXVII (1986-87), pp. 385-386.

[7] Accademia delle Scienze di Torino (A. Sc.T.), Ms. 11314-11528, *Carteggio Vernazza Porro,* lettera del 10 ottobre 1777. Il carteggio conserva lettere di Bonaventura Porro al Barone Vernazza, scritte a partire dal luglio del 1770 fin quasi alla sua morte, avvenuta secondo la testimonianza dello stesso Vernazza il 10 febbraio 1797: VERNAZZA, op. cit. (sopra n. 2), l. cit. Varin de La Marche aveva in quella occasione realizzato il disegno con la pianta e le sezioni dei locali della stamperia, disegno che sarebbe servito al Porro per una stampa, intitolata T*ippo rappresentante la pianta e taglio della Reale Stamperia di Cagliari,* pubblicata nel gennaio del 1777 (Fig. 1) (A.Sc.T, *Carteggio* cit. ,lettera del 2 gennaio 1777). La stamperia rimase nell'ex Collegio gesuitico fino al 1831, malgrado un trasferimento forzato nel 1793, causato da esigenze militari (A.S.T., Sardegna Politico, *Dispacci Viceregi* 1791-93) e il successivo ordine del 23 aprile 1802 (A.S.C., Segreteria di Stato, Serie II, vol. 149, doc. 98). Nel 1831 si imponeva lo sgombero di quei locali perché la chiesa di Santa Croce con tutte le sue pertinenze era stata data alla Sacra Religione dei Santi Maurizio e Lazzaro con Real Carta del 24 agosto 1809.

[8] MARTINI, *Catalogo* cit., p. 141 cit.

[9] Della Stamperia di Bachisio Nieddu si sa solo che durò dal 1750 fino al 1772; non si hanno notizie sul tipografo nè sui direttori (MARTINI, op. cit., p. 139); sulla chiusura cfr. SANJUST, op. cit. (sopra n. 1).

[10] A.Sc.T., *Carteggio* cit., lettera del 24 agosto 1770: "poco gli importa di aver caratteri nuovi o vecchi, e di stampa tondo o corsivo... (...) anche il correttore che si dice che sia quello più al fatto per la lingua italiana ed è il G. Cossu servita... onde mi sono risoluto di stampare come vogliono per non farmi maggiori inimici in questo paese, tanto più che molti signori impiegati sembra non mi possan vedere per aversi levato il Don Baquisio nazionale".

[11] G.P. ROMAGNANI, *La culture au royaume de Sardaigne pendant le siècle des lumières,* in *Bâtir une ville au siècle des lumières. Carouge: modèles et réalités,* Carouge 29 mai - 30 septembre 1986, p. 465 sgg.. Giovanni Battista Bodoni si era proposto per la Stamperia cagliaritana, ma non disponeva di capitali sufficienti, per cui la sua offerta venne scartata dal Bogino (G. RICUPERATI, *Il riformismo sabaudo*

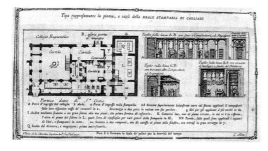

Fig. 1

Fig. 2

F. VICTORIUS PHILIPPUS
MELANUS
A PORTULA

NOI DON CARLO FRANCESCO THAON
CONTE DI SANT'ANDRÈ

CAVALIERE GRAN CROCE, E COMMENDATORE DELLA SACRA RELIGIONE, ED ORDINE MILITARE
DE'St. MAURIZIO, E LAZZARO, LUOGOTENENTE GENERALE NELLE REGIE ARMATE, VICERE;
LUOGOTENENTE, E CAPITANO GENERALE DEL REGNO DI SARDEGNA.

Fig. 3

Sede Primatiali Calaritana uacante

Fig. 4   FRANCESCO MARIA

Fig. 1: V. de La Marche, *Tippo rappresentante... La Reale Stamparia* (1777) in G. Cossu, *Della città di Cagliari notizie* (1780)

Fig. 2: A. M. Stagnon, Stemma dell'Arcivescovo Melano di Portula (1778)

Fig. 3: A. M. Stagnon, Stemma del Viceré Thaon di Sant'Andrea (1787) in *Editti e Pregoni dal 1778 al 1792*

Fig. 4: G. Landi e Giambattista Betti, Stemma del Vescovo F. M. Corongiu in *Lettere pastorali dal 1777 al 1790*

DISCORSO
SULL'INVENZIONE
DELLA STAMPA
ESPOSTO
IN NOVE QUALITÀ DI CARATTERI
ESISTENTI
NELLA REALE STAMPERIA
DI CAGLIARI

L'ANNO MDCCLXXVIII

Fig. 5

Fig. 6

Fig. 7

VICENDE TIPOGRAFICHE
DI SARDEGNA
ESPOSTE
IN DODICI QUALITÀ DI CARATTERI
ESISTENTI
NELLA REALE STAMPERIA
DI CAGLIARI
DA F. C. B.

L'ANNO MDCCCI

Fig. 8

Fig. 5: *Discorso sull'invenzione della stampa* (1778) di G. Vernazza
Fig. 6: *Discorso sull'invenzione della stampa,* Fregi diversi
Fig. 7: *Discorso sull'invenzione della stampa,* Fregi diversi
Fig. 8: *Vicende tipografiche di Sardegna...* a cura di F.C. Baille (1801)

IN OCCASIONE
DELLA PUBBLICA LAUREA IN AMBE LEGGI
DELL' ORNATISSIMO SIGNORE
RAIMONDO MANCA

SONETTO

Se, MANCA, al par di quel guerrier, che molto
Della vittoria errò nel calle incerto,
E gode nel posar d'alloro al folto
Spirar aure di gioia al suo gran merto;

Se tu godi del par il degno serto
Per te da Temi nel mirar raccolto
L'onorato sudor terger nell' erto
Tempio di gloria: non ti vien distolto.

Nel figurar solo i graditi effetti
Del ben degno calcar l'orme d'onore
I trasporti proviam de' propri affetti.

Or se tai sogni in noi rendon appieno
Estasi di piacer, con qual vigore
Te rapiran, che Temi stringe al seno?

NELLA REALE STAMPARIA DI CAGLIARI 1781 con approvazione.

Fig. 9

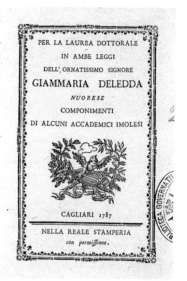

PER LA LAUREA DOTTORALE
IN AMBE LEGGI
DELL', ORNATISSIMO SIGNORE
GIAMMARIA DELEDDA
NUORESE
COMPONIMENTI
DI ALCUNI ACCADEMICI IMOLESI

CAGLIARI 1787

NELLA REALE STAMPERIA
con permiſſione.

Fig. 10

Fig. 11

IL TRIONFO
DELLA SARDEGNA
ESPOSTO IN OTTAVA RIMA SARDA
DA RAIMONDO CONGIU
OLIENESE
COLLA PARAFRASI ITALIANA
DI GIO. MARIA DETTORI
TEMPIESE
AMBI BACCELLIERI IN SACRA TEOLOGIA

CAGLIARI MDCCXCIII
DALLA REALE STAMPERIA
CON PERMISSIONE.

REGOLE.

IL fine di queſta a Dio cariſſim
a tutto il Publico utiliſſima Ju
zione ſi è di porre in ſicuro l' O
delle Donzelle povere , e peric
e di educarle nei più ſodo della
ſtiana pietà , ed inſtruirle in og
nere di lavoro proprio del loro ſeſſo , onde,
meſſe a ſervire nelle Caſe de Signori , ò coll
in decente Matrimonio rieſcano di edificazio
di profitto alla Republica

Fig. 12

Fig. 9: *In occasione della pubblica laurea* ... f.v. (1781)
Fig. 10: *Per la laurea dottorale* ... f.v. (1787)
Fig. 11: *Il trionfo della Sardegna* ... (1793)
Fig. 12: Lettera iniziale con paesaggio (1770 - 1799)

siderazione quell
uniforme osserv

Fig. 13

dei baſtimenti

Fig. 14

Fig. 15

emporibus nov
Insula, sepo
Advenit tan
Princeps, qu

Fig. 16

cuopro l'urn[

Degli avi

Che dar p

Spirto ripo

Fig. 17

Fig. 18

Fig. 19

Fig. 20

Fig. 17: *Poetici Componimenti* ..., Iniziale decorata (G. Landi e G. Betti 1771)
Fig. 18: F. Cetti, *I quadrupedi di Sardegna*, Sassari 1774, Frontespizio (Fabas e G. Betti)
Fig. 19: Fabas e G. Betti, *Veduta di Porto Torres*, in *I quadrupedi* ... (1774)
Fig. 20: Fabas e G. Betti, *Veduta del Nuraghe Santu Antine*, in *I quadrupedi* ... (1774)

Fig. 21

Fig. 22

Fig. 23

Fig. 24

Fig. 25

Fig. 26

Fig. 27

Fig. 28

Fig. 25: G. Battista Costantino, Fregio (1770 - 1799)
Fig. 26: G. Betti, Frontespizio in *La Storia della Sardegna*, vol. I (1777)
Fig. 27: V. de La Marche e G. Betti, Frontespizio in *La Storia della Sardegna*,vol. II (1777)
Fig. 28: G. Betti, Allegoria della Sardegna, Frontespizio della *Lezione sopra la Stampa* di G. Vernazza (1778)

AL NOVELLO ARCIVESCOVO DI CAGLIARI

MONSIGNORE

DON VITTORIO FILIPPO

MELANO DI PORTVLA

PRIMATE DI SARDEGNA E DI CORSICA

APPLAVSI

DI BONAVENTVRA PORRO

CAGLIARI M.DCC.LXXVIII

NELLA STAMPARIA REALE

Fig. 29

A MONSIGNOR MELANO DI PORTVLA

BONAVENTVRA PORRO
DIRETTORE DELLA STAMPARIA REALE

E tra le pubbliche dimostrazioni di
gaudio che oggi vi dà il popol di
Cagliari, io vengo MONSIGNORE
ad offrirvi questa raccolta di poesie
in testimonio del mio particolare
applauso, non solamente non temo di parer troppo vano e

Fig. 30

l'arte nostra? Fra sì dolci e sì giocondi pensieri, mentre al
vostro padrocinio ossequiosamente mi raccomando,

'Hoc licet exili vouerer te munere: prudens   TIBVLLVS
'Parva placere Diis, nec spernere vilia reges   AD Thaurum
'Quae proba mens offert. Vt ut est; haud promptiùs ullum,
'Certius aut ullum dederim tibi pignus amoris,
'Illius et cultus, cuius tibi debitor esse
'Gestiat is, cui sit tua non incognita virtus.

Fig. 31

In luma espresso di MELAN l' aspetto,
    Cagliar la chiesa sua, Visca*, ti chiede:
    Se al desio d' una sposa Ei nol concede,
    Fanne un furto innocente, io tel permetto.

Sia il ritratto fedel, semplice e schietto:
    Sieda velata al fianco suo la Fede,
    Speranza appoggi a salda base il piede,
    Caritate erga i lumi, e mostri il petto.

Egli fra loro in maestade assiso
    Serbi negli occhi suoi l' indol del core,
    E sul labbro abbia pur l' usato riso.

So che l' opra a compir manca il migliore;
    Ma questo in cor della sua sposa inciso
    Fu già per ben sett' anni opra d' Amore.

* Egregio disegnatore Torinese e pittore in miniatura.

Fig. 32

Fig. 29: G. B. Boucheron, Allegoria della Sardegna, Frontespizio degli *Applausi* all'Arcivescovo Melano di Portula (1778)

Fig. 30: G. Betti, Stemma dell'Arcivescovo Melano (1778); C. A. Porporati, Iniziale decorata (1775)

Fig. 31: Fregio in *Applausi* all'Arcivescovo Melano di Portula (1770)

Fig. 32: P. Visca e F. Fambrini, Ritratto dell'Arcivescovo Melano di Portula negli *Applausi* (1778)

QVAE TIBI ROMA SACRIS PRAECINXIT TEMPORA VITTIS,

NOS SERTIS EADEM CINGIMVS AONIIS.

PARVA DAMVS, SED QVAE AD PARTHOS EN PRAEPES ET INDOS

FAMA VEHIT, RESONAE DATQVE ITERANDA TVBAE

Fig. 33

Fig. 34

IL TESORO
DELLA
SARDEGNA
NE' BACHI E GELSI
POEMA SARDO E ITALIANO
DI ANTONIO PVRQVEDDV
ACCADEMICO
DEL COLLEGIO CAGLIARITANO

CAGLIARI MDCC.LXXIX.

Fig. 35

Fig. 36

Po fairi cun is Bremis talis giogus,
Chi nde die faint sartai s'annia in ogni.
Cant. II. Str. 22.

Fig. 37

Ma cantu andu diagendu hat essi invia
Si a sa planta non das terrenu scanu
Cant. III. Str. 89.

Fig. 38

APPLAVSI EPITALAMICI
AL SIGNOR
CONTE CAVALIERE E COMMENDATORE
GIANNANTONIO
BRIZIO DELLA VEGLIA
NELLE SVE NOZZE
CON LA DAMIGELLA
FELICITA
NICOLIS DI BRANDIZZO

CAGLIARI 1781
NELLA STAMPARIA REALE

Fig. 39

ALLO SPOSO

Fig. 40

Fig. 41

Fig. 42

Fig. 43

Fig. 44

Fig. 45: Anonimo, Incisione a capo del XII componimento negli *Applausi epitalamici* (1781)
Fig. 46: Anonimo, Incisione a capo del X componimento negli *Applausi epitalamici* (1781)

MORIOGRAFIA
SARDA
OSSIA
CATECHISMO GELSARIO
PROPOSTO PER ORDINE
DEL REGIO GOVERNO
ALLI POSSESSORI DI TERRE, ED AGRICOLTORI
DEL REGNO SARDO
DAL G. C. G. C. D. G. C.

CAGLIARI MDCCLXXXVIII
NELLA REALE STAMPERIA

Fig. 47

Potatura del Gelso a Cornettani

Fig. 48

SERIOGRAFIA
SARDA
OSSIA
CATECHISMO
DEL FILUGELLO
PROPOSTO PER ORDINE
DEL REGIO GOVERNO
ALLE GENTILI FEMMINE SARDE
DAL G. C. G. C. D. G. C.

CAGLIARI MDCCLXXIX
NELLA REALE STAMPERIA

Fig. 49

Fig. 47: G. Cossu, *Moriografia*, Frontespizio con allegoria della Sardegna di G. Landi e G. Betti (1788)
Fig. 48: V. Uda, *Potatura del gelso a cornettami*, Incisione in G. Cossu, *Moriografia* (1788)
Fig. 49: G. Cossu, *Seriografia*, Frontespizio con allegoria della Sardegna di P. Visca (1781)

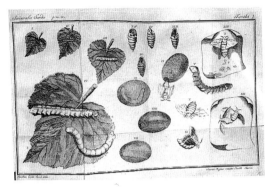

Fig. 50

Fig. 51

Fig. 50: G. Corte e A. M. Stagnon, Tavola illustrativa nella *Seriografia* di G. Cossu (1789)
Fig. 51: *Poesie alla Sacra Reale Maestà* ... ,Frontespizio con allegoria della Sardegna di G. Landi e G. Betti (1796)

VICTORIO · AMEDEO · III.

SARDINIAE · REGI · INVICTO

REGNO · MARI · AC · TERRA

PACATO

LEGIBVS · SANCTIONIBVS · PRAECLARIS

FIRMATO

SVBSIDIIS · IVRIBVS · BENEFICIIS

ORNATO · DONATO

REGNI · ORDINES · VNIVERSI

GRATI · PII

OPTIMO · PRINCIPI

SVO

Fig. 52

IL
GALATEO
OVVERO
AVVISI
DI BUONE CREANZE
CAVATE DA MONSIGNOR
GIOVANNI DELLA CASA
ED ALTRI BUONI AUTORI

CAGLIARI 1790.
NELLA REALE STAMPERIA
CON PERMISSIONE.

Fig. 53

IL TRIONFO
DI SARDEGNA
POEMETTO
DI GIO. MARIA DETTORI
TEMPIESE
BACCELLIERE IN SACRA TEOLOGIA
EDIZIONE SECONDA
RIVEDUTA ED ACCRESCIUTA

L'ANNO MDCCXCIII.
CON PERMISSIONE.

Fig. 54

Fig. 52: *Poesie alla Sacra Reale Maestà* ..., Dedica a Vittorio Amedeo III (1796)
Fig. 53: *Il Galateo ovvero avvisi di buone creanze* ..., Frontespizio (1790)
Fig. 54: *Il trionfo della Sardegna* ... (1793)

Le fotografie sono di P. Bandino

Bonaventura Porro, che era giunto in Sardegna con un contratto che lo legava alla Reale Stamperia per sei anni, fu richiamato a Torino solo nel 1781, con la promessa, poi non mantenuta, di essere posto a capo della Stamperia Reale di quella città. La direzione della stamperia cagliaritana passò a Giacomo Fea e a Giovanni Sebastiano Botta[12], con i quali si giunse fino al 1794, anno in cui essa fu ceduta a Giacomo Paucheville che ne divenne anche proprietario[13]. Il Porro sarebbe morto appena qualche anno dopo, nel 1797, a Cagliari, dove era rientrato già nel 1794, deluso nelle sue aspettative dalla Società della Stamperia Reale torinese, per continuarvi l'attività di libraio intrapresa fin dal 1772[14].

L'analisi della produzione della Reale Stamperia di Cagliari, attraverso l'esame di esemplari di ogni tipo di stampe, dai libri agli opuscoli ai manifesti ai fogli volanti per le rime d'occasione, consente di osservare che quasi nulla si innova negli anni successivi a quelli della direzione del Porro, e che proprio sul primo decennio di attività è necessario fermare l'attenzione per individuare le opere che introdussero in Sardegna i modelli tipografici e decorativi che sarebbero stati utilizzati fino ai primi decenni dell''800[15].

La vivacità intellettuale di Bonaventura Porro «artista che alla grande conoscenza dell'arte ed al lungo amore per essa accoppiava una rara diligenza ed una operosità straordinaria»[16], appare evidente anche ad un primo sommario esame della produzione della Reale Stamperia cagliaritana tra il 1770 e il 1781, ma riceve un'ulteriore luce dalle lettere che lo stesso Porro scriveva al suo amico e protettore a Torino, il Barone Giuseppe Vernazza di Freney, funzionario governativo, erudito finissimo, che ebbe statura di storico per il metodo rigoroso strettamente connesso agli illustri esempi del Muratori, del Bartoli e del Maffei[17]. Con il Vernazza egli ebbe

settecentesco e la Sardegna. *Appunti per una discussione,* in "Studi Storici - Rivista trimestrale dell'Istituto Gramsci", I (1986), p. 60, nota 12.

[12] Il Fea era stato allievo del Porro a Cagliari; in seguito era stato nominato compositore nella Stamperia Reale di Torino; a Cagliari giunse nel 1781 per ripartire nel 1788 (A.Sc.T., *Carteggio* cit., lettere del 13 luglio 1781 e del 4 gennaio 1788). Gli successe il Botta, di cui si ha qualche notizia frammentaria (A.S.T., Sardegna Politico, *Dispacci viceregi 1792,* 14 dicembre 1792).

[13] MARTINI, *Catalogo* cit., pp. 141-142.

[14] VERNAZZA, *Dizionario* cit., p. 279.

[15] Solo nel 1831 infatti la Stamperia reale, divenuta ormai Stamperia Saggiante e Soci (MARTINI, op. cit. (sopra n. 8), p. 142), stampò un opuscolo intitolato *Saggio dei caratteri, fregi, maiuscole e vignette della Stamperia Saggiante, e Socj* con il quale si proponevano tutta una serie di ornamenti, vignette, fregi, completamente nuovi, di bella fattura (Biblioteca dell'Università di Cagliari (B.U.C.), S.P. 6.5.61.21).

[16] MARTINI, op. cit., p. 141.

[17] G. RICUPERATI, *Ludovico Antonio Muratori e il Piemonte,* in *Atti del Convegno Internazionale di studi muratoriani, VIII: La fortuna storica del Muratori,* Modena 1972, pp. 1-88; L. LEVI MOMIGLIANO, *Il Regio Museo di Antichità,* in *Cultura figurativa e architettonica negli stati del Re di Sardegna 1773-1861,* Torino 1980, pp. 42-43 e schede 45-49; G. C. SCIOLLA, S*tudi di Storiografia artistica* in *Cultura* cit., pp. 65-67; Id. *Littérature artistique a Turin à l'époque de Victor Amédée III: quelque, considérations,*

lunghi contatti epistolari che gli consentirono fruttuosi scambi di idee sulla propria attività, in quanto non solo poté stampare alcuni dei suoi scritti ma anche poté rivolgersi a lui per tenere i contatti con gli artisti torinesi che con le loro opere contribuirono alla buona riuscita delle sue edizioni più pregevoli.

Leggendo le sue lettere, conservate nell'Archivio dell'Accademia delle Scienze di Torino[18], assistiamo alla spesso sofferta, ma sempre appassionata, elaborazione delle sue edizioni più importanti, talvolta addirittura stampate a proprie spese, superando le mille difficoltà che gli si frapponevano con tenacia e grande entusiasmo per il suo lavoro, qualità che lo contraddistinsero e che gli consentirono di raggiungere risultati apprezzati in tutta Italia[19].

Le sue opere si fanno notare non solo per la cura dell'aspetto tipografico nelle belle nitide pagine, funzionali alla migliore lettura del testo, ma anche per la cura degli aspetti più propriamente figurativi: in particolare nelle iniziali decorate, nei fregi ornamentali e nella presenza abbastanza frequente di apparati illustrativi complessi, talvolta, come si vedrà, affidati ad artisti di grande rilievo. È possibile avere una idea abbastanza precisa degli aspetti formali che caratterizzarono la gran parte della produzione della Reale Stamperia anche soltanto attraverso l'esame di due serie, conservate presso la Biblioteca Universitaria di Cagliari, di documenti governativi che sono per la loro stessa natura attenti all'aspetto funzionale della stampa più che a quello decorativo, e che tuttavia possono fornirci numerosi elementi utili al nostro scopo: le *Lettere pastorali* dirette dai Vescovi sardi alle loro diocesi per le più diverse ragioni, e gli *Editti e Pregoni*[20], la cui pubblicazione avveniva su commissione dei Viceré. Per entrambe queste serie si deve ricordare il fatto che alla stamperia è lasciata solo la cura dell'aspetto grafico generale, mentre

---

in *Bâtir une ville,* cit., p. 497.

[18] G.C. SCIOLLA, *Le vicende storiche delle arti nei manoscritti del Barone Vernazza conservati all'Accademia delle Scienze di Torino,* in "Memorie dell'Accademia delle Scienze di Torino", Serie V, vol. 6, II, Classe di Scienze Morali, Storiche e filologiche, pp. 4-97. Il Carteggio Vernazza-Porro è già stato citato alla nota 7. Sull'Accademia delle Scienze: V. FERRONE, *Tecnocrati, militari e scienziati nel Piemonte dell'Antico Regime: alle origini della Reale Accademia delle Scienze di Torino,* in "Rivista Storica Italiana", II (1984), pp. 414-509; Id. *La Reale Accademia delle Scienze di Torino: le premesse e la fondazione,* in Atti del Convegno *I primi due secoli della Accademia delle Scienze di Torino,* ID. *Realtà accademica piemontese dal Settecento allo Stato unitario,* Torino 1983 (1985), pp. 37-80; ID., *Le premesse e la fondazione* in *Tra Società e Scienza, 200 anni di Storia dell'Accademia delle Scienze di Torino, Saggi documenti immagini,* Torino 1988, pp. 8-21.

[19] A.Sc.T., *Carteggio* cit., lettera del 4 giugno 1779 in cui si ricordano le lodi che giungevano da tutta Italia quale "primo stampatore del buon gusto" e le proposte di finanziamento perché abbandonasse la Sardegna. Precedentemente al Porro era stato richiesto di stampare l'opera dello storico De Beque De Villiers sul modello della *Storia della Sardegna* del Gazano. Il Vernazza nel suo Dizionario ricorda una richiesta pervenuta per il Porro da parte dell'erudito napoletano Francesco Daniele (VERNAZZA, op. cit., p. 278).

[20] B.U.C., *Le Lettere Pastorali* sono collocate S.P.6.2.37, mentre risultano senza collocazione gli *Editti e Pregoni dal 1787 al 1782.*

le incisioni in rame, di tipo araldico, che pur identificandoli come documenti pubblici li collegano strettamente alle diverse personalità dei loro autori, sono da ascriversi alle scelte dei singoli Vescovi o Viceré, come risulta espressamente indicato nel contratto che legava la Stamperia regia agli Uffici governativi e alle Curie[21]. Per questo motivo è possibile ritrovare, accanto ad opere di tipo corrente, spesso assolutamente prive di qualità formali, alcune incisioni che risultano di particolare interesse, talvolta dovute a personalità di rilievo nel campo dell'incisione, come accade ad esempio per gli stemmi dell'Arcivescovo Melano[22] (Fig. 2), del Viceré Thaon di Sant'Andrea[23] (Fig. 3), firmati *Stagnon sc.*, che richiamano inevitabilmente la nota famiglia di cartografi e incisori piemontesi[24], o ancora, per lo stemma del Vescovo Francesco Maria Corongiu (che tenne nel 1777 la sede vacante della Diocesi cagliaritana)[25] (Fig. 4), opera dovuta a due artisti il cui sodalizio caratterizzerà alcune importanti edizioni della Stamperia reale di Cagliari: quelli che firmano *G. Landi d.* e *G. Betti sc.* rispettivamente per il disegno e per l'incisione.

La produzione corrente, malgrado l'alto livello qualitativo, appare peraltro in qualche misura ripetitiva e seriale, caratterizzata come è dalla costante presenza delle incisioni araldiche e dei fregi abbastanza comuni, disposti a cornice nei frontespizi, secondo un repertorio di motivi ornamentali che la stamperia si sarebbe preoccupata anche di divulgare pubblicandolo in due opuscoli: il *Discorso sull'invenzione della stampa... (omissis)*, nel 1778, tratto dalla *Lezione sopra la*

---

[21] Al contratto certamente si riferiva l'elenco dei prezzi relativi ai diversi tipi di stampe che la Reale Stamperia pubblicò a più riprese: A.S.C., Segreteria di Stato, Serie II, Vol. 149, n° 65 (*Tichetta dei prezzi da corrispondersi alla Reale Stamperia di Cagliari per le stampe fattesi finora e che si faranno per regio servizio;* i prezzi sono comprensivi dell'"impressione delle armi in rame dei Signori Viceré da provvedersi dai medesimi" (1771).

[22] B.U.C., S.P.6.2.37.14. Bisogna notare che l'arcivescovo Melano si rivolgerà anche ad altri incisori, le cui opere, anonime, siglano i suoi documenti a partire dal 1778.

[23] B.U.C., *Editti e Pregoni* cit., *passim*.

[24] Si deve ricordare in primo luogo Giacomo Stagnon, che riincise nel 1772 la *Carta Corografica degli Stati di S.M.* (del 1683, dovuta al Borgonio: M. ROSCI, *Esempi di cartografia, in Cultura* cit., vol. III, p. 1224), e in un secondo momento Antonio Maria Stagnon, "incisore dei sigilli di S.M." (A. BAUDI DI VESME, *L'arte in Piemonte dal XVI al XVIII secolo* (Schede Vesme), II, 1968, p. 1007). Autore di una *Carta di Torino e dintorni*, da Carlo Randoni (Rosci, op. cit., p. 1230), incise anche, nel 1794, una *Veduta del Golfo di Cagliari e Quarto colla posizione dell'armata navale francese nel combattimento seguito tra la flotta, e le batterie della città. Dalli 27 gennaio fino al 17 febbraio 1793* (B.U.C., C.G. 321). Antonio Maria Stagnon era in contatto con Giuseppe Vernazza, per il tramite del quale si arrivò alla collaborazione col Porro (P. ASTRUA, *L'ornamentazione tipografica*, in *I rami incisi dell'Archivio di Corte: Sovrani, battaglie, architetture, topografia*, a cura dell'Archivio di Stato di Torino, Torino, novembre 1981 - gennaio 1982, p. 285). Lo Stagnon lavorò spesso nell'ambito tipografico, come dimostra, ad es., lo stemma per la Stamperia Soffietti di Torino (Biblioteca Reale di Torino (B.R.T.), Misc. Vernazza 77, n° 9).

[25] Lo stemma del vescovo si caratterizza per la presenza della Santa Cecilia, protettrice della cattedrale cagliaritana, nell'iconografia che si trova sul paliotto argenteo dell'altare maggiore, opera spagnola del tardo '600.

675

stampa di Giuseppe Vernazza[26], e le *Vicende tipografiche di Sardegna... (omissis)* di Faustino Cesare Baille, nel 1801[27].

Nel frontespizio del *Discorso sull'invenzione della stampa*, che appartiene sicuramente all'epoca di Bonaventura Porro, si trova una vignetta non firmata con l'allegoria della Stampa, in cui una giovane donna abbigliata all'antica siede in mezzo ai mobili e ai macchinari utilizzati per la stampa; accanto uno stemma con i Quattro Mori che allude certamente alla stamperia cagliaritana, mentre una iscrizione riferita alle benemerenze dell'attività della stampa si trova si trova su un festone in alto: «*Alle belle opere ottiene eterna vita*» (Fig. 5). Il testo, per il quale sono stati impiegati tutti i nove caratteri allora in uso nella stamperia cagliaritana, si conclude con una pagina di *Fregi diversi* (Figg. 6,7), a cui evidentemente i tipografi attingevano per comporre la decorazione. Quasi trenta anni dopo, nelle *Vicende tipografiche*, stampate invece con dodici tipi di caratteri, risultavano anche raddoppiate le pagine destinate ai fregi, che accoglievano ormai circa cinquanta motivi decorativi 'lineari' (Figg. 9, 10), adatti per le cornici, e un buon numero di motivi singoli come stemmi, corone, cammei, rosette, palmette, etc., che si prestavano a composizioni sostitutive delle vignette nei frontespizi, soprattutto in opere di gusto popolaresco: si considerino, ad esempio, la corona, il cammeo e le rose uniti a formare il fregio per il frontespizio del *Trionfo della Sardegna* di Raimondo Congiu (Fig. 11), del 1793[28]. Malgrado l'incremento del numero dei caratteri e dei fregi ornamentali a disposizione non appare dunque cambiato nella sostanza l'impianto compositivo e decorativo della stampa, tant'è che il frontespizio delle *Vicende tipografiche* riprende, nel 1801, la stessa vignetta con l'allegoria della stampa usata nel 1778 (Fig. 8).

Certamente Bonaventura Porro dovette tenere conto anche delle esigenze del gusto locale che, a considerare la produzione degli stampatori che lo avevano preceduto o che operarono in concorrenza con lui[29], aveva consuetudine con opere abbastanza trascurate sul piano propriamente tipografico, attardate su forme sostanzialmente barocche, del resto ancora abbastanza diffuse a quell'epoca nella produzione editoriale di tutte le regioni italiane e nello stesso Piemonte[30]. Così,

---

[26] *Discorso sull'invenzione della stampa esposto in nove qualità di caratteri esistenti nella Reale Stamperia di Cagliari, l'anno MDCCLXXVIII* (B.U.C., S.P.6.9.59.1); *Lezione del Signor Giuseppe Vernazza gentiluomo di Alba sopra la stampa*, Cagliari 1778 (B.U.C., Misc. 1049.3). Di questa opera il Porro fece due edizioni (VERNAZZA, *Dizionario* cit. (sopra n. 2), p. 278). Nell'esemplare qui considerato si trova una piccola incisione con l'allegoria della Sardegna dovuta a Giambattista Betti.

[27] *Vicende tipografiche di Sardegna esposte in dodici qualità di caratteri esistenti nella Reale Stamperia di Cagliari da F.C.B., L'anno MDCCCI* (B.U.C., S.P.6.9.59.7).

[28] *Il trionfo della Sardegna esposto in ottava rima sarda da Raimondo Congiu olienese colla parafrasi italiana di Gio.Maria Dettori tempiese, ambi baccellieri in Sacra teologia, Cagliari MDCCXCIII* (B.U.C., S.P.6.9.59.4).

[29] Per un rapido *excursus* sulla situazione delle stamperie in Sardegna precedentemente all'istituzione della Reale Stamperia cfr.: MARTINI, *Catalogo* cit. (sopra n. 1), pp. 137-140. Contemporanea-

malgrado la sua personale insofferenza maturata per le iniziali decorate, a cui accenna sia pure brevemente nel 1778 («avrei potuto assortirmi di lettere ornate ma anche su queste ho avversione...»)[31], proprio queste ultime sono costantemente presenti fin dalle prime opere pubblicate nella Reale Stamperia, e sono notevoli sia per la varietà sia per l'eleganza del disegno. Utilizzate come iniziali non solo nei libri e nei fogli volanti con liriche d'occasione, ma anche nei pregoni e nei manifesti governativi, vi si individuano almeno tre serie alfabetiche: dalle lettere incluse in piccole arcaiche vignette con paesaggi (Fig. 12), a quelle campite su uno sfondo ad ornato fitomorfo (Fig. 13), a quelle infine rilevate su fondi a decoro geometrico (Fig. 14), secondo uno stile che si richiama alla decorazione propria del gusto Luigi XV, diffusa nella seconda metà del '700 anche in Piemonte nella suppellettile come nella decorazione architettonica[32].

Accanto a questi, che individuano la produzione più usuale si trova però molto presto, già nel 1771, un alfabeto particolare, firmato dal Landi e dal Betti, creato per i *Poetici componimenti*, raccolti a cura della Società della Reale Stamperia per l'arrivo in Sardegna del Viceré Francesco Gaetano Caissotti di Robbione[33] (Fig. 15). Esso sarà poi destinato ad opere di letteratura in versi, a raccolte poetiche particolarmente accurate sul piano grafico in generale, e spesso dedicate a personalità di rilievo sul piano culturale e politico insieme. Di questo alfabeto parla con grande soddisfazione lo stesso Bonaventura Porro: «Quanto alla nostra raccolta [*I Poetici Componimenti*] mi lusingo in materia di stampa essere unica ai miei tempi comparsa, avendo in principio di ogni sonetto la sua lettera iniziale in rame, disegnata ed intagliata da mano maestra...»[34].

Le iniziali che si trovano a capo di ciascuno dei componimenti costituiscono

---

mente al Porro operano Giuseppe Piattoli a Sassari e Bernard Titard a Cagliari. Su quest'ultimo possiamo citare un durissimo giudizio del Porro, che lo aveva avuto alle sue dipendenze e lo aveva licenziato per incompetenza: "ex panettiere ex legatore di libri, che non sa né leggere né scrivere" (A.Sc.T., *Carteggio* cit., lettera del 21 settembre 1778). Il Titard aveva avuto un prestito di mille lire sarde per acquistare i torchi di Bachisio Nieddu, il quale finirà in miseria, costretto a chiedere un "pietoso sovvenimento" al Sovrano (A.S.T., Sardegna Politico, Dispacci Viceregi 1793-1794, lettera del 15 novembre 1793).

[30] L. BRAIDA, *La presse populaire dans le Piemont à l'époque de Victor Amédée III*, in *Bâtir une ville* cit. (sopra n. 11), pp. 543-553.

[31] A.Sc.T., *Carteggio* cit., lettera del dicembre 1778.

[32] Per la Koinè di diffusione francese che si realizza in Europa ai tempi di Luigi XV, e per l'incremento delle attività decorative: S. PINTO, *La promozione delle arti negli Stati italiani*, in *Storia dell'arte italiana*, VI, Tomo II, Torino 1982, p. 879. Per un utile confronto iconografico: A. PEDRINI, *Il mobilio gli ambienti e le decorazioni nei secoli XVII e XVIII in Piemonte*, Torino 1953, figg. 33, 55, 59, 127; E. BACCHESCHI, *Mobili e arredi*, in *Cultura* cit. (sopra n. 17) p. 110 e schede nn. 109 e 118.

[33] *Poetici componimenti raccolti dalla Società della Reale Stamperia per l'arrivo in Cagliari di S.E. il Signor Conte D. Antonio Francesco Gaetano Galean Caissotti di Robbione ec. ec. Viceré del Regno di Sardegna. In Cagliari nella Stamperia stessa con approvazione. L'anno MDCCLXXI* (B.U.C., Misc. 562. 12).

[34] A.Sc.T., *Carteggio* cit., lettera del 7 settembre 1771. L'inciso è nostro.

dunque l'aspetto più interessante e la novità di questo piccolo libro. Infatti l'autore dell'invenzione, il Landi, ha collegato la creazione della lettera iniziale ad una scena mitologica suggerita proprio da essa in modo talvolta non del tutto lineare e scontato. Così, mentre appare immediata la derivazione del tema proposto dalla lettera T per la quale ricorre all'immagine della dea Teti (i lunghi capelli al vento, un corallo stretto nella mano destra, accompagnata dagli animali marini) (Fig. 16), per la lettera S si tratta invece del tema molto diffuso di Diana cacciatrice (Fig. 17). La dea è raffigurata dormiente, mentre tiene ancora in mano l'arco ed ha accanto il cane; sul suo capo si leva una falce di luna che la indica nella sua identità di dea naturale, la luna appunto, il cui nome greco giustifica il tema proposto.

Solo un ulteriore approfondimento della ricerca permetterà di stabilire con esattezza il nome dell'autore dei disegni per l'alfabeto; conosciamo invece l'artista che firma le incisioni come G. Betti, al quale si devono numerose opere per la stamperia cagliaritana di cui si parlerà più avanti. Si tratta dell'incisore Giambattista Betti, attivo fin dal 1754, che operò a Roma e a Firenze, anche per commissioni che gli venivano da Bologna e dall'ambiente di Corte di Torino[35]. Il suo legame con Torino è attestato da diversi ritratti di persone di Casa Savoia, a cominciare da quello di Amedeo III, datato 1769, ed è confermato non solo dalle opere incise per Bonaventura Porro fin dal 1771, ma anche da due lettere scritte al Barone Giuseppe Vernazza, in una delle quali si definisce appunto «incisore in rame»[36]. I legami con l'ambiente editoriale sardo sono invece testimoniati anche dal fatto che la sua firma compare nelle numerose incisioni tratte da disegni di un pittore che firma *Fabas d.*, che illustrano e decorano il piccolo volume di Francesco Cetti, *I quadrupedi della Sardegna*[37] (Fig. 18), libro stampato a Sassari dal tipografo fiorentino Giuseppe Piattoli (anch'esso in contatto col Barone Vernazza di cui aveva forse stampato la *Lezione sulla stampa*), e probabilmente amico del Porro, come sem-

---

[35] *Manuel de l'amateur d'estampes... par M.Ch.Le Blanc*, I, Parigi 1854, alla voce *Betti (Giambattista)*; *Schede Vesme*, I, Torino 1963 p. 129 (*Betti Giovanni Battista*); *Dizionario Biografico degli Italiani* (D.B.I.), IX, Roma 1967, p. 719; F. BORRONI SALVADORI, *Riprodurre in Incisione per far conoscere dipinti e disegni: il Settecento a Firenze*, in "Nouvelles de la Repubblique des lettres" 1982, parte II, pp. 85 e 94.

[36] A.Sc.T., *Lettere al Barone Vernazza di Freney, Inventario dei Carteggi n° 1-32079, 6755*(lettera datata Firenze 22 febbraio 1764). Quanto all'autore dei disegni, solo con grande cautela si potrebbe pensare a giovanilissime opere del pittore piacentino Gaspare Landi, il quale avrebbe avuto quindici anni nel 1771. Il Landi era noto nell'ambiente torinese: eseguì infatti prima del 1785 quattro grandi quadri di soggetto mitologico per il palazzo torinese del Principe della Cisterna (cfr. *Schede Vesme*, II, 1966, p. 602; PINTO, *La promozione* cit., pp. 886-887).

[37] F. CETTI, *I quadrupedi della Sardegna*, Sassari 1774 (B.C.C., S.D. 66). Il libro che è illustrato da quattro tavole con animali e da una carta geografica (quest'ultima firmata solo *Fabas d.*), è decorato da una serie di piccole vedute, alcune delle quali sembrano riprendere località e monumenti della Sardegna: la cinta muraria di Sassari; il ponte romano a Porto Torres; il nuraghe di *Santu Antine* (Figg. 19, 20).

brerebbe dimostrare la dedica di una raccolta di versi in occasione del suo ritorno a Torino nel 1781[38].

Pur nell'ambito di queste considerazioni generali sulla produzione della Reale Stamperia cagliaritana diventa ora opportuno soffermarsi sull'apporto costituito dalla fattiva personalità del suo direttore, la cui attività si svolse nel momento storico coincidente con il primo periodo del regno di Vittorio Amedeo III (1773-95), e sostanzialmente, secondo il Venturi, con il momento di crisi dell'esperienza illuministica in Italia e quindi con la fine della fase di più intensa volontà di riforme[39]. Ciò nonostante le attività artistiche poterono allora esprimersi al meglio poiché il Re, esprimendo in ciò una sua personale politica culturale[40], diede forma concreta ad una serie di iniziative che riguardarono proprio le istituzioni scientifiche culturali ed artistiche. La fondazione dell'Accademia di Pittura e Scultura[41], infatti, insieme all'impresa della decorazione delle dimore reali e al nuovo impulso dato alle fabbriche di Corte[42], costituiscono una delle esperienze più significative della storia artistica del Regno, che a quella data dipendeva in buona misura dai rapporti con Parigi e con Parma, sulla base di un ininterrotto contatto con le espressioni artistiche romane[43].

Appare dunque molto significativo che proprio al primo quindicennio del regno di Vittorio Amedeo III, nel momento di maggiore tensione innovativa verificatasi in quegli anni, si collochino alcune delle opere più rappresentative della Reale Stamperia di Cagliari, delle quali si tratterà brevemente considerandole in ordine di tempo a partire dal 1771, anno in cui si stampa la raccolta dei *Poetici Componimenti* della quale si è già parlato sia pure brevemente a proposito dell'alfabeto figurato dovuto al Landi e al Betti. A questo libro che, essendo

---

[38] Il barone Vernazza aveva citato Giuseppe Piattoli fra gli stampatori lodevoli del suo tempo nell'appendice alla sua *Lezione sulla stampa*. Tra le sue carte si conserva traccia della sua corrispondenza con lui a proposito di una indagine sulla presenza di cartiere in Sardegna, indagine cui contribuì anche il Porro, e che non apportò alcun risultato concreto (B.R.T., Misc. Vernazza 56, 240). Il Piattoli pubblicò gli *Accompagnamenti di plausi nella partenza da Cagliari del Signor Bonaventura Porro direttore della Reale Stamparia di Torino, Stampata in Sassari e pubblicata da Giuseppe Piattoli XV agosto MDCCLXXXI*. Una copia del libretto è tra le Carte Vernazza alla Biblioteca Reale di Torino (Misc. V. 77.4).

[39] F. DALMASSO, *La politica artistica di Vittorio Amedeo* III, in *Cultura* cit., p. 9.

[40] P. ASTRUA, *Le scelte programmatiche di Vittorio Amedeo duca di Savoia e re di Sardegna*, pp. 65-128 (e in particolare le pp. 68-69 per la "rinomatissima tipografia cagliaritana", e la p. 80 per il ritratto di Molinari negli *Editti e Pregoni*), in *Arte di Corte a Torino da Carlo Emanuele III a Carlo Felice*, a cura di S. PINTO, Torino 1987.

[41] F. DALMASSO, *La Reale Accademia di Pittura e scultura*, in *Cultura* cit., pp. 11-12; EAD *L'Accademia Albertina: Storia e artisti*, in F. DALMASSO, P. GAGLIA, F. POLI, *L'Accademia Albertina di Torino*, Torino 1982, pp. 12-22.

[42] S. PETTENATI, *La Regia fabbrica delle porcellane di Vinovo*, in *Cultura* cit., pp. 120-124.

[43] DALMASSO, *La politica*, cit., l. cit.; PINTO, *La promozione* cit., in *Cultura* cit., pp. 878-881.

dedicato al Viceré in occasione del suo arrivo nell'isola, ed essendo stato stampato a cura della Società della Reale Stamperia assumeva anche un carattere promozionale, rivolto a sollecitare e lusingare il pubblico dei lettori, succede, nel giro di appena tre anni, un'opera di grande impegno artistico, patrocinata dal Sovrano: gli *Editti, Pregoni, ed altri provvedimenti emanati pel Regno di Sardegna... (omissis)*, in due volumi di grande formato[44].

Per questa opera fu realizzato il bel ritratto di Vittorio Amedeo III, dipinto da Gian Domenico Molinari, professore della Reale Accademia di Pittura e Scultura, e inciso da Carlo Antonio Porporati, che fu stampato nell'antiporta del primo volume[45] (Fig. 21). Allo stesso Porporati si deve forse attribuire anche la creazione della bella incisione allegorica, non firmata, con i simboli della giustizia (la bilancia), della prudenza (il serpente), della sapienza (la lucerna accesa ad illuminare un grande libro aperto), che si trovano, insieme alle fronde e alle nuvole e al simbolo della natura fruttifera (la cornucopia traboccante di frutti) accanto alla bandiera con i Quattro Mori, noto simbolo della Sardegna (Fig. 22). Al Porporati infatti Bonaventura Porro aveva richiesto l'intaglio della lettera iniziale S, di particolare bellezza, che si trova nella prima pagina della dedica al Re[46] (Fig. 23).

Mentre solo lo stemma del Regno di Sardegna decora il secondo volume, un altro fregio allegorico si trova nel frontespizio del volume stampato nel 1775 e destinato all'Indice delle materie trattate nei due precedenti[47]. Raffigura un'aquila posata su un grande trofeo di armi, bandiere, simboli di forza, accostati alla bilancia, simbolo della giustizia (Fig. 24). Il fregio è firmato *Costantinus inv. scu.*, firma che conosciamo anche per un fregio *rocaille* in cui si includeva la scritta in lettere capitali che indicavano il genere di composizione, specialmente nei fogli volanti utilizzato molto spesso lungo tutto l'arco della produzione della Reale Stamperia (Fig. 25). È probabilmente quella che individua l'artista riportato dal Vesme come Giovanni Battista Costantino, scultore in legno di cui si conosce una incisione, e che lo spoglio degli *Editti e Pregoni*, di cui si è trattato più sopra, mostra attivo anche per la Stamperia Reale di Torino, sia pure ad un livello evidentemente

---

[44] *Editti, Pregoni, ed altri provvedimenti emanati pel regno di Sardegna dappoichè passò sotto la dominazione della Real Casa di Savoia sino all'anno MDCCLXXIV riuniti per comando di S.R.M. il re Vittorio Amedeo III*, Cagliari 1775 (B.U.C., 8.L.26.1-3).

[45] DALMASSO, *La Reale* cit., p. 25. L'autrice ritiene che il ritratto del Molinari fosse uno dei due a mezza figura, attualmente non reperibili, fatti eseguire dal Re per i Magistrati della Reale Udienza e della Reale Governazione del Regno di Sardegna. Per il Molinari: M. DI MACCO, *Giovanni Domenico Molinari (1721-93)*, in *Cultura* cit., p. 1465. Per il Porporati: DALMASSO, *Carlo Antonio Porporati*, in *Cultura* cit., p. 1476.

[46] A.Sc.T., *Carteggio* cit., lettera del 22 maggio 1778.

[47] *Indice delle materie contenute ne' due volumi della raccolta degli Editti, Pregoni, ed altri provvedimenti, emanati pel Regno di Sardegna sino all'anno MDCCLXXIV. Nella Reale stamperia di Cagliari, l'anno MDCCLXXV* (B.U.C., Cons. G. 385 G).

molto più modesto rispetto agli incisori impegnati negli ornamenti del primo volume[48].

Affine sul piano grafico appare la *Storia della Sardegna* di Michele Antonio Gazano, stampata nel 1777, i cui due volumi sono molto sobriamente decorati da alcune delle iniziali figurate già citate, e recano due distinte incisioni nei frontespizi[49]. Nel primo lo stemma del Regno di Sardegna sostenuto da putti musicanti sovrasta i simboli delle pacifiche attività dell'uomo (dal caduceo, attribuito di Mercurio e simbolo del commercio, alla tavolozza simbolo delle arti) sostenuti da fronde d'ulivo (Fig. 26); nel secondo, invece, sotto lo stemma della città di Cagliari, in mezzo a due grifoni, analoghi putti animano una scena di pesca (Fig. 27). Le incisioni sono firmate da Giambattista Betti, cui si deve anche l'invenzione della prima, e che ha tratto la seconda da un disegno dell'ingegnere La Marche,il quale nello stesso anno aveva firmato il rilievo dei locali della Reale Stamperia a cui si è accennato[50].

Già nel 1777 Bonaventura Porro pensava alla pubblicazione di un lavoro del Vernazza sull'arte tipografica, che gli avrebbe dato modo di inserire nel calendario progettato per l'anno successivo il disegno di Varin de La Marche sulla nuova sistemazione della Reale Stamperia nell'ex Collegio di S. Croce. Così nel piccolo *Calendario* del 1778[51] compare per la prima volta la tavola con il *Tippo rappresentante... (omissis)* la Reale Stamperia incisa dal Betti, il quale nello stesso anno sarebbe stato incaricato di intagliare e forse anche di disegnare, alcuni altri piccoli rami che da allora in poi avrebbero segnato frequentemente i libri della stamperia cagliaritana fino agli ultimi anni della sua attività. Si tratta del finaletto con la *Fama*[52] che comparirà d'ora in avanti come ornamento nell'ultima pagina, quasi una marca della Stamperia (Fig. 33), in molte opere (a cominciare dagli *Applausi* poetici per l'Arcivescovo Melano di cui si tratterà fra poco), e dell'allegoria della Sardegna ricca di frutti e di animali, sullo sfondo di un paesaggio marino, che appare nell'edizione già citata della *Lezione... (omissis)* sopra la stampa del Vernazza (1778), opera della quale il Porro parla lungamente nelle sue lettere (Fig. 28). Discuteva liberamente con l'autore dei problemi posti dall'impaginazione e in generale della scelta dei

---

[48] *Schede Vesme*, vol. I, 1963, p. 371.

[49] *La storia della Sardegna scritta dall'avvocato Michele Antonio Gazano Segretario di Stato per gli affari dello stesso regno, nella Reale Stamperia di Cagliari l'anno MDCCLXXVII* (B.C.C., S.G.97.1-2).

[50] Vedi sopra n. 7.

[51] *Calendario Sardo* 1778 (B.U.C., R.I.39).

[52] A.Sc.T., *Carteggio* cit., lettera del 9 ottobre 1778.

Per la derivazione iconografica dell'immagine della Fama si può indicare almeno il frontespizio di G.A. GUATTANI, *Monumenti antichi inediti, ovvero notizie sulle antichità e belle arti di Roma*, utile anche per l'analogo interesse antiquario riconoscibile nelle composizioni di Giambattista Betti (G. CANTINO WATAGHIN, *Archeologia e "archeologie". Il rapporto con l'antico fra mito, arte e ricerca*, in *Memoria dell'antico nell'arte italiana* vol. I, L'uso dei classici, Torino 1984, fig. 85).

caratteri tipografici, imponendo un suo gusto originale, anche se proprio in quell'anno cominciò a porsi per lui il problema di un contatto diretto con Giovanni Battista Bodoni, che egli evidentemente ammirava e al quale certamente intendeva far riferimento pur nella consapevolezza delle sue personali capacità. Egli dichiara infatti di aver tentato più volte inutilmente di avere una risposta dal Bodoni, al quale aveva scritto ripetutamente per ottenere il suo nuovo saggio di caratteri. Perciò tentava di aggirare l'ostacolo e di ottenerlo attraverso la mediazione del Vernazza, che era in contatto anche con il grande tipografo parmense, per il quale aveva ideato le allegorie che erano servite ad ornare la splendida raccolta di componimenti per le nozze reali del 1775[53].

Bonaventura Porro accenna chiaramente a questo problema non risolto un'ultima volta alla fine del 1778: «Al tempo di suo passaggio in Torino io lo trattai in casa mia da amico, se mi usò ingratitudine a non rispondere pazienza: ma uno che pubblica saggi di fonderia di caratteri per smerciarne ai stampatori d'Italia, e [non] dar ricorso alle lettere de' corrispondenti mi sembra un agire da mentecatto e non da uomo di senno…»[54].

Nel 1778 comunque la sua attività è tutta rivolta ai problemi posti dalla stampa della già citata raccolta di componimenti per la nomina all'arcivescovado di Cagliari del domenicano Vittorio Filippo Melano di Portula.

Il Melano aveva composto la bella iscrizione che Bonaventura Porro aveva voluto decorasse la porta interna della stamperia[55], iscrizione che sarebbe poi stata stampata in belle lettere capitali, insieme all'incisione di Giambattista Betti, all'interno del già citato volume sulla città di Cagliari del Censore Generale Giuseppe Cossu[56], volume che egli diceva di non aver stampato volentieri, forse perché aveva dovuto adattarsi alle richieste dell'autore (che egli evidentemente non stimava[57]) piuttosto che seguire le sue personali esigenze di artista.

---

[53] Si tratta degli *Epithalamia exoticis linguis reddita. Parmae, ex Regio Typographeo 1775,* per cui: B.R.T., Misc. Vernazza 73, 1-57; Levi Momigliano, scheda n° 345 in *Bâtir une ville* cit. (sopra n. 11), p. 486 sg.

[54] A.Sc.T., *Carteggio* cit., lettera del dicembre 1778. Il Porro aveva anche ripreso, nella *Lezione sopra la stampa* inserita nel già citato *Calendario* "un'oda stata impressa dal Bodoni nel suo saggio tipografico" (A.Sc.T., op. cit., lettera del 21 novembre 1777). Il saggio dei caratteri bodoniani era però "quello piccolo pubblicato nel '71" (A.Sc.T., op. cit., lettera del 27 maggio 1778). L'inciso nel testo è nostro.

[55] Anche in questa occasione il Porro aveva realizzato una prova di stampa che il Vernazza conservò fra le sue carte (B.R.T., Misc. Vernazza 56, 161-162).

[56] Su Giuseppe Cossu: P. Tola, *Dizionario biografico degli uomini illustri di Sardegna,* II, Torino 1838, p. 6 sgg.; C. Sole, *Un economista sardo del '700 precursore dei 'Piani di rinascita': G. Cossu,* in "Ichnusa", XXVIII (1959), p. 3 sgg.; F. Venturi, *Il Conte Bogino, il dottor Cossu e i monti frumentari (Episodio di Storia sardo-piemontese del secolo XVIII),* in "Rivista storica italiana", LXXVI, (1964), n. 2, p. 476-506; C. Sole, *Sardegna e Mediterraneo,* Cagliari 1970, cap. III, pp. 67-90.

[57] A.Sc.T., Carteggio cit., lettera del 6 ottobre 1780: "ho fatto impegni per non stampare le notizie

Nelle riflessioni del Porro sulla stampa degli *Applausi* affiora chiaramente la sua partecipazione ad un dibattito teorico sull'arte tipografica di cui non è facile oggi ripercorrere le tappe, e che continuamente traspare nei suoi discorsi col Vernazza, come mostrano, ad esempio, i suoi dubbi sulla variazione dei caratteri in relazione alla carta, o sull'uso appropriato delle lettere iniziali, che erano, come affermava, «un continuo suo rimorso»[58]. Nel sottoporre all'approvazione del Vernazza il progetto per la composizione del frontespizio gli chiede anche una lettera dedicatoria (che comparirà a suo nome) per la quale aveva deciso di usare la lettera S corsiva incisa dal Porporati, che era stata già impiegata nel primo volume degli *Editti e Pregoni* del 1775. Dal Vernazza ricevette dunque le indicazioni per il titolo, ma egli si riservava di intervenire sugli aspetti grafici: «La brevità del frontespizio mi è piaciuta assai, come anche l'intestazione della prima pagina. A me toccherà se mi sarà possibile contentarla nella distribuzione delle linee e su di quelle altre avventure specificatemi...».

Negli *Applausi* compaiono ben sei incisioni in rame che il Porro descrive minutamente «una lettera iniziale, due cul-de-lampe, l'arme dell'arcivescovo nuovo intaglio (è infatti di Giambattista Betti), altro grandetto nel frontespizio rappresentante la Sardegna colle arti e commercio (Fig. 29); altro del Ritratto dell'Arcivescovo in piccolo atteggiato colle virtù, disegno del Visca» (Fig. 32). E quando il libro è stampato, ancora ne parla con malcelata soddisfazione: «Quattro sono i rami che a bella posta feci incidere. Il primo del frontespizio (disegnatore Boucheron) intagliato dal mio Fambrini coll'altro del ritratto a Livorno; l'arme (Fig. 30) e la Fama finale dal Betti (Fig. 33). Gli altri due sono di questa stamperia» (Fig. 31) . Ancora all'atto di spedire finalmente una copia del volume al Vernazza se ne dichiara lieto perché si tratta di un'opera innovativa sul piano grafico ed editoriale: ha infatti eliminato la ripetizione del genere di componimento a capo di ogni pagina («sino i fanciulli sanno che quattordici versi formano un sonetto»). Si lamenta di aver dovuto inserire nella raccolta alcuni componimenti latini per non inimicarsi gli autori; così pure si duole di qualche errore tipografico sfuggito al suo controllo, e di aver dovuto stampare su carta differente dal resto una pagina per la cronica mancanza di carta[59].

L'impegno editoriale era stato grande, come dimostrano i nomi degli autori incaricati dei disegni per i rami, che poi il Porro aveva fatto incidere a Livorno da

---

di Cagliari, ma non mi sono riusciti favorevoli e ho dovuto obbedire a chi mi comanda; almeno avria levato Stamparia Reale ma anche questo è dovere dello stampatore portato dagli editti e pregoni. Pazienza"; ed ancora (*ibidem*, lettera dell'8 settembre 1780): "Quanto alle notizie su Cagliari potrebbe servirsene per lei, e non lasciar vedere ad altri il libro per decoro dell'autore".

[58] A.Sc.T., op. cit., lettera del dicembre 1778 cit. (sopra n. 54).

[59] A.Sc.T., op. cit. lettere del 3 luglio 1778; 28 agosto 1778; 9 ottobre 1778.

[60] *Dizionario enciclopedico Bolaffi dei pittori ed incisori italiani dall'XI al XX secolo*, IV, 1973.

Ferdinando Fambrini[60] che «ha un intaglio finissimo; ed è un peccato che non sappia disegnare; ma con un buon disegno lo copia al naturale»[61]. Giovanni Battista Boucheron, nominato orefice reale da Carlo Emanuele III, era divenuto nel 1776 direttore della Oreficeria reale che costituiva un importante centro di elaborazione e di aggiornamento dei modelli decorativi a cui si riferivano tutti gli ornatisti piemontesi, proprio perché egli vi aveva portato non solo le sue competenze nella tecnica della fusione e della incisione ma anche «la modernità di motivi decorativi attinti dai repertori dell'avanguardia europea in particolare dal gusto Luigi XVI e da Piranesi[62]». L'allegoria della Sardegna nel frontespizio degli *Applausi* costituisce una testimonianza della sua attività di disegnatore, che lo vide autore non solo dei disegni preparatori per le opere di oreficeria ma anche di ritratti di grande bellezza, come dimostra l'incisione raffigurante Vittorio Amedeo III[63].

Il ritratto dell'arcivescovo Melano, richiesto a Pietro Visca («Egregio disegnatore torinese e pittore in miniatura»), e inciso dal Fambrini, si trova nell'incisione posta a capo di un componimento in cui si celebrano le più alte virtù coltivate dall'arcivescovo Melano: la Fede, la Speranza, la Carità, virtù che sono allegoricamente rappresentate dal pittore come figure femminili disposte accanto al ritratto seguendo le indicazioni date dalla seconda quartina del sonetto (la Fede velata, la Speranza appoggiata ad una colonna, la Carità con gli occhi al cielo e il cuore in mano).

Pietro Visca, miniatore e pittore era stato allievo del Beaumont, collaboratore del Porporati e fu nominato regio pittore in miniatura con patenti del 13 dicembre 1782[64], quindi alcuni anni dopo le sue opere per la Reale Stamperia cagliaritana. È nota anche la sua attività di ritrattista, di cui fa fede il bel ritratto di Vittorio Amedeo III, che si trova nel *Libro contenente lo stabilimento militare emanato da Vittorio Amedeo III,* del 1774, conservato nell'Archivio di Stato di Torino[65], ritratto che era stato inciso da Domenico Cagnoni, che vedremo figurare tra gli artisti coinvolti da Bonaventura Porro nella sua attività cagliaritana dopo il 1778, e a Torino nel 1784.

L'artista è noto per molti rami per due edizioni italiane dell'*Encyclopédie,* quella pubblicata a Lucca nel 1758-71 e l'altra a Livorno nel 1770. Di lui si ricordano anche una tavola per la *Raccolta delle più belle città e Porto di Livorno* e le *quattro tavole della Veduta della città di Pisa* (E. BENEZIT, *Dictionnaire des peintres, sculpteurs, dessinateurs et graveurs de tous les temps et de tous les pays,* IV, Parigi 1976, alla voce *Fambrini (Ferdinando).*

[61] A.Sc.T., *Carteggio* cit., lettera del 28 agosto 1778.

[62] P. GAGLIA, *Giovan Battista Boucheron* (Torino 1742-1815), in *Cultura* cit., p. 1410.

[63] GAGLIA, scheda n° 166, in *Cultura* cit., p. 149.

[64] Schede Vesme, III, Torino 1968, p. 1097; DALMASSO, *Pietro Visca (notizie dal 1765 al 1788-99). Miniatore e pittore,* in *Cultura* cit., p. 1495.

[65] A.S.T., Corte, *Materie militari, Ordini e regolamenti,* m. 9, N. 10. Una buona riproduzione del ritratto è in G. Ricuperati, *L'image de Victor Amédée III et de son temps dans l'historiographie: attentes, velléités réformes et crise de l'ancien Régime,* in *Bâtir une ville* cit. (sopra n. 11), p. 17.

[66] A. PORQUEDDU, *Del Tesoro della Sardegna nel coltivo de' bachi e gelsi canti tre,* Cagliari 1778

La conoscenza dell'attività del Visca è però ancora alquanto frammentaria, e vi potrà contribuire in una certa misura anche l'individuazione delle opere che lo videro in collaborazione col Porro a partire dal 1778, e che forse favorirono il suo apprezzamento anche a Torino. A Cagliari infatti furono stampate le cinque belle illustrazioni, incise dallo stesso Fambrini per il *Tesoro di Sardegna... (omissis)* di Antonio Porqueddu, un'opera della quale avrebbero parlato in termini elogiativi le *Effemeridi letterarie* di Roma[66] e, anche per l'aspetto grafico oltre che per l'argomento, lo storico piemontese Carlo Denina[67].

Questo libro costituisce una novità per molti aspetti, non ultimo quello riguardante la coraggiosa iniziativa di stampare in sardo e in italiano un testo poetico che si inseriva nell'ambito dell'ampio contesto della letteratura didascalica, diffusa e vivacissima allora in tutta Europa, sulla strada tracciata dal migliore libro che fosse stato scritto all'epoca sulla Sardegna, il *Rifiorimento della Sardegna* del Padre Agostino Gemelli[68]. Bonaventura Porro contava molto sul successo del *Tesoro*, che fu infatti immediato e generalizzato, tanto da sortire l'effetto della sua chiamata come proto della Stamperia Reale di Torino[69]. Sappiamo che ne aveva stampato una copia in pergamena per il Re, rami compresi; scrive infatti nel 1779 al Vernazza: «e questa novità altre volte tentata e mai riuscita mi apportò non poco fastidio ma poi recommi consolato vedendoli riusciti a dovere». Non si nascondeva i difetti dell'edizione («ho dovuto, diceva, stampare difettoso l'ovale del frontespizio per non avere trovato un minusiero capace di traforare il legno a dovere»), ma attendeva con impazienza i commenti dei compositori sia sull'effetto generale dei piccoli fregi *parisienne* sia sull'idea nuova della «vignetta appoggiata sul piedistallo» nel frontespizio[70].

Il libro, dedicato dallo stesso Bonaventura Porro al Viceré Lascaris, personalità illustre da cui i Sardi si attendevano grandi cose sul piano economico e sociale[71], appare curato nei sia pur minimi particolari, ornato da piccoli fregi e nel frontespizio dall'allegoria della Sardegna di Giambattista Betti (Fig. 35). Ciascuna

---

(B.C.C., S.C.49); A.Sc.T., *Carteggio* cit., lettera del 30 giugno 1780.

[67] C. DENINA, *Considerations d'un italien sur l'Italie (Guide lettéraire pour differents voyages)*, Berlino 1795, II. A questo proposito vedi anche *Biografia Sarda di Pietro Martini*, Cagliari, 1838, p. 69.

[68] *Sul Tesoro* cfr.: G. MARCI, *"Il Tesoro della Sardegna" di Antonio Porqueddu, un poema didascalico del Settecento sardo*, in "Annali della Facoltà di Lettere e Filosofia dell'Università di Cagliari", Nuova Serie, vol. I (XXXVIII) 1976-'77, pp. 223-258; G. PIRODDA, *La Sardegna*, in *Letteratura Italiana. Storia e Geografia*, III, Torino 1989, p. 947.

[69] A.Sc.T., *Carteggio* cit., lettera del 30 giugno 1780. Qualche tempo dopo il Porro scrive di aver ottenuto dal Re 200 lire a titolo di gratifica con una raccomandazione alla Società della Reale Stamperia di Torino perché gli si dia uno stipendio corrispondente alle sue capacità (op. cit., lettera dell'8 settembre 1780).

[70] Op. cit., lettera del 25 febbraio 1780.

[71] G. MANNO, *Storia moderna della Sardegna*, Firenze 1858, pp. 126-136.

[72] VERNAZZA, *Dizionario* cit. (sopra n. 2), p. 82. La raccolta è intitolata *Applausi epitalamici al*

delle illustrazioni è accompagnata da un commento in versi riferito alla coltivazione del baco da seta. Nella prima (Fig. 34) i versi sono tratti dalla *Sereide* di Alessandro Tesauro, in quelle successive invece il riferimento è fatto proprio al testo del Porqueddu, che si rivolgeva alle donne quali potenziali allevatrici di bachi, per esporre le modalità di un allevamento corretto «del non più visto animal che al mondo apporti meraviglia ed onore» (Tesauro, *Sereide* lib. I). Nella seconda illustrazione, infatti, una dama abbigliata alla moda indica alle sue cameriere le operazioni da farsi, tenendo in mano una copia del *Tesoro*, mentre fanciulli e ragazzi si occupano di cogliere le foglie dei gelsi (Fig. 36). Il riferimento è al primo canto: «*Scurtaimi, serbidoras, pochi tandu appuntu depeis fai su chi cumandu (cantu I, str. 5)*» nella terza invece una giovane donna vestita del costume popolare (una cameriera) rimprovera alcuni bambini avvertendoli del male che i loro giochi rumorosi possono apportare all'allevamento dei bachi: «*Po fairi cun is bremis talis giogu, chinde dis faint sartai s'anima in ogus (cantu II, str. 23)*» (Fig. 37); nell'ultima infine, ambientata in una campagna rigogliosa di alberi, un gentiluomo appoggiato al suo bastone da passeggio va spiegando ad un contadino (che lo ascolta appoggiato alla vanga) ciò che è necessario per avere una buona crescita dei gelsi (Fig. 38). Anche in questo caso il riferimento al testo del *Tesoro* è immediato: «*Ma cantu andu liggendu hat essi invanu si a sa planta non das terrenu sanu (Cant. III, str. 5)*».

Le illustrazioni del Visca sono molto efficaci sia per la vivacità ottenuta con forti contrasti di chiaro e di scuro, sia per la sapiente distribuzione dei gruppi di figure, in una ambientazione arcadica, abbastanza appropriata al tono generale di questa georgica del Porqueddu, e capace di inserirsi senza squilibri nella temperie culturale di stampo illuminista e riformista che sembra guidare l'intrapresa della promozione della seriografia in Sardegna, di lì a poco, come vedremo, riproposta dal Governo per mezzo della ristampa del *Tesoro* nella forma di due catechismi ('gelsario' e 'del filugello') a cura del Censore Generale Giuseppe Cossu.

All'ultimo periodo della direzione di Bonaventura Porro appartiene un bel libro di poesie raccolte in occasione delle nozze del capo della società della Reale Stamperia, il Conte Giannantonio Brizio della Veglia[72].

Nella pagina con il titolo di questi *Applausi epitalamici* si trova un'incisione con l'allegoria della Sardegna curata anch'essa da Pietro Visca e incisa da Domenico Cagnoni (Fig. 39); il tono alto che si intendeva dare alla raccolta appare sintetizzato dalla dedica allo sposo, che lo stesso Bonaventura Porro colloca in antiporta, attraverso una iscrizione latina, opera del Vernazza, composta su un

---

Signor Conte Cavaliere e Commendatore Giannantonio Brizio della Veglia nelle sue nozze con la damigella Felicita Nicolis Brandizio, Cagliari 1781 nella Stamparia Reale (B.U.C., S.P.6.5.46).
[73] Su Domenico Cagnoni, nominato il 5 ottobre 1770 Regio incisore di Milano (con l'obbligo di

cippo, nella quale egli si definisce «*Regio typographeio caralitano praefectus designatus*» e «*taurinensi praefectus designatus*» segnalando in tal modo la sua prossima partenza per Torino. A capo di ciascuno dei dodici componimenti che costituiscono il libro si trova una incisione che tratta il tema del componimento stesso, e poiché il Porro dichiara che i disegni da cui le incisioni erano tratte non erano nuovi, si deve pensare che gli autori della raccolta abbiano adattato i loro versi ai temi in essi trattati, con un interessante scambio di ruoli. Alcune delle incisioni sono firmate da autori noti e cioè rispettivamente la quarta e la undicesima dal Cagnoni[73] (Figg. 41, 42), la nona dal Pittarelli[74] (Fig. 43). Di grande interesse sono comunque anche quelle non firmate (Fig. 45), tutte verosimilmente dovute alla stessa mano, due delle quali, la terza e la settima (Fig. 46), appartenevano al corredo decorativo della Stamperia Reale di Torino[75], ed erano state utilizzate per una raccolta di poesie stampata a Torino nel 1775 in occasione delle nozze del Principe di Piemonte con Clotilde di Francia[76], raccolta che fu evidentemente il modello a cui si rifecero gli *Applausi* epitalamici del Porro.

Anche per questo libro egli si era rivolto al Vernazza, sia per ottenere l'apporto dei letterati dell'Accademia Fossanese, sia per averne consigli sulla composizione della dedicatoria, sia per incaricarlo di far intagliare lo stemma gentilizio dello sposo (che poteva essere usato solo per tre copie) da Antonio Maria Stagnone. Al Vernazza andrà una delle tre copie subito dopo la stampa, nel febbraio del 1781, insieme ad una lettera in cui Bonaventura Porro anticipa le sue osservazioni sulla degradazione dei rami per le incisioni. Nella stessa lettera spiega che i disegni per le incisioni non erano stati commissionati a bella posta per quel libro; erano stati «raccolti su vari stampini di Parigi», comprati sin dai tempi in cui egli si trovava a Torino; erano però «tutti allusivi a nozze ed il loro intaglio sopraffino darà eleganza e pregio all'edizione». Per guadagnare tempo le vignette erano state suddivise fra tre incisori milanesi, e la presenza fra questi di Domenico Cagnoni che, come già si è detto, lavorava a quel tempo anche per il Bodoni, testimonia delle aspirazioni di Bonaventura Porro ad una stampa di grande qualità e bellezza. Non è certo un

---

istruire allievi»): F. NOVATI, *Di un libro milanese del Settecento illustrato,* in *Libro a stampa,* Bollettino Ufficiale della Società Bibliografica Italiana, Milano 1909, p. 107; *Schede Vesme,* I, Torino 1963, p. 232, in cui però gli *Applausi epitalamici* sono attribuiti alla Stamperia Reale di Torino.

[74] VERNAZZA, *Dizionario* cit., p. 273; *Schede Vesme* cit., III, p. 839. Tra le incisioni firmate si deve considerare anche quella a capo del componimento V; segnata *D. Jacques M. sc.,* che qui si riproduce alla Fig. 44.

[75] A.Sc.T., *Carteggio* cit., lettera del 23 febbraio 1781: "Due dei suddetti rami hanno già servito nella raccolta fatta da quella Stamparia per le nozze del Principe di Piemonte i quali domandai in prestito prima che Fea pensasse di stampare l'altra raccolta".

[76] *Per le auguste nozze del R.le Principe di Piemonte con Madama Clotilde di Francia MDCCLXXV,* Stamperia Reale di Torino (B.U.C., Misc. 562.11.16).

[77] *Stanze Sonetti e capitoli dell'abate Angiolo Berlendis vicentino professore d'eloquenza nella*

caso che lo ritroviamo, appena tre anni dopo, a Torino, in collaborazione con lo stesso incisore a stampare tre volumi di poesie, dovute ad Angiolo Berlendis, splendidamente decorati da Pietro Visca nel 1784[77].

Come si è più sopra accennato, alla partenza di Bonaventura Porro succedette nella direzione della stamperia Giacomo Fea, il quale si fa ricordare quasi soltanto per aver seguito la direzione tracciata dal Porro, e per aver mantenuto un tono decoroso alla produzione della Reale Stamperia. Per quanto riguarda l'aspetto decorativo si può dire che nulla di nuovo si registra se non nell'accrescimento del numero dei fregi destinati alle cornici, mentre vengono ancora utilizzate alcune delle incisioni di cui si è trattato, destinandole alle edizioni più diverse. È il caso della piccola marca della stamperia con la *Fama* di Giambattista Betti che ancora decorerà la pagina finale dell'opuscolo di G.M. Dettori sul *Trionfo di Sardegna* nel 1793[78], o di quella con amorini che pescano, creata da Varin de La Marche nel lontano 1777 per il volume della *Storia della Sardegna del Gazano*, che diventerà la decorazione del frontespizio di un'opera in versi stampata nel 1802, *I tonni*, di Raimondo Valle, con la semplice correzione della data nella scritta che accompagna lo stemma della città di Cagliari. Così pure si può dire che l'opera di maggiore respiro risulta essere la rielaborazione, in due volumi e in prosa, del *Tesoro* del Porqueddu, a cura del Censore Giuseppe Cossu tra il 1788 e il 1789[79]. L'opera, anche dal punto di vista grafico, risulta dalla riutilizzazione dei fregi e delle illustrazioni del *Tesoro* ma aggiunge, nel primo volume, intitolato *Moriografia* (Fig. 47), una incisione sulla *Potatura del gelso a cornettami* (Fig. 48), firmata da Vincenzo Uda[80], incisa dallo Stagnone, di scarso rilievo formale, coll'albero potato e spoglio in primo piano e, sullo sfondo, un indeterminato paesaggio con filari di alberi e una piccola quinta di case, immagine che ha evidentemente un intento illustrativo e didascalico, del resto assolutamente funzionale alla nuova veste dell'opera. A sostegno del discorso propedeutico fatto nel secondo volume, intitolato *Seriografia* (Fig. 49), si trovano invece tre tavole con disegni esplicativi: dalla foglia del gelso sulla quale cresce il filugello alla sua metamorfosi in crisalide (Fig. 50); dal modello

---

Regia Università di Cagliari. Raccolte da D. Gianfrancesco Simon Patrizio algherese. Socio del Collegio di Belle Arti nella stessa Università. Dalla Stamperia Reale. Lecitamente, Torino 1784 (B.U.C., S.P. 6.10.15).

[78] *Il trionfo di Sardegna poemetto di Gio. Maria Dettori tempiese Baccelliere in sacra teologia. Edizione seconda riveduta ed accresciuta, l'anno MDCCXCIII* (B.U.C., Misc. 910.39).

[79] G. COSSU, *La coltivazione de' gelsi e propagazione de' filugelli in Sardegna, I: Moriografia sarda ossia catechismo gelsario proposto per ordine del Regio Governo alli possessori di terre, ed agricoltori del Regno Sardo. Dal G.C.C.D.G.C. Cagliari MDCCL XXXVIII nella Reale Stamperia*, e II: *Seriografia sarda ossia catechismo del filugello proposto per ordine del Regio Governo alle gentili femmine sarde dal G.C.G.C.D.G.C. Cagliari MDCCL XXXIX nella Reale Stamperia* (B.U.C., S.P.6.22 e S.P.6.23).

[80] Vincenzo Uda firma anche un disegno per una incisione di Antonio Maria Stagnone su Sant'Efisio: L. PILONI, *Cagliari nelle sue stampe,* Cagliari 1959, Tav. LXXVII.

per i cosiddetti 'castelli', sui quali far crescere i bachi, al forno adatto per la conclusione del processo.

I disegni, dati con grande chiarezza ed eleganza di tratto, nello stile ormai diffuso e largamente imitato delle Tavole della *Encyclopédie*[81], sono tutti firmati dal pittore cagliaritano Gioacchino Corte, che conosciamo soprattutto per essere l'autore di una bella veduta topografica riguardante l'attacco francese alla Sardegna nel 1793, e per la serie di vedute con la città di Cagliari sotto la protezione di Sant'Efisio durante lo stesso attacco[82]. Per l'edizione della *Moriografia* e della *Seriografia* dobbiamo pensare che Bonaventura Porro, a quel tempo nuovamente in Sardegna, come già si è detto, vi fosse coinvolto in qualche modo, dato che i disegni di Gioacchino Corte risultano incisi a Torino da Antonio Maria Stagnone, a quel tempo molto legato al Barone Vernazza[83], e che, come si è visto, era già stato incaricato di lavori per la Reale Stamperia di Cagliari, soprattutto nell'ambito degli stemmi gentilizi, per la sua specifica competenza di incisore di sigilli.

Come si può notare, sulla base di questa sia pur sommaria analisi della produzione della stamperia cagliaritana, il 1789 non porta ad alcuna opera che risenta delle importanti vicende politiche che si svolgevano Oltralpe, eppure la pubblicazione per volere del Governo dei volumi del Cossu, indica come ormai ineluttabilmente ci si avviasse verso profondi cambiamenti nei rapporti tra la popolazione e il potere centrale, sulla base della politica illuminata e riformatrice che ci si aspettava dal Re Vittorio Amedeo III[84], il quale peraltro solo nel 1796, e cioè tre anni dopo la clamorosa vittoria riportata dalla Milizie Nazionali sulla flotta francese, e comunque solo dopo i sommovimenti popolari suscitati da Giovanni Maria Angioy nel 1794[85], concesse ai Sardi la pari opportunità con i Piemontesi nell'accesso alle cariche dello Stato.

Le concessioni del Sovrano furono ricordate dalla Reale Stamperia con una raccolta di *Poesie in omaggio alla Sacra Real Maestà di Vittorio Amedeo III...* (*omissis*[86]), nella quale si deve notare, oltre alla esemplare chiarezza della stampa,

---

[81] C.M. Sicca, L. Tongiorgi Tomasi, *Arte e architettura nell'Encyclopédie*, in *L'Arte e l'Architettura*, I, Milano 1979 (Collezione dell'Enciclopedia), p. 24 (*Nota alle Tavole*).

[82] L. Piloni, *L'assalto francese alla Sardegna del 1793 nell'iconografia dell'epoca*, Cagliari 1977; A. Saiu Deidda, *Immagini di una battaglia: l'attacco francese alla città di Cagliari nel 1793*, in "Accademia Clementina", Nuova serie, 27 (in corso di stampa).

[83] Vedi sopra n. 24.

[84] Ricuperati, *L'image de Victor Amédée* cit., p. 15 sg.

[85] Manno, *Storia moderna* cit., pp. 317-368; G. Sotgiu, *Storia della Sardegna sabauda*, Bari 1984, pp. 147-212; L. Scaraffia, *La Sardegna sabauda*, in J. Day, B. Anatra, L. Scaraffia, *La Sardegna medioevale e moderna*, Torino 1984 (Storia D'Italia diretta da G. Galasso), pp. 717-747.

[86] *Poesie in omaggio alla sacra Real Maestà di Vittorio Amedeo III Re di Sardegna per il prezioso Diploma degli VIII giugno MDCCXCVI*, Cagliari nella Reale Stamperia (B.U.C., Misc. 683.5).

solo la presenza di una allegoria della Sardegna firmata dal Landi e dal Betti, stampata in azzurro e diversa da quella di cui già si è parlato (Fig. 51), una bella iscrizione latina composta in lettere capitali su un monumentale cippo ornato in alto da un fregio classicheggiante con bucranio e festoni (Fig. 52), che ricorda nello stile i disegni del Boucheron ispirati al Piranesi,[87] ornamento che indica come ormai acquisite anche da parte del pubblico sardo a cui l'opera era destinata, le nuove idealità neoclassiche circolanti in tutta Europa.

La Rivoluzione diventò invece un fatto concreto e presente anche nella stampa cagliaritana nel momento in cui l'armata francese al comando dell'Ammiraglio Truguet assediò ed assalì la costa sud-occidentale dell'Isola e la stessa città di Cagliari dal dicembre del 1792 al febbraio del 1793[88].

L'episodio fu celebrato a lungo attraverso relazioni e composizioni in versi che continuarono ad essere stampate per tutto il 1793 e per il 1794, in fogli volanti e in opuscoli nei quali quasi niente di nuovo si trova sul piano figurativo o anche solo decorativo. La rappresentazione dei fatti d'arme fu affidata infatti dal Governo ai disegni dei cartografi e dei tecnici militari, da cui in un secondo tempo si trassero anche incisioni a stampa[89], nelle quali però, a quanto sembra, la Reale Stamperia non fu coinvolta.

Il gusto espresso nella stampa di questi componimenti celebrativi è affine a quello che si trova nella gran parte dei fogli volanti per le poesie d'occasione, o per le composizioni poetiche destinate a celebrare i riti religiosi della Settimana Santa[90]. La scelta dei fregi per le cornici e degli elementi decorativi dei frontespizi è priva di qualunque coinvolgimento nel tema: si veda, ad esempio, il piccolo paesaggio sul mare che compare, non firmato, nel frontespizio del già citato *Trionfo di Sardegna* di Giovanni Maria Dettori (del 1793 appunto) (Fig. 54), che era già stato utilizzato per un'opera di tutt'altro genere, *Il Galateo ovvero avvisi di buone creanze cavate da Monsignor della Casa ed altri buoni autori*, del 1790[91] (Fig. 53), con un procedimento che è del resto comune e costante nell'ambito

[87] Gaglia, *Giovanni Battista Boucheron* cit., in *Cultura* cit., schede n° 167-171.
[88] Come è noto l'attacco francese fu respinto dopo alterne vicende: Manno, *Storia moderna* cit., pp. 161-197; T. NAPOLI, *La flotta francese e la sardegna nel 1793,* estratto da "l'Unione Sarda" 1893; C. SOLE, La Sardegna nelle mire di conquista della Francia rivoluzionaria (1792-1793), in "Studi sassaresi", XXVI (1955), pp. 92-161; SOTGIU, *Storia* cit., p. 135 sgg.; SCARAFFIA, *La Sardegna* cit., pp. 719-723.
[89] *È il caso della Dimostrazione delli fatti d'arme dei giorni 24, 27, 28 gennaio, e 13, 14, 15 e 16 febbraio 1793... (omissis)* del misuratore Giuseppe Maina, riprodotta in PILONI, *L'assalto* cit., Tav VIII.
[90] Nell'economia di questo studio si può appena accennare al carattere tutto particolare di questa produzione in fogli volanti, che conserva immutata nel tempo la sua impostazione tipografica, basata sulla presenza di una cornicetta, di iniziali decorate, di vignette sui temi della Passione. Le vignette non sono firmate ma sappiamo ora che il Porro per i disegni si rivolgeva al noto pittore torinese Giuseppe Palladino (*Schede Vesme*, III, p. 759 sg.) e che le faceva incidere a Milano (A.Sc.T., cit., lettera del 6 aprile 1781).
[91] B.U.C., S.P.6.8.42.7.

tipografico e rilevabile per altri motivi decorativi nelle stampe del '700.

GIANNI CARLO SCIOLLA

Trasformazioni e continuità delle Istituzioni Artistiche
e del dibattito sulle «Belle Arti» in Piemonte fra Antico Regime
ed età giacobina

Alla fine dell'Ancien Régime la principale istituzione artistica a Torino era la Reale Accademia di pittura e scultura. Rifondata nel 1778 a un secolo di distanza circa dalla sua istituzione, venne temporaneamente chiusa nel 1798 quando Carlo Emanuele IV lasciò Torino. La sua ristrutturazione è concomitante con la fioritura, tra gli anni 70 e 80, delle principali accademie d'arte europee. In Italia, infatti, nell'84 e nell'86 si erano aperte quelle di Firenze e di Modena; in Austria quella di Vienna nel 70; in Germania quelle di Monaco, Weimar e Kassel tra il '70 e il '77; infine, in Francia, quelle di Poitiers, di Besançon, di Mâcon e di Tolone, tra il 71 e il 1786.

Come ha rilevato Franca Dalmasso, che ne ha ricostruite con esattezza le varie fasi di vita, la Reale Accademia torinese appare, sulla linea degli esempi prima citati, come diretta emanazione del potere regio: fondata dal principe è amministrata dallo stato e si inserisce ai suoi inizi, nel quadro delle iniziative culturali promozionali volute da Vittorio Amedeo III. L'insegnamento impartito nell'Accademia torinese durante l'Ancien Régime si colloca inoltre, ancora sull'esempio dei modelli europei, in opposizione al gusto Rococò, in difesa degli ideali classicisti. «Tout se fait aujourd'hui a la Grèque» è l'assioma che più di ogni altro riassume gli orientamenti culturali prevalenti dell'Accademia. Il modello dell'arte greca è considerato infatti l'unico, l'infallibile. Simile posizione teorica è perseguita in modo strenuo da tutti gli accademici torinesi (e dagli artisti piemontesi che in qualche modo da questa istituzione dipendono), che operano tra la fine degli anni ottanta e la fine del novanta: in modo speciale da Lorenzo Pécheux, da Carlo Antonio Porporati, da Giovanni Comandù, da Giovan Battista Boucheron, professori, nella istituzione, di varie discipline; e naturalmente dagli allievi che in questo periodo di tempo frequentano i corsi accademici: come Berger, Festa, Bogliani, Benedetto Pécheux.

Un classicismo conservatore, rigidamente allineato alle posizioni di Parigi, Parma e Roma; talora greve, raramente entusiasmante, seppure molto colto, che trova un corrispettivo negli scritti di carattere artistico editi a Torino allo scadere dell'Ancien Régime.

Penso specialmente a quelli della «Biblioteca Oltremontana» redatti da intellettuali che si occupano anche di problemi artistici come Giuseppe Franchi di Pont, Giuseppe Vernazza, Gian Francesco Galeani Napione entusiasti sostenitori del «bello ideale» e della necessità di fondare l'esperienza artistica sulla corretta acquisizione del disegno, vero argine della decadenza delle belle arti.

«É necessario assiduamente disegnare per rendere la mano atta ad esprimere quanto il pittore ha in mente, imitare perfettamente gli oggetti, scegliere da essi il buono, nobilitarlo, e formarsi quindi un bello ideale» dichiara in modo lapidario il Franchi di Pont nel 1787, in margine ad una recensione alle «Réflexions sur la peinture» di Joullian.

Nella prospettiva di questo classicismo antichizzante la quintessenza dell'immagine si realizza nella figura umana. Tutti gli altri generi artistici (paesaggio, natura morta, scena di genere) se pure praticati, vengono considerati inferiori perché «la natura lasciata a se stessa non può raggiungere la perfezione»; e perché «una vera opera d'arte si crea soltanto scegliendo dalla natura e modificandola in armonia con i canoni migliori».

Il modello estetico neoclassico perseguito nell'insegnamento delle accademie europee (e anche da quella di Torino) è finalizzato alla formazione dell'artista che deve diventare un tecnico e un funzionario di corte o un professionista qualificato nelle più diverse tecniche artistiche. Alla base dell'insegnamento accademico c'è naturalmente il disegno.«É l'intelligenza del disegno che dirige tutte le arti» dichiarava già Mengs nelle *Opere*, ben note a Torino sino al periodo francese (figurano ad esempio nelle biblioteche specialistiche del Durando di Villa e del Vernazza e saranno largamente utilizzate negli scritti del periodo francese di Lorenzo Pécheux).

Insieme al disegno si insegnano le tecniche, l'anatomia del nudo, la geometria. Non si trascurano però gli studi umanistici. In sostanza, un insegnamento atto al ruolo dell'artista che si prepara alla professione secondo i canoni consolidati dalla tradizione accademica che aveva ormai oltre due secoli alle spalle.

Come si evince in modo esplicito dalla letteratura artistica pubblicata in quegli anni, per gli intellettuali torinesi alla fine dell'Ancien Régime la produzione artistica, in accordo con il pensiero enciclopedico ed illuministico europeo assume precise funzioni educative e sociali.

Promossa dal principe, è in primo luogo uno dei contrassegni di uno stato civile.

«Tutti i principi con prontezza e con beneficenza - dichiarava già il Durando di Villa nel suo *Ragionamento* - han cospirato per ristabilirle nell'antico lustro e dignità (. . .). Esse (le belle arti) sono da tre secoli la delizia delle genti più illuminate, e

694

più colte, sono l'ornamento e il decoro delle provincie italiane».

L'arte ha, inoltre, un fine morale che va in ultima analisi a beneficio della società.

«Lo scopo principale delle belle arti - scrive Francesco Galeani Napione, che si rivela sempre più una delle «figure-chiave» per il dibattito teorico sulle arti non solo in questo periodo, ma anche poi per l'epoca napoleonica - nel 1793 recensendo il trattato del Milizia, «è istruire dilettando la vista con la rappresentazione di oggetti presi dalla bella natura». E aggiungeva:«Le belle arti devono renderci bella la virtù, il vizio abominevole, devono inspirare la passione generale del bene, rendendo la verità attiva e benefica (. .); l'uomo che forma la sua esperienza sulle belle arti trova nel bello una spinta verso la moralità e l'onestà e diviene un benefattore illuminato».

Le belle arti, infine, incrementando la produzione economica, il commercio, possono essere uno dei veicoli che conducono alla «felicità dei popoli» cioè all'equilibrio sociale e di una collettività.

Per queste ragioni, l'artista che si è formato nell'Accademia, responsabile della produzione artistica di un determinato contesto culturale, assume in questo un ruolo privilegiato.

Non è più soltanto un semplice esecutore tecnico (anche se l'esercizio delle tecniche artistiche è dalla cultura illuministica e anche a Torino molto apprezzato, come si deduce dalle note della «Biblioteca Oltremontana»), ma un professionista assai considerato e ben retribuito.

Questo ruolo dell'artista nell'Ancien Régime è testimoniato dai molti documenti d'archivio, in particolare dalle *Patenti regie* relative alle nomine a corte degli artisti e dai contratti per le opere rimaste, specialmente quelli che riguardano gli artisti di corte e accademici, come Pécheux, i Collino, Beaumont, Boucheron.

Sostanziali modificazioni nella struttura dell'Accademia Reale avvengono in periodo francese.

Le principali sono le seguenti: 1) l'unificazione della Reale Accademia con due altre istituzioni culturali (1802); l'Università e l'Accademia delle Scienze, «l'Accadémie Nationale des Sciences, Littérature et Beaux Arts»; seguita, nello stesso anno dalla riorganizzazione dell'Accadémie Nationale stessa; 2) nel 1805 sorgerà poi la «Scuola Municipale di disegno»; 3) seguita dalla creazione nell'ambito dell'Università appena organizzata dell'«Ecole speciale des arts du dessin».

Che cosa comportarono, praticamente queste modificazioni di struttura? In primo luogo un nuovo assetto nella organizzazione della didattica. In seconda istanza un cambiamento graduale del ruolo dell'artista. Soltanto due dei vecchi maestri dell'Accademia, cioè il Porporati e il Pécheux vennero nel 1798 e nel 1799 dal Governo provvisorio riconfermati.

A partire dal 1802 vengono istituite cinque scuole: di pittura, scultura, incisione, architettura e disegno. Queste due ultime, a sottolineare l'importanza nell'ambito del pensiero neoclassico, vengono create ex novo (professori Bonsignori e Palmieri).

Con la riforma degli insegnamenti si provvede anche per motivi pratici, a istituire una nuova sede (l 'ex convento di S.Francesco da Paola). Si progetta nell'ambito dell'«Ecole speciale des arts du dessin» un «Museum de peinture et sculpture» modificato poi in «Museum des arts des dessin» con fini eminentemente didattici, entrambi però non realizzati. Avviene infine, l'equiparazione delle discipline umanistiche con quelle scientifiche. Il potenziamento dell'importanza assunta dalla disciplina del disegno condurrà poi alla creazione della autonoma scuola municipale.

Quest'ultima, che (verrà fondata nel 1805), avrà alcune caratteristiche innovatrici rispetto alle precedenti scuole: è gratuita; fondata unicamente sull'insegnamento dell'ornato e del disegno geometrico; è rivolta principalmente alla formazione professionale dei giovani che volevano apprendere le arti applicate e i mestieri. «Per eccitare l'emulazione fra gli allievi e promuovere lo studio del disegno applicato alle arti e ai mestieri e rendere efficace ai giovani, nel miglior modo il risultamento dei loro studi, come per assicurare i padroni o capi delle officine che intenderanno impiegarli, del loro maggiore o minor merito, tanto nel disegno geometrico che nell'ornamentale, si distribuiranno due sorta di certificati agli apprendizzi; i primi saranno rilasciati dopo due anni di studio dal Direttore, e contrassegnati dall'Ispettore Demaniale per servire all'allievo di raccomandazione al padrone che volesse impiegarlo nella sua officina, gli altri dopo il corso completo che sarà di quattro anni di studio» , recita il Regolamento della scuola approvato nel 1805.

Con l'istituzione di questo specifico genere di scuola è evidente che il discorso si sposta dall'insegnamento tradizionale delle belle arti all'esigenza di preparare dei tecnici efficenti e preparati nel settore professionale e artigianale delle belle arti.

Una preoccupazione quest'ultima che va letta nel contesto della cultura napoleonica, rivolta a valorizzare la qualità e la produzione di oggetti di artigianato e industria e a rilanciare i mestieri.

Problema certo già insito, come ben richiamato da Franca Dalmasso, nella Reale Accademia di pittura scultura, anche se connesso con tipi di committenze e di produzione artistica sostanzialmente molto diversi tra di loro.

L'Accademia infatti formava artisti che si specializzavano nei settori delle arti applicate per le Manifatture degli arazzi, le porcellane di Vinovo, le Reali oreficerie.

696

Ma si trattava di un tipo di produzione per una committenza colta, diversa da quella per cui si preparavano i giovani artigiani delle Scuole comunali di disegno.

La trasformazione delle istituzioni didattiche per le Belle Arti, dall'Ancien Régime al periodo francese comporta, di converso, anche un cambiamento graduale ma sostanziale del ruolo assunto dall'artista nell'ambito della società in cui vive e che va letto in stretto rapporto con gli avvenimenti che interessano il quadro politico.

L'artista dell'Ancien Régime è un tecnico o un funzionario che lavora a differenti livelli per la corte e per committenze laiche e religiose con precisi ma ben circoscritti incarichi nel settore delle immagini e della decorazione.

Nel periodo successivo, su modello francese, diventa un intellettuale colto, spesso collezionista raffinato e scrittore d'arte, impegnato nel dibattito teorico, partecipe della vita pubblica.

E' stato già ampiamente sottolineato dalla letteratura specialistica, che uno degli elementi innovativi nel cambiamento della figura dell'artista nell'età della rivoluzione è stato quella dell'esigenza di unire alla prassi artistica momenti essenziali e normativi di riflessione teorica (valga per tutti l'esempio di David), che costituiscano oltrechè strumenti didattici, aspetti di verifica costante per gli artisti.

Tra gli esempi di artisti torinesi che si possono citare per documentare questa avvenuta trasformazione di ruolo, sono soprattutto quelli di Pécheux e di Revelli. Entrambi di notevole levatura intellettuale, collezionista di disegni accademici e raffinato letterato il primo, autore di numerose opere letterarie e di numerose lettere, alcune delle quali redatte in occasione dei molteplici incarichi ufficiali che ricoprirà Torino tra il 1799 e la caduta di Napoleone. Figlio di un professore di geometria il secondo, nipote del pittore Beaumont, discepolo all'Accademia del precedente, politicamente molto impegnato sul versante francese, autore di importanti opere letterarie che rivelano una formazione molto più articolata di quella del Pécheux: fu a Roma, ma anche a Parigi e in Inghilterra.

Nelle «Memorie» presentate nell'Accademia delle scienze Lorenzo Pécheux non si rivela molto originale. Per quanto concerne il significato e la funzione delle arti (specie per la pittura), per un verso rilancia e la poetica del «bello ideale» affermatasi a Torino negli anni 80-90; per un altro ribadisce l'importanza delle «belle arti» come parte essenziale dell'educazione sia individuale che sociale.

La sua posizione di continuità con le idee espresse dagli intellettuali dell'Ancien Régime è del resto in piena consonanza con le posizioni espresse da altri autorevoli collaboratori dell'Accademia, ad esempio l'archeologo Tarino che in un intervento *Sur l'utilité des sciences littérature et beaux arts* (1805) scriveva: «Elles (les beaux arts) contribuent essentiellement à la félicité individuelle, en adoucissant les moeurs, en reserrant les liens socieaux, et surtout, en répandant les principes de philantrophie, de grandeur d'âme et de vertu» .

Negli interventi accademici di Revelli, invece, se da un lato ancora forte è l'influenza di Mengs (dalle *Lezioni pratiche*) su alcune memorie di carattere pratico-teorico altrettanto evidente è la componente razionalista che si riscontra già nelle *Opere filosofico-pittoriche* del 1798. Dove l'autore, all'innatismo di Winckelmann e Mengs oppone una revisione critica, che come ho già dimostrato in altra sede, trova le sue radici nelle opere di Giuseppe Spalletti e del Malaspina di Sannazzaro, che rivedono appunto, il problema teorico della bellezza ideale da presupposti scientifisti e tutt'affatto ortodossi rispetto al neoclassicismo integrale. Che d'altro canto il Revelli porti una voce decisamente originale nel quadro un poco retrivo del classicismo di marca romana, è dimostrato anche da altri luogo del suo complesso trattato. Luoghi che rivelano a loro volta, riflessioni approfondite sul dibattito relativo alla poetica del «Sublime» e alle inquietudini sull'immaginario, forse mutuati dalla conoscenza di Piranesi e di Goethe stesso.

Gli artisti francesi accademici di età francese, oltre a coltivare questi interessi per la teoria, mostrano di esercitarsi, a differenza di quelli dell'Ancien Régime, anche in altri settori e generi letterari sulle arti. In particolare in quello dell'autobiografia e in quello della storia degli artisti.

Su modelli di altri artisti e letterati neoclassici italiani e francesi da Pécheux a Revelli, gli accademici torinesi ci hanno lasciato pagine molto fini sulla loro esperienza artistica personale, sui modi di trasmissione della tradizione delle tecniche e del fare artistico, sulle committenze e le esperienze culturali maturate durante i loro viaggi.

Grande fortuna ha ancora la ricostruzione storica degli artisti piemontesi iniziata alla metà del Settecento circa, con gli studi di Durando di Villa e di Giuseppe Vernazza e perseguita con alacrità di ricerche archivistiche sino all'età francese.

Spetta in particolare a un incisore, Giovan Battista Boucheron, raffinato orafo e professore di incisione scrivere la storia degli incisori che affida dapprima ad un manoscritto redatto nel 1778 (forse sull'onda del *Ragionamento* di Durando di Villa) e definitivamente completato in una edizione a stampa del 1800. La *Serie degli artisti che hanno lavorato ne' metalli si fini che rozzi de'quali se ne fa degnamente gloriosa rimembranza ne' fasti delle belle arti* è un dizionario dei principali incisori e argentieri antichi e moderni che l'autore fa seguire da alcune pagine dedicate alle tecniche alla fusione dei metalli. Le voci del *Dizionario* del Boucheron si attengono, nella presentazione biografico ed encomiastica, agli Elogi biografici degli anni novanta,di cui Franchi di Pont, Giuseppe Vernazza e Amedeo di Ponziglione e altri autori come Gaetano Loja, che aggiorna la storia degli artisti del Durando di Villa,avevano dato modelli molto letti e diffusi.

Le discussioni sulle tecniche della fusione, invece, riflettono con molta chiarezza l'attenzione che nel periodo francese si affida al problema della descrizione delle tecniche artistiche, specie a quelle (come quella della fusione o della incisione) meno familiare al grande pubblico. In questa attenzione alle tecniche accompagnata da un chiaro risvolto didattico e divulgativo d'impronta illuministica, il Boucheron si pone sulla stessa linea di un Francesco Galeani Napione, che in quegli stessi anni studia e divulga le tecniche dell'incisione. L'artista di epoca francese oltre a misurarsi nella pubblicazione e nella stesura di impegnative opere teoriche, storiche e letterarie, sempre più spesso, a differenza di quello dell'Ancien Régime si trova coinvolto nella vita pubblica.

Con la trasformazione della situazione politica, alcuni artisti già attivi durante l'Ancien Régime, se pure di dichiarate posizioni conservatrici, continuano a mantenere nell'ambito delle istituzioni, posti di grande responsabilità. Altri, invece, aderiscono alle nuove idee rivoluzionarie. Tra i primi sono Pécheux e Porporati. Tra i secondi Revelli e Brun. Il Pécheux,che era già pittore di corte nel 1777 occupa posti di grande rilievo istituzionale durante il periodo francese e viene nuovamente reintegrato nelle sue primitive funzioni con il ritorno della monarchia.

Anche l'incisore Porporati posto a capo della scuola d'incisione da Vittorio Amedeo III e divenuto «incisore regio» nel 1773, divenne, a partire dal 1799, incisore nazionale e quindi reintegrato nel primitivo ruolo dopo la restaurazione. E' singolare che proprio il Porporati accolga a Torino, all'indomani dell'esecuzione di Maria Antonietta la pittrice Vigée le Brun, esule dopo essere fuggita precipitosamente dalla Francia. E' lei stessa a raccontarlo in una garbata e poco nota pagine dei suoi *Souvernirs*.

«Le lendemain (del suo arrivo a Torino nel settembre 1799) je fis prévenir de mon arrivée le celebre Porporati, dont on connait de si belles gravures. Porporati que j'avais beaucoup vu pendant son séjour a Paris, était alors professeur a Turin; il vint aussitot me faire une visite. Me trouvait si mal dans mon auberge, il me pria avec insistance d'aller loger chez-lui» .

Di Revelli invece è ben nota la fede giacobina: professore aggiunto di disegno all'Accademia del disegno fu incaricato dal Governo provvisorio di trasformare la statua equestre di Vittorio Amedeo I nel Genio guerriero repubblicano, trionfatore del Dispotismo e dell'Ignoranza.

Anche Brun, «restaurateur des tableaux des palais imperiaux» è giacobino.

699

Durante il periodo francese, a partire dal governo provvisorio, molti artisti collaborarono ad alcune importanti commissioni di riforma delle istituzioni.

A titolo di esempio ne citiamo tre: 1) quella costituita nel 1799 con lo scopo di preparare la ristrutturazione generale dell'istruzione e della ricerca scientifica in Piemonte. 2) Quella dello stesso anno, costituita per la spogliazione degli oggetti artistici (*Commission des arts en Piemont*); infine quella del 1802, che aveva come finalità la preparazione di una «Galerie national pubblique et instructive» .

La *Commissione di scienze ed arti*, istituita il 9 ventoso del 1799 compredeva insieme a diversi «cittadini» anche «Colin scultore in pietra (Filippo Collino)», «Pécheux pittore (Lorenzo Pecheux)» , «Porporati incisore in rame (Carlo Antonio Porporati)» e il «Revelli pittore (Vincenzo Antonio Revelli)» .

La commissione, com'è noto, era finalizzata a preparare un piano organico di ristrutturazione generale dell'istruzione e della ricerca scientifica in Piemonte, sino a quel momento frammentaria, e di cui le arti erano considerate parti fondamentali.

«Le parti dell'istruzion pubblica ed i vari stabilimenti scientifici del Piemonte, sono tuttora sconnessi e tra loro troppo lontani siccome quelli che l'uno dopo l'altro e non dietro a un disegno generale furono chiamati: e che la ragione vuole, e l'utilità richiede, ch'essi siano formati in un solo piano uniforme, ed in tutte le sue parti corrispondenti ridotte; sicché di molti stabilimenti un solo magnifico e grande se ne venga a formare, perché tutti i Cittadini addetti allo studio, ed alla coltivazione delle scienze e delle arti conspirino al medesimo scopo, e nasca fra gli uni e gli altri quella generosa emulazione, che dà luogo alle onorate fatiche» e aggiungeva poco oltre: «ed ai felici ritrovati del genio» .

«Il medesimo piano dovrà comprendere non solamente il modo dell'istruzion pubblica relativo allo studio, ed alle scienze; ma eziandio, ed alla pratica delle arti, alla celebrazione delle feste, e giuochi pubblici, ed a tutto ciò che può contribuire all'erudizione degli ingegni, all'informazione de' costumi e all'elevazione degli animi repubblicani» .

Nell'aprile dello stesso 1799 fu costituita la *Commission des Arts en Piémont* che doveva affiancare nell'opera di spogliazione delle opere d'arte del Palazzo Reale e dell'Università (Museo di antichità), le autorità francesi che avevano ricevuto istruzione di inviare a Parigi. La Commissione oltreché dall'architetto Legrand era formata da artisti piemontesi che collaborano in quest'opera di raccolta: i due Pécheux padre e figlio, Berger, Revelli, Collino e Porporati.

Dagli studi fondamentali di Paul Wescher e di Lucetta Levi Momigliano abbiamo ora la ricostruzione precisa di questa pagina dolorosa e discussa della storia artistica piemontese. La spogliazione avvenne in due momenti: durante questa prima fase della costituzione della commissione nella primavera del 1799 lasciarono il Piemonte opere tra cui alcune celeberrime, come il Roger van der Weyden ora al Louvre e l'*Apollo e Marsia* di Guido Reni ora al Museo di Tolosa, i figli di Carlo I d'Inghilterra di Van Dyck, la *Santa Margherita* di Poussin. Durante il periodo che segue la battaglia di Marengo, i generali Dupunt e Jourdan, sempre con l'aiuto della commissione inviarono altri 84 dipinti delle collezioni sabaude a Parigi. Tra le altre il *Ritorno del figliol prodigo* di Guercino, *l'Annunciazione* di Orazio Gentileschi e la *Visitazione* di Rembrandt oggi all'Art Institut di Detroit.

Nel 1802 l'Accadémie nationale nominava una commissione, di cui era a capo ancora Pécheux padre, per formare una «Galérie Nationale, publique et instructive» che doveva comprendere oggetti artistici provenienti dagli appartamenti reali. Il progetto, come ha ancora bene dimostrato Lucetta Levi Momigliano, anche se non realizzato, s'inseriva negli intenti del Governo provvisorio di costituire, attraverso il museo, un efficace supporto didattico all'insegnamento universitario e accademico, per la formazione del quale, ancora essenziale, risultava l'apporto degli artisti.

Nello studiare il ruolo dell'artista a Torino alla fine del Settecento si è affacciato nel corso della presente ricerca, infine, un altro problema.

Quello della tutela della professione e della produzione artistica. La documentazione è molto frammentaria, ma è già possibile a questo riguardo scorgere alcune spie (almeno due).

La prima si riferisce alla legislazione ufficiale di cui si può ricordare come esempio almeno la disposizione del 28 nevoso 1799 relativa alla tutela delle incisioni.

In essa si sottolinea il valore di «proprietà» , il rispetto materiale e spirituale delle medesime; quindi il diritto di vendita, di distribuzione e di ereditarietà; infine la difesa contro le contraffazioni.

«Gli autori di scritti di qualunque maniera...i dipintori, disegnatori, incisori, e quelli tutti che attendono alla cultura delle belle arti avranno soli diritto, mentre vivono, di mettere in luce, pubblicare, far vendere, e distribuire le loro opere nei paesi del Piemonte - recita la disposizione del 28 nevoso 1799 -. Quelli a cui saranno state dagli autori lasciate in eredità - prosegue - o cedute le produzioni loro, godranno del medesimo diritto per anni dieci dopo la morte degli autori. Le autorità costituite a richiesta degli autori, compositori, pittori disegnatori e de' loro eredi, o cesseranno cessionarj, faranno procedere alla confisca di tutti gli esemplari delle edizioni e incisioni fatte, ove non consti per iscritto di un'espressa permissione de' proprietari o aventi diritto, e le cose cadute in confisca cederanno ai rispettivi autori. Si procederà allo stesso modo in odio dei contrafacitori» .

La seconda spia è costituita invece dalla decadenza che nel corso degli anni '90 subisce la principale e più antica corporazione degli artisti torinesi, al fine di tutelarne gli interessi e di valutarne in modo nuovo, nell'ambito delle professioni, quella artistica: mi riferisco alla Compagnia di S.Luca, di cui possediamo per il periodo francese una laconica documentazione, che però lascia intravedere una società che sta mutando.

NOTA BIBLIOGRAFICA

- Sulla storia della Reale Accademia di pittura e scultura di Torino, cfr.: F. DALMASSO, in *Cultura figurativa e architettonica negli Stati del Re di Sardegna 1773/1861,* Torino 1980, I, pp. 11-12; F. DALMASSO, in AA.VV., *L'Accademia Albertina di Torino,* Torino 1982, pp. 11-28.
- Sulle Accademie europee del '700: N. PEVSNER, *Le accademie d'arte,* Torino 1982.
- Sulla Biblioteca Oltremontana, cfr.: G.C. SCIOLLA, *Le ricerche storiche sulle arti nei manoscritti del barone Vernazza conservati all'Accademia delle scienze di Torino,* in «Memorie dell'Accademia delle Scienze di Torino. II. Classe di scienze morali, storiche e filologiche», serie V, vol. 6, Torino 1982.
- Sulle carice ricoperte dagli artisti a corte, nel 2° 700, ancora utili le *Schede Vesme,* 3 voll., Torino 1963-68.
- Sull'Ecole speciale des arts du dessein: L. LEVI MOMIGLIANO in *Cultura figurativa cit.,* pp. 190-192; G.C. SCIOLLA, *Cultura figurativa a Torino nel periodo francese: nuovi contributi e documenti inediti,* in: AA.VV. *Ville de Turin 1798-1814,* II, Torino 1989, p. 369 (specialmente le note).
- Sulle Commissioni di riforma in epoca francese: cfr. L. LEVI MOMIGLIANO, in *Cultura figurativa cit..*
- Sulle spogliazioni cfr. L. LEVI MOMIGLIANO, in *Cultura figurativa cit.*; e ora anche: P. WESCHER, *I furti d'arte. Napoleone e la nascita del Louvre,* Torino 1988, p. 82 sgg.
- Sull'Accademia di S. Luca: cfr. i documenti dell'Archivio dell'Accademia Albertina di Torino, voll. 11b, 12b, 42b.

APPENDICE DOCUMENTARIA

n. 1.   Si riproduce il testo del trattato di Giovan Battista Boucheron «Serie degli artisti che hanno lavorato ne' metalli sì fini, che rozzi de' quali se ne fa degnamente gloriosa rimembranza ne' fasti delle belle arti», pubblicato a Torino s.d. (ma verosimilmente del 1800) relativo agli artisti piemontesi o che hanno lavorato in Piemonte.

(p. 3). «Andrea Boucheron torinese, filio di Giuliano dello stesso cognome, uffiziale nel Real Corpo dell'Artiglieria, apprese l'arte di Orefice in Parigi da Tommaso Germain; fu chiamato da Vittorio Amedo II, per essere Orefice della Real Corte; proseguì nella suddetta qualità a servire Carlo Emanuele III: molti lavori si

sono di lui veduti in Torino, ne' Palagi, e nelle Chiese di corte, e da molt'altri Particolari; per li Padri dell'Oratorio ha eseguito un'ostensorio storiato colla sincope
del suddetto Santo serbato per le sollenità più ragguardevoli; altro pressoché con-
simile per le Madri della Visitazione; in Cuneo nel Piemonte un'urna, dove riposa-
no le ceneri del B. Angelo dell'ordine della più stretta osservanza di S. Francesco,
operata in comune con Francesco Ladatte di comando di S.M. il Re Carlo Emanuele III, ed in Roma sei candelieri alti un trabucco, stati regalati dal Re Vittorio
Amedeo II al Pontefice Benedetto XIII; cessò di vivere in Torino l'anno 1760 d'anni 50 lasciando superstiti due figlioli».

(p. 4). «Ballen sunnomato degnamente il Gran Ballen, nativo di Parigi, famo-
sissimo Orefice al servizio di Luigi XIV, questo sublime Artefice fu uno di que' va-
lent'uomini, che onoreranno sempre mai una cotal'arte, e la di lui nazione: esistevano nell'appartamento di S.M. il Re di Sardegna a' pie' del letto due gran vasi
d'argento, l'esecuzione, e la composizione de' quali emulavano le produzioni più
preziose de' Greci».

(p. 6). «Duplessì Piemontese apprese l'arte di Orefice del famoso Messonier;
tale era il prezioso suo disegnare, e modellare, che si meritò la preferenza a tan-
t'altri concorrenti di essere prescelto all'onorevole, e delicato impiego il Direttore
della cotanto rinomata Real Fabbrica delle Porcellane di Vincenne, per il che ottenne dal Re di Francia Luigi XV distintissima patente, ed onorario corrispondente».

(p. 6). «Degrange orefice cesellatore piemontese; questo artefice fu allievo, e
proseguì a cesellare nel Regio Laboratorio d'Andrea Boucheron, e trattava la figura, li putti, li fiori, e qualunque genere il più difficile di decorazione con una verità, morbidezza, e bellezza, siccome dalle opere enunciate, ed esistenti del suddetto Andrea si può riscontrare: cessò di vivere immaturamente l'anni 47 nel 1751».

(p. 8). «Francesco Ladatte, nato a Torino, fece il suo imprendissaggio sotto un
certo Stropiana scultore in legno di ornati; passò quindi in Roma, indi a Parigi, dove si esercitò nella scultura in pietra, e tale era il suo gusto pel modello, che in
breve venne colà acclamato qual valente Professore: di fatti fu aggregato tra li
maestri della reale Accademia di Pittura, e Scultura, per il che diede a questa una
statuina da se inventata, modellata, e sculta in marmo, rappresentante la Giuditta
col teschio di Oloferne d'una bellezza e d'una bravura sorprendente. Dopo avere
quivi gloriosamente soddisfatto a molte rilevanti incumbenze, che rendono giustizia al suo distinto merito, in pietra, ed in bronzo, venne chiamato pel servizio di
S.M. il Re di Sardegna Carlo Emanuele III, diede costì reiterati saggi d'una particolare abilità pel modo di modellare la figura, e gli ornati; ma le circostanze non gli

permisero di attendere di molto alla pietra; perciò si rivolse alli lavori di argento, e di bronzo. Nel giardino di S.M. si vedono di lui quattro gruppi di ben scherzati, e graziosi putti eseguiti in getto di piombo locati sopra piedestalli di pietra, rappresentanti li quattro elementi; quattro gran vasi pure in getto di piombo, sopra piedestalli, e nelle sale, in cui si tengono le adunanze della Reale Accademia di Pittura, e Scultura, di cui ne era altresì ben degno membro, si ammirano due gruppi in pietra, uno rappresentante il rapimento, che fa Plutone di Proserpina, e l'altro con un putto, che scherza con un cigno; cessò di vivere in Torino li 18 gennaio del 1787, di anni 86».

(p. 9). «Giovanni Lutma d'Asterdam, col nome stesso si chiamò il di lui padre, tutti due grandi orefici, il padre morì d'anni 85, il figlio è stato un Intagliatore non che raro, ma mirabile, per essere stato il primo a servirsi del cesello nella di lui maniera d'incidere: alcune delle sue incisioni datano del 1681, e trovansi nella preziosa raccolta di plancie appartenenti alli commendabilissimi signori fratelli Rignoni abitanti in casa propria vicino alla chiesa de' padri M.C. di S. Francesco in Torino: codesta collezione merita d'essere ammirata da chiunque abbia qualche passione per le belle Arti».

(p. 10). «Leonardo da Vinci (...). Dal Vescovo d'Alessandria Monsignor Mossi trovansi due teste di codesto grand'uomo: l'una rappresentante il Salvator del Mondo, l'altra della di lei Madre la Vergine Santissima, pinte sul legno, già appartenenti al Cardinal Costa, e provenienti dal Papa Benedetto XIV (...).

(p. 11). «Li fratelli Mareni, orefici Piemontesi, li quali lasciarono molte opere d'un ottimo stile, e ben eseguite; si ammiravano tra le altre cose nella corte del Re di Sardegna certi pezzi di decorazione d'appartamento, e di tavola ingegnosamente lavorate: fiorirono in Torino nel 1718».

(p. 11). «Lachetta Piemontese, orefice Bisoutiere della Real Corte; questo artefice passò a lavorare in Inghilterra; quindi fu chiamato pel suddetto Real Servizio in Torino, dove operò lavori delicati di cesello, e specialmente in oro: cessò di vivere l'anno 1779».

(p. 13). «Lorenzo Lavi Torinese, apprese l'arte di Orefice dal sunnomato Andrea Boucheron al servizio della Real Corte di Torino; fu quindi mandato con Regia pensione sotto il virtuosissimo Incisore in medaglie sig. Marton, e sotto il celebre orefice Germain, dove fece progressi di un'ottima aspettazione, in seguito del che S.Maestà continuandogli la pensione, lo mandò a Roma sotto l'insigne incisore in medaglie Ameroni per perfezionarsi nell'intaglio delle medaglie, e delle monete; corrispose in tutte le sue parti a quanto si sperava da' suoi talenti, e da' suoi savj costumi; S.M. lo patentò in seguito nella qualità di primo intagliatore delle Regie Zecche, dove fece pressoché tutta la serie della Genealogia della Real Casa di Savoja in medaglie superiormente incise; da queste si può calcolare in tutta la sua estensione, quanto fosse la di lui singolare abilità in dett'arte: passò agl'eterni riposi li 29 gennajo dell'anno 1789 d'anni 80 circa in Torino, lasciando due figlioli dediti alla stess'arte, degni allievi d'un sì virtuoso padre».

(p. 14). «Messonier Piemontese, Orefice di grido, ed assieme Architetto d'un merito tale, che in Parigi fu dato un soggetto di grande impegno da eseguire al concorso in competenza di tutti li Primati Accademici Professori delle bell'Arti in disegno, o in modello; questi decideva l'onorevole impiego di Disegnatore di Gabinetto di S.M. Cristianissima Luigi XV coll'onorario di lire otto mille all'anno: tra tanti concorrenti di gran merito, unanimamente fu deciso dagli stessi Professori, che il più meritevole ne era quello del Piemontese Orefice Messonier; il che fu approvato in Corte, e dal Pubblico, essendone stato perciò gloriosamente decorato dell'impiego, e del surriferito stipendio, il quale godette sino alla di lui morte, che incontrò nel 1755.

Quest'artefice egli era l'amico intriseco del Piemontese Carlo Vanloo, il quale contemporaneamente occupava con somma gloria in Parigi la piazza di primo pittore del Re di Francia, e Capo-Duce della Reale Accademia delle Arti belle».

(p. 19). «Routier nativo di Parigi, Orefice al servizio di S.M. Cristianissima Luigi XVI, fu degno successore in tal impiego di Tommaso Germain, imperciocché si sono veduti in Torino diversi lavori operati sotto li suoi disegni, e modelli per servizio di S.M. la Regina, consistenti in un toeletta a Vermeille, dove il gusto, e la perfezione caratterizzavano li suoi superiori talenti».

(p. 20). «Simone Boucheron nativo di Tours in Touraine passò in Piemonte al servizio di Carlo Emanuele II, nella qualità di scultore in bronzo, e Capo fonditore del Regio Arsenale; esistevano poco di queste artefice in Torino due superbe colubrine locate sotto il portone del Regio Arsenale, autenticate col di lui nome, e date di dietro all'intorno d'una testa di satiro michelangiolesca; gli egregi vasi, che ancor esistono di bronzo nel giardino reale; le grand'armi pure di bronzo, che eran affisse alla porta della Cittadella, e quelle, che si vedevano infisse al palazzo de' signori Decurioni di Città altresì di bronzo; siccome anche due cervi di grandezza, pressoché naturale, siti nel parco della Venaria Reale, e diversissimi cannoni, e molte altre opere; ebbe per moglie Maria Vincenti Piemontese, e lasciò un figlio per nome Giuliano dissopra menzionato; cessò di vivere nel mese di gennajo l'anno 1681 in Torino».

n. 2. Si riproduce il testo della legge riguardante la proprietà artistica pubblica-

705

to nella «Raccolta delle leggi, provvidenze e manifesti pubblicati dai governi francese, e provvisorio e dalla municpalità di Torino unitamente alle lettere pastorali del Citt. arciv. di Torino», Torino 28 nevoso (17 gennaio) 1799, pp. 133-134.

Inoltre, quello della legge che istituisce la commissione di scienze ed arti dell'8 ventoso (26 febbraio) 1799 (cfr. Raccolta, *cit*., pp. 287-289).

«Il Governo provvisorio»

Considerando, che il poter liberamente disporre delle cose sue è la base della proprietà, e che ragion vuole, che altri da quanto egli possiede, tragga quel vantaggio, che per lui si può maggiore, altrimenti la proprietà non sarebbe altro, che un nome vano senza soggetto.

Considerando, che se tale diritto nelle altre tutte cose vuol essere e rispettato, e mantenuto, nelle proprietà delle opere d'ingegno debb'essere sacro, conducendo esso maravigliosamente a promuover le scienze, e le arti:

Considerando, che lo sterile tributo di lode, comecchè arrechi grandissimo piacere agli animi ben nati, bastar non può per coloro, che hanno de' bisogni reali a soddisfare;

Considerando finalmente, che in ogni ben fondata società dee particolarmente godere della protezione della Legge quella preziosa parte di Cittadini, che l'industria, l'ingegno, e le sue veglie consacra alla propagazione delle utili cognizioni, ed alla perfezione delle arti, che od al diletto servono, od al pubblico vantaggio, Decreta:

1. Gli Atuori di scritti di qualunque maniera, i Maestri di musica, i Dipintori, Disegnatori, Incisori, e quelli tutti che attendono alla cultura delle belle arti avranno soli diritto mentre vivono di mettere in luce, pubblicare, far vendere, e distribuire le loro opere nei paesi del Piemonte.

2. Quelli, a cui saranno state degli Autori lasciate in eretà, o cedute le produzioni loro, godranno del medesimo diritto per anni dieci dopo la morte degli Autori.

3. Le Autorità costituite, a richiesta degli Autori, Compositori, Pittori, Disegnatori, ecc., o de' loro eredi, o cessionarj, faranno procedere alla confisca di tutti gli esemplari delle edizioni, ed incisioni fatte, ove non consti per iscritto di un'espressa permissione de' proprietarj, o aventi diritto, e le cose cadute in confisca cederanno a' rispettivi Autori.

4. Si procederà nello stesso modo in odio de' contrafacitori.

5. Il venditore di edizioni da altri contraffatte pagherà all'Autore l'equivalente

di cinquecento esemplari.

6. Il Cittadino, che pubblicherà qualcheduna delle succennate opere sarà tenuto a far dono di due copie alla Bibliot. dell'Univ. Naz. in Torino, e di due esemplari alla Biblioteca Nazionale della Comune, ove segue l'edizione, senza del che non gli competerà veruna azione contro di chi le avrà pubblicate senza suo permesso, o contrafatte.

7. Il presente Decreto verrà stampato, ed alla copia della Stamperia Nazionale si presterà la stessa fede che all'Originale.

Torino dal Palazzo Nazionale li 28 Nevoso anno 7 Repubblicano e I della Libertà Piemontese (17 Gennaio 1799 v.s.).

CAVALLI Presid. Pico Segr. Gen».

«8 ventoso (26 febbr. 1799)

Il Governo Provvisorio considerando

Primo. Che le scienze, le quali hanno sì efficacemente contribuito alle felici rivoluzioni de' nostri tempi, debbono pure avanzarne i progressi, e condurle a quel termine, che pel bene della società da tutti gli uomini onesti, e virtuosi, è più desiderato.

2. Che l'attuale ordine d'instruzion pubblica è per molti capi vizioso sia nel genere delle nozioni, che s'insegnano, come nel modo stesso di procedere nell'ammaestramento de' giovani studiosi.

3. Che pure gli scienziati non sono bastantemente incoraggiti nei loro generosi sforzi per stendere i limiti dell'utile, e del vero, essendosi ancora poco innovato nell'antico sistema d'instruzione, in cui si ravvisano i vestigj de' sospetti, e dell'inquietudine dei tiranni.

4. Che le parti dell'instruzion pubblica, ed i varj stabilimenti scientifici del Piemonte sono tuttora sconnessi, e tra di loro troppo lontani, siccome quelli, che l'uno dopo l'altro, e non dietro ad un disegno generale furono formati: e che la ragion vuole, e l'utilità richiede, ch'essi siano in un solo piano uniforme, ed in tutte le sue parti corrispondente ridotti; sicché di molti piccoli stabilimenti un solo magnifico, e grande se ne venga a formare, perché tutti i Cittadini addetti allo studio, ed alla coltivazione delle scienze, e delle arti consipirino al medesimo scopo, e nasca fra gli uni e gli altri quella generosa emulazione, che dà luogo alle onorate fatiche, ed ai felici ritrovati del genio: Decreta:

Primo. Una commissione è creata di scienze, ed arti.

2. Essa è incaricata di formare, e presentare al Governo fra il più breve termine possibile un piano generale d'instruzion pubblica per tutto il Piemonte, e di uno stabilimento scientifico, unico, ed uniforme, altrettanto utile, quanto grande, e degno di una Nazione libera, e colta.

3. Il medesimo piano dovrà comprendere non solamente il modo dell'instruzion pubblica relativo alle scienze; ma eziandio quello relativo allo studio, ed alla pratica delle arti, alla celebrazione delle feste, e giuochi pubblici, ed a tutto ciò, che può contribuire, all'erudizione degl'ingegni, all'informazione dei costumi, ed all'elevazione degli animi Repubblicani.

4. Nell'estensione del detto piano la commissione avrà particolarmente in mira l'instruzione del Popolo.

5. La commissione si raunerà ogni Quintidi, e Decadi nella sala dell'Accademia Nazionale delle Scienze.

6. Essa è composta dei Cittadini Allione Professore emerito di Botanica, Bonvicino Professore di Chimica, Colin Scultore in pietra, Debernardi Avvocato, Ferrogio Professore di Matematica, Giobert Membro dell'Accademia Nazionale, Giorna, Giulio Professore di Notomia, Lirelli Geografo, Molineri Ignazio custode dell'orto Botanico, Pavesio Bibliotecario in capo dell'università Nazionale, Peretti Gioanni Pietro Chirurgo Collegiato, Pecheux Pittore, Porporati incisore in rame, regis Professore di Eloquenza Italiana, Regis Professore di Morale, Revelli Pittore, Reyneri Professore di Legge, Rossi Professore di Chirurgia.

Il presente decreto sarà stampato, ed alla copia della Stamperia Nazionale si presterà la stessa fede, che all'originale.

Torino dal Palazzo Nazionale li 9 Ventoso, anno 7 Rep., e primo della Libertà Piemontese (27 Febbr. 1799 v.s.).

Balbis Presid.   Pico Segr. Gen. del Gov. Prov».

LUCETTA LEVI MOMIGLIANO

Per una biografia intellettuale di Giuseppe Vernazza di Freney: dalla cultura arcadica alle ricerche sulle memorie patrie

La scelta di proporre una traccia per una biografia intellettuale del barone Giuseppe Vernazza[1] trova una sua giustificazione nel tema della continuità e delle trasformazioni istituzionali in Piemonte tra ancien régime e periodo rivoluzionario, proposto dai promotori del Convegno: si cercherà infatti di mettere a fuoco i rapporti dello studioso albesano con le principali istituzioni culturali subalpine a lui contemporanee e la sua attenzione al versante figurativo e alle fonti della letteratura artistica di ambito piemontese.

Il 26 marzo 1777 Giuseppe Vernazza (aveva 32 anni) scriveva a Girolamo Tiraboschi:[2] «Dico il vero, che mi diletto assaissimo nella considerazione della storia patria; e che il frequente piacere di trovar cose nuove, o poco sapute dalla comune de' nostri, è un larghissimo premio della pazienza necessaria a cercarle. So che a' moderni piacerebbe assai più che si dettassero discorsi filosofici e penso anch'io che tal genere di composizioni è più illustre e più degno. Ma quali considerazioni o politiche o letterarie faremo noi sulle cose nostre, se non ne precede la sicura

---

[1] Su G. Vernazza e le fonti ottocentesche: G. CLARETTA, *Memorie storiche intorno alla vita e agli studi di Gian Tommaso Terraneo, di Angelo Paolo Carena e Giuseppe Vernazza*, Torino 1862, pp. 201-303. Per gli studi più recenti: G.C. SCIOLLA, Schede e biografia, in *Cultura figurativa e architettonica negli Stati del Re di Sardegna, 1773-1861* (catalogo della Mostra a cura di E. CASTELNUOVO E M. ROSCI), Torino 1980, I, pp. 64-68; III, p. 1494; P. ASTRUA, *Della moneta secusina*, in *I rami incisi dell'Archivio di Corte. Sovrani, battaglie, architetture, topografie* (catalogo della Mostra a cura dell'Archivio di Stato di Torino), Torino 1981, pp. 284-286; G. C. SCIOLLA, *Le ricerche storiche sulle arti nei manoscritti del Barone Giuseppe Vernazza conservati all'Accademia delle Scienze di Torino*, in «Memorie dell'Accademia delle Scienze di Torino» serie V, VI, Torino 1982, II classe di Scienze Morali, Storiche e Filologiche, pp. 4-97; G.C. Sciolla, *Manoscritti inediti di Padre Ireneo Affò*, in «Labyrinthos», nn. 1-2 (1982), pp. 148-164; P. Astrua, *Lodovico Costa ed il dibattito sulle arti in Piemonte nella prima Restaurazione*, in *Conoscere la Galleria Sabauda. Documenti sulla storia delle sue collezioni* (Strumenti per la didattica e la ricerca a cura del Ministero per i beni culturali e ambientali. Soprintendenza per i Beni artistici e storici del Piemonte). Torino 1982, pp. 60-63; L. LEVI MOMIGLIANO, *Giuseppe Battista Piacenza, architecte de Victor Amédée III: formation professionelle, collectionisme et débat érudit sur les arts du dessin*, in *Bâtir une ville au siècle des Lumières. Carouge: modèles et réalité* (catalogo della Mostra a cura dell'Archivio di Stato di Torino), Torino 1986, pp. 469-471; L. LEVI MOMIGLIANO, *La capitale del nuovo regno: gli osservatori esterni e le guide locali*, in *Arte di corte a Torino da Carlo Emanuele III a Carlo Felice*, a cura di S. Pinto Torino 1987, pp. 139-143; L. ARIOTTI, *I corrispondenti artistici del Vernazza*, tesi di laurea, anno accademico 1988-89, Facoltà di lettere e Filosofia, Università degli Studi di Torino. Relatore: Prof. G.C.Sciolla;

[2] Per lo scambio epistolare con il Tiraboschi, le lettere del Vernazza da me citate sono state consultate in copia presso la Soprintendenza ai Beni artistici e storici del Piemonte (Miscellanea Vico, L. inf. I 26, fasc. 12). Le lettere del Tiraboschi al Vernazza sono consultabili in originale presso

notizia?» E, ancora al Tiraboschi, nel 1780 il Vernazza denunciava la scarsità delle fonti letterarie subalpine a lui contemporanee e relative al patrimonio figurativo della nostra città: infatti definiva «cieca» la Guida di Torino del Craveri e preannunciava la pubblicazione di quella di Onorato De Rossi (1781) alla quale avrebbe peraltro collaborato per la «Descrizione di Torino» e delle «Delizie Reali», per l'aggiornamento delle notizie sulle opere figurative presenti nella nostra città[3]. Sua intenzione era quindi raccogliere notizie «sui professori delle arti liberali in Piemonte», come sappiamo da Giovanni Antonio Ranza che gli inviava da Vercelli appunti d'archivio sugli artisti della sua città[4].

Ma quali erano state le esperienze culturali dello studioso durante gli anni della sua formazione?

La prima attività letteraria del giovane appare legata al genere dei componimenti encomiastici come nel caso della laurea del «nobil signore» Guidobono Cavalchini Garofoli e del conte Carlantonio Piossasco di Scalenghe, usciti entrambi dal corso accademico in «ambo le leggi» assieme al Vernazza stesso alla metà degli anni Sessanta[5]. In queste due opere il nostro erudito si qualifica come arcade romano con lo pseudonimo di Iblesio Nafilio e come Accademico Apatista[6].

Siamo nel 1766 e tre anni dopo compaiono ad Alba due sonetti di Alessandro Sappa de' Milanesi (Eumaro Marateo presso l'Arcadia di Roma) pubblicati con una lettera dello stesso Vernazza che si qualifica nuovamente come arcade romano[7]. Il nome di Alessandro Sappa richiama alla mente la definizione che Carlo Dionisotti ha dato di questo poeta come figura emblematica (per altro non isolata) di una cultura attardata («in città di provincia esponeva al pubblico lo stesso linguaggio poetico che era stato di moda in Italia cinquant'anni prima»), mentre il Denina (secondo il parere dello studioso), «alieno per proprio conto alla poesia», «aveva aperto una breccia nel cerchio dell'incoltura piemontese[8]». Ed è proprio dalla contrapposizione così radicale del Dionisotti che si può partire per riflettere sull'atteggiamento del Vernazza nei confronti delle accademie letterarie da lui frequentate all'interno e all'esterno del Piemonte negli anni '80 del Settecento e

l'Accademia delle Scienze di Torino (Fondi aggregati Mazzi 804 e 805).

[3] G.A.O. DE ROSSI, *Nuova Guida per la città di Torino*, Torino 1781.

[4] Per le lettere del Ranza al Vernazza, Torino, Accademia delle Scienze, Lettere dal n. 12646 al 12835 (dal I febbraio 1770 al 12 giugno 1790). All'Accademia delle Scienze di Torino sono anche presenti in copia le lettere del Vernazza al Ranza (dal n. 12836 al 12948).

[5] V. ARMANDO, *Bibliografia dei lavori a stampa del Barone Giuseppe Vernazza*, Alba 1913, pp. 7-8.

[6] Per G. Vernazza arcade romano, *Gli Arcadi dal 1690 al 1800. Onomasticon* a cura di A. M. GIORGETTI VICHI, Roma 1977, pp. 64;145. Per l'Accademia degli Apatisti di Verona, M. MAYLANDER, *Storia delle Accademie d'Italia*, Bologna 1926-30 (ristampa anastatica, s.d.), I, p. 226.

[7] *Due canzonette di Eumaro Marateo pastor arcade*, Alba 1769 (con una lettera di «Iblesio Nafilio P.A. al signor abate Tacconis suo amico»).

[8] C. DIONISOTTI, *Piemontesi e spiemontizzati*, in *Letteratura e Critica. Studi in onore di Natalino*

sulle sue scelte culturali in quegli anni.

Il giovane studioso aveva affrontato i primi incarichi pubblici prima alla Segreteria di Guerra e poi a quella per gli Affari Interni dove venne nominato Segretario di Stato nel 1780. Le Patenti di Vittorio Amedeo III fanno cenno alle «virtuose doti di scelta erudizione e letteratura», ad una «singolare esattezza e zelo in eseguire le commissioni stategli appoggiate per reale nostro servizio» ed all'incarico affidatogli con biglietto regio del 17 dicembre 1773 per la «custodia e direzione delle scritture degli archivi de' soppressi Gesuiti»[9].

Da queste prime osservazioni e alla luce dell'analisi di Marco Cerruti[10] sulla figura del letterato negli stati italiani al momento della crisi dell'antico regime il Vernazza ci appare come un giovane aristocratico di provincia, ben presto dedito ai pubblici uffici e fedele alle istituzioni sabaude, sensibile al fervore culturale degli anni Sessanta. A questo proposito accanto ai componimenti letterari di gusto encomiastico compaiono alcune sue traduzioni dalla lingua inglese: *L'Armonica. Lettera del signor Beniamino Franklin al padre Giambatista Beccaria regio professore di fisica nell'Università di Torino, dall'inglese recata nell'italiano*[11] (Alba 1769), la *Relazione della Corsica di Giacomo Boswell scudiere, trasportata in italiano dall'originale inglese stampato in Glasgua nel 1768* (Londra 1769).

Le due traduzioni citate e la *Lettera di un piemontese al Signor Conte di Charlemont sopra la relazione d'Italia del Sig. Baretti*, pubblicata a Milano nel 1770, rivelano la partecipazione del Vernazza ai fermenti di una cultura cosmopolita, il desiderio di un allineamento dell'intellettualità piemontese con quella europea, l'attenzione ai fatti americani e di Corsica e alle figure emblematiche di Pasquale Paoli e di Beniamino Franklin. Dalla lettera emergono i nomi degli studiosi ai quali il Vernazza fa riferimento per tracciare un quadro della cultura letteraria e scientifica in Piemonte agli inizi degli anni Settanta: oltre al Terraneo[12]

Sapegno, III, Roma 1976, pp. 329-348.

[9] Per le notizie sulla vita del Vernazza, G. CLARETTA, *Memorie storiche* cit., Torino 1862, pp. 201-303. È inoltre fondamentale la documentazione, in originale o in copia, relativa agli incarichi pubblici dello studioso, conservata presso l'Accademia delle Scienze di Torino: Carte Vernazza, MSS dal 1186 al 1189.

[10] M. CERRUTI, *Spazio e funzioni del letterario nel Piemonte del tardo Settecento*, in *Le buie tracce. Intelligenza subalpina al tramonto dei lumi*, Torino 1988, pp. 13-24, già apparso in *Piemonte e Letteratura 1789-1870* (Atti del Convegno a cura di G. IOLI), Torino s.d., ma 1983.

[11] Per la figura di B. Franklin e la sua immagine nella cultura francese del momento prerivoluzionario, *La Révolution Américaine* (schede) in *La Révolution française et l'Europe 1789-1799* (catalogo della Mostra), Parigi 1989, I, pp. 338-345.

[12] Per GIAN TOMMASO TERRANEO è ancora oggi fondamentale: CLARETTA, *Memorie storiche* cit., pp. 3-128. Per il Terraneo, la sua formazione di matrice muratoriana, i suoi rapporti con il Vernazza e l'ambiente degli eruditi subalpini degli anni Ottanta del 700, G. RICUPERATI, *Ludovico Antonio Muratori e il Piemonte*, in *Atti del Convegno Internazionale di studi muratoriani*, Modena 1975, pp. 77-81. Per il rapporto Terraneo-Vernazza, *L'Iscrizione funebre latina posta nella chiesa di S. Dalmazzo in Torino*

e al Denina[13], l'architetto Giuseppe Battista Piacenza[14], (che già aveva pubblicato i primi due volumi del Baldinucci e sarebbe di lì a poco stato nominato architetto regio da Vittorio Amedeo III), il conte di Villa e «l'eloquente» conte di Orbassano[15], figura complessa di letterato in rapporto epistolare amichevole ed erudito con il Vernazza stesso. Dopo aver richiamato l'attenzione degli spettatori europei e soprattutto degli inglesi, in quegli anni interlocutori privilegiati agli occhi di una certa intellettualità subalpina, sulla non subalternità della cultura scientifica, letteraria e figurativa in Piemonte, lo studioso albesano affronta nel decennio che segue alcuni canali di ricerca che rimarranno fondamentali nella sua carriera: la storia e le antichità patrie, i progressi dell'arte tipografica e dell'editoria in Piemonte[16], la descrizione del territorio negli Stati sardi[17].

Nel frattempo il Vernazza viene coinvolto in una prestigiosa impresa editoriale realizzata dal Bodoni a Parma in occasione delle nozze del principe Carlo Emanuele di Savoia (il futuro Carlo Emanuele IV) con Maria Clotilde di Francia, sorella di Luigi XVI[18]. Come è noto, gli autori di quest'opera furono, oltre al Bodoni, Bernardo De Rossi, professore di lingue orientali e di cose bibliche presso l'università di Parma, il conte Castone della Torre in Rezzonico, segretario perpetuo dell'Accademia di Belle Arti della stessa città e il padre Paolo Maria Paciaudi. Al Vernazza e a Giovanni Maria Boccardi andrà il compito di elaborare per i prestigiosi autori delle immagini incise[19] le invenzioni degli emblemi rappresentativi delle province subalpine esultanti per il matrimonio dei due principi e verrà affidata la ricerca filologica sull'origine etimologica dei nomi di alcune città del Piemonte. Il

---

sul tumulo di Gio. Tommaso Terraneo, morto il 28 giugno 1771, riportata nella biografia del Claretta.

[13] Nel 1791 il Vernazza scriverà la *Vita dell'abate Denina scritta dal Barone Vernazza*, che verrà inserita nell'edizione dello stesso anno delle *Rivoluzioni d'Italia* dell'Abate.

[14] *Notizie de' Professori del disegno da Cimabue in qua, opera di Filippo Baldinucci fiorentino Accademico della Crusca, nuovamente data alle stampe da Giuseppe Piacenza, architetto torinese*, Torino 1768-1812. Per l'architetto Giuseppe Battista Piacenza, i suoi rapporti con il Vernazza, l'edizione dei primi due volumi delle *Notizie* del Baldinucci, L. LEVI MOMIGLIANO, *Giuseppe Battista Piacenza* cit., pp. 468-480 e bibliografia relativa.

[15] Per l'interessante figura del Conte d'Orbassano, G. PAGLIERO, *Risbaldo Orsini d'Orbassano. Un intellettuale piemontese tra classicismo, giansenismo e lumi*, Torino 1985. Per il carteggio Vernazza-Orsini, Torino, Accademia delle Scienze, Carteggi Vernazza, Lettere dal n. 10727 al 10805 (Orsini a Vernazza); dal 10824 al 10828 (Vernazza all'Orsini).

[16] Fondamentali per questo aspetto i rapporti del Vernazza con Bonaventura Porro a Cagliari dal 1770 e l'attività della Stamperia Reale in quella città. Cfr. il contributo di Anna Saiu Deidda in questi stessi atti.

[17] *Discorso del Nobile Signor Giuseppe Vernazza di Alba intorno agli articoli dello Stato del Re di Sardegna*, in *Dizionario geografico portatile*, I edizione milanese, Milano 1778, presso Giuseppe Galeazzi.

[18] *Epithalamia exoticis linguis reddita*, Parma 1775. Per l'opera ed il suo significato nell'ambito della cultura subalpina e per l'intervento del Vernazza: L. LEVI MOMIGLIANO, schede, in *Bâtir* cit., pp. 484-489.

[19] Tra gli altri i disegnatori Evangelista Ferrari, Benigno Bossi, gli incisori Domenico Cagnoni e

Bodoni, rivolgendosi ai «benevoli», dichiarava che l'opera richiedeva un approccio nuovo ad una materia in certo qual modo aridamente filologica, soprattutto per quel che concerneva le iscrizioni in lingue antiche "esotiche", redatte dal De Rossi, le etimologie dei nomi delle antiche città e le spiegazioni degli emblemi: «Pur desiderando io le cose nuove, e non tentate, e che per acconci modi a tutta la mole del libro avessero relazione, non sapeva come aprir la cerniera alle Muse, e sottometterle a sì penoso giogo, elleno, che d'ogni freno impazienti amano discorrere per gli infiorati sentieri, e non offendere le tenere piante fra l'ingrata sterilità di rude pietra e arene». Con questa immagine il Bodoni esprimeva efficacemente come il poemetto *Mnemosune* del Rezzonico, apparentemente legato alla tradizione arcadica dei componimenti epitalamici ed encomiastici, fosse stato riportato nel contesto di un'opera dove testo ed immagini erano strettamente legati dall'indagine storico-filologica sulle vicende ed i nomi antichi delle principali province subalpine. Anche il Paciaudi nelle sue lettere al Rezzonico, scritte durante il soggiorno torinese tra il 1774 e il 1779, suggeriva all'autore del poemetto maggiore precisione nelle notizie storiche, un piglio più deciso e meno adulatorio, l'emendazione di un verseggiare di cattiva maniera, per affrontare l'intellettualità subalpina, che veniva lodata per la società letteraria di venti persone ben scelte «qui travaillent à éclaircir les fastes nationaux» (la Sampaolina) e per l'Accademia di Belle Arti, appena rifondata[20].

Ritornando al Vernazza, è possibile seguirne l'attività proprio in una delle accademie letterarie subalpine, la colonia di Fossano, di diretta filiazione dall'Arcadia romana[21]. Sappiamo che il padre Guglielmo della Valle scriveva da Fossano nel 1777 circa (la lettera è senza data) al cardinale Giovanni Battista Rezzonico, nipote di Clemente XIII, e al Custode Generale di Arcadia, l'abate Pizzi, chiedendo l'autorizzazione a fondare nella cittadina piemontese una «società» arcadica («la quale ha solo in mira esercitarsi nelle Belle Lettere»); la richiesta al Rezzonico era motivata dal fatto che qualche anno prima, in occasione della discussione di una Tesi in Teologia, dedicata allo stesso cardinale da un giovane studente di Fossano, la cittadinanza aveva dedicato con successo all'illustre personaggio una raccolta

---

il Volpato.

[20] Per il carteggio Paciaudi-Rezzonico durante il soggiorno torinese del Paciaudi: *Opere del Cavaliere Carlo Castone di Rezzonico patrizio comasco raccolte e pubblicate dal professor Francesco Mocchetti*, Tomo X, Como 1830, pp. 268-297.

[21] Per l'ideologia dell'Arcadia romana, vista attraverso la «favola» del Crescimbeni, per il ruolo istituzionale del Custode, A. QUONDAM, *Gioco e società letteraria nell'Arcadia del Crescimbeni. L'ideologia dell'istituzione*, in *Atti e Memorie dell'Arcadia*, serie III, IV, Roma 1975-76, pp. 165-195; per la crisi del 1711, ID. *Nuovi documenti sulla crisi dell'Arcadia nel 1711*, in *Atti e Memorie* cit., serie III, VI, n. 3, Roma 1973, pp. 105-228. Per le notizie storiche sulla Colonia di Fossano, *Memorie storiche della città di Fossano scritte dall'Abate Giuseppe Muratori segretario perpetuo dell'Accademia fossanese*, Torino 1787, p. 42; T. VALLAURI, *Delle società letterarie del Piemonte*, Torino 1844, Capo VII, pp. 227-240; M.

di componimenti poetici[22]. Ecco quindi la comunicazione di accettazione della nuova colonia fossanese[23] il 28 gennaio 1778, l'elenco dei membri fondatori ed i loro pseudonimi arcadici: tra gli altri il Custode Giuseppe Muratori, il Della Valle stesso, il marchese d'Albarey, il conte Marenco di Castellamonte, Giovanni Maria Boccardi (Direttore delle Poste di Sua Maestà), Giuseppe Antonio Cauda (assistente alla biblioteca della regia Università), il conte Guido Gaschi, il teologo Odoardo Cochis.

Dalle lettere del Vernazza intercorse con il Muratori e con il Della Valle[24] emergono i termini dell'adesione, e dei contributi nei confronti dell'istituzione di recente fondazione. Le prime lettere al Della Valle[25] rivelano una certa resistenza da parte del Vernazza ad accettare di far parte della società letteraria, sia perché si sentiva «affatto escluso da Parnaso», sia perché riteneva che la nuova nomina non fosse compatibile con quella acquisita già da almeno 20 anni nell'istituzione romana.

Più che portato alla declamazione poetica il Vernazza sentiva di essere per il Della Valle un punto di riferimento per la conoscenza della storia patria in vista del progetto del suo interlocutore di pubblicare gli Annali della città di Fossano sin dalle origini. Ma il Vernazza accetterà il diploma dell'Accademia e riceverà dal Della Valle l'incarico mai assolto, per quanto ne sappiamo, di scrivere per la Colonia stessa una memoria sopra le Belle Arti, la loro utilità, e sopra gli artisti che si erano distinti maggiormente nella pittura e nella scultura. I due studiosi si scambiano anche pareri sulla iconografia della medaglia della Colonia che noi conosciamo riprodotta in alcune opere a stampa e che rappresentava sul recto Apollo con la scritta «Apolline dextro» e sul verso la siringa e il lauro sullo sfondo di una città

MAYLANDER, *Storia* cit., III, pp. 52-54.

[22] *A Sua Eminenza il Cardinale Gio. Battista Rezzonico Gran Priore in Roma dell'ordine gerosolimitano, e protettore munificentissimo de' minori conventuali in occasione che il P. Bac. Bonaventura Goan dello stess'ordine nella chiesa di San Francesco della città di Fossano, alla presenza di Monsignor Vescovo e de' corpi del Capitolo e della città, sostenne ai XXX aprile 1777 pubbliche tesi di Teologia all'immortal suo nome consecrate*, Saluzzo 1777. Tra gli autori dei componimenti compaiono Giuseppe Muratori e il Della Valle stesso.

[23] Torino, Biblioteca Reale (d'ora in avanti B.R.T.), Misc. Vernazza 10, fogli I-10, *Carte relative alla Colonia di Fossano*.

[24] Per il carteggio Muratori-Vernazza e Vernazza-Muratori, Torino, Accademia delle Scienze, Lettere dal 10401 al 10553; dal 10554 al 10616; per il carteggio Della Valle-Vernazza e Vernazza-Della Valle, Torino, Accademia delle Scienze, Lettere dal 8112 al 8171; dal 8172 al 8206.

[25] Il frate minore Guglielmo della Valle, monregalese, era coetaneo del Vernazza; entrato nel 1762 nel convento dei Frati minori conventuali di Pinerolo, si era laureato con una tesi in filosofia nel 1775 all'Università di Torino, ma si era poi recato a Roma per gli esami di teologia con il cardinale Alessandro Albani: entrato così in contatto con l'entourage del Cardinale e con quello di Clemente XIV si era dedicato agli studi storico artistici di prima matrice neoclassica ed era entrato nell'Arcadia romana. Noi lo ritroviamo a Fossano dove promuove la fondazione della Colonia. Per il Della Valle, i suoi rapporti con l'intellettualità subalpina, e la trascrizione del carteggio Vernazza-Della Valle, *Notizie degli Artefici*

lontana con la data di fondazione (Olym. DCXXXVIII-A.IV.)[26].

Il 2 maggio 1778, giorno dell'apertura solenne dell'accademia, il Vernazza verrà acclamato compastore, malgrado la sua assenza, da parte del conte Emanuele Bava di San Paolo, che ospitava l'istituzione nelle belle sale del suo palazzo fossanese.

È quindi dal carteggio con il Custode stesso dell'accademia di Fossano, Labinto Pisauro, cioè l'abate Giuseppe Muratori[27] che emergono alcuni temi di dibattito all'interno dell'istituzione stessa subito dopo il suo nascere. Nelle prime lettere del Muratori, a partire dal dicembre 1778, il Vernazza sembra essere un importante punto di riferimento per la nascente accademia per parecchi aspetti: in primo luogo per la sua «erudizione» (gli si chiede in fatti una memoria «sulle biblioteche piemontesi antiche e moderne»), inoltre per le sue conoscenze intorno all'arte tipografica ed alla incisione (il Vernazza aveva regalato al Muratori una prestigiosa edizione della Stamperia Reale di Cagliari e veniva consultato per una raccolta di componimenti in occasione dell'«aprimento dell'Accademia») e per i suoi rapporti con importanti studiosi italiani come Domenico Manni, Ireneo Affò, Gerolamo Tiraboschi, personaggi che diventeranno tutti, su proposta del Vernazza, compastori della Colonia.

L'opera che il Vernazza aveva regalato a Giuseppe Muratori proprio nel momento del «solenne aprimento» dell'accademia, si intitolava *Al novello Arcivescovo di Cagliari Monsignor Don Filippo Melano di Portula Primate di Sardegna e di Corsica Applausi di Bonaventura Porro*. Il Vernazza vi compare con un'epistola dedicatoria e il volumetto rivela una particolare attenzione all'eleganza tipografica del frontespizio e delle incisioni. La rappresentazione figurata della «Sardegna con le Arti e il Commercio» sul frontespizio (da un disegno di Michelangelo Boucheron) può avere come riferimento iconografico l'emblema della città di Nizza degli *Epithalamia* del Bodoni.

Tenere conto delle edizioni parmensi era quasi di prammatica in quegli anni, come dimostra il Muratori quando, annunciando al Vernazza l'edizione dedicata a Vittorio Amedeo III per la seduta inaugurale della Colonia, accenna ai rami «degni del Bodoni». Le *Prose e Poesie dedicate alla Maestà di Vittorio Amedeo III Re di Sardegna dalla Colonia Arcadica Fossanese nella solenne prima Adunanza* compaiono a Torino presso Ignazio Soffietti nel 1780. L'opera porta sul frontespizio

---

piemontesi, a cura di G. C. Sciolla, Torino 1990 (in corso di stampa).

[26] Il Della Valle proponeva un'iconografia più complessa e suggeriva per il recto «Apollo con la siringa» e per il verso «la storia in forma umana che pianta il lauro vicino ad un ponte a Fossano». Per l'iscrizione sulla medaglia il Vernazza consigliava al Della Valle i nomi del Mazzucchi e del Tarino come specialisti nel campo della numismatica, in assenza del Paciaudi ormai ritornato a Parma.

[27] Per le notizie biografiche relative al Muratori, E. De Tipaldo, *Biografia degli italiani illustri nelle Scienze Lettere ed Arti del secolo XVIII e de' contemporanei compilata da Letterati italiani di ogni*

l'incisione della medaglia della Colonia e raccoglie componimenti in prosa ed in poesia i quali, accanto all'encomio per il sovrano, trattano alcuni temi teorici quasi programmatici per la prima attività della nuova Accademia Alla presentazione del Marchese d'Albarey (Giovanni Alessandro de' Conti di Valperga) segue un *Ragionamento accademico* di Labinto Pisauro (il Muratori stesso): «L'oggetto per tanto dei nostri primi saggi sono le arti, e le scienze in quanto che belle sono». Quindi nelle composizioni in prosa dei singoli compastori compare la definizione degli scopi e degli obbiettivi della Colonia fossanese: «Sappia dunque ognuno che scopo di questa nostra Institutione sia sempre il porre ogni più assidua cura intorno alla coltivazione delle Belle Arti, e delle ottime discipline onde sempre più promuovere il buon gusto, e conservarlo»; segue poi una riflessione sui compiti delle istituzioni accademiche in generale e sui principi teorici informativi, quali il buon gusto, l'origine, il progresso e decadenza delle scienze e delle arti «appresso le nazioni», sull'importanza della poesia, il desiderio del piacere come molla della creatività, l'esercizio nel «celare la dottrina e la verità sotto il velo dell'allegoria». Nei componimenti poetici ricorre il tema della benevolenza del sovrano come protettore delle arti, della supremazia della poesia, della lode della pittura, e della scultura, da poco fatte rifiorire dall'Accademia di Belle Arti rifondata da Vittorio Amedeo III. Così infatti appare l'immagine della scultura nel sonetto del padre Guglielmo Della Valle: «Là dove quercia i rami intrica/ con un bel mirto assisa, i lumi gravi volse all'altra, e sì disse: io taccio, / amica, / Ch'a marmi informi, alle nodose travi / dono a mia voglia quando di pudica / vergin modesta i modi alti, e soavi, / quando d'Eroe divin l'eletta forma, / quando d'orrida belva aspetto informe.

Gli autori dei componimenti accanto al marchese d'Albarey, al Muratori e al Della Valle sono Ottaviano Pasquini, professore di rettorica di Casal Monferrato, il teologo Cauda, l'avvocato Giovanni Maria Boccardi, il conte Vincenzo Marenco di Castellamonte. Quest'ultimo con il *Saggio sopra la cagione dell'origine, progresso, e decadenza delle scienze e delle arti appresso le nazioni* aveva riportato all'interno dell'Accademia un tema a lui caro, quello del progresso delle arti e delle scienze, protette dal Sovrano, ma anche strettamente dipendenti dallo «spirito di patriottismo» dei cittadini.

Questa raccolta di scritti metteva in luce un dibattito in corso il quale, se evidenziava come le arti figurative si trovassero in un rapporto di subalternità rispetto al primato continuamente riaffermato dell'arte poetica, dall'altro non aveva dimenticato nè le *Dissertazioni* di Giuseppe Battista Piacenza, inserite nei primi due volumi, editi nel 1768 e nel 1770, delle *Notizie de' Professori del disegno da Cimabue in qua,* sopra la pittura, la decadenza e il rinascimento delle tre arti, nè a maggior ragione il *Ragionamento* del conte Felice Durando di Villa, pronunciato proprio nel 1778 in occasione della prima riunione di apertura dell'Accademia di scultura e di pittura. Tra gli accademici d'onore di quest'ultima istituzione ritornano i nomi di alcuni personaggi attivi a Fossano o nella Sampaolina come il Bava di San Paolo, il conte di San Raffaele, il Boccardi, il conte Tana, l'abate Valperga di Caluso. Il Vernazza viene ricordato come erudito, studioso di storia patria, per le sue conoscenze su Macrino, Boetto e Moncalvo, nomi prestigiosi per le arti figurative in Piemonte, alle quali il conte di Villa aveva dedicato il suo Ragionamento. Il dibattito epistolare tra Giuseppe Muratori e il Vernazza riguarda da vicino l'attività della colonia fossanese e gli orientamenti culturali talvolta conflittuali che al suo interno si evidenziavano, ed è un esempio significativo della pressione da parte di una certa intellettualità subalpina per sollecitare l'attività riformatrice di Vittorio Amedeo III. Il momento centrale del carteggio cade nel 1781: il Vernazza si è sposato due anni prima con Giacinta Fauzone di Montelupo, dando così occasione ai compastori e al Porro per alcune raffinate prove di stampa di buon augurio agli sposi[28]; nello stesso anno il Della Valle con lo pseudonimo arcadico di Ismerio Peliaco dedica allo studioso albesano una lettera «sopra lo sfogliar delle viti prima della vendemmia», esercitazione elegante dal punto di vista letterario, quasi un invito al sovrano a proteggere l'agricoltura, e ai letterati a coltivare personalmente i propri poderi («Le piante sono rispettivamente alla campagna come gli adorni palagi alla città»).

Nel 1780 il Vernazza è nominato Segretario di Stato per gli Affari Interni. Il Muratori teme che questo incarico lo distrarrà dalla attività accademica, ma lo scambio tra i due studiosi è intenso: è evidente un tentativo di riforma, tendente da un lato ad una maggiore autonomia dall'Arcadia romana, e ad un ridimensionamento del numero dei membri effettivi per non inflazionare il nome arcadico, dall'altro all'istituzione di una colonia torinese di cinque membri con il Vernazza segretario perpetuo e ad indirizzare l'attività letteraria verso la prosa e la «coltivazione delle utili facoltà». Ne è testimonianza concreta l'attenzione alle memorie patrie anche attraverso la cultura figurativa, come per l'immagine di San Giovenale riprodotta in incisione da un'opera del Boetto e rappresentante i dipinti del Sancta Sanctorum del vecchio duomo di Fossano; ed anche il dibattito sul progetto che si rivelerà di laboriosa e tormentata conduzione di una raccolta di componimenti per la «Adunanza tenuta dagli Accademici di Fossano in occasione delle Auguste nozze di Madama Carolina di Savoia col Principe Antonio Clemente di Sassonia»[29].

La proposta del Vernazza per il piano dell'opera è chiaramente ribadita il 15

---

provincia e pubblicata per cura del Professore Emilio De Tipaldo, Venezia 1837, IV, pp. 37-38.

[28] Alcuni di questi fogli incisi e stampati anche in occasione della nascita dei figli si trovano in B.R.T., Misc. Vern. I, pp. 108-127, e sono indicativi sia degli interessi per le tecniche dell'arte tipografica e dell'incisione, sia per l'attenzione alla forma degli antichi epitaffi e delle epigrafi classiche.

[29] La raccolta dei componimenti fu stampata a Torino presso la Stamperia Reale presumibilmente

giugno 1781: «Fate che le poesie e le prose degli Accademici servano all'istoria. Diciamo per esempio alla sposa, che andando in sì lontane parti, speriamo che gradirà di portar seco il ritratto che abbiamo formato di suo padre, non già per via di pennello e di matita, ma sì con monumenti d'eloquenza. Quindi facciamo l'elogio del Re, dividendone in tante parti la materia, quante dovranno essere i componimenti. Voi vedete quanto splendidi soggetti siano: la strada nuova di Nizza, la Società Reale d'Agricoltura, l'Accademia Reale di pittura e scultura, l'Accademia di Fossano, la mendicità instruita, l'ospital militare, il ritiro delle figlie di soldati, il censimento, la borsa clericale di Pinerolo, i vescovati, i cimiteri, le fortificazioni di Tortona, il consolato di Marocco, l'arbitrio de' confini tra Parmigiani, Toscani e Genoesi...». Il Vernazza propone come tipografo il Porro che sembrava stesse per ritornare a Torino come direttore della Stamperia Reale e le incisioni del Porporati «di buona invenzione e di buon disegno».

Il Muratori è entusiasta: propone trenta componimenti sul tema delle virtù per lasciare più libere le composizioni accademiche, delle quali sarà censore il Vernazza; pensa ai rami del Porporati con i ritratti degli sposi, un'ara nuziale con iscrizione, secondo il rito degli antichi romani, tre medaglie (il commercio, la protezione delle arti, la religione).

Nello scambio di proposte, di tematiche, di invenzioni per le immagini, il Vernazza insiste su alcuni punti per lui irrinunciabili: «dolcezza dei versi e utilità della istoria», attenzione alla storia antica di Fossano, «la combinazione continua della vecchia e della moderna istoria»; pensa ancora alle immagini: per il frontespizio, Imeneo (con la targa con le armi degli sposi) e la dea Aurora su un carro tirato da due cigni; per la prefazione un fregio alla greca con la zampogna ed altri ornamenti; per la pagina di fondo il recto della medaglia arcadica.

Ma il progetto si inceppera: nel settembre del 1781 il Vernazza comunicherà al Muratori che il revisore delle stampe, il conte di Ferrere ha respinto quasi tutti i componimenti degli Accademici fossanesi risparmiando gli scritti del Muratori, del Cochis, del Boccardi, del Marenco, del Trinelli e del marchese d'Albarey. Quando l'opera verrà pubblicata, senza data, dalla Stamperia Reale, manterrà soltanto qualche pallido ricordo del progetto sia per i contenuti sia per la veste tipografica. Infatti ci si limiterà alla vignetta del frontespizio incisa da Arghinenti su disegno del Palladino con il verso della medaglia accademica e l'immagine di Apollo; i componimenti poetici con i nomi del Muratori, del Boccardi e del Cochis sfioreranno in modo sporadico e non programmatico alcuni temi suggeriti dal Vernazza, come la munificenza reale, il favore delle arti e delle scienze, l'omaggio di Carolina di Savoia alle spoglie del Beato Amedeo, con modi poetici ancora degni dell'encomio di matrice arcadica.

Ci sembra evidente, dopo la crisi provocata dall'intervento del revisore delle stampe per i componimenti per le nozze di Carolina di Savoia, un tentativo di

718

rilancio dell'istituzione grazie al Bava di San Paolo, al Della Valle, al Muratori e al Vernazza stesso; quest'ultimo è del parere che lo stimolo per una nuova attività riformata debba partire dagli Accademici fossanesi e non dai forestieri (è evidente che si allude alla piccola colonia torinese); nel gennaio 1783 riprendono le sedute, e le comunicazioni (il Busson su due operazioni chirurgiche; il Della Valle sull'agricoltura in Piemonte; il Muratori sulle antiche sepolture e sulla dannosità dell'aria stagnante all'interno dei sepolcri); il Vernazza si impegna nella stesura del testo delle patenti ai nuovi accademici (con una prosa «non altisonante e fanatica»); nel 1784 la Colonia diventa corrispondente dell'Accademia delle Scienze di Torino, ne riceve la medaglia, è ammessa alle sedute torinesi e può contribuire con memorie e comunicazioni di argomento scientifico; nel 1785 il Muratori ha terminato, dopo averne discusso con il Vernazza, le sue *Memorie storiche della città di Fossano*», che verranno pubblicate a Torino presso Briolo nel 1787 come opera del segretario perpetuo dell'Accademia fossanese; il 9 ottobre 1787 le Patenti di Vittorio Amedeo III approvano la divisione dell'Accademia in due classi (quella di filosofia, riguardante «la sola utilità morale o fisica dell'uomo» e quella di belle lettere), e il Regolamento. Il Vernazza, invitato dal Muratori a scegliere la classe di appartenenza, rispondeva di essere «glorioso di essere membro di un'illustre Accademia che onora i fasti letterari del Piemonte», lasciava all'arbitrio degli Accademici la scelta e dichiarava ancora una volta di non sentirsi portato per le cose poetiche.

L'attività letteraria e di ricerca del Vernazza, intensissima, si era intanto decisamente orientata verso il campo delle memorie patrie sia nell'ambito della ricerca antiquaria e figurativa sia in quello del recupero bio-bibliografico di alcune figure di letterati subalpini del passato (come Paolo Cerrato e Benvenuto di Sangiorgio[30]): il padre Paciaudi, ritornato nel 1778 a Parma dopo il breve soggiorno in Piemonte scriveva al Vernazza di aver letto alcuni suoi scritti e gli esprimeva apprezzamenti assai lusinghieri invitandolo a progettare la pubblicazione di una *Biblioteca de' nostri scrittori subalpini*. Egli riconosceva al nostro studioso «ingegno perspicace, squisita erudizione, scienza diplomatica nel vedere la verità delle cose, la ragione dei tempi, nell'adornarle convenevolmente e trarne in luce i patrii monumenti[31]». Una delle opere che il Paciaudi aveva letto erano le *Osservazioni di Giuseppe Vernazza sopra un sigillo de' bassi tempi da lui posseduto* (Torino 1778). Questo scritto, una novità per l'ambiente piemontese a causa della materia

---

nel 1781, anche se comparve senza data.

[30] *Pauli Cerrati Albensis Pompeiani quae superant opera*, Vercelli 1778; *Vita di Benvenuto Sangiorgio cavaliere gerosolimitano, descritta dal nobiluomo Giuseppe Vernazza, accademico etrusco, segretario perpetuo dell'Accademia di Fossano*, Torino 1780.

[31] Per le lettere del Paciaudi al Vernazza, Torino, Accademia delle Scienze, Lettere dal 10860 al 10867.

trattata, prende le mosse dalla gigantesca opera di Domenico Maria Manni[32] il quale aveva giustificato il suo interesse erudito per questo genere di oggetti ancora poco studiati, «genuini», con la convinzione che non fosse più possibile dedicarsi allo studio delle medaglie a causa «della troppo occulta falsificazione». Il Vernazza dedicava l'opera all'abate marchese Don Carlo Trivulzio, milanese, collezionista di «cose peregrine e rare» che conservava nel suo ricco museo; il nostro studioso aveva da lui ricevuto in dono alcune medaglie dell'antica famiglia Trivulzio e gli aveva dedicato l'illustrazione di un sigillo dei marchesi di Incisa in bronzo, scoperto a Vercelli e donato al Vernazza dal vercellese Ranza. Le raffinate incisioni su legno di Angelo Costantino illustravano, oltre a quello della famiglia Incisa, altri sigilli dal Vernazza rinvenuti e studiati presso collezionisti privati (i conti di Piossasco) o nel Museo di Antichità di Torino (sigillo di Guglielmo del Pozzo). Il Vernazza è ora al centro di un fitto scambio di notizie, oggetti, immagini, tra studiosi, collezionisti privati ed anche funzionari delle istituzioni pubbliche: ne è una prova il legame con il Tarino ed il Mazzucchi, direttori del Museo universitario di antichità e l'ipotesi di un suo incarico pubblico presso la biblioteca dell'Ateneo torinese.

Ritornando alla lettera al Tiraboschi dalla quale abbiamo preso le mosse, le scelte del Vernazza appaiono accantonare i nodi teorici (il concetto del buon gusto e del bello ideale[33]) messi a punto dagli accademici di Fossano nei componimenti in onore di Vittorio Amedeo III o sollevati da alcuni letterati in contatto in quegli anni con l'ambiente romano. Ad esempio il conte Orsini di Orbassano, in rapporto a Roma con il pittore valsesiano Giuseppe Mazzola, pensionato di Sua Maestà sarda presso Raphael Mengs e nuova promessa della pittura in Piemonte in quegli anni, scriveva al Vernazza nel 1779 sul tema del bello ideale in pittura e chiedeva consigli per l'elaborazione di un'allegoria sul tema dell'amore coniugale che il Mazzola avrebbe dovuto tradurre in pittura. Il nostro studioso appare molto interessato alla «tessitura letteraria» del tema allegorico che venne poi divulgata e letta dal conte Durando di Villa in una conversazione della società letteraria in casa del conte Bava di San Paolo, si dichiara un ammiratore della pittura del Mazzola, del quale aveva visto il ritratto del conte Tana[34] e si augura che un novello Winckelmann intervenga

[32] D.M. MANNI, *Osservazioni istoriche sopra i sigilli antichi de' secoli bassi*, 30 tomi, Firenze 1739-1786. Nel tomo XVIII il Manni presenta il sigillo del Concejo de Alfondiga illustrato dal Vernazza (pp. VII-VIII).

[33] Per il concetto del «bello ideale» e il dibattito in ambiente subalpino, C. CALCATERRA, *Il nostro imminente Risorgimento*, Torino 1935, pp. 521-563 (Cap. IX, *Le arti figurative negli scritti della Sampaolina e della Filopatria*). Il Calcaterra distingue nel gruppo degli intellettuali subalpini il Vernazza, ricercatore rigoroso di notizie storiche e d'archivio sulla vita degli artisti piemontesi, e personaggi come il Galeani Napione e il Franchi di Pont più inclini a trattare problematiche squisitamente teoriche ed estetiche come appunto il concetto del «bello ideale» e del «buon gusto».

[34] Per la figura del Tana: M. CERRUTI, *Alcuni rilievi sul «melanconico Tana»*, in *Le buie tracce* cit., pp. 39-54, già apparso in *Miscellanea di studi in onore di Vittore Branca*, IV, *Tra illuminismo e romanticismo*, Firenze 1983.

BLASONE
DELL' ARMA
DEL NOBILE
GIVSEPPE VERNAZZA
DI ALBA

Scudo inquartato a norma dei privilegi dei 15 di aprile 1614, e dei 15 di ottobre 1646.

Nel 1 e 4 di *azzurro*; col capriolo di *oro*, accompagnato da tre grappoli di *oro*, gambuti e fogliati di *verde*. Che è dei VERNAZZA.

Nel 2 e 3 fasciato di *oro* e di *rosso*; col capo di *azzurro*, caricato di un cotogno sradicato e fruttifero di *oro*, fogliato di *verde*. Che è dei VIETTI.

ELMO. Di acciaio bordato di *argento*, graticolato con tre affibbiature, coi lambrequini, posto in profilo, e sormontato dal burletto a foggia di antico regio diadema.

CIMIERO. Liocorno nascente di *argento*.

GRIDO DI GUERRA. *In virus virtus.*

Cagliari 1779

nella stamparia reale

1a   1b

2

1) INCISORE ANONIMO, *Blasone dell'arma del Nobile Giuseppe Vernazza d'Alba*, Cagliari 1779, Torino, Biblioteca dell'Accademia delle Scienze.
2) LUIGI VALPERGA, *Gian Tommaso Terraneo*, (da un disegno di Ettore Vernazza di Freney), Torino 1799. Torino, Biblioteca Reale.

3a

FILIPPO BALDINUCCI

Antonio Baratti s.

3b

NOTIZIE
DE' PROFESSORI DEL DISEGNO
DA CIMABUE IN QUA,
O P E R A
DI FILIPPO BALDINUCCI FIORENTINO
ACCADEMICO DELLA CRUSCA,
NUOVAMENTE DATA ALLE STAMPE
CON VARIE DISSERTAZIONI, NOTE, ED AGGIUNTE
DA GIUSEPPE PIACENZA
ARCHITETTO TORINESE.

VOLUME PRIMO.

IN TORINO, NELLA STAMPERÍA REALE.
MDCCLXVIII.

4

NICAEA

INSCRIPTIO PERSICA

بعدای . عالی
از . ماوای . حامی . اورا
کشاندکمی . پادشاهانی
شا . بندوی . کنه
بقاراوین . عنوال . وہیم . کلوئیله
وسیار . زیاد . کنه
اینانرا
وسیار . کنه . یامینی
ویاداشاهان . قوبها . از . انان
باشند
شهر . نیمه ه

3) *Notizie de' Professori del disegno da Cimabue in qua opera di Filippo Baldinucci... nuovamente data alle stampe... da Giuseppe Piacenza,* antiporta e frontespizio, vol. I, Torino 1768.
4) DOMENICO CAGNONI, *Nicaea,* (la provincia di Nizza), in *Epithalamia exoticis linguis reddita,* Parma 1775.

5

APOLLINE · DEXTRO

6

7

AL NOVELLO ARCIVESCOVO DI CAGLIARI

MONSIGNORE

DON VITTORIO FILIPPO

MELANO DI PORTVLA

PRIMATE DI SARDEGNA E DI CORSICA

APPLAVSI

DI BONAVENTVRA PORRO

CAGLIARI M.DCC.LXXVIII

NELLA STAMPARIA REALE

PROSE, E POESIE

DEDICATE

ALLA MAESTÀ

DI

VITTORIO AMEDEO III.

RE DI SARDEGNA ec. ec. ec.

DALLA COLONIA ARCADICA FOSSANESE

NELLA SOLENNE PRIMA ADUNANZA.

TORINO MDCCLXXX.

DALLE STAMPE D' IGNAZIO SOFFIETTI

CON PERMISSIONE.

5) ANTONIO ARGHINENTI, *La Medaglia della Colonia arcadica di Fossano*, (da un disegno di Giuseppe Palladino). Torino, Biblioteca Reale.
6) Incisore Anonimo, *La città di Cagliari*, (da un disegno di Michelangelo Boucheron) frontespizio da *Al Novello Arcivescovo di Cagliari...*, Cagliari 1778.
7) *Prose e poesie dedicate alla maestà di Vittorio Amedeo III...*, frontespizio, Torino 1780.

ALLA VIRTV
DELLA NOBIL DONNA
GIACINTA VIRGINIA FAVZON
DE' CONTI DI MONTELVPO
CONSORTE
DEL SIGNOR
BARONE VERNAZZA DI FRENEY
SEGRETARIO DI STATO DI SVA MAESTA'
LA QVALE
NELL' ALLATTARE ELLA STESSA
ETTORE
VNICO LORO FIGLIVOLO
NATO IN TORINO ADDI' III DI GENNAIO MDCCLXXXII
RINNOVA GLI ILLVSTRI ESEMPI
DELLE DONNE DI SPARTA
E DELLE MATRONE DI ROMA
RARA VIRTV'
DEGNA DI ESSERE COMMENDATA
CON LE PAROLE DE' SANTI PADRI
E CON GLI ENCOMII DE' FILOSOFI
MONVMENTO
DI CONGRATVLAZIONE E DI OSSEQVIO
DI
BONAVENTVRA PORRO
SOCIO ONORARIO DELL' ACCADEMIA DI FOSSANO

nella Reale stamperia di Torino con approvazione

8-9

8-9) DOMENICO CAGNONI, *Blasone e epigrafe per la nascita del figlio Ettore Vernazza*, Torino 1782.

ADVNANZA TENVTA
DAGLI ACCADEMICI DI FOSSANO
IN OCCASIONE DELLE AVGVSTE NOZZE
DI MADAMA
CAROLINA DI SAVOIA
COL PRINCIPE
ANTONIO CLEMENTE
DI SASSONIA

IN TORINO NELLA STAMPERIA REALE.

10

OSSERVAZIONI
DI
GIVSEPPE VERNAZZA
SOPRA
VN
SIGILLO
DE' BASSI TEMPI
DA LVI POSSEDVTO

Se tanta stima si fa delle medaglie, che talvolta fallaci sono a cagione delle omai troppo occulta falsificazione, a cui sono state condotte; quale stima non dovrà farsi di un monumento genuino, qual è il sigillo, a cui non vi ha forza per l'avidissima, frode, che nascere abbia veruno?

MANNI tom. 1 pref. p. XII

TORINO MDCCLXXVIII
PER FRANCESCO ANTONIO MAIRESSE
Stampato senza diritti

11

GERMANI ET MARCELLAE
ARA SEPVLCRALIS
SECVNDIS CVRIS ILLVSTRATA
AB IOSEPHO VERNAZZA

AVGVSTAE TAVRINORVM M. D. CC. XCVI.
EXCVDEBAT IACOBVS FEA.

12

10) *Adunanza tenuta dagli Accademici di Fossano in occasione delle Auguste Nozze di Madama Carolina di Savoia col Principe Antonio Clemente di Sassonia*, frontespizio, Torino s.d., ma 1781.
11) *Osservazioni di Giuseppe Vernazza sopra un sigillo de' bassitempi da lui posseduto*, frontespizio, Torino 1778.
12) *Germani et Marcellae Ara sepulcralis secundis curis illustrata*, frontespizio, Torino 1796.

13

Ranza a Vernazza

14

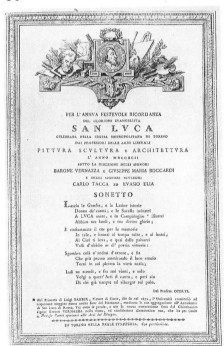

PER L'ANNVA FESTEVOLE RICORDANZA
DEL GLORIOSO EVANGELISTA
SAN LVCA
CELEBRATA NELLA CHIESA METROPOLITANA DI TORINO
DAI PROFESSORI DELLE ARTI LIBERALI
PITTVRA SCVLTVRA E ARCHITETTVRA
L'ANNO MDCCXCII
SOTTO LA DIREZIONE DELLI SIGNORI
BARONE VERNAZZA E GIVSEPPE MARIA BOCCARDI
E DELLI SIGNORI SCVLTORI
CARLO TACCA ED EVASIO ELIA

SONETTO

Lascia le Greche, e le Latine istorie
Donna de' carmi ; e le Sorelle industri
A LVCA sacre, e in Campidoglio Illustri
Abbian tue laudi, e tue divine glorie ;

E rinfiammata il cor per le memorie
In tele, e bronzi al tempo tolte, e ai lustri,
Al Ciel ti leva, e quai dalle palustri
Valli d'oblìo or di' portin vittorie :

Sgombra colà n'andrai d'errore, e fia
Che più presso smirando il loro stuolo
Torni in sul plettro la virtù natia ;

Indi ne scendi, e fra noi vieni, e solo
Volgi a quest'Arti il canto, e patri sia
Di chi già nacque ad albergar sul polo.

Del Profess. OPERTI.

IN TORINO NELLA REALE STAMPERIA. Con permissione.

15

IGNAZIO SECONDO MARIA COLLINO
Primo scultore del Re
nato in Torino 26 di agosto 1724
morto in Torino 26 di dicembre 1793

Giovanni Moretti del.

13) *Giovanni Antonio Ranza*. Torino, Biblioteca Reale.
14) Antonio Maria Stagnon, *Per l'annua festevole ricordanza del glorioso Evangelista San Luca...*, Torino 1792. Torino, Biblioteca Reale.
15) Luigi Valperga, *Ignazio Secondo Maria Collino*, (da un disegno di Giovanni Moretti). Torino, Biblioteca Reale.

16

17

UNANIMIUM SOCIETATIS
PRAESES AC FUNDATORES.

16) Antonio Maria Stagnon, *Linea genealogica degli Stagnoni di Mondelli in Valle Anzasca*, Torino 31 dicembre 1794. Torino, Biblioteca Reale.
17) Tosco, *Unanimium Societatis Praeses ac Fundatores*, (da un disegno di Giuseppe Palladino), frontespizio, Chieri 1790. Torino, Biblioteca Reale.

a proclamarne le lodi; sfiora invece il tema del bello ideale, definendolo il «famoso problema» e indicandone gli esempi più prestigiosi in Paolo Veronese e «nell'unico Tiziano», più che in Giorgione e in Tintoretto.

È invece significativa la sua familiarità con gli archivi di importanti istituzioni: pensiamo all'incarico, affidatogli con biglietto regio nel 1773, di dirigere e custodire gli archivi dei Gesuiti dopo la soppressione, o al 1781, anno in cui ad Alba si era occupato di riordinare l'archivio dei Canonici e quello delle monache di S. Chiara.

Nello stesso tempo si approfondivano i suoi legami di fedeltà al sovrano: infatti nel 1787 verrà chiamato a collaborare con il consigliere di stato Melchiorre Rangone di Montelupo per la ricerca archivistica, negli stati sardi e anche fuori, per una storia dell'origine della Real Casa di Savoia. Ancora prima, nel 1783, aveva accolto il sovrano stesso e la sua famiglia nella sua casa ad Alba dove aveva fatto trasportare l'ara di Caio Cornelio Germano ritrovata nelle acque del Tanaro. Sono testimonianze di questo importante avvenimento sia le iscrizioni in latino composte dallo stesso Vernazza per ricordare la visita della famiglia reale sia il ragionamento sul prestigioso rilievo antico, pubblicato in due edizioni nel 1787 e nel 1796[35]. Nella II edizione l'incisione che riproduce l'ara, opera di Luigi Valperga da un disegno di Ettore Vernazza, presenta lievi pennellate ad acquerello nei toni del verde e del marrone ed una raffinata incorniciatura di palmette e girali: i toni acquerellati sono opera del Bagetti[36] e rivelano ancora una volta la sensibilità del Vernazza per l'eleganza dell'immagine. Nello stesso tempo il testo latino, che sarà poi tradotto in italiano in una terza edizione nel 1825 dall'avv. Gio. Secondo De Canis (Accademico Unanime[37]), ricostruisce con precisione filologica la personalità di Caio Cornelio Germano, membro dell'antica tribù Camilla di Alba.

Nel 1788 il Vernazza entrerà a far parte della Società Filopatria con l'appoggio del conte Prospero Balbo e del Ponziglione, malgrado l'opposizione di Felice di San Martino della Motta: quest'ultimo non condivideva la severa e rigorosa ricerca storica del Vernazza, il quale invece era stato cooptato nell'Accademia proprio grazie all'acribia del suo metodo filologico. La sua prima comparsa nella Società è del 16 agosto 1787 ed in quell'occasione, seppure ancora dall'esterno dell'isti-

---

[35] *Germani et Marcellae ara sepulcralis commentario illustrata ab Iosepho Vernazza Albae Pompeiae patricio Regiarum Academiarum Scientiarum et Artium Mantuanae, et Neapolitanae, Etruscorum Cortonensium Volscorum Veliternensium sodali*, Augustae Taurinorum 1787; *Germani et Marcellae ara sepulcralis secundis curis illustrata ab Iosepho Vernazza*, Augustae Taurinorum 1796.

[36] Per i rapporti tra Vernazza e Bagetti: P. ASTRUA, *Della moneta* cit., 1981, p. 285.

[37] Per le notizie sull'Accademia degli Unanimi, T. VALLAURI, *Delle società letterarie del Piemonte*, Torino 1844, II, cap. X, pp. 282-291. Il Vernazza ne fu socio ordinario dal 1791 con lo pseudonimo di «Conforme» e conservò nelle sue carte, (ora in B.R.T., Miscellanea Vernazza I, p. 167), il manifesto programmatico con il motto e l'emblema ideato e disegnato dal Palladino. Un *Elenco dei soci Unanimi secondo l'ordine di anzianità* è conservato nelle Miscellanea Vernazza 33 della Biblioteca Reale di Torino.

tuzione, metteva a disposizione dei Filopatridi tutto il materiale documentario in suo possesso per portare a termine la pubblicazione della Biblioteca Carlo Emanuele. iniziata dal Carlevaris e lasciata interrotta sotto Carlo Emanuele III[38]. Come membro della letteraria conversazione, il Vernazza darà alcuni importanti contributi leggendo la vita di Macrino d'Alba, una lezione storica sopra l'università di Torino e la descrizione di quattro grandi quadri eseguiti per la camera di parata della duchessa d'Aosta al II piano di Palazzo Reale[39], dei quali aveva egli stesso dettato il tema e il progetto iconografico. II 10 e il 15 marzo 1792 si svolgono due sedute straordinarie della società con la partecipazione del Denina e del padre Guglielmo Della Valle: quest'ultimo legge il *Ragionamento* su Fra Giocondo che entrerà a far parte, come prefazione, del Tomo, VII, della nuova edizione delle Vite del Vasari. Il Vernazza a sua volta proporrà il suo saggio di *Bibliografia lapidaria patria*[40], che rimarrà invece manoscritto.

Quali erano negli anni Novanta i temi dibattuti dai Filopatridi sul versante figurativo e, al confronto, da quale angolatura si ponevano le ricerche dello studioso albesano?

Nella vita di Tommaso Valperga di Caluso, scritta da Carlo Boucheron[41,] il Vernazza è visto assieme a Gianfrancesco Galeani Napione e al conte Giuseppe Franchi di Pont , nello studio di uno scultore, di fronte alla rappresentazione del convito degli dei, riprodotto in creta dalla famosa composizione raffaellesca, mentre il Caluso discorreva della favola di Amore e Psiche e del pensiero neoplatonico. Il Napione[42] e il Franchi di Pont[43] erano in quegli anni assai attivi sia come recensori della «Biblioteca Oltremontana» sia come membri della società dei Filopatridi: entrambi a Roma erano venuti a contatto con l'entourage del cardinale Borgia, di Gherardo De Rossi, di Carlo Fea e di Damiano Priocca e quindi erano a conoscenza dei nodi teorici della cultura neoclassica. Infatti nella «Biblioteca» affrontano questi temi con attenzione particolare alle arti figurative: è il caso della recensione del Napione, apparsa sulla «Biblioteca» del 1793, al Milizia (*Dell'arte di vedere nelle belle arti del disegno secondo i principi di Sulzer e di Mengs*, 1781) o della lettera del medesimo al Franchi di Pont (2 agosto 1795) sul «vero spirito

---

[38] Per le notizie relative alla Società Filopatria, e al ruolo di Prospero Balbo, di Felice San Martino della Motta e di Amedeo Ferrero Ponziglione: G.P. ROMAGNANI, *Prospero Balbo intellettuale e uomo di stato (1762-1837)*, Torino 1988, pp. 18-187, con la fondamentale bibliografia relativa.

[39] P. ASTRUA e M. DI MACCO, schede in *Cultura figurativa*, cit., I, pp. 100-102.

[40] B.R.T., Miscellanea Vernazza 60.

[41] C. BOUCHERON, *De Thoma Valperga Calusio*, Torino 1833, p.LXXXIX-XC

[42] Per il Galeani Napione e la sua attività come membro della Filopatria e recensore della «Biblioteca Oltremontana» sono fondamentali le notizie raccolte da Carlo Calcaterra in *I Filopatridi*, Torino 1941, pp. 185-188, ma soprattutto in *Il nostro imminente Risorgimento*, Torino 1935, pp. 521-563 per il versante figurativo. Più di recente: P. ASTRUA, *Lodovico Costa* cit., pp. 55-56 e bibliografia relativa.

[43] Per il Franchi di Pont: C. CALCATERRA, *Il nostro imminente* cit., pp. 521-566.

filosofico dell'antiquaria», o del suo commento sempre nel 1793 al «Museo Pio-Clementino descritto da G.B. Visconti». Da parte sua il Franchi di Pont, studioso riservato e silenzioso, al quale il Napione dedicherà nel 1822 le sue *Lettere sui monumenti dell'architettura antica*, aveva in progetto una *Storia delle arti del disegno* (rimasta inedita), della quale leggeva il Proemio nelle sedute della Società letteraria[44]; recensiva sulla «Biblioteca» sia le *Cartas familiares* dell'Andrès (un diario di viaggio relativo anche al Piemonte[45]) sia gli scritti di Heyne, di Gherardo De Rossi, con una particolare attenzione allo studio dell'antico, alle collezioni di incisioni, alla rivalutazione dell'arte lombarda e piemontese rispetto a quella fiorentina, con una profonda riserva per l'architettura barocca e per Filippo Juvarra. Quanto al Napione, attento alla tutela delle antichità subalpine, sono noti il suo incarico come Intendente della Provincia di Susa nel 1783, i provvedimenti di salvaguardia dell'Arco di Susa, la lettura dei bassorilievi e dell'iscrizione del monumento e l'interesse agli studi sulle antiche monete del Piemonte. Anche se i risultati di queste ricerche vennero pubblicati assai più tardi, nelle «Memorie dell'Accademia delle Scienze di Torino» del 1812 e del 1826, il Napione incontrò sui suoi passi proprio negli anni Novanta il Vernazza, impegnato nella pubblicazione alquanto contrastata della dissertazione *Della moneta secusina*, edita a Torino nel 1793. Sarà infatti il Napione stesso, con il conte Balbo a persuadere il Vernazza a pubblicare l'opera, anche se gli era stata negata dal sovrano l'opportunità di corredare l'edizione con le immagini incise delle monete secusine conservate nel regio gabinetto di medaglie[46].

Era quindi in questo momento così fervido di scambi e ricerche nell'ambito della società dei Filopatridi che Vernazza si era accinto a leggere la sua *Bibliografia lapidaria patria*. Nella Prefazione egli spiegava come nel 1791 fosse stato invitato dall'abate Giovanni Cristofano Amaduzzi, arcade romano e soprintendente alla Stamperia della Congregazione di Propaganda Fide, a dedicarsi a questo argomento sul quale l'abate avrebbe voluto pubblicare a Napoli i frutti di analoghi studi e ricerche. L'Amaduzzi, in rapporto epistolare con Vernazza dal 1777 fino al 1792[47], anno della sua morte, era stato strettamente legato alla politica di Clemente XIV ed alla cultura antiquaria e figurativa di matrice neoclassica ed aveva scritto nel 1780 un'orazione in memoria di Raphael Mengs, pubblicata a Roma tra i componimenti per l'*Adunanza tenuta dagli Arcadi in morte del cavaliere Antonio*

---

[44] C. CALCATERRA, *Le adunanze della Patria Società Letteraria*, Torino 1943, pp. 80-81 (Seduta di giovedì 9 febbraio 1786).
[45] Per l'Andrès e la bibliografia relativa ai suoi rapporti con l'ambiente subalpino, L. LEVI MOMIGLIANO, *La Capitale* cit., p. 179 e nota 81.
[46] P. ASTRUA, *Della moneta secusina* cit., pp. 284-286.
[47] Per il carteggio Vernazza-Amaduzzi, Torino, Accademia delle Scienze, Lettere dal n. 23722 al 23794 (in copia) e dal 5238 al 5296 (in originale).

Mengs detto in Arcadia Dinia Sipilio; l'abate avrebbe comunicato al Vernazza sempre nel 1791, come vedremo più avanti, le notizie concernenti i legami tra la Compagnia di S. Luca torinese e l'Accademia omonima romana[48].

La *Bibliografia Lapidaria* è un contributo fondamentale e unico in quegli anni per una storia delle fonti sulle antichità del Piemonte dalla quale emergono le vicende delle collezioni archeologiche subalpine da «camera di curiosità» conservata nella segretezza del Palazzo, Ducale prima e Reale poi, a museo pubblico universitario con finalità didattiche nell'ambito dell'insegnamento della storia antica e delle arti del disegno[49]. Ricorrono i nomi significativi sia di personalità non piemontesi, ma attente o studiose dei nostri monumenti come il Piranesi, il Maffei, il Bartoli, sia di studiosi subalpini come il Ricolvi, il Rivautella, il Terraneo e il Ranza, dediti in periodi diversi a riscoprire, studiare e pubblicare le memorie antiquarie ed epigrafiche del nostro territorio. Con il Ranza il Vernazza intratteneva, come è noto, tra gli anni Settanta e Novanta uno scambio epistolare che mette in luce l'ampiezza del campo di ricerca, la consapevolezza della necessità di aprirsi al confronto con l'intellettualità europea, il metodo rigorosamente filologico dell'indagine[50]. I temi toccati sono numerosissimi; dalle ricerche sui pittori vercellesi che il Denina, il Ranza e il Vernazza avrebbero voluto pubblicare nel III tomo delle *Notizie* del Baldinucci[51] agli studi del Ranza sul Lanino, al progetto del Vernazza per una storia dei professori delle arti liberali in Piemonte; all'esigenza di riprodurre in incisione alcune opere prestigiose del patrimonio figurativo piemontese (la figura del Salvatore nella chiesa di S. Maria di Vercelli, il mosaico davidico illustrato con metodo rigorosamente filologico dal Ranza), al desiderio di portare ad un buon livello di qualità la produzione degli incisori piemontesi, al momento ancora deboli nel confronto con artisti esterni quali il milanese Domenico Cagnoni, assai ricercato in quegli anni anche in ambito torinese[52].

Nella *Bibliografia Lapidaria* il Vernazza rende merito al cospicuo impegno di ricerca dello studioso vercellese che stampava i suoi lavori nella tipografia patria da lui stesso fondata nella sua città, ne cita le opere relative alle antichità vercellesi,

[48] Lettera dell'Amaduzzi da Roma al Vernazza del 14 maggio 1791 (in copia), Torino, Biblioteca della soprintendenza ai Beni storici e artistici del Piemonte, Miscellanea Vico, L. inf. I 27).

[49] L. LEVI MOMIGLIANO, *Scipione Maffei, Filippo Iuvarra e le collezioni torinesi di antichità*, in *Filippo Iuvarra a Torino. Nuovi progetti per la città*, a cura di A. GRISERI e G. ROMANO, Torino 1989, pp. 323-338. Per le «camere di curiosità» e il «museo» di matrice arcadica di monsignor Leone Strozzi, descritto dal Crescimbeni nel suo poema «Arcadia», QUONDAM, *Gioco e società* cit., pp. 181-183.

[50] G. ROBERTI, *Il carteggio erudito fra Giuseppe Vernazza e Giovanni Antonio Ranza*, Torino 1894.

[51] I due primi volumi vennero pubblicati a pochissima distanza tra loro nel 1768 e nel 1770, il III volume comparirà in periodo napoleonico nel 1812.

[52] Una scelta di lettere di argomento figurativo tra il Ranza e il Vernazza si trova in copia presso la Soprintendenza ai Beni artistici e storici del Piemonte, Miscellanea Vico, I. inf. I 26.

non risparmiandogli contestazioni come nel caso della pubblicazione de *L'iscrizione scoperta in Vercelli ai 18 di settembre 1783 sopra un gran piedistallo che doveva sostenere un gruppo di due antiche donne* (Vercelli 1783); infatti il dibattito su questa dissertazione si estenderà alle «Effemeridi Letterarie» di Roma con risposte ed interventi ulteriori del Ranza e dello stesso Vernazza[53]. Sappiamo come negli anni Novanta l'amicizia tra i due studiosi si interromperà per ragioni ideologiche: non a caso il Vernazza annota, in calce al manoscritto di cui parliamo, l'accenno al «Monitore italiano politico e letterario per l'anno 1793 «stampato dal Ranza a Monaco e una significativa osservazione autobiografica del «vercellese»: «Il Ranza ebbe il coraggio di combattere palesemente contro l'ignoranza e la superbia de' preti, e de' nobili, ed ebbe a sofferirne acerba persecuzione. È però da riguardarsi come il primo scrittore in favor della nostra libertà». Testimonianza dell'amicizia interrotta dalle vicende traumatiche degli anni Novanta è l'incisione che ci restituisce l'immagine del «repubblicano Giovanni Antonio Ranza» che rivolge verso di noi il frontespizio del *Catechismo repubblicano per il gran popolo* con una dedica manoscritta allo studioso albesano sul margine inferiore del foglio[54]. Per contrasto il Vernazza confermerà e riaffermerà, accanto alla ferma opposizione alle tendenze giacobine e antisabaude, i suoi intenti riformatori nell'ambito delle istituzioni culturali: per il versante figurativo si tratterà della Compagnia di San Luca e dell'attività redazionale nella «Biblioteca Oltremontana». I rapporti tra il Vernazza e la Compagnia di San Luca furono negli anni Novanta assai stretti, come ci dicono molte testimonianze conservate nelle carte del nostro studioso[55]; alcune annotazioni ci mettono al corrente sia degli incarichi ufficiali da lui sostenuti all'interno dell'istituzione, sia dei suoi intenti per riaffermare anche in anni difficili i diversi compiti che la Compagnia doveva assolvere. Più volte il Vernazza parla del ruolo dei confratelli, in scritti dati alle stampe come le *Notizie patrie spettanti alle arti del disegno* o in appunti manoscritti che ancora possiamo leggere.

Dalle *Notizie patrie* pubblicate sulla «Biblioteca Oltremontana», com'è già stato scritto[56] si poteva dedurre che la Compagnia di San Luca, congregazione di pittori scultori e architetti, già nel 1652 avesse ottenuto di poter onorare il proprio patrono nella cappella della SS.ma Trinità nella chiesa metropolitana di Torino, per poi essere aggregata alla ben nota Accademia di San Luca di Roma e nel 1678 approvata come Accademia de' pittori scultori e architetti da Maria Giovanna Battista di Nemours. Inoltre il Vernazza nei suoi appunti manoscritti per una *Notizia e stabilimenti della Compagnia di San Luca*, si sofferma ancora sul ruolo della istitu-

---

[53] B.R.T., Miscellanea Vernazza 60, *Bibliografia Lapidaria Patria*, pp. 103-104.
[54] B.R.T., Miscellanea Vernazza I, p. 256.
[55] B.R.T., Miscellanea Vernazza 44, pp. 124-174.
[56] F. DALMASSO, *L'Accademia Albertina: storia e artisti*, in AAVV, *L'Accademia Albertina di Torino*, Torino 1982, p. 11; nota 2, p. 76.

zione. Egli lo analizza da un duplice punto di vista: come «corpo semplicemente politico» e come «pia società». Nella prima accezione viene ripresa la traccia delle vicende istituzionali sopra ricordate, nella seconda invece, il Vernazza accenna al culto di San Luca nella Cappella della Santissima Trinità, all'immagine del Santo dipinta dal Dauphin[57], alla più recente *Festa in onore dei cinque martiri scultori, Claudio, Nicostrato, Castorio, Sinforiano e Simplicio, con l'esposizione delle loro reliquie*, alla ristrutturazione della Cappella, attuata nel 1755 e alla rinnovata istituzione della compagnia nel 1756, grazie all'arcivescovo Roero. Le carte del Vernazza testimoniano inoltre del particolare interesse che la Compagnia riscuoteva negli anni Novanta e del particolare impegno dello studioso per sostenere l'istituzione.

Il Vernazza ne fu socio promotore nel 1790, direttore delle Feste annuali con Giuseppe Maria Boccardi nel 1792 e nel 1795, e Priore per la seconda volta nel 1794. Le *Tavole alfabetiche degli Uffiziali e Confratelli della Compagnia dei professori delle arti liberali Pittura Scultura e Architettura sotto il patrocinio di San Luca eretta nella loro cappella nella chiesa metropolitana di Torino* per gli anni 1790 e 1792 e dal 1794 fino al 1798, ci danno inoltre gli organici della istituzione. Un foglio, inciso con l'immagine di San Luca, rappresentato su una medaglia tra i simboli delle tre arti liberali, ricorda la Festa annuale del 1792 sotto i Direttori Vernazza e Boccardi, dedica un sonetto del Prof. Operti[58] al santo protettore, ricorda le *Notizie Patrie* dello stesso Vernazza, come scritto importante per ricostruire la storia della Compagnia. Nel 1794 inoltre, in occasione della nuova festa dei cinque martiri scultori viene esposto un dipinto di Agostino Verani[59] con la loro immagine e viene

---

[57] L'opera attualmente è nella chiesa di San Luca Evangelista a Vallongo di Carmagnola. F. MONETTI, A. CIFANI, *Nuove scoperte sulla pittura del Seicento in Piemonte*, in «Studi Piemontesi», XVII (1988), n. 2, pp. 319-333; M. DI MACCO, *Charles Dauphin. Apparizione della Madonna col Bambino a S. Antonio da Padova* (scheda) in *Diana Trionfatrice. Arte di Corte nel Piemonte del Seicento* (Catalogo della Mostra a cura di M. DI MACCO e G. ROMANO), Torino 1989, p. 218. Il dipinto rappresenta San Luca in atto di dipingere l'apparizione della Vergine col Bambino. È significativo, a questo proposito, ricordare che Giuseppe Battista Piacenza nel II volume (1770) delle *Notizie* del Baldinucci aveva intitolato una sua *Dissertazione* (p. 119) *Sopra l'errore popolare che San Luca fosse pittore*.

[58] Giambattista Operti da Savigliano, dottore collegiato di Belle Arti, professore di Retorica, dottore di Teologia all'Università di Torino, accademico degli Unanimi con lo pseudonimo di Pensoso. C. CALCATERRA, *Le Adunanze* cit., p. 240, nota 3.

[59] Per Agostino Verani, A. BAUDI DI VESME, *L'arte in Piemonte dal XVI al XVIII secolo*, Torino 1968, III, p. 1086. Il dipinto per la Compagnia di San Luca, di cui il Verani fu Priore nel 1790, non è stato al momento rintracciato. Si conoscono per ora di lui le opere documentate al 1769 per la Confraternita del Gesù in S. Michele di Chieri (parete di fondo a sinistra del coro), sul tema della Cacciata degli Angeli ribelli e della Circoncisione; i due dipinti e i 22 ovali con le figure di Apostoli, Evangelisti, Dottori della Chiesa, Cristo, la Vergine, con qualche accenno a forme già di tipo neoclassico, sono stati studiati e schedati nel 1980 da Camilla Barelli per l'I.C.C.D. Le schede sono consultabili presso la Soprintendenza ai Beni artistici e storici del Piemonte.

[60] Per le opere composte dall'arcade Giambattista Ghio: T. VALLAURI, *Storia della Poesia in Piemonte*, Torino 1841, II, p. 381.

stampato un sonetto di Giambattista Ghio[60], a testimonianza del nuovo culto e della nuova rappresentazione iconografica. Il rinnovato interesse per l'istituzione, testimoniato anche negli scritti del Vernazza della «Biblioteca», doveva sfociare nel 1796 nella concessione dell'indulto da parte del Pontefice Pio VI per le messe che la Compagnia era solita fare officiare nella Chiesa Metropolitana in suffragio delle anime delle consorelle e dei confratelli defunti.

È proprio in questi anni che il Vernazza, oltre agli incarichi ufficiali che abbiamo ricordato, accoglie nella sua casa le riunioni della congregazione, riceve l'incarico di stendere un regolamento della Compagnia per precisare meglio il ruolo del Priore, dei Direttori e del Segretario, e le funzioni dei letterati cooptati, membri di importanti accademie. All'interno della riorganizzazione dell'istituzione il Vernazza rifletteva, in occasione della riunione del 22 gennaio 1797, sulla situazione finanziaria e così ripuntualizzava i compiti della congregazione: «il promuovere l'emulazione nello studio delle Belle Arti e l'amicizia cristiana tra i professori di esse, il mantenere nella dovuta decenza l'altare e la cappella di cui la compagnia è in possesso fino dal 1656 e finalmente il prestare suffragi all'anima de' fratelli defunti».

Nelle carte Vernazza degli anni Novanta il progetto della storia di questa istituzione, ricostruibile dalle prime testimonianze secentesche fino al 1797, cioè fino al momento dei cambiamenti traumatici provocati dal Governo Provvisorio e, in seguito, dall'annessione del Piemonte alla Francia, cresce accanto al disegno di raccogliere e di dare alle stampe le lettere di argomento storico-artistico (anzi «pittorico»), intercorse con eruditi subalpini ed esterni al Piemonte. Il progetto, non realizzato, di cui parla Costanzo Gazzera[61], compare con un titolo ben preciso: *Lettere pittoriche del Barone Vernazza e di altri a lui. Precede la ristampa delle Notizie patrie spettanti alle arti del disegno*[62], con il nome dello stampatore, Fontana, e con un certo numero di lettere che portano nomi illustri come Guglielmo della Valle, l'Amaduzzi, Pietro Zani, il cardinal Stefano Borgia.

Il nucleo più compatto tra queste lettere sembra essere rappresentato dallo scambio epistolare tra il Vernazza e il Della Valle (con la prestigiosa figura del cardinale Stefano Borgia come intermediario) sui primi esempi di pittura ad olio in Italia. La diatriba aveva preso le mosse da un'affermazione del Vernazza nelle sue *Notizie patrie* del 1792 relativa alla presenza a Torino di Giorgio da Firenze,

---

[61] C. GAZZERA, *Lezione accademica di Costanzo Gazzera che potrà servire all'opportunità, di prefazione alla stampa delle Osservazioni Letterarie particolarmente di storia tipografica del Vernazza che rimase incompiuta alla lettera S in Dizionario dei tipografi e dei principali correttori e intagliatori che operarono negli stati sardi di terraferma e più specialmente in Piemonte sino all'anno 1821*, Torino 1859 (consultato nella ristampa anastatica, Torino 1964, pp. XVIII-XIX).

[62] Il progetto è conservato presso la Soprintendenza ai beni artistici e storici del Piemonte, Miscellanea Vico, L. inf. I 27.

pittore ad olio presso la corte di Savoia nel primo Trecento; contestato dal Della Valle, lo studioso albesano aveva esibito alcuni documenti conservati nei Regi Archivi a riprova delle sue dichiarazioni, dopo essersi consultato con Prospero Balbo, il Caluso e il Galeani Napione. L'amicizia ormai di lunga data con il Della Valle, testimoniata anche dal fatto che il Vernazza aveva contribuito con un aiuto finanziario alla stampa del primo volume delle *Lettere Sanesi*[63] del padre conventuale, si sarebbe incrinata per questa contesa anche perché il Della Valle aveva pubblicato le prime due lettere sul «Giornale de' Letterati di Pisa» del 1794[64] all'insaputa del Vernazza.In questa controversia il Vernazza appare ansioso di poter appoggiare le proprie ipotesi a testimonianze documentarie probanti.

Le sue conoscenze delle fonti letterarie e d'archivio sono altresì evidenti quando, a proposito dei soggetti da lui elaborati per le sovrapporte per la Camera di parata della Duchessa d'Aosta al II piano di Palazzo Reale, dipinte dal Molinari, lo studioso afferma di averne idealmente collegato i temi iconografici con la serie di arazzi con i Fatti di Ciro che erano stati venduti nel 1563 ad Emanuele Filiberto e definiti tra i più belli d'Italia da Valeriano Castiglione[65]. Un altro corrispondente di rilievo era Pietro Zani «cappellano onorario di S.A.R. a Borgo San Donnino», il quale, desideroso di ricostruire una storia delle arti («ancora nell'oscurità») intendeva iniziare le sue ricerche dalla storia dell'incisione e riceveva dal Vernazza negli anni Novanta opuscoli e scritti sulle arti figurative[66]. A lui il Vernazza mandava l'elenco delle sue ricerche sul versante figurativo che appaiono sulle pagine della «Biblioteca Oltremontana» negli ultimi due anni di vita del periodico.

La «Biblioteca», strettamente collegata con la Società Filopatria, dopo il 1789 e dopo l'uscita dalla redazione dei fratelli Vasco e di Felice di San Martino, aveva visto al suo interno un altro gruppo direttivo composto da Amedeo Ferrero di

---

[63] G. DELLA VALLE, *Lettere sanesi di un socio dell'Accademia di Fossano sopra le Belle Arti*, tomo I, Venezia 1781; Tomo II, Roma 1785; Tomo III, Roma 1786. Nel I° volume le *Lettere* sono dedicate a personaggi piemontesi salvo la prima, *Sopra l'utilità dell'Accademia*, significativamente diretta all'abate Gioachino Pizzi custode generale d'Arcadia. Le altre lettere del I° tomo trattano *Della fisionomia, Sopra l'utilità dei viaggi* e *Dell'influenza del clima e del Governo sopra le Belle Arti*. Negli altri due volumi, le vite dei pittori senesi (inclusa quella di Antonio Bazzi detto il Sodoma, da Vercelli) sono egualmente dedicate all'aristocrazia e all'intellettualità subalpina.

[64] «Giornale de' Letterati», XCIV, Pisa 1794, pp. 219-232. L'articolo XIV comprende la Lettera «Al Reverendissimo Padre Maestro Guglielmo Della Valle» (Torino 30 giugno 1794) del Vernazza, e la risposta «Al Signore Barone Vernazza» (Roma 16 luglio 1794) del Della Valle.

[65] Il testo di Valeriano Castiglione a cui si riferisce il Vernazza è: V. CASTIGLIONE, *La maestà della Reina di Svezia Christina Alessandra ricevuta negli Stati delle Altezze Reali di Savoia l'anno 1656*, Torino 1656, p. 32. Per gli arazzi con i fatti di Ciro, M. VIALE FERRERO, *Essai de réconstitution idéale des collections de tapisserie ayant appartenu à la Maison de Savoie au XVII et XVIII siècle*, in A.A.V.V., *La Tapisserie flamande au XVIIème e XVIIIème siècle*, Bruxelles 1960, pp. 269-300. Devo queste indicazioni bibliografiche alla cortesia di Michela Di Macco.

[66] P. ZANI, *Materiali per servire alla Storia dell'origine e de' progressi dell'incisione in rame e in*

Ponziglione, Gian Francesco Galeani Napione, il conte Giuseppe Franchi di Pont, lo stesso Vernazza[67]. Se è vero che il campo di ricerca della «Biblioteca» in quegli anni si restringe sia per i contenuti sia per l'area geografica presa in considerazione, ormai quasi limitata al Piemonte, è però significativo che gli interventi del Vernazza, come recensore dal 1789 al 1791, mettono in luce le sue conoscenze statistico-geografiche e storiche delle regioni subalpine, l'interesse anche promozionale per la pittura di paesaggio, per la «veduta», e per la rappresentazione topografica del territorio, l'attenzione ai reperti epigrafici e antiquari, la loro descrizione ed illustrazione[68].

A partire dal 1791 la presenza dello studioso nella redazione del periodico è più tangibile sia come punto di riferimento per la ricerca sulle antichità (*Lettera di un accademico etrusco al signor Giuseppe Vernazza di Freney segretario di Stato di S.M. il re di Sardegna sopra un antico epitaffio*, Torino 1790), sia per i contributi sullo stato delle «arti del disegno in Piemonte» e sulle notizie di artisti subalpini contemporanei.

Sto pensando a tre scritti fondamentali: le *Notizie patrie*, l'*Elogio del Collino*, l'*Elogio del Molinari*[69]. Se nel primo saggio, come abbiamo già scritto, il Vernazza ricostruisce la storia della Compagnia di San Luca e alcuni dati d'archivio sulle presenze artistiche presso la corte sabauda tra Trecento e Quattrocento, nell'*Elogio del Molinari* dichiara di volere, accanto alla serie delle vite dei letterati subalpini, già apparse sulla Biblioteca, anche per opera sua[70], introdurre con le notizie di questo pittore, appena scomparso (9 aprile 1793), l'abitudine, sull'esempio degli antichi scrittori, di ricostruire i dati biografici dei professori delle arti del disegno di ambiente subalpino, anche contemporanei.

Vengono così messi a fuoco, oltre alle notizie sulla vita e sulla formazione artistica, la sequenza delle opere più importanti, i rapporti con i committenti, e con le istituzioni quali l'Accademia di scultura e pittura e la Compagnia di San Luca: istituzioni queste che per la prima volta nell'*Elogio del Collino*, vengono indicate come diverse e distinte nella storia e nelle funzioni. È anche importante il fatto che il metodo di ricerca che il Vernazza aveva applicato alla ricostruzione della vita di

---

legno, Parma 1802; ID., *Enciclopedia metodica critico-ragionata delle Belle Arti*, Parma 1819-1823.

[67] Per la Società Patria e la «Biblioteca Oltremontana» dopo il 1789, G.P. ROMAGNANI, *Prospero Balbo* cit., pp. 75-87.

[68] Per il Vernazza, i dizionari geografici, il vedutismo, e le ricerche sulla geografia del Piemonte, L. LEVI Momigliano, *La Capitale* cit., pp. 139-143. Sulla «Biblioteca» del 1789 il Vernazza presenta i *Tableaux du Haut Faucigny* di A. Bacler d'Albe, *Les vues du Duché de Chablais* di Pierre Escuyer, il *Voyage historique et pittoresque de la ville et comté de Nice* di Albanis de Beaumont e ricorda il foglio di presentazione da lui redatto per le *Vedute del Piemonte* di Ignazio Sclopis. Per il progetto dell'opera, B.R.T., Miscellanea Vernazza 47, n. 6.

[69] I tre saggi escono rispettivamente sulla «Biblioteca» del 1792 (tomo II, vol. II) e del 1793 (tomo II, vol. II; tomo IV, vol. IV).

[70] Elogio dell'Arcasio, Elogio del Pescatore (1792, tomo I, vol. I); Elogio del Tana (1792, tomo II,

Macrino d'Alba e che aveva in qualche modo trasmesso a Giuseppe Battista Piacenza,[71] per la biografia dell'artista, pubblicata da quest'ultimo nel II volume (1770) della ristampa del Baldinucci, venga puntualmente usato anche per le ricerche sulle presenze contemporanee in Piemonte.

Nell'*Elogio del Tana* il Vernazza teneva a precisare come il poeta e letterato, oltreché attivo nelle conversazioni letterarie della nostra città, si fosse impegnato con il Paciaudi nella rifondazione dell'Accademia di pittura e scultura nel 1778; come Direttore e Segretario perpetuo «gustò poi la nozione de' pittori e scultori, almeno de' più eccellenti, s'applicò a saper conoscere il vero bello delle migliori loro opere, ed onorò gli artisti» scrisse versi in occasione del ritratto di Vittorio Amedeo III, dipinto dal Mazzola per il salone dell'Accademia delle Scienze. Lo stesso pittore valsesiano aveva prodotto, secondo il Vernazza, un ritratto del Tana, («felicissima rappresentazione della verità») che venne dato dal letterato in dono a Damiano Priocca, ministro del Re di Sardegna presso la Santa Sede e «suo diletto amico». Citando ancora due ritratti del Tana a matita, opere del Guttembrun e di Giovanni Battista Boucheron, il Vernazza ci ripropone la consuetudine del ritratto come testimonianza di amicizia e di fraterno scambio tra gli eruditi ed i letterati del tempo.

Nell'ottobre del 1792 il Vernazza scriveva però al Tiraboschi che ogni corrispondenza con Parigi era interrotta, che i francesi erano già a Nizza e a Chambery e che fino ad Asti si erano spinti i «tedeschi»[72]. Nella stessa lettera lo studioso faceva cenno al prossimo arrivo di Luigi Lanzi in Piemonte ed alla propria disponibilità ad offrire allo studioso fiorentino le proprie conoscenze storico-artistiche. Nel *Viaggio del 1793 pel Genovesato e il Piemontese*[73] il Lanzi dichiara di volersi occupare in modo particolare dei pittori attivi nei due stati e dei musei in essi presenti: se noi ricordiamo lo scoramento del Vernazza quando nel 1780 scriveva al Tiraboschi sulla penuria di contributi relativi al patrimonio figurativo della nostra città e preannunciava la poco più tarda *Guida* del De Rossi, alla quale stava lavorando, e se pensiamo invece al progetto delle *Lettere pittoriche*, all'attenzione alle istituzioni museali e didattiche in campo figurativo, ed infine alla ricerca documentaria sugli artisti subalpini anche contemporanei, risulterà chiaro il contributo dello studioso alle notizie concrete annotate dal Lanzi nel suo diario di viaggio. Il Vernazza sulla «Biblioteca», accanto agli interventi del Napione e del Franchi di Pont, assai attenti al prestigio della cultura figurativa romana contemporanea, dava notizie semplici e dimesse sugli artefici piemontesi del suo tempo.

vol. II).

[71] Piacenza, *Notizie* cit., II, p. 252.

[72] B.R.T., Miscellanea Vernazza 2, p. 31.

[73] *Viaggio del 1793 pel Genovesato e il Piemontese* di *Luigi Lanzi*, a cura di G. C. Sciolla, Treviso 1984.

Il suo impegno, concretamente conoscitivo, malgrado il presentimento di anni difficili, dimostrato anche nella premessa alla sua *Geografia patria*[74] sulla necessità persino e soprattutto in tempi di guerra di far progredire le ricerche e le indagini sul territorio della propria patria, è testimoniato da una lettera di Giuseppe Como il quale da Alba il 28 dicembre 1799 chiedeva allo studioso, in occasione del trasporto a Parigi della *Tavola isiaca*, notizie sull'etimologia del nome e osservazioni sul valore dell'opera[75].

Nello scorcio degli anni Novanta i grandi progetti di cui abbiamo parlato non si concretizzano in opere a stampa di un certo rilievo. Se invece ci soffermiamo sulle carte manoscritte, del Vernazza troviamo materiale importante per la raccolta di notizie biografiche di personaggi come Carlo Tenivelli, Ferdinando Barolo, Giuseppe Matteo Pavesio che avevano fatto scelte di campo diverse dalle sue[76]. Carlo Tenivelli[77], professore di Retorica all'Università di Torino era stato l'autore della *Biografia Piemontese*, pubblicata tra il 1784 e il 1792 con l'intento di illustrare la vita di personaggi subalpini di età barbarica e medioevale, protagonisti importanti della storia antica delle nostre regioni. Il Vernazza raccoglieva testimonianze precise sui sentimenti repubblicani del letterato, sulla sua partecipazione ai moti del 1797 nella città di Moncalieri, dove venne giustiziato il 12 agosto 1797.

Del Pavesio[78], invece il Vernazza ha conservato *L'Apologia fatta da lui medesimo per sua discolpa nel mese di giugno 1799*; il professore di filosofia morale e assistente della Biblioteca dell'Università di Torino scriveva questa sua difesa durante il governo degli austro russi, per rispondere all'accusa di aver aderito al Governo Provvisorio ed alle idee giacobine. Queste pagine che il Vernazza commenta quasi ironicamente con una frase di Tacito («Innocentiam iustitiamque eius non argueres: Sermonis nimius erat»), pongono però l'accento sulla crisi ideologica che aveva investito l'istituzione universitaria e la politica culturale ad essa legata. Il Pavesio toccava due punti importanti: il primo riguardava la propria responsabilità come funzionario di una istituzione addetta alla tutela, com'era la pubblica biblioteca dell'Università, nel momento in cui il commissario civile Eymar, impegnato nelle spoliazioni nei palazzi, nei musei e negli archivi torinesi, aveva sottratto i codici preziosi e gli oggetti più rari, come i dipinti delle campagne militari del Principe Eugenio, per il trasporto a Parigi. Inoltre il Pavesio, secondo la sua difesa, accusato dai nuovi patrioti di essere stato legato in passato al gruppo regalista del conte di San Paolo, del Napione, del Balbo, del Caluso e del Franchi

---

[74] G. VERNAZZA, *Geografia patria*, B.R.T., Miscellanea Vernazza 45.
[75] B.R.T., Miscellanea Vernazza 4.
[76] B.R.T., Miscellanea Vernazza 32.
[77] B.R.T., Miscellanea Vernazza 32, pp. 2-51.
[78] Per le notizie biografiche e bibliografiche di Giuseppe Matteo Pavesio, E. De Tipaldo, *Biografia* cit., V, pp. 26-27.

di Pont e di avere sempre tenuto un atteggiamento adulatorio e cortigianesco nei confronti del sovrano, avrebbe dovuto comporre iscrizioni per una statua di Carlo Emanuele IV «piangente che doveva essere esposta al dileggio degli spiriti imperversanti la sagra persona di un piissimo Re infelice».

Di fronte alla crisi dell'antico regime, il Vernazza compie alcuni gesti significativi e coerenti dal punto di vista di un aristocratico di provincia, funzionario fedele della monarchia sabauda e fiducioso nella politica riformatrice delle istituzioni. Nelle carte relative alla sua carriera pubblica[79] compaiono testimonianze dei titoli e dei meriti riconosciutigli da Carlo Emanuele IV da poco salito al trono: la medaglia d'oro per l'iscrizione da lui dettata nel 1797 per la tomba di Vittorio Amedeo III a Superga[80], e una pensione annua di 500 lire di Piemonte attribuitegli dal sovrano stesso con biglietto regio del 24 luglio 1797 (quando già la città di Torino era in mano ai Francesi), da aggiungersi al compenso annuo per la custodia degli Archivi dei Gesuiti, dopo la soppressione, in attesa di un impiego, in tempi migliori, di maggiore portata e convenienza.

Durante il Governo provvisorio ed esattamente il 7 maggio 1799, dopo una perquisizione nella sua casa, gli viene intimato di restituire tutte le carte ed i documenti «appartenenti alla Nazione» che egli conservava presso di sè; il 19 dicembre 1799, dopo l'entrata degli austro-russi a Torino, viene incaricato di un progetto di censimento della popolazione e il 20 marzo 1800 può presentare, per ordine della Segreteria di Stato per gli Affari Interni due tavole di tabelle preparate e intagliate in rame da Antonio Maria Stagnon, incisore di Sua Maestà[81].

Ristabilitosi per la seconda volta un Governo provvisorio, dopo l'allontanamento degli Austro-russi il 28 giugno 1800, la Commissione esecutiva, il 2 aprile 1801, nomina il Vernazza membro della Commissione municipale, incaricata di tutte le funzioni che spetteranno alla Municipalità; lo studioso risponderà di dover rifiutare per queste ragioni: «Nè nativo di questo comune, nè possidente beni stabili nel suo territorio, io non sono per nessuna maniera informato di alcuno de' suoi interessi. L'onestà e la delicatezza m'impongono pertanto il dovere di non accettare[82]».

---

[79] Torino, Accademia delle Scienze, Carte Vernazza, n. 1204.
[80] G. Vernazza, *In sepulcris domus Sabaudiae sub basilica Supergensi*, Torino 1796.
[81] B.R.T., Miscellanea Vernazza 21.
[82] B.R.T., Miscellanea Vernazza 2 , p. 72

GIAN PAOLO ROMAGNANI

Il Piemonte nella corrispondenza diplomatica francese (1780-1798)

Nel Piemonte di Vittorio Amedeo III: vita di corte e curiosità mondane.
Ripercorrere la storia dei rapporti diplomatici franco-piemontesi fra gli ultimi anni dell'antico regime e l'occupazione francese del Piemonte significa attraversare due decenni fra i più inquieti della vita politica europea della prima età moderna. Due decenni segnati dall'episodio centrale della rivoluzione francese, sulla cui portata epocale oggi tutti concordano (al di là delle civetterie revisionistiche), ma che gli osservatori contemporanei riconobbero piuttosto tardi come un evento decisivo per le sorti della civiltà europea.

Se infatti sfogliamo la corrispondenza diplomatica intrattenuta dagli ambasciatori francesi presso la corte sabauda con i ministri degli esteri di Luigi XVI, ci accorgiamo subito del ruolo del tutto marginale che il Piemonte occupava nel quadro politico internazionale degli anni Ottanta, incentrato sull'asse Parigi-Vienna e orientato, volta per volta, verso Londra, Pietroburgo, Berlino, Costantinopoli o Filadelfia. Tra il 1789 e il 1791 - ad esempio - la grande diplomazia europea non aveva certo gli occhi rivolti solo alle «nuove strepitose di Francia», come venivano definiti da alcune gazzette i rivolgimenti politici in atto nel governo della maggior potenza europea[1], bensì alle notizie - assai preoccupanti - provenienti da oriente, dove Austria e Russia erano impegnate dal 1786 in una logorante guerra contro la Porta Ottomana, che si sarebbe conclusa solo all'inizio del 1792; o alle inquietanti notizie provenienti dai Paesi Bassi, insorti nel 1790 contro il dominio asburgico; o, ancora, alle notizie provenienti dalla Polonia, impegnata nel 1791 in una difficile riforma costituzionale; o, infine, al problema della sicurezza del mare Mediterraneo, infestato dai pirati barbareschi che disturbavano le rotte commerciali sulle coste spagnole, francesi ed italiane, trovando spesso riparo nelle piccole baie della Corsica e della Sardegna.

Nel decennio precedente, tra il 1780 e il 1789, il quadro non era molto diverso da quello ora descritto e la legazione di Torino era considerata dai diplomatici francesi come una sede abbastanza prestigiosa, ma di assoluto riposo. Titolare della legazione era, dal 1777, il barone de Choiseul, un facoltoso aristocratico parente del grande ministro di Luigi XV, affiancato dal segretario di legazione cavaliere de

---

[1] Sull'eco della rivoluzione francese nelle gazzette italiane cfr. M. Cuaz, *«Le nuove di Francia»: L'immagine della rivoluzione francese nella stampa periodica italiana (1787-1789)*, Torino 1990.

Lalande. Interlocutore di entrambi, a Versailles, era il conte Charles Gravier de Vergennes - uno dei massimi artefici della diplomazia europea del secondo Settecento -, che fondava la sua strategia politica sull'alleanza franco-asburgica in funzione antibritannica, non trascurando però tutte le possibilità di intervento diplomatico che avrebbero potuto rafforzare l'egemonia francese sul continente europeo, in un quadro di pace e di stabilità[2]. Una strategia politica diversa e per certi versi antitetica animava invece il ministro degli esteri piemontese, Carlo Baldassarre Perrone di San Martino, alla ricerca di ogni occasione propizia per incrinare l'equilibrio bipolare - che per il piccolo Regno di Sardegna rappresentava una morsa fatale - e teso a costruire un'alleanza internazionale fra Inghilterra, Prussia, principati tedeschi protestanti, Venezia e Piemonte, che tagliasse in due l'Europa ponendo fine all'egemonia franco-asburgica[3].

Introdotti i principali protagonisti, ritorniamo ora ad occuparci del barone de Choiseul e della sua corrispondenza diplomatica. Dovendo sintetizzare il contenuto dei suoi dispacci, rivelatori per un verso degli interessi della corte di Versailles e per un altro verso del clima della capitale subalpina degli anni Ottanta, potremmo dire che sei sono i temi ricorrenti:

1) La vita di corte, con dettagliate notizie sugli spostamenti della famiglia reale fra il palazzo di Torino e i castelli di Venaria, Stupinigi, Moncalieri e Racconigi, sulle malattie della regina e sulle gravidanze delle principesse reali, sui balli e sulle partite di caccia, secondo la miglior tradizione della diplomazia di antico regime, che aveva nelle strategie dinastiche e nei matrimoni fra principi consanguinei uno dei suoi cardini.

2) Gli interessi commerciali della Francia, minacciati dai pirati barbareschi o dai corsari inglesi (spesso protetti dalla marina sarda). La denuncia del contrabbando di sale o di granaglie attuato dai montanari al confine tra la Francia e la Savoia.

---

[2] Vergennes proveniva da una famiglia di nobiltà di toga ed era giunto al ministero - a 57 anni - con l'avvento al trono di Luigi XVI, dopo una brillante carriera diplomatica svolta nelle sedi di Lisbona, Francoforte, Treviri, Mannheim, Costantinopoli e Stoccolma. Nel 1778 era stato fautore dell'intervento francese a fianco dei coloni americani e nel 1783 della lega marittima del Nord contro l'Inghilterra. Negli ultimi anni della sua vita avrebbe coronato il proprio disegno promuovendo l'arbitraggio nella contesa fra Austria ed Olanda nel 1785 e stipulando i trattati commerciali con l'Inghilterra (1786) e con la Russia (1787).

[3] Perrone di San Martino – chiamato al governo da Vittorio Amedeo III nel 1777, al posto dell'incolore marchese Carron di Aigueblanche – era inoltre riconosciuto in Piemonte come il capo del partito «anglofilo»; sensibile alle spinte innovatrici provenienti dalla società civile, promotore di cultura e protettore di intellettuali e scienziati, egli operò con intelligenza ed energia per introdurre in Piemonte nuove tecniche di sfruttamento delle ricchezze del suolo; la sua azione di governo fu tuttavia costantemente minacciata dalla pessima salute che lo costrinse a lunghi periodi di congedo e lo ridusse, verso la fine degli anni Ottanta, alla quasi totale sordità, alimentando per anni le vane speranze di tutti coloro che ambivano a prendere il suo posto; per un profilo del personaggio cfr. P. DAGNA, *Un diplomatico ed economista del Settecento: Carlo Baldassarre Perrone di San Martino (1718-1802)*, in A.A.V.V., *Figure e gruppi della classe dirigente piemontese del Risorgimento*, Torino 1968, pp. 7-46.

Le notizie sullo sviluppo dell'industria serica piemontese, che forniva gran parte della materia prima alle tessiture di Lione. La segnalazione dei lavori stradali sul colle di Tenda, per l'apertura di una strada carreggiabile fra Torino e Nizza[4].

3) Le annose contese sui confini fra i due stati o sull'attribuzione di beni ecclesiastici, come quelli dei Celestini di Lione, rivendicati dal re di Sardegna e contestati dal governo francese e dalle autorità ecclesiastiche.

4) Le informazioni e i commenti sulla situazione finanziaria del Piemonte, caratterizzata - negli anni Ottanta - da una progressiva inflazione e da un crescente debito pubblico[5], che avevano indotto il governo in un primo momento ad emettere una gran quantità di carta moneta, soggetta a rapida svalutazione, e in un secondo momento ad intervenire per indurre i tesaurizzatori a mettere in circolazione il loro oro rivitalizzando un mercato bloccato[6]. Accanto a ciò il governo sabaudo aveva introdotto una serie di nuove tasse nella speranza di ricavarne una somma considerevole per risollevare le finanze.

5) I *«grands tours»* italiani di principi stranieri - per lo più in incognito -, come i granduchi di Russia, di passaggio a Torino nella primavera del 1782[7]; o l'imperatore Giuseppe II, transitato da Genova a Milano nel febbraio del 1784, disdegnando scandalosamente Torino[8]; o re Gustavo III di Svezia, fermatosi a

---

[4] Archives du Ministère des Affaires Etrangères (Paris), *Correspondance Politique* (d'ora in avanti AME.CP) Sardaigne, vol. 264: Choiseul a Vergennes, Torino 25 settembre 1782.

[5] «On a parlé d'emprunt viager, puis d'un plan de loterie; à présent on assure que le nombre des billiets monnoye sera augmenté. Le mystère qu'on observe sur ces objets rend la connoissance du vrai bien incertaine et très difficile (A.M.E. - C.P. Sardaigne, vol. 266: Lalande a Vergennes, Torino 20 aprile 1785).

[6] «Par cette espèce de denombrement des richesses numeraires, il paroit qu'il y avait moins de pièces hors du pays qu'on ne croioit: que beaucoup de particuliers ont tésaurisé et rencetté sans doute les nouvelles pièces à la place des anciennes, ce qui pourra, dit on, donner lieu à quelqu'opération sur le papier monnoye pour engager les tesaurisateurs à mettre leur or en circulation. Cette opération seroit l'introduction de nouveaux billets portant un interêt foible ce qui a été sur le point d'être fait il y a quelques mois, ainsi que j'ai eu l'honneur de vous en informer, Monseigneur, mais des financiers ont fait ce raisonnement: si la balance du commerce est au desavantage de notre pays, les négocians ou solderont en or – ce qui fera sortir l'espèce, mal plus grand que celui qu'on veut eviter; ou les négocians étrangers prendront avec escompte nos billets d'intérêt pour les rendre ensuite au pays aprés avoir fait le bénefice, ce qui sera étonnant qu'on ne puisse pas savoir au juste si la balance est avantageuse, ou bien le ministère use d'une dissimulation que je ne crois pas parce qu'elle ne mene à rien. Les negocians sont partagés d'opinion. De tout cela il résulte ici une augmentation sur les dépenses journalières et particulièrement sur celles des étrangers parce qu'en donnant au marchand les nouvelles espéces on ne lui donne pas la même valeur réelle quoiqu'il livre la même quantité de marchandises» (A.M.E. – C.P. Sardaigne, vol. 267: Lalande a Vergennes, Torino 11 gennaio 1786).

[7] A.M.E. – C.P. Sardaigne, vol. 264: Lalande a Choiseul, Torino 20 marzo 1782; 10 aprile 1782; 24 aprile 1782; 27 aprile 1782; 1 maggio 1782; 4 maggio 1782, con alleg. la *Relation du sejour de Monsieur le comte et Madame la comtesse du Nord à Turin*; Vergennes a Choiseul, Versailles 7 giugno 1782.

[8] A.M.E. – C.P. Sardaigne, vol. 266: Choiseul a Vergennes, Torino 17 gennaio 1784; 18 febbraio 1784; 21 febbraio 1784; 25 febbraio 1784; 28 febbraio 1784.

Torino nel maggio dello stesso anno[9]; o ancora i sovrani di Napoli, accolti nella capitale sabauda nel giugno del 1785[10].

6) La segnalazione della presenza o del passaggio da Torino di alcuni avventurieri che a quell'epoca facevano la delizia delle corti e delle «società» di mezza europa. Penso ad esempio al dispaccio dedicato al passaggio per Torino del signor De Filistri, considerato il nuovo Pico della Mirandola, capace di improvvisare dissertazioni su qualsiasi argomento e di recitare e cantare a memoria le poesie e le arie meno note[11]; o alla cronaca delle imprese di personaggi come i medici savoiardi Amédée Doppet e Sébastien Giraud, seguaci di Mesmer, che compivano esperimenti di magnetismo animale sulle signore della buona società torinese, suscitando la curiosità di Luigi XVI il quale chiedeva notizie di loro tramite il ministro Vergennes[12]; o ancora alle notizie fornite dal barone de Choiseul, nel giugno del 1787, sulla bizzarra ed inquietante figura del medico ed ex frate piemontese Gian Battista Boetti - convertitosi all'islamismo ed emigrato in Armenia, dove si era messo a predicare la riforma dell'Islam e la rivolta contro i partigiani dei culti corrotti -, identificato con il misterioso sceicco Mansur[13]; o infine

---

[9] A.M.E. – C.P. Sardaigne, vol. 266: Choiseul a Vergennes, Torino 15 maggio 1784; 26 maggio 1784, con alleg. la *Relation succinte du sejour du rois de Suède à Turin*.

[10] A.M.E. – C.P. Sardaigne, vol. 266: Lalande a Vergennes, Torino 22 giugno 1785; 25 giugno 1785; 2 luglio 1785.

[11] De Filistri viene descritto da Lalande come un letterato che, «aprés avoir fait l'agrément des sociétés de Turin, a charmeé la Cour par sa facilité à repondre et à disserter *in promptu* sur toute sorte de sujet. Sciences, morale, religion histoire ancienne ou moderne, fable, littérature, sa mémoire lui fournit toujours des reponses embellies par la justesse de son esprit et la vivacité de son éloquence. C'est un autre Pico de la Mirandole en état de soutenir la thèse *de omni scibili* (âge excepté). Cet *improviseur* ne chante point comme le Corylla de Florence, le Marquis Moro de Naples, et Tigellius d'Horace qui étoit, je crois, un *improviseur*, mais seulement quand il le vouloit (pardonnés, Monseigneur, cette excursion littéraire). Mr. Filistri plus habile peut-être, improvise quand on veut. Il a pourtant la timidité du vrai talent, mais l'air de bonté et d'affabilité le ressure, et c'est par là qu'il a repondu avec autant d'esprit et d'agrément que de décence et de respect aux questions de Mme la Princesse de Piémont» (A.M.E. – C.P. Sardaigne, vol. 267: Lalande a Vergennes, Torino 14 gennaio 1786).

[12] «Le Sieur Oppede [sic], médecin savoyard, éléve du Sieur Deslons, magnetisoit ici depuis quelque tems. Déja on citoit des femmes du peuple guéries. Il avoit même, dit-on, expliqué au Roi de Sardaigne cette science occulte. Cependant il vient de lui être défendu de l'exercer, parcequ'on attend le retour du Sieur Girod [sic], médecin de la faculté de Turin, qui a été envoié par le gouvernement à Paris avec une gratification de trois cent louis pour y apprendre du Sieur Mesmer lui même cet art merveilleux et faire des élèves à Turin. S'il a des succes je ne manquerai pas, Monsieur, d'avoir l'honneur de vous en informer» (A.M.E. – C.P. Sardaigne, vol. 266, II: Choiseul a Vergennes, Torino, 16 ottobre 1784).

[13] A.M.E. – C.P. Sardaigne, vol. 267: Choiseul a Vergennes, Torino 13 giugno 1787. Su G.B. Boetti e sulla sua presunta identificazione con lo sceicco Mansur cfr. G. Levi, *Les projets du gouvernement sarde sur les relations économiques avec la Russie à la fin du XVIII siècle*, in *La Russie et l'Europe. XVI-XX siècles*, Paris et Moscou 1970; A. Benningsen, *Un mouvement populaire au Caucase (1785-1791), page mal connue et controversée des relations russo-turques*, in «Cahiers du monde russe et soviétique», V (1964), n. 2, pp. 159 sgg.; G. Marocco, *Giovan Battista Boetti: realtà o mistificazione? Contributo a una*

alle notizie trasmesse a Versailles, nell'ottobre del 1788, sull'arrivo a Torino del conte di Cagliostro - già espulso dalla Francia -, che Choiseul fece immediatamente allontanare dal Piemonte.

Fra i dispacci della legazione di Francia possiamo infine trovare interessanti notizie su alcuni episodi di cronaca torinese cui sono dedicati veri e propri *reportages* - indispensabili per lo storico, in assenza di gazzette o giornali - come il fallito attentato alla polveriera di Borgo Dora, organizzato per vendetta, nel dicembre 1784, da tre operai licenziati[14]; o come la vivace cronaca dell'incendio che il 16 febbraio 1786 distrusse il teatro Carignano, in pieno centro di Torino, provocando un morto e alcuni feriti ed in seguito al quale venne istituito in città il corpo speciale dei pomperi[15].

Nel complesso, però, dobbiamo constatare un'attenzione piuttosto superficiale alla vita politica e civile del Piemonte: assai scarse sono infatti le notizie trasmesse a Versailles sui mutamenti istituzionali interni allo Stato sabaudo, sui cambiamenti di direzione nei vari dicasteri o sugli avvenimenti culturali (in verità non molto numerosi). Solo per inciso Choiseul o Lalande segnalano la difficoltà a trovare libri e giornali italiani a Torino[16], o informano su qualche iniziativa dell'Accademia delle Scienze e della Società di Agricoltura[17], mentre una costante attenzione è dedicata alle vicende demografiche della capitale subalpina, di cui si documenta la crescita dagli 87.017 abitanti del 1785 ai 94.489 del 1792.

Gli echi della rivoluzione ginevrina: l'"ancien régime" alla prova.

L'unico episodio significativo che sembra interrompere la tranquilla *routine* del barone Choiseul è la crisi scoppiata nel 1782 a Ginevra, dove l'oligarchia patrizia dei «negativi» era stata spodestata dal partito dei «rappresentanti» - costituito dalla borghesia cittadina esclusa dalle cariche politiche - e dai «nativi» - cioè dai contadini e dal popolino privo di diritti politici[18]. Di fronte alla rivoluzione antiaristocratica di Ginevra - che prefigurava, per certi aspetti, quanto sarebbe accaduto sette anni dopo in Francia - immediato fu l'intervento della corte di Versailles, che vedeva minacciati i propri interessi commerciali, ma soprattutto che

---

questione irrisolta, in «Studi Piemontesi», X (1981), n. 2, pp. 312 sgg.; F. VENTURI, *La riforma dell'Alcorano ossia il mito italiano dello sceicco Mansur*, in «Rivista storica italiana», XCVIII (1986), n. 1, pp. 47-77; A. BENNINGSEN, T. KUTLU, H. VAHRAMIAN, A. ZULIANI, *Gian Battista Boetti (1743-1794)*, Milano 1989.

[14] A.M.E. – C.P. Sardaigne, vol. 265: Lalande a Vergennes, Torino, 8 dicembre 1784.

[15] Ivi, vol. 267: Choiseul a Vergennes, Torino 18 febbraio e 29 aprile 1786.

[16] A.M.E. – C.P. Sardaigne, vol. 264: Choiseul a Vergennes, Torino 20 luglio 1782.

[17] A.M.E. – C.P. Sardaigne, vol. 266: Choiseul a Vergennes, Torino 3 novembre 1784.

[18] Sulla crisi ginevrina del 1782 e sui suoi echi europei cfr. F. VENTURI, *Settecento riformatore. La caduta dell'Antico Regime (1776-1789). 2 – Il patriottismo repubblicano e gli imperi dell'Est*, Torino 1984, in particolare il cap. VI: *«Ubi libertas ibi patria». La rivoluzione ginevrina del 1782*, pp. 465 sgg.

non intendeva tollerare presso i suoi confini la presenza di un piccolo Stato democratico, potenzialmente eversivo degli equilibri consolidati dell'Europa di antico regime. Il conte di Vergennes, sostenitore ad oltranza dello *status quo*, convinse quindi Luigi XVI ad intervenire militarmente a Ginevra a sostegno del partito dei «negativi», trascinando con sè anche le due maggiori «potenze» confinanti con la repubblica del Lemano: il Cantone di Berna e il Regno di Sardegna. Vittorio Amedeo III, che proprio in quegli anni stava progettando di fare di Carouge - piccolo centro savoiardo sulle rive dell'Arve, a poche centinaia di metri da Ginevra - una «città franca» in concorrenza con la repubblica confinante, accolse con favore l'idea di far parte della coalizione «pacificatrice», con l'implicito obiettivo di sottrarre Ginevra all'influenza francese e di favorire al tempo stesso lo sviluppo di Carouge[19]. Fin dal gennaio 1782, del resto, Lalande aveva segnalato con una certa preoccupazione la presenza di rifugiati ginevrini a Carouge. Tutta la campagna militare e la successiva trattativa politica per ricostituire a Ginevra un governo basato su ampi consensi è seguita con grande attenzione dagli inviati francesi a Torino, i quali riferiscono, ad esempio, della simpatia manifestata da una parte dell'opinione pubblica torinese per i democratici ginevrini, insinuando il sospetto che il governo sabaudo fosse intenzionato di fare il doppio gioco, sostenendo a parole le posizioni francesi, ma agendo in realtà per proprio conto allo scopo di «proteger ed d'attirer Genève à Carouge»[20]. O segnalando con preoccupazione il fatto che il governo di Torino si stesse adoperando affinchè fossero soddisfatte alcune richieste del partito dei «rappresentanti», onde evitare che molti ginevrini emigrassero verso altri paesi europei (Prussia, Olanda o Inghilterra in particolare) trasferendovi la loro industria e le loro capacità imprenditoriali»[21].

---

[19] L'operazione del governo di Torino era estremamente delicata: da un lato esso aderiva alla coalizione voluta dai francesi, assicurandosi così la possibilità di intervenire militarmente a Ginevra (contro la quale il Piemonte aveva stipulato un trattato nel 1754), ma dall'altro lato puntava autonomamente – e contro gli interessi di Versailles – a favorire una conciliazione con il partito dei «rappresentanti» allo scopo di garantirsi una presenza duratura sulle rive del Lemano, accogliendo al tempo stesso a Carouge molti esuli ginevrini. Su Carouge cfr. il volume *Bâtir une ville au siècle des lumières. Carouge: modèles et réalités*, Torino 1986; sul ruolo strategico della cittadina savoiarda cfr. in particolare il contributo di D. CARPANETTO, *Carouge foyer marchand et district de tolérance face à Genève*, ivi, pp. 77 sgg.

[20] «Les oisifs de cette ville s'occupent de cette affaire ce qui fait naitre cent nouvelles contredictoires. Mais le ministère paroit persuadé que toute cette fureur de parti va se terminer par une négociation amiable qui sera conduite par la France plus particulierement comme plus à portée de connoitre le caractère des individus qui sont ou chefs de parti ou mené par la passion de ces chefs. D'ailleurs plusieurs personnes ne considerant que les facilités accordées il y a plusieurs années par le Roi de Sardaigne aux émigrans de Genève et l'augmentation prodigieuse de Carouge en conséquence des privilèges, se plaisent à croire que les raisonnement du ministère ne sont que faintes et qu'il est toujours occupé de proteger et d'attirer Genève à Carouge» (A.M.E. – C.P. Sardaigne, vol. 264: Lalande a Vergennes, Torino 19 giugno1782).

[21] «Il m'a paru que la Cour de Turin ne désesperoit point de la reussite de la médiation des trois

Mentre quindi il Piemonte agiva, con indubbia spregiudicatezza, essenzialmente per difendere i propri interessi economici, la Francia agiva invece anche e soprattutto in nome del mantenimento degli equilibri sociali più favorevoli all'aristocrazia: «ubi privilegium ibi patria», potremmo dire, rovesciando il motto della rivoluzione ginevrina, ripreso in esilio da François d'Ivernois. E un'eloquente testimonianza di questo spirito antiborghese e antidemocratico ci viene proprio dal barone Choiseul, il quale, in un dispaccio da Torino dell'11 settembre 1782, stigmatizza, insieme con «l'ambition qui anime toujours les corps dans une administration populaire», «l'esprit d'intrigue et l'animosité de la bourgeoisie», ben rappresentata da «ces républicains de Genève», «démagogues» e «factieux», «hommes plus nuisibles par leur caractère qu'utiles par leurs talens».

Dei rapporti fra Piemonte, Francia e repubblica di Ginevra l'ambasciatore francese si sarebbe occupato ancora nel 1784, in occasione di alcuni colloqui con il ministro Perrone a proposito della cittadina di Carouge, del cui ruolo nefasto egli si lamentò ripetutamente. Grazie alla tolleranza che vi regnava la cittadina savoiarda attirava infatti, oltre ai capitali degli imprenditori ginevrini, «toutes espèces de malfaiteurs» - quasi sempre sfuggiti alla giustizia del re di Francia - tra i quali numerosi esuli politici e dissidenti protestanti che potevano così sottrarsi alla cattura con la complicità delle autorità sabaude. Perrone - ci rivela a questo proposito l'ambasciatore francese - non condivideva affatto la linea del suo governo riguardo a Carouge, accusando implicitamente il ministro degli interni Corte di Bonvicino di aver patrocinato un progetto politico ed economico dannoso per il paese[22].

---

puissances pour la pacification de Genève, quoiqu'elle sache les intelligences que les chefs exilés des raprésentants conservent avec leur parti et leurs menées pour l'empecher d'accepter le reglement aggrée par les plenipotentiaires, mais je dois dire que je crois que ce Ministère desireroit qu'on satisfait sur quelques points les reppresentans pour éviter les émigrations; plusieurs puissances offrant aux mécontens non seulement un azile, mais même des secours pour se fixer chez elles et y établir leur industrie. Je sais tout ce qu'on peut objecter contre cette opinion. Quoique il en soit il paroit par les discours du public et par les lettres des Piémontois actuellement à Genève que tous les voeux sont pour qu'il soit accordé quelque faveur au parti démagogique qui montre une sorte d'espoir dans les vues de conciliation de Mr. le Comte De la Marmora et une affection particulière à sa nation» (A.M.E. – C.P. Sardaigne, vol. 264: Choiseul a Vergennes, Torino, 17 agosto 1782).

[22] Scrive infatti Choiseul: «J'ai profité de cette occasion pour faire voir encore les inconveniens qui peuvent résulter de la tolérance excessive des officiers qui commandent à Carouge l'asyle de toute espèce de malfaiteurs. M. le comte de Perron en est persuadé depuis longtems, mais sur cet article qui n'est point de son department sa voix ne l'emporte guères, les auteures du système de cette colonie voyant pour l'avenir une grande ville dans un commencement si méprisable» (A.M.E. – C.P. Sardaigne, vol. 266: Choiseul a Vergennes, Torino, 16 giugno 1784). L'argomento è ripreso quattro mesi dopo in un colloquio con Perrone: «Je vois qu'on adopte les anciens principes du port franc de Nice sur l'admission des gens sans aveu, des banqueroutiers et de tous ceux dont la réputation est lâche, croyant y attirer de l'industrie et de l'argent. En attendant les réfugiés actuels juiront d'une sorte d'impunité; j'ai lieu de croire que si cet objet étoit du département de Mr. le comte de Perron il n'en seroit pas ainsi» (ivi: Choiseul a Vergennes, Torino 2 ottobre 1784).

Un secondo momento di forte tensione internazionale, che mise in moto la diplomazia segreta piemontese, si ebbe nel 1783, di fronte all'acutizzarsi delle tensioni fra l'Olanda e l'Impero asburgico e ai progetti di espansione in Europa orientale manifestati da Giuseppe II.

Diversamente da Vergennes, il ministro Perrone si augurava che una guerra europea seppellisse l'alleanza franco-asburgica, permettendo al Piemonte di sfruttare l'occasione per intervenire militarmente in Lombardia ed annettersi finalmente i territori che già gli erano stati promessi all'inizio della guerra di successione polacca e che non era mai riuscito ad ottenere[23]. Nel novembre dello stesso anno Choiseul riferiva nuovamente a Versailles sui contatti segreti della diplomazia piemontese con le altre potenze europee, segnalando la preoccupazione di Perrone per la politica orientale di Giuseppe II e di Caterina II e le sue persistenti mire sulla Lombardia[24].

L'avvicinarsi della crisi rivoluzionaria in Francia: un tardivo risveglio.

Morto improvvisamente Vergennes il 13 febbraio 1787, il suo posto fu preso dal conte Armand-Marc Montmorin de Saint-Hérem, già ambasciatore a Madrid e governatore militare della Bretagna, amico di Necker e successivamente avvicinatosi alla «Societé des amis de la Constitution». Gli indirizzi di politica estera rimasero immutati[25], mentre in Francia incominciavano a manifestarsi con preoccupante evidenza i sintomi della crisi economica e politica che avrebbe condotto di lì a poco alla rivoluzione.

Scarsamente sensibile ai sommovimenti politici che, fin dalla primavera del 1787, scuotevano la Francia, il barone Choiseul segnalava tuttavia, in un dispaccio dell'11 luglio di quello stesso anno, gli effetti della carestia in Piemonte, che aveva pressoché distrutto le colture di gelso e gli allevamenti di bachi, costringendo ad

---

[23] «J'ai donné à Mr. le comte de Perron – scriveva Choiseul il 20 agosto 1783 – des assurances nouvelles et encore plus positives de l'intention où est S.M. de ne point abandonner la cause de l'Europe dans des circonstances qui paroissent menacer la sureté des autres Puissances et d'essayer tous les moyens de conciliation avant de s'opposer par la force à des projets dangereux pour l'Italie»; il Perrone per contro manifestava intenti tutt'altro che pacifisti: «il me dit que la Flandre et la Lombardie étant abandonnés par l'Empereur, ce Prince se trouveroit fort embarassé au printemps si on s'y établissoit pendant l'hiver, ce qui seroit facile n'y ayant que Mantoue qui pourroit faire resistence; quoique ces avances n'ayent rien de ministeriel, je crois, Monsieur, que vous en tirerez les mêmes conséquences que moi sur les dispositions de la cour de Turin» (A.M.E. – C.P. Sardaigne, vol. 265: Choiseul a Vergennes, Torino, 20 agosto 1783; dispaccio cifrato).

[24] Ivi: Choiseul a Vergennes, Torino 26 novembre 1783; dispaccio cifrato.

[25] «Une des choses qui m'a le plus frappé, Monsieur, en remplacant Mr. le comte de Vergennes a été l'heureux avantage que sa sagesse et ses travaux m'ont preparé de n'avoir qu'a conserver les principes et la memoire de faire qu'il avait établis» (A.M.E. – C.P. Sardaigne, vol. 267: Montmorin a Choiseul, Versailles, 3 aprile 1787).

importare seta grezza dall'Inghilterra per dar lavoro alle manifatture[26]. Inoltre tra l'aprile 1788 e il giugno 1789, per più di un anno, Choiseul usufruì di un congedo, ritornando a Torino proprio in coincidenza con la convocazione degli Stati Generali di Francia. Chi cercasse però nei suoi dispacci qualche cenno agli echi degli avvenimenti francesi rimarrebbe sicuramente deluso; fino ai primi di agosto non troviamo assolutamente nulla: solamente notizie dettagliate sul morbillo della principessa di Piemonte. Solo l'8 agosto, mentre tutto il territorio francese era ormai percorso dalle ondate della «grande paura», Choiseul dedica un preoccupato commento alle rivolte che si stavano verificando in Provenza e nel Delfinato, provocando la fuga in territorio piemontese di un gran numero di persone[27]. Da buon diplomatico di antico regime e con un atteggiamento simile a quello tenuto nei confronti della rivoluzione ginevrina del 1782, egli riferisce con orrore le notizie sugli incendi dei castelli ad opera di «brigands» e «mutins», condividendo la preoccupazione e la paura delle autorità piemontesi ed augurandosi una rapida fine dei disordini.

1789-1791: emigrazione aristocratica e sommosse contadine.

Dopo questo primo momento di allarme, tuttavia, l'ambasciatore francese non manifestò eccessiva preoccupazione per quanto stava accadendo a Parigi: ai primi di settembre egli ricevette infatti un dispaccio del ministro Montmorin, che gli annunciava l'imminente arrivo a Torino del conte d'Artois, con assoluta naturalezza, come se si trattasse di uno dei consueti «*grands tours*» italiani dei principi reali

---

[26] «Ce pays-ci eprouve cette année une grande disette tant dans les fruits de la terre, que dans les soies. Les froids du printems, les orages fréquens mêlés de grêle ont détruit les plus belles espérances et la recolte de la soie ne s'élevera qu'à un dixième d'année commune. Il n'y en a pas assez pour l'entretien des manifactures qui sont obligées de faire venir d'Angleterre de la soie de Bengale, inférieure de beaucoup à celle de Piémont» (A.M.E. – C.P. Sardaigne, vol. 267: Choiseul a Montmorin, Torino 11 luglio 1787). Nel febbraio del 1788 Choiseul descriveva poi gli sforzi compiuti dal governo piemontese per rimediare alla grave crisi occupazionale che aveva investito in primo luogo l'industria serica, annunciando il premio bandito dall'Accademia delle Scienze di Torino, su proposta del barone della Turbia (A.M.E. – C.P. Sardaigne, vol. 268: Choiseul a Montmorin, Torino 16 febbraio 1788).

[27] «Depuis le dernier n. que j'ai eu l'honneur de vous écrire, vous avez su les ravages dont la Provence a étée menacée, ceux qu'elle a même souffert et combien de familles se sont expatriées. Elles ont reçu à Nice l'accueil de bon voisinage et les troupes que le Commandant pour le rois de Sardaigne a fait avancer le long du Var pour refuser l'asyle aux mutins étant d'intelligence avec celles du Roi; de l'autre coté du terrain il paroit par les derniers avis que les brigands de cette frontière sont dispersés (…). Ce qu'on écrit du Dauphiné est bien allarmant. Nous avons des nouvelles de la retraite à Chambéry de beaucoup de familles nobles et de la première bourgeoisie, plusieurs manquant du plus étroit nécessaire ayant abandonné leurs châteaux incendiés par les bandits et la frontière de Savoie est menacée plus que jamais. Toute correspondance avec le Dauphiné est interrompue et une lettre de M. le comte De Dufort datée du 2 n'a pu me parvenir qu'hier a soir» (A.M.E. – C.P. Sardaigne, vol. 268: Choiseul a Montmorin, Torino 8 agosto 1789).

di Francia. Per due anni interi, dall'autunno del 1789 fino all'autunno del 1791, egli rimase quindi a Torino come «servitore di due padroni», trasmettendo regolarmente a Parigi i propri dispacci, frequentando quotidianamente le residenze dei principi in esilio e fungendo spesso da «introduttore» presso la corte sabauda dei nobili francesi che, a ondate successive, venivano a rifugiarsi in Piemonte per timore della rivoluzione.

L'arrivo a Torino dei principi emigrati coincise - casualmente - con il congedo del ministro Perrone di San Martino - da tempo ammalato e ormai quasi completamente sordo -, sostituito nel settembre 1789 dal primo ufficiale del ministero degli esteri, conte Perret d'Hauteville[28]. Dei tre principali protagonisti della diplomazia franco-sabauda degli anni Ottanta il solo Choiseul rimaneva ora al suo posto, con crescente imbarazzo, ma sempre fedele al suo ruolo. Un analogo imbarazzo manifestava anche il ministro degli esteri francese Montmorin - favorevole alle riforme e fedele all'Assemblea Nazionale, ma altrettanto fedele a Luigi XVI - il quale commentava con una certa preoccupazione, in un dispaccio del 3 ottobre 1789, il crescente afflusso di emigrati francesi in Italia. Ma l'emigrazione era destinata ad aumentare, anche a causa del cattivo raccolto di grano che, in Francia come in Piemonte, spinse in alto i prezzi favorendo le sommosse contadine. Per tutto l'autunno 1789 Choiseul non fece altro che dar notizia dell'arrivo o del passaggio da Torino di nuovi emigrati[29], alternando con queste le notizie sui ricevimenti e i balli alla corte del conte d'Artois e del principe di Condé, ormai stabilitisi nella capitale sabauda in due palazzi contigui. Ma, al pari del cardinale de Bernis, ambasciatore francese a Roma, o del duca de La Vauguyon, ambasciatore a Madrid, anche il barone de Choiseul, piuttosto che condannare con dure parole coloro i quali l'Assemblea Nazionale giudicava ormai come nemici della rivoluzione e della patria, intratteneva con loro ottimi rapporti, partecipando alle loro feste, invitandoli a cena all'ambasciata e parlando di loro, nei suoi dispacci, come di tranquilli gentiluomini francesi in villeggiatura. Nulla trapela nei dispacci di Choiseul, delle manovre messe in atto dai principi emigrati per tessere le fila di una coalizione controrivoluzionaria fra le monarchie europe, ma è probabile che

---

[28] Il ministro degli esteri francese si rammaricò sinceramente per il ritiro di Perrone e scrisse a Choiseul: «Je n'ai pu n'apprendre sans peine la retraite de Mr. le comte de Perron. La sagace de ce ministre, sa manière franche et simple de traiter les affaires ont facilité pendant bien des années notre correspondance avec la Cour de Turin. Mr. le comte d'Hauteville, qui eu part a sa confiance suivra sans doute les mêmes principes» (A.M.E. – C.P. Sardaigne, vol. 268: Montmorin a Choiseul, Versailles 3 ottobre 1789).

[29] «Il arrive continuellement de nouveaux émigrans qui, pour la pluspart passent en Italie» (A.M.E. – C.P. Sardaigne, vol. 268: Choiseul a Montmorin, Torino 4 novembre 1789). «C'est avec peine que je vois en ce moment le nombre des émigrans augmenter plutôt que diminuer» (ivi: Choiseul a Montmorin, Torino 11 novembre 1789).

lo stesso barone ne fosse segretamente coinvolto: non si spiega altrimenti il suo soggiorno di due mesi a Parma, frà aprile e giugno 1790.

Nel corso del 1790, frattanto, anche il regno sabaudo fu investito dai sintomi di una crisi rivoluzionaria che colpì innanzi tutto la Savoia, più esposta di altri territori all'influenza della propaganda rivoluzionaria e toccata direttamente dall'ondata di emigrazione nobiliare. Tra maggio e giugno Lalande e Choiseul segnalano sommosse in tutti i principali centri della Savoia, con saccheggi di granai, incendi di castelli e azioni contro gli emigrati francesi, accusati di incetta. Nel mese di luglio i tumulti investirono le città di Montmélian ed Entremont: i contadini chiedevano l'immediato riscatto dei diritti feudali soppressi e l'affrancamento delle decime ecclesiastiche, il clero lamentava la propria miseria, mentre tutti i gruppi sociali non privilegiati manifestavano una crescente ostilità nei confronti della nobiltà sia francese che indigena. Frattanto le sommosse contadine che continuavano ad agitare il sud della Francia indussero il re ad inviare contingenti militari a Nizza, provocando così le proteste della popolazione locale e delle amministrazioni municipali della Provenza. Contemporaneamente una seconda ondata di emigrazione, questa volta costituita soprattutto da militari, stava investendo il Piemonte, aggravando ulteriormente la tensione[30].

Il barone Choiseul «servitore di due padroni».
Tra rivoluzione e reazione aristocratica.

A questo punto, per la prima volta dopo mesi, il barone de Choiseul si rivolse al ministro Montmorin con un dispaccio cifrato per confessare il proprio imbarazzo e per chiedere istruzioni più precise e inequivoche, minacciando in caso contrario le proprie dimissioni: «Vous sentez bien, Monsieur - egli scriveva il 28 luglio 1790 -, que ma position et mes devoirs à remplir deviennent chaque jour plus difficiles. Il seroit à desirer que le Roi voulut bien faire connoître d'une manière positive ses voeux et me donnat personnellement des ordres précis. Je les exécuterois avec les mesures convenables. J'en ai pour garant la justice que je force à me rendre malgré les préventions»[31]. L'ambasciatore si era certamente reso conto che a governare la politica francese non era più il re e forse neppure più l'Assemblea Nazionale, ma la forza stessa della rivoluzione che sfuggiva ormai ad ogni controllo: per questo egli chiedeva che fosse personalmente Luigi XVI a scrivergli, dimostrando di essere

---

[30] «L'affluence des français augmente chaque jour ici. Plusieurs ne font que passer la plus part se rendent en Suisse. D'autres en assez-grand nombre prennent une sorte d'établissement en cette ville et ce sont particulierement des jeunes militaires quoique l'uniformité de la vie qu'on y mène ne semble pas les inviter» (A.M.E. – C.P. Sardaigne, vol. 269: Choiseul a Montmorin, Torino 3 luglio 1790).

[31] A.M.E. – C.P. Sardaigne, vol. 269: Choiseul a Montmorin, Torino 28 luglio 1790.

ancora a capo del governo e sciogliendolo dalla condizione - per lui assai imbarazzante - di dover rappresentare contemporaneamente il re e i suoi nemici. Egli non poteva certo continuare a ricevere al tempo stesso le proteste delle autorità francesi di confine contro le minacce rappresentate dal riarmo dell'esercito sabaudo e partecipare alla messa fatta celebrare a Torino dal conte d'Artois in occasione del compleanno di Luigi XVI, con la partecipazione di tutti i nobili francesi emigrati, sempre più ostili al governo di Parigi e ormai decisi a spingere Vittorio Amedeo III, insieme con l'imperatore Leopoldo II, a scendere in guerra contro la Francia rivoluzionaria per «liberare» il re «prigioniero» dell'Assemblea.

Dinnanzi alla crisi in Savoia due erano le opinioni che si stavano facendo strada fra i consiglieri del re di Sardegna: a) agire con prudenza e pazienza finché le cause del malessere non fossero state rimosse; b) agire con forza e rigore per stroncare ogni volontà di ribellione. Il sovrano sembrava propendere per la prima soluzione, ma molti esponenti della corte erano senza ombra di dubbio favorevoli alla linea dura e lo stesso barone Choiseul, da uomo d'ordine quale era sempre stato, non era del tutto contrario alla seconda soluzione, caldeggiata dal conte d'Artois. Agli inizi di settembre 1790 egli comunicava a Versailles che il clima di rivolta non era più limitato solo alla Savoia o al contado di Nizza, ma si stava estendendo ormai anche alla pianura piemontese: pochi giorni prima, infatti, a Vercelli una manifestazione di esponenti della borghesia cittadina aveva chiesto all'Intendente la soppressione di alcune imposte, diffondendo manifesti rivoluzionari per le vie della città. Qualche giorno dopo Choiseul segnalava la presenza a Torino dell'arciduca di Milano Ferdinando d'Asburgo venuto a prendere contatti con il conte d'Artois e con il duca d'Aosta. Questo sarebbe stato solamente il primo di una serie di incontri e di contatti fra i principi francesi emigrati e la corte di Vienna allo scopo di preparare una controffensiva generale, osteggiata fino all'ultimo da Leopoldo II. Tra la metà di novembre e il Natale dello stesso anno soggiornarono infatti a Torino sia l'ex ministro Calonne - ora al servizio del principe di Condé - impegnato in una serie di contatti diplomatici con le potenze europee in vista di una coalizione controrivoluzionaria[32], sia Mirabeau - emissario segreto di Luigi XVI - inviato a prendere contatto con i principi emigrati[33]. Nel gennaio del 1791, quando

---

[32] A.M.E. – C.P. Sardaigne, vol. 269: Choiseul a Montmorin, Torino 17 novembre 1790 e 22 dicembre 1790.

[33] A proposito di Mirabeau, Choiseul riferisce uno sconcertante episodio accaduto verso la metà di novembre a Chambéry: qualche giorno prima dell'arrivo dell'emissario francese nel capoluogo savoiardo un prete suo connazionale, chiamato Dubois, era stato ricoverato in un albergo con evidenti sintomi di avvelenamento; dopo sette giorni di atroce agonia il religioso era morto, ma prima di perdere conoscenza aveva fatto in tempo ad incontrarsi con Mirabeau e a consegnargli alcuni documenti segreti per il conte d'Artois. Il Senato di Savoia aprì immediatamente le indagini sul misterioso episodio, ma non riuscì a giungere ad alcuna conclusione, se non a quella, assai improbabile, che il Dubois era un pazzo mitomane avvelenatosi da solo (Ivi: Choiseul a Montmorin, Torino 24 novembre 1790).

744

ormai tutta la diplomazia europea era stata mobilitata dalla loro frenetica attività, il conte d'Artois e il principe di Condé lasciarono finalmente Torino per spostarsi il primo a Venezia, dove avrebbe dovuto incontrarsi con Leopoldo II, e il secondo a Berna, da dove avrebbe incominciato a reclutare un esercito per «riconquistare» la Francia: nel mese di febbraio, infatti, l'incaricato d'affari Lalande - mentre Choiseul si trovava stranamente a Mentone - segnalava i preparativi del principe di Condé per un attacco in Alsazia[34].

Chi legge questi dispacci con il «senno del poi» non può non rimanere colpito dall'atteggiamento dell'ambasciatore francese il quale, mentre i più intricati maneggi avvenivano sotto i suoi occhi, continuava come se niente fosse a frequentare la corte del conte d'Artois, parlando di lui con rispetto e devozione, come se non si trattasse ormai di un nemico dichiarato del governo francese. Sicuramente egli era più fedele alla monarchia di quanto non lo fosse alla nazione, tuttavia non può non stupire l'ambiguità estrema della sua posizione. Lo stesso ministro degli esteri Montmorin si trovava, in fondo, in una situazione analoga: a causa delle sue posizioni moderate era accusato di eccessiva debolezza dai giacobini, mentre il re e la regina, ai quali egli rimaneva fedele, lo mettevano sempre più in imbarazzo con i loro maneggi segreti, dei quali egli era al corrente e, probabilmente, complice. Garantire la sicurezza della Francia e salvare al tempo stesso la monarchia stava diventando un'impresa sempre più difficile[35].

Dalla rivolta antiaristocratica ai preparativi di guerra.

Frattanto i preparativi di guerra, anche in Piemonte, si facevano di giorno in giorno più evidenti: Vittorio Amedeo III continuava ad inviare truppe oltre le Alpi, mentre l'Arsenale di Torino lavorava a pieno regime per produrre le armi indispensabili a sostenere una guerra convenzionale e non solo a reprimere alcune rivolte contadine.

Dalla rivolta contadina si stava infatti passando alla rivolta urbana: tra il 15 e

---

[34] Ivi: Lalande a Montmorin, Torino 5 febbraio 1791, dispaccio cifrato.
[35] Accordando a Choiseul il congedo da tempo richiesto, ma raccomandandogli al tempo stesso di non farne uso per il momento – finché la situazione internazionale non fosse stata più calma – Montmorin scriveva infatti, il 9 ottobre 1790: «Les esprits m'y paroissent bien échauffés, et en général il me semble que tout le monde n'y juge pas d'une manière saine notre position. Si cependant vous jugez que votre position y devint absolument insostenable, le Roy trouveroit bon que vous reveniez pour quelque tems en France». L'ottenimento del congedo creò un certo imbarazzo allo stesso Choiseul, che pure non vedeva l'ora di lasciare Torino: egli infatti riteneva che la sua presenza nella capitale sabauda fosse tutt'altro che indispensabile, ma si rendeva conto altresì che la sua partenza sarebbe potuta apparire come un abbandono di campo in un momento difficile per il re. Decise quindi di rinviare la partenza ad un momento più favorevole, rimanendo ancora qualche mese al suo posto in attesa degli eventi.

il 16 marzo 1791 a Chambéry era scoppiata una sommossa antiaristocratica. Al grido di «à bas la cocarde blanche!» centinaia di popolani erano scesi in «piazza dando la caccia agli emigrati francesi che ostentavano vistose coccarde bianche, simbolo della monarchia; da tempo in città la tensione stava salendo e la pubblicazione dell'anonimo *pamphlet* dal titolo *Le premier cri de la Savoye vers la liberté*, aveva lanciato la parola d'ordine della lotta per l'indipendenza dal Piemonte. Dalla rivolta antiaristocratica si stava dunque passando all'aperta ribellione contro il governo di Torino. Subito dopo la repressione della sommossa Choiseul trasmise a Parigi una dettagliata relazione sull'accaduto nella quale sposava in pieno le posizioni del governo di Torino augurandosi che l'intervento in forze dell'esercito piemontese potesse presto ristabilire l'ordine in Savoia[36]. E dire che i popolani di Chambéry erano scesi in piazza inneggiando alla Francia rivoluzionaria!

Dinnanzi a simili contraddizioni neppure il titubante Montmorin, che nel frattempo aveva assunto anche l'*interim* degli interni, poteva restare in silenzio. Il 26 aprile 1791, infatti, egli inviò a tutti gli ambasciatori francesi una circolare-proclama - dettatagli evidentemente dall'Assemblea Nazionale - con la quale li esortava a manifestare sentimenti positivi nei confronti della rivoluzione e del governo, affermando che il re era deciso a mantenerne e difenderne le conquiste a tutti i costi. «La Nation souveraine - egli scriveva - n'a plus que des citoyens égaux en droits, plus de despote que la Loi, plus d'organes que des fonctionnaires publics, et le Roi est le premier de ces fonctionnaires. Telle est la révolution françoise». Possiamo facilmente immaginarci l'effetto che fece sul barone de Choiseul - che fino a quel momento aveva continuato a firmare i propri dispacci con la formula tradizionale di antico regime «votre très humble et très obéissant serviteur» - un simile testo. Sempre più egli si sentiva fuori posto, non riuscendo ad accettare di dover diventare un propagandista di una rivoluzione che intimamente aborriva. Rinunciando ancora una volta ad utilizzare il congedo - ora, probabilmente, per timore di rientrare in Francia nel momento in cui la maggior parte degli aristocratici ne fuggiva - egli si adattò quindi al nuovo stile rivoluzionario riducendo di molto la lunghezza dei suoi dispacci e firmandosi semplicemente «Choiseul ambassadeur de France». Nonostante ciò egli non volle rinunciare a far conoscere al ministro

---

[36] «Quoique les nouvelles de la Savoie ne soient pas inquietantes pour le gouvernement, on croit cependant qu'il est de la prudence d'y faire pousser quelques pièces d'artillerie de campagne, des officiers de génie et un détachement de cannoniers pour y maintenir l'état de tranquillité, actuelle et s'il y arrivoit quelque nouvelle émeute on est persuadé que l'animosité des soldats Piémontais contre les savoyards serviroit de reste les ordres rigoureux du gouverneur» (A.M.E. – C.P. Sardaigne, vol. 269: Choiseul a Montmorin, Torino 6 aprile 1791). Cfr. anche A.M.E. – C.P. Sardaigne, vol 269: *Relation de l'insurrection de Chambéry le 16 mars 1791*, envoyée de Chambéry à Turin; allegata dal dispaccio del 23 marzo 1791.

degli esteri, che conosceva come uomo moderato e fedele alla monarchia, la propria opinione: «Il est inutile, Monsieur - egli scrisse infatti il 7 maggio 1791 -, que je cherche à vous rendre la sensation que produit ici généralement ce que j'ai l'honneur mander, vous l'imaginez aisément».

Un mese dopo, l'8 giugno 1791, anche a Torino scoppiava la prima grave sommossa, originata dall'arresto di uno studente di chirurgia - protagonista di un banale episodio di cronaca che l'aveva visto coinvolto nell'aggressione ad una prostituta - che aveva dato luogo ad una vivace protesta studentesca, degenerata poi in uno scontro di piazza fra alcune centinaia di studenti e popolani da un lato e le truppe a cavallo dall'altro. Anche in questo caso Choiseul riferì i fatti in una dettagliata relazione, decisamente ostile agli studenti e favorevole all'intervento dei militari[37].

Dalla fuga di Varennes alle dimissioni di Choiseul.

Intanto - mentre l'ambasciatore francese a Torino segnalava nuovi tumulti in Savoia e smentiva la ventilata ipotesi di un incontro a Milano fra Vittorio Amedeo III e Leopoldo II - nella notte fra il 20 e il 21 giugno 1791 Luigi XVI tentava la fuga da Parigi. Noi ora sappiamo quale effetto produsse sull'opinione pubblica francese ed internazionale la fuga di Varennes, che aprì la strada alla proclamazione della repubblica e allo scoppio della guerra europea, ma se cercassimo un'eco immediata di quell'episodio nella corrispondenza del barone Choiseul rimarremmo certamente delusi. Il 23 giugno, infatti, il ministro Montmorin - che di lì a poco sarebbe stato messo sotto accusa per aver favorito la fuga del re - inviò a tutti gli ambasciatori francesi una circolare rassicurante, comunicando che il sovrano si trovava al sicuro a Parigi dopo essere sfuggito ad un tentativo di rapimento. Da Torino Choiseul rispose, il 5 luglio, con un imbarazzatissimo dispaccio dichiarando che «encore hier lundi, avant l'arrivée du courrier ordinaire de la cour, nos françois et une petite partie du public étoient dans la ferme persuasion que le roi étoit à Metz». Probabilmente lo stesso ambasciatore aveva sperato che il re fosse riuscito a sottrarsi alla tutela dell'Assemblea Nazionale, ma stando così le cose, egli assicurava che la corte di Torino non avrebbe mosso guerra alla Francia prima che si fosse costituita una forte coalizione con l'accordo dell'imperatore. Il 13 luglio, mentre le voci di una guerra imminente si facevano sempre più consistenti, alimentate soprattutto dalla propaganda controrivoluzionaria dei principi francesi emigrati, Choiseul scriveva ancora, descrivendo il clima incandescente della capitale sabauda: «Les derniers événemens de France qui font encore ici le sujet

---

[37] Ivi: *Relation d'une insurrection de la part des étudians à l'Université de Turin arrivée le 8 et 9 juin 1791* (11 giugno 1791).

des conversations, les opinions diverses des particuliers marquées par des paris et les precautions que nous prenons sur nos frontières; tous paroit motiver les inquietudes et les prévoyances de la cour de Turin. Quelques personnes soupçonnées de composer des ouvrages contraires aux principes de ce gouvernement ont été arrêtées; on a fait défenses de s'entretenir des affaires présentes dans les lieux d'assemblées publiques et d'y lire d'autres papiers journaux de le «Mercure de France» et la «Gazette de Berne», parce qu'on a été instruit que dans toute l'étendue des états plusieurs classes de citoyens laissent appercevoir combien ils inclinent pour la révolution françoise». «La Cour de Turin - scriveva ancora Choiseul in un dispaccio del 23 luglio - craint beaucoup l'influence que notre constitution peut avoir sur ses états d'autant plus qu'il y a dedans les campagnes comme dans les villes des réclamations fréquentes et même assez souvent quelques voyes de fait sur les revenus du fisc et sur les droits seigneuriaux». Un ulteriore elemento di turbamento dell'opinione pubblica piemontese sopraggiunse poi con la notizia dell'arresto - effettuato il 9 luglio 1791, ma mantenuto segreto fino ai primi di agosto - del conte Francesco Dalmazzo Vasco - già incarcerato per diciassette anni, fra il 1768 e il 1785 -, accusato questa volta di aver fomentato la sommossa studentesca dell'8 giugno e di aver scritto un saggio contrario ai principi dell'assolutismo monarchico[38]. Dell'arresto di Vasco, Choiseul dà notizia solo il 24 agosto, dichiarando di non conoscere i capi d'imputazione a suo carico, ma di presumere trattarsi di delitti tali da meritare la morte, già commutata, tuttavia, dal sovrano nel carcere perpetuo[39]. Ancora una volta l'ambasciatore di Francia non mostra alcuna simpatia nei confronti di un intellettuale accusato di un «delitto» di cui qualsiasi cittadino francese avrebbe dovuto essere orgoglioso.

Davvero il clima della capitale subalpina non era più adatto per il barone de Choiseul, che per quasi quindici anni aveva goduto della stima e della considerazione della migliore aristocrazia torinese, ma che ora si sentiva sempre più come un pesce fuor d'acqua, guardato in cagnesco dai nobili piemontesi - perché rappresentante ufficiale della Francia rivoluzionaria - e considerato con disprezzo dai «patrioti» filofrancesi - perché troppo legato ad una monarchia ormai screditata e palesemente poco rivoluzionario. Era dunque venuto il momento di usufruire del

---

[38] Si trattava del *Saggio politico intorno ad una forma di governo legittimo e moderato da leggi fondamentali*, purtroppo perduto, che Vasco aveva tentato di far avere al conte d'Artois. Su F.D. Vasco cfr. F. VENTURI, *Dalmazzo Francesco Vasco (1732-1794)*, Paris 1940; e il volume D.F. VASCO, *Opere*, a cura di S. ROTA GHIBAUDI, Torino 1966.

[39] «On conjecture (mais peut être vaguement) qu'il avoit un plan de gouvernement particulier, qu'il entretenoit des correspondances rigoureusement défendues e qu'il étoit un des moteurs de l'insurrection de l'Université» (A.M.E. – C.P. Sardaigne, vol. 269: Choiseul a Montmorin, Torino 24 agosto 1791).

congedo concessogli dal re alcuni mesi prima, abbandonando Torino prima che scóppiasse la guerra o prima che la rivoluzione investisse anche il Piemonte. Il 17 settembre 1791, dopo essersi congedato dalla corte e dopo aver passato le consegne all'incaricato d'affari de Lalande, egli prese quindi la via del Moncenisio per far rientro in patria, dove l'autorità del sovrano, dopo la sanguinosa repressione del 17 luglio al Campo di Marte, sembrava sul punto di essere restaurata[40].

Da Montmorin a Dumouriez. La Francia verso la guerra.

Lalande, rimasto solo a Torino, ricevette il testo dei vari proclami insieme con l'annuncio delle dimissioni del ministro Montmorin, accusato di tradimento e di complicità con gli organizzatori della fuga di Luigi XVI[41]. Il 6 dicembre 1791 egli fu informato con una laconica circolare che il nuovo ministro degli esteri era Claude-Antoine Valdec de Lessart, creatura di Necker cui era succeduto nel 1790 come Controllore generale delle finanze.

Destituito anche de Lessart, con tutto il governo, il 10 marzo 1792, Lalande proseguì diligentemente il proprio lavoro agli ordini di Charles-Francois Dumouriez, nominato ministro degli esteri il 15 marzo 1792. Per la prima volta dal 1789 alla guida del dicastero entrava un «figlio della rivoluzione» di formazione militare, fautore dichiarato della guerra contro l'alleanza austro-prussiana. Il mutamento di stile si vide subito, a partire dal primo perentorio dispaccio inviato a Torino il 21 marzo 1792, nel quale Dumouriez rimproverava Lalande per il contenuto poco interessante della sua corrispondenza, invitandolo a por fine alle tergiversazioni e agli atteggiamenti ambigui, distinguendo chiaramente gli amici della Francia dai suoi nemici[42]. Frattanto il povero Lalande, perso nella ridda di notizie contraddit-

---

[40] Il ritiro di Choiseul coincise con la dichiarazione del 14 settembre 1791 con la quale Luigi XVI – prigioniero dell'Assemblea Nazionale, ma formalmente ancora re di Francia – tentava di riprendere il controllo della situazione giurando fedeltà alla nuova costituzione e impegnandosi a difenderla contro tutti i suoi nemici interni ed esterni. Pochi giorni prima, il 27 agosto, a Pillnitz, Federico Guglielmo II di Prussia, l'Elettore di Sassonia e il conte d'Artois erano finalmente riusciti a convincere anche l'imperatore Leopoldo II a sottoscrivere una dichiarazione pubblica con la quale, pur evitando qualsiasi accenno esplicito ad una guerra imminente, le potenze europee manifestavano la loro preoccupazione per la situazione interna della Francia. Per rispondere a questo minaccioso ed incauto proclama l'Assemblea Nazionale avrebbe quindi costretto Luigi XVI a pubblicare il 16 ottobre una lettera aperta ai principi francesi emigrati, invitandoli a riconoscere la costituzione e a rientrare in patria, e il successivo 12 novembre un appello alle potenze europee affinché cessassero di sostenere gli elementi ostili alla Francia.

[41] Escluso dal governo, ma rimasto a Parigi accanto al re, Montmorin sarebbe stato denunciato nel luglio del 1792 come membro del «Comité autrichien»: arrestato dopo un tentativo di fuga e processsato sommariamente egli fu poi giustiziato all'Abbaye il 2 settembre 1792.

[42] «Le Roi veut que vous consultiez le Ministre sur les dispositions de cette cour parce que la Nation française ne doit plus être incertaine sur le nombre de ses ennemis. Les intentions du Roi à l'égard de

torie che si incrociavano in quei giorni, non sapeva più come comportarsi e a chi dar retta: «Rien n'est plus difficile ici - scriveva infatti il 19 marzo - que d'être instruit de la vérité des faits. Non seulement les avenues sont fermées, mais il s'en ouvre perpétuellement de fausses. L'esprit de parti, la dissimulation, caractère du pays si connu, l'exageration de quelques immaginations trop ardentes, plus souvent encore de la malveillance, la crédulité des esprits qui cherchent une occupation dans le débit des nouvelles, travaillent sans cesse à ouvrir ces routes trompeuses. Le vrai et le faux ont absolument les mêmes couleurs, les mêmes traits, la lumière la plus pure suffit rarement pour distinguer l'un de l'autre et je suis sans cesse dans la crainte ou de semer des allarmes trop dangereuses, ou de rejetter comme vaines des vérités importantes»[43]. Onde evitare incidenti o malintesi egli continuava dunque ad agire prudentemente, secondo lo spirito di conciliazione che gli pareva più proprio, tenendosi il più possibile lontano dagli intrighi.

Il 25 marzo 1792, intanto, a Torino era scoppiato un secondo tumulto - dopo quello del giugno 1791 - che aveva visto, questa volta, contrapposti gli studenti del collegio delle Province agli artigiani delle corporazioni[44]. È difficile per noi dare un'interpretazione di questo episodio in quanto, se era noto il tradizionale antagonismo fra studenti ed artigiani delle corporazioni, non si era mai verificato prima di allora uno scontro così duro, tanto più che, nelle stesse settimane, a Parigi, studenti e lavoratori si trovavano uniti sullo stesso fronte politico per difendere e

---

S.M. Sarde sont très-amicales, mais les rassemblemens de troupes qui se font dans le Piémont et dans le Milanais, le transport d'un gros train d'artillerie en Savoie sont des circonstances sur les quelles vous pouvez demander des éxplications franches et promptes» (A.M.E. – C.P. Sardaigne, vol. 271: Dumouriez a Lalande, Paris 21 marzo 1792).

[43] Ivi: Lalande a Dumouriez, Torino 19 marzo 1792.

[44] Tutto era nato da un banale incidente verificatosi il 18 marzo, quando un cittadino aveva strappato con disprezzo ad uno studente la medaglia di riconoscimento, distintivo del privilegio universitario; da tempo infatti - e in particolare dopo i tumulti dell'anno precedente - gli studenti erano accusati dai ben pensanti di essere turbatori della quiete pubblica, rivoluzionari a parole, ma garantiti dall'antico privilegio del foro accademico, e la loro vivace presenza nei caffè e nei teatri cittadini era vissuta con fastidio da molti. Lo scontro più grave si era però verificato fra domenica 24 e lunedì 25 marzo quando, al termine di un ballo popolare, era scoppiata, fuori di Porta Nuova, una rissa tra studenti ed artigiani. La forza pubblica era intervenuta ed aveva effettuato alcuni arresti fra gli studenti. Il giorno successivo l'arcivescovo di Torino, cardinale Vittorio Gaetano Costa d'Arignano, era intervenuto a sua volta a favore degli studenti chiedendone il rilascio. I compagni degli arrestati, nel frattempo, inseguiti da una folla di popolani inferociti, si erano rifugiati nel collegio delle Province barricandosi all'interno del palazzo. Probabilmente sobillati da alcuni ufficiali, memori delle sassate studentesche dell'anno precedente, i popolani avevano preso letteralmente d'assalto il collegio, infrangendo dall'esterno quasi tutti i vetri. I collegiali, a questo punto, si erano difesi con le armi in pugno, gettando tegole dal tetto sulla folla sottostante ed occupando il palazzo fino all'arrivo della truppa. Il tumulto era stato quindi sedato dai militari a colpi di arma da fuoco, con numerosi morti e feriti. Per i due giorni successivi il centro di Torino era stato presidiato dall'esercito, mentre il governatore aveva proclamato la legge marziale e ordinato la chiusura di tutte le botteghe. Cfr. A.M.E. – C.P. Sardaigne, vol. 271: *Relation d'une rixe arrivée à Turin le 25 de mars 1792*.

sviluppare le conquiste della rivoluzione. A Torino, invece, l'avanzare della crisi e la tensione della vigilia di guerra provocava una significativa spaccatura all'interno di uno schieramento potenzialmente rivoluzionario. L'incaricato d'affari Lalande non tentò neppure di interpretare i fatti, limitandosi a riferirne dettagliatamente nella sua relazione a Dumouriez, ben più interessato, quest'ultimo, ai movimenti di truppe sui confini della Savoia che non ad un episodio di rivolta urbana.

Il caso Sémonville e la rottura delle relazioni diplomatiche franco-piemontesi.

Ma i rapporti franco-piemontesi erano ormai entrati irrimediabilmente in crisi e le due parti non attendevano altro che un buon pretesto per giustificare la rottura. Questo si presentò verso la metà di aprile 1792, quando il nuovo ambasciatore designato dal governo di Parigi, il *ci-devant* marchese ed ex consigliere del Parlamento di Parigi Charles-Marie Nuguet de Sémonville, già residente francese a Genova, ricevette l'ordine di raggiungere la capitale subalpina per prendere possesso della legazione. Personaggio ben diverso dal barone de Chouseul, Sémonville era un convinto sostenitore del governo girondino, oltre che propagandista attivo dei principi della rivoluzione francese. Il suo arrivo a Torino avrebbe dunque rappresentato una netta svolta rispetto alla gestione precedente, ancora legata ai cerimoniali di antico regime e preoccupata soprattutto del mantenimento della pace. Non dovremmo quindi stupirci constatando che, in quell'occasione, sia il Piemonte che la Francia giocarono assai disinvoltamente con le questioni di cerimoniale fino a provocare una rottura di fatto delle relazioni diplomatiche. La corte di Torino, che si preparava ormai ad entrare in guerra contro la Francia, non aveva nessuna intenzione di accogliere un uomo già segnalato come «democratico arrabbiato» e «furioso apostolo della rivoluzione», sperando ancora che il governo di Parigi potesse nominare un personaggio più conciliante. In caso contrario era meglio che l'ambasciata Francese di Torino fosse chiusa, piuttosto che si trasformasse - come quella di Genova - in un centro di propaganda rivoluzionaria. Bloccato ad Alessandria e costretto a ritornare a Genova - dove fu raggiunto il 5 maggio dal de Lalande - Sémonville fu così l'ultimo rappresentante francese in Piemonte prima dello scoppio della guerra delle Alpi: tra Francia e Piemonte era ormai la rottura.

Gli anni della rottura. Dalla guerra delle Alpi del 1792 alla campagna d'Italia del 1796.

Dal maggio 1792 al giugno 1796 le relazioni diplomatiche fra il Regno di Sardegna e la Francia rimasero interrotte. L'invasione della Savoia da parte dell'*Armée des Alpes*, nel settembre del 1792, segnò la formale e definitiva rottura fra i due paesi. Per quattro lunghi anni l'esercito sabaudo, arroccato a difesa dei passi alpini, resistette in condizioni assai difficili alla pressione francese, mentre il resto dell'Europa si trovava a fronteggiare un esercito le cui potenzialità erano state da tutti gravemente sottovalutate. La «Grande Nation», ormai repubblicana, portava ora fuori dei confini della Francia quegli ideali rivoluzionari sulla base dei quali la Convenzione stava tentando di costruire uno Stato nuovo, mentre il Piemonte sabaudo si chiudeva sempre più nel proprio guscio di antico regime, respingendo ogni tentativo di modificarne l'assetto politico e sociale.

Nonostante la guerra e la rottura delle relazioni diplomatiche, tuttavia, il governo francese riusciva comunque, attraverso agenti ed emissari segreti, ad avere informazioni sulla situazione interna del Piemonte. Nel febbraio 1795, ad esempio, un anonimo informatore proveniente da Torino comunicava al Direttorio che «le peuple piémontois sans aimer la révolution et sans cesser de haïr les Français desire leur invasion en Piémont pour se venger en vrais italiens de la noblesse dont la hauteur et la dureté tant excedée personne n'ignore qu'il est cruel». Il medesimo informatore descriveva poi un paese ormai in preda al caos: «La cour se trouve extraordinairement embarassée; la noblesse demande hautement la paix; le peuple menace le gouvernement, plusieurs demandent les françois pour jouir du pillage. La cour et le premier Conseil ont fait pressentir qu'ils ne pouvoient rompre les liaisons du cabinet avec Londre et Vienne; tout porte à croire qu'ils voudroient une paix forcée. Il se trouve à Turin un noyau de patriotisme, peu ailleur de patriotes tous les sujets lettrés demandent une réforme»[45]. Era evidente che la Francia, dopo la sconfitta di Robespierre e l'avvento al potere dei «termidoriani», non aspettava altro che una buona occasione per valicare le Alpi ed occupare militarmente il Piemonte. L'occasione, com'è noto, si presentò nel 1796 quando il comando dell'*Armée d'Italie* fu affidato al giovane generale Bonaparte che in pochi mesi sottomise l'Italia settentrionale. La monarchia sabauda, tuttavia, benché sconfitta, fu mantenuta in piedi, provocando una prima crisi nelle file dei repubblicani piemontesi i quali avevano sperato che l'esercito della «Grande Nation» portasse con sè libertà ed eguaglianza. I «patrioti» italiani, infatti, non si erano ancora resi conto che la fase rivoluzionaria, in Francia, era ormai conclusa e che gli uomini del Direttorio erano ben diversi da quei «giacobini» ai cui programmi radicali molti di loro si richiamavano. Essi, insomma, vedevano nella Francia ciò che essa ormai non era più, ma che avrebbero voluto che fosse ancora. La *realpolitik*, pur fondandosi su nuove basi, tornava ad essere il criterio prevalente nell'analisi della situazione europea e la «Grande Nation» si avviava a consolidare

---

[45] A.M.E. – C.P. Sardaigne, vol. 272: Nota anonima da Torino datata 16 gérminal an III.

la propria egemonia sull'Europa, considerando i fermenti rivoluzionari negli stati confinanti come elementi di disturbo e non più come elementi su cui costruire nuovi rapporti sociali.

Dalla campagna d'Italia all'alleanza militare. Bonaparte e il Direttorio.

Dopo l'armistizio di Cherasco, del 27 aprile 1796, e dopo una prima infruttuosa trattativa avviata a Parigi nel mese di maggio, la Francia del Direttorio poteva così ristabilire normali relazioni diplomatiche con il Regno di Sardegna, ridotto ormai al rango di protettorato francese, ma pur sempre utile per il suo ruolo di «Stato cuscinetto» nel quadro nei nuovi equilibri europei. Lo scambio degli ambasciatori avvenne nell'autunno del 1796 con l'invio a Parigi del conte Prospero Balbo, in rappresentanza del governo piemontese, e con il contemporaneo invio a Torino dell'incaricato d'affari Jacob, proveniente da Venezia, in attesa che l'ambasciatore designato Francois Miot, in quel momento commissario in Corsica, si liberasse dai suoi impegni. Per quasi otto mesi la legazione francese di Torino fu quindi retta da un diplomatico di rango inferiore, segno anche questo della scarsa considerazione che il governo di Parigi dimostrava nei confronti dell'ormai screditata monarchia subalpina[46].

L'ambasciatore Miot a Torino: prudenza e non ingerenza.

L'ambasciatore Miot giunse a Torino solo il 10 giugno 1797 - a più di un anno dalla fine della guerra franco-piemontese - accompagnato dal segretario Freville, che egli volle affiancare a Jacob[47]. Conosciuto come uomo moderato e legato

---

[46] Sulla politica estera del Direttorio e sul significato politico della campagna d'Italia cfr. G. VACCARINO, *I patrioti «anarchistes» e l'idea dell'unità italiana (1796-1799)*, Torino 1955 (ora in G. VACCARINO, *I giacobini piemontesi (1794-1814)*, Torino 1989, pp. 117-351); C. GODECHOT, *La Grande Nation. L'expansion de la France dans le monde de 1789 à 1799*, Paris 1956; C. ZAGHI, *Bonaparte e il Direttorio dopo Campoformio. Il problema italiano nella diplomazia europea 1797-1798.* Napoli 1956; G.P. ROMAGNANI, *Prospero Balbo intellettuale e uomo di Stato (1762-1837). I, Il tramonto dell'antico regime in Piemonte (1762-1800)*, Torino 1988.

[47] Nato a Versailles nel 1761, André-Francois Miot era entrato, negli ultimi anni dell'antico regime, nell'amministrazione militare, diventando successivamente capodivisione del ministero della guerra. Dopo la rivoluzione era stato nominato segretario generale del Dipartimento degli esteri, ottenendo, dopo il 9 termidoro, la carica di Commissario alle relazioni estere, cioè, di fatto, ministro degli esteri. Nel 1795 era andato a Firenze come plenipotenziario del governo francese con l'incarico di concludere il trattato di pace con il Granduca, intervenendo anche autorevolmente nelle trattative con Roma e Napoli. Collaboratore di Bonaparte, egli aveva avuto un ruolo non secondario nei negoziati con il papa per la definizione dell'armistizio con la Francia; questo suo impegno gli aveva valso nel 1796 la nomina a ministro straordinario a Roma, dove egli aveva ricevuto dal papa la firma del trattato di Tolentino. Sempre nel 1796 Miot era stato nominato Commissario straordinario in Corsica ed era riuscito in pochi mesi a pacificare l'isola, ponendo fine alle rivolte senza usare la violenza.

personalmente a Bonaparte, egli sembrava la persona più adatta per ricoprire l'incarico di ambasciatore presso una corte la cui sopravvivenza - in quel momento - conveniva sia al Direttorio sia al comandante dell'*Armée d'Italie*. L'atteggiamento di Miot nei confronti della monarchia piemontese era però, nonostante tutte le sue buone intenzioni, piuttosto critico: «En se liant avec la république française - egli avrebbe osservato commentando il trattato di Torino, siglato nella primavera del 1797 - la cour de Turin était loin d'être réconciliée avec les principes de la révolution française. La crainte seule l'avait engagée à cette alliance». Quanto al generale Bonaparte, Miot assicurava che «son intention n'était nullement de soulever le Piémont»; tuttavia egli era «entouré d'une foule d'intrigants qui ne manqueraient pas d'exciter des troubles dans le pays»[48]. All'inizio dell'estate del 1797 Miot non era ben sicuro di conoscere le reali intenzioni del Direttorio riguardo al Piemonte; per non compromettersi egli adottò dunque la linea di condotta più prudente attenendosi rigorosamente ai trattati e rifiutando ogni appoggio ai giacobini locali, nonostante i loro appelli patriottici. Egli evitò inoltre qualsiasi atto che potesse offendere la corte o turbare i piemontesi, mettendosi così in cattiva luce agli occhi dei «radicali» di Parigi, ma conquistando la fiducia del ministro degli esteri piemontese Priocca e assecondando le intenzioni di Talleyrand. La sua presenza a Torino, in fondo, doveva servire proprio a tranquillizzare il re di Sardegna riguardo alle intenzioni dei francesi.

Nelle prime settimane del suo incarico Miot si limitò a sollecitare una amnistia per i prigionieri politici e a chiedere che il Piemonte si preparasse a fornire 10.000 uomini all'*Armée d'Italie*. Nel luglio del 1797, poi, mentre tutto il Piemonte era in preda ad un'ondata di rivolte contadine, Miot gettò abbondante acqua sul fuoco non solo rifiutando qualsiasi sostegno ai giacobini locali, ma rassicurando Bonaparte, che temeva per la sicurezza delle proprie retrovie, sulla natura non rivoluzionaria dei moti piemontesi. Un cambiamento politico, egli scriveva infatti, «est particulièrement désiré par la classe moyenne et la plus éclairée du Piémont; mais il est également repoussé par les deux classes extrêmes, c'esté-à-dire par la haute noblesse et le clergé, d'un côté, et de l'autre, par la populace. Tant que nous ne favoriserons pas les parti révolutionnaire, il n'y aura pas de révolution en Piémont; du moins il faudrait un concours singulier et jusq'ici improbable d'événements. C'est donc à vous, général, de vous prononcer fortement, parce que c'est toujours vous que les révolutionnaires mettent en avant. Mais surtout, insistez sur la ratification du traité d'alliance. Ce serait le meilleur moyen de tranquilliser le cabinet de Turin». Il trattato di alleanza franco-piemontese, siglato a Torino il 4 aprile 1797 dal ministro degli esteri piemontese Priocca e dal plenipotenziario

---

[48] A.F. MIOT DE MELITO, *Mémoires (1788-1815)*, Paris 1858, I, p. 169.

francese generale Clarke, era infatti ancora bloccato da un Corpo Legislativo diviso al suo interno e poco convinto dell'utilità di una simile operazione; mentre Bonaparte, che aveva bisogno urgente di truppe fresche per sferrare un ultimo attacco all'esercito austriaco, ne sollecitava da tempo la ratifica.

Nonostante la freddezza manifestata nei loro confronti da Miot e dallo stesso Bonaparte, i patrioti piemontesi continuavano ad agire nel nome della Francia rivoluzionaria, mentre la repressione sabauda si inaspriva sempre di più, tanto da indurre il pur prudente ambasciatore francese ad intervenire presso il ministro Priocca. Questi si lamentò dell'indebita intromissione con Talleyrand il quale rimproverò Miot. Il governo di Parigi, diviso al suo interno, intendeva evidentemente rispettare le regole del gioco. Presto però Miot si accorse che Talleyrand stesso era in attesa che i contrasti interni al Direttorio si sbloccassero, per assumere una posizione più netta. Da Parigi giungevano voci confuse di una possibile restaurazione borbonica, mentre la corte di Torino stava riallacciando segretamente i rapporti con i monarchici francesi. Il colpo di stato del 18 fruttidoro, tuttavia, che segnò la sconfitta della destra filomonarchica e dei moderati come Carnot, segnò anche la fine dell'ambasciata di Miot: il 25 dicembre 1797 egli ricevette infatti un laconico dispaccio con il quale Talleyrand - senza fornirgli alcuna spiegazione - lo richiamava a Parigi. Non era difficile capire che il nuovo Direttorio intendeva sostituire un diplomatico ritenuto troppo «morbido».

L'ambasciatore Ginguené a Torino: verso il crollo della monarchia sabauda.

Pur sollevato dall'incarico, Miot rimase a Torino fino alla metà di marzo del 1798, quando, con ben tre mesi di ritardo, il nuovo ambasciatore Pierre-Louis Ginguené giunse nella capitale subalpina. Diversamente dal suo predecessore, che aveva alle spalle una notevole esperienza diplomatica, Ginguené era del tutto digiuno di diplomazia. Intellettuale e giornalista legato al gruppo degli «idéologues» e studioso di letteratura italiana, egli aveva diretto fino a pochi mesi prima il dipartimento dell'Istruzione pubblica presso il ministero degli interni. Sul piano politico non era certo un radicale, bensì un costituzionalista moderato, ostile agli eccessi del Terrore e assai vicino alle posizioni di Benjamin Constant[49]. L'incarico di ambasciatore gli era stato affidato, pare, per soddisfare il suo desiderio di visitare l'Italia; ma per «Italia» egli intendeva Roma o Firenze e non certo Torino, così poco

---

[49] Su Ginguené cfr. R. GUYOT, *Ginguené à Turin*, «Feuilles d'histoire», VII (1912), pp. 127-134; M. ZINI, *Il Ginguené e la letteratura italiana*, «Giornale storico della letteratura italiana», XCV (1930), p. 1 sgg.; XCVI (1930), p. 209 sgg.; S. ZOPPI, *P.L. Ginguené journaliste et critique littéraire*, Torino 1968, S. MORAVIA, *Il tramonto dell'illuminismo. Filosofia e politica nella società francese (1770-1810)*, Roma-Bari 1986 (1° ediz. 1968), pp. 254-256.

italiana. Facendo di necessità virtù, egli aveva accettato comunque l'incarico, raggiungendo Torino dopo un lungo *tour* attraverso la Francia e la Svizzera. Accolto fraternamente dagli intellettuali dell'Accademia delle scienze e considerato con una certa simpatia anche dal ministro Damiano di Priocca, egli rovinò tuttavia la propria reputazione dopo una sola settimana chiedendo che, in occasione della presentazione ufficiale al re, sua moglie potesse indossare un abito di foggia «repubblicana», corto sopra la caviglia e piuttosto scollato. Dopo essersi scontrato con i responsabili del cerimoniale, Ginguené protestò con il ministro Priocca e scrisse indignatissimo a Talleyrand, il quale, per parte sua, replicò con sufficienza ed ironia, mostrando chiaramente di non considerare il caso degno di una discussione[50]. Di fronte all'insistenza di Ginguené, che intendeva farne una questione di Stato, Talleyrand fu perciò costretto a informare il Direttorio con un rapporto riservato nel quale giudicava le richieste dell'ambasciatore del tutto prive di fondamento e poco decorose per l'onore della repubblica[51]. Quella che doveva configurarsi come una missione di pace si configurò così fin dall'inizio come una nuova occasione di scontro tra il governo piemontese e la Francia.

Il generale Brune e il piano di stritolamento del Piemonte.

Nel frattempo - mentre il generale Bonaparte, rientrato a Parigi nell'autunno del 1797, stava organizzando la campagna d'Egitto - il comando dell'*Armée d'Italie* era stato affidato al generale Brune, un ex giornalista legato a Danton, che doveva la sua fama di «uomo d'azione» alla dura repressione dei babuvisti attuata nel settembre del 1796 ed alla fulminea campagna militare che, nell'inverno del 1797-98, aveva portato alla sottomissione della Confederazione Elvetica. Apertamente favorevole al rovesciamento della monarchia piemontese, e per questo tenuto sotto controllo da Talleyrand, egli pareva ora intenzionato ad imprimere una svolta netta in senso radicale anche al governo della Repubblica Cisalpina e a preparare una manovra di stritolamento del Piemonte mediante un piano militare concertato a Milano con l'apporto determinante dei rivoluzionari piemontesi, liguri e cisalpini. Il piano, elaborato nel mese di marzo 1798 e messo in atto ad aprile, prevedeva infatti un attacco simultaneo al Piemonte da tre lati, sui confini con la Francia, con la Liguria e con la Cisalpina. L'«enclave» piemontese di Carosio - sull'appennino ligure - e la città di Novara avrebbero dovuto essere «liberate», o meglio occupate stabilmente dai franco-liguri e dai franco-cisalpini; contemporaneamente un finto attentato contro l'ambasciatore cisalpino a Torino, Cicognara, avrebbe dovuto

---

[50] AME. CP. Sardaigne, vol. 275: Ginguené a Talleyrand, 7 germinal VI (27 marzo 1798) e l'allegata *Note confidentielle.*
[51] Ivi: *Rapport au Directoire exécutif du 19 germinal an VI* (8 aprile 1798).

provocare un intervento militare della Cisalpina, sostenuta dai francesi. L'operazione non doveva quindi apparire come un'aggressione al Piemonte, ma come un intervento «difensivo» giustificato dalla necessità di proteggere la sicurezza di un diplomatico e dall'esigenza di riportare l'ordine in un paese sconvolto dalle insurrezioni: Brune pensava così di imitare Bonaparte, creandosi una posizione di potere in Italia per poi imporre la propria volontà sul Direttorio.

Il primo colpo fu sferrato ad aprile ai confini con la Repubblica Ligure: circa 1300 uomini costituitisi in un *Esercito patriottico Piemontese*, comandato dai giacobini Carlo Trombetta, Maurizio Pellisseri e Federico Campana, penetrarono in Piemonte attraverso quattro valichi appenninici. La discesa dell'esercito rivoluzionario, condotta con forze troppo esigue e mal coordinata, fu però bloccata dalle truppe sabaude. Solo il villaggio di Carosio fu conservato dai rivoluzionari, mentre l'*Esercito patriottico* dovette risalire le valli lungo le quali era disceso. Il generale Ménard, comandante francese del presidio di Alessandria, riuscì abilmente ad ottenere la resa dei ribelli in cambio della cessione alla Francia del forte di Serravalle Scrivia. Fosse o meno un gioco delle parti preordinato, l'armata francese svolse in quest'occasione il ruolo di tutore dell'ordine, traendone un notevole vantaggio. Il secondo colpo fu sferrato pochi giorni dopo al confine con la Repubblica Cisalpina ad opera di un'*Armata Subalpina* formata da fuoriusciti piemontesi, repubblicani cisalpini, babuvisti francesi e da alcuni emigrati americani. Il 14 aprile l'*Armata* irregolare sbarcò sul versante piemontese del Lago Maggiore, marciando su Intra e Pallanza senza incontrare resistenza. Lo scontro avvenne nei pressi di Omegna e vide la vittoria dell'esercito sabaudo; molti militanti dell'armata repubblicana furono arrestati e una cinquantina di essi morì in combattimento. Nei giorni successivi, dopo un sommario processo, settantasette repubblicani furono fucilati a Domodossola e a Casale. Contemporaneamente all'attacco sul lago Maggiore, si compì la terza azione di disturbo: un piccolo gruppo di francesi e di fuoriusciti piemontesi discesero dal colle della Croce sull'alta val Pellice, cercando di sollevare le comunità valdesi contro il governo. L'adesione fu però minima e bastò un reparto regio per stroncare la ribellione.

Fin dai primi segnali della triplice azione insurrezionale, Ginguené, all'oscuro di tutto, aveva capito che non si trattava di un movimento spontaneo: «Il est impossible qu'il n'y ait pas dans cette explosion simultanée un plan, un concert établi», aveva infatti scritto a Talleyrand il 16 aprile 1798. «Le Gouvernement a fait d'abord ce qu'il devait faire. Il a envoyé des troupes contre les rebelles. Mais l'important pour lui est de savoir quel parti prendra la République française»[52]. Privo di indicazioni certe, egli tentò in un primo momento di tranquillizzare Priocca,

---

[52] AME. CP. Sardaigne, vol. 275: Ginguené a Talleyrand, 27 germinal VI (16 aprile 1798).

mostrando di disapprovare l'azione dei ribelli, ma in seguito, spinto dall'entusiasmo, proclamò che la Francia repubblicana non poteva rimanere insensibile di fronte all'azione dei fratelli repubblicani: «Nous existons, par la conquête de notre liberté. Nos principes sont ceux de la liberté générale, nous les professons hautement. Nous avons fondé chez nous une Grande République, en renversant une antique Monarchie. Nous avons, les armes à la main, aidé trois ou quatre peuples à se constituer en République, et à se delivrer du joug monarchique, olygarchique et sacerdotal». Pronta ad intervenire in difesa degli alleati, qualora questi avessero subito aggressioni da parte delle potenze nemiche, la Repubblica francese non era quindi disponibile ad intervenire contro una spontanea rivolta di popolo, causata dall'oppressione ed animata da principi di libertà ed eguaglianza. A gettare acqua sul fuoco avrebbe presto provveduto Talleyrand, affermando perentoriamente: «Le Directoire n'a nullement intention de s'immiscer en acune manière dans ce qui se passe», e invitando Ginguené a rassicurare Priocca «que nous n'avons d'ailleurs d'autre désire que de nous abstenir de tout ce qui pourra nous compromettre, et compromettre en même tems par notre fait, la tranquillité de l'Italie»[53].

La polemica fra il ministro degli esteri e l'ambasciatore esplose quindi in maniera esplicita. In una lettera riservata indirizzata al ministro il 28 maggio 1798, Ginguené, dopo aver protestato per l'indulgenza mostrata dal Direttorio nei confronti della dura repressione messa in atto in Piemonte contro i patrioti repubblicani e in particolare per il silenzio con cui era stata accolta la notizia delle esecuzioni di Domodossola e di Casale, aveva accusato Talleyrand di corruzione e di connivenza con l'ambasciatore piemontese a Parigi Prospero Balbo[54]. Nonostante le perifrasi e le formule di cortesia, l'attacco di Ginguené era durissimo: per porre rimedio allo stato di cose presente e per stroncare la corruzione egli proponeva di far pubblicare dai giornali le sue accuse contro Balbo e di chiederne le dimissioni, nella convinzione - non del tutto infondata - che tra Balbo e Talleyrand fosse corso del denaro e che l'ambasciatore piemontese a Parigi fosse ormai diventato un pericoloso veicolo di corruzione. Da Parigi, Talleyrand si limitò a temperare i bollori del suo ambasciatore, agendo contemporaneamente presso i membri del Direttorio per ottenerne il richiamo[55].

Verso la fine di aprile, frattanto, mentre Ginguené continuava a provocare il governo di Torino, anche dai suoi amici parigini, come Siéyés e Mme Condorcet,

---

[53] Ivi: Talleyrand a Ginguené, 10 floréal VI (29 aprile 1798).

[54] «Il faut que je vous le confie dans l'amertume de mon coeur: on ose dire cette indulgence achetée, des sommes considerables ont pris la route de Paris et ont été envoyés a M. de Balbe. On le dit et je le sais depuis longtems. La corruption, qui surement ne vous atteint pas, mon cher confrère, ni vous ni le Directoire, circule, penètre autour de vous, s'interpose entre vous et lui» (Ivi: Ginguené a Talleyrand, 9 prairial VI). Su Balbo cfr. ROMAGNANI, *Prospero Balbo* cit.

[55]. Ivi: Talleyrand a Ginguené, 18 prairial VI (6 giugno 1798).

giunsero inviti alla prudenza: in un momento così poco favorevole alla Francia non era opportuno fomentare movimenti rivoluzionari né a Torino né altrove. Brune, dal canto suo, era già pronto a soffiare sul fuoco e a chiedere un'applicazione estensiva dell'amnistia in Piemonte, minacciando in caso contrario un intervento armato dell'*Armée d'Italie*. Una delle condizioni suggerite dal generale a Ginguené per «mediare» nel conflitto insorto tra Piemonte e Repubblica Ligure per il controllo di Carosio, era la cessione ai francesi della Cittadella di Torino. Carlo Emanuele IV - il quale pure temeva che prima o poi, si sarebbe dovuto cedere alla volontà dei francesi - non aveva però nessuna intenzione di cedere quello che appariva come il simbolo stesso della tradizione militare del Piemonte. Dopo una serie di tergiversazioni del governo piemontese, il 25 giugno Brune inviò a Ginguené un secco dispaccio con il quale poneva un *ultimatum* al re: se la proposta francese fosse stata rifiutata, l'Armée d'Italie non avrebbe più garantito la sicurezza del Piemonte, il che equivaleva ad una dichiarazione di guerra[56]. Priocca fu dunque costretto a incontrarsi con Ginguené e a sottoscrivere le condizioni imposte dal generale Brune: il governo piemontese avrebbe pubblicato immediatamente il decreto di amnistia per tutti i *patrioti* condannati o latitanti, consentendo a questi ultimi di rientrare in patria; la Cittadella di Torino sarebbe stata concessa per due mesi all'armata francese, salvo ulteriori accordi; in cambio il comandante in capo dell'Armée d'Italie s'impegnava a far cessare ogni ostilità contro il Piemonte da parte delle repubbliche Ligure e Cisalpina. La sera stessa del 26 giugno, Filippo di S. Marzano partì a cavallo alla volta di Milano per ratificare con Brune la convenzione sottoscritta da Priocca e Ginguené. L'accordo fu siglato il 28 giugno: il 1 luglio le Regie patenti di indulto sarebbero state affisse sui muri della capitale e il 3 luglio 2000 soldati francesi al comando del capitano Collin avrebbero preso in consegna la Cittadella di Torino. Il controllo militare dello Stato sabaudo era ormai interamente nelle mani dei francesi o, meglio, nelle mani del generale Brune che, agendo formalmente a nome del Direttorio, ma in realtà a titolo personale, aveva ottenuto ciò che neppure Bonaparte vittorioso aveva osato chiedere nel 1796. Anche se egli aveva agito autonomamente e senza consultarsi con il Direttorio, il risultato della sua azione rappresentava un rafforzamento indubbio della posizione francese in Italia: lo stesso Talleyrand poteva dichiararsi soddisfatto.

La mascherata del 30 fruttidoro 1798 e la sostituzione di Ginguené.

A Parigi, frattanto, l'ambasciatore Balbo era finalmente riuscito ad ottenere da Talleyrand l'assicurazione che Ginguené sarebbe stato sollevato dal suo incarico:

---

[56] AME. CP Sardaigne, vol. 276: Brune a Ginguené, Milan 7 messidor VI (25 giugno 1798).

da tempo infatti lo stesso ministro degli esteri francese voleva riprendere il controllo di una situazione che gli stava sfuggendo di mano. Fin dai primi di luglio la gestione dei rapporti e con il governo di Torino era stata sottratta a Brune per essere interamente affidata a Talleyrand, più che mai convinto che la monarchia sabauda dovesse, per il momento, essere mantenuta e difesa dalla Francia, anche per dare prova di buona volontà alle altre monarchie europee. In questo contesto si colloca l'incidente del 30 fruttidoro che rese finalmente possibile il richiamo di Ginguené da Torino.

Verso le quattro pomeridiane del 16 settembre 1798 un corteo mascherato uscì dalla Cittadella di Torino al suono di trombe e tamburi simulando il funerale della monarchia: il corteo, composto di soldati della guarnigione francese, era stato organizzato dal comandante della Cittadella, Collin, il quale sperava in questo modo di scatenare un tumulto popolare, ma, dopo un lungo giro per le vie della città, il corteo rientrò nella Cittadella senza che si fosse verificato alcun incidente. Una folla di torinesi si era assiepata lungo i viali per assistere al passaggio della falsa Corte, quando dal lato di Porta Susina giunse uno sparo: una sentinella aveva aperto il fuoco contro due soldati francesi. Dalla Cittadella si rispose con altri spari e il piccolo corteo rientrò precipitosamente nella fortezza. Il generale Ménard, comandante francese della guarnigione di Alessandria, che si trovava per caso a Torino, udendo gli spari accorse immediatamente alla Cittadella assumendone il comando provvisorio: subito diede ordine di cessare il fuoco e di rientrare nei ranghi impedendo che gli scontri degenerassero. In realtà il bilancio dell'«incidente» non sembrava grave: un ufficiale francese era stato colpito per errore dai suoi stessi compagni e quattro o cinque soldati piemontesi erano rimasti lievemente feriti. Molto panico si era sparso tra la folla e voci allarmanti su un'insurrezione ormai in atto erano giunte a Corte. Ménard, che voleva evitare ogni incidente con il governo di Torino, decise di far arrestare Collin e gli ufficiali che avevano preso parte alla mascherata, inviando al tempo stesso un dispaccio a Ginguené ed a Brune per informarli dell'accaduto. L'ambasciatore, che durante gli incidenti si trovava in collina con la moglie, fu raggiunto verso le sette di sera da due uomini trafelati che lo informarono sull'accaduto. Rientrato precipitosamente in città per constatare di persona quanto stesse succedendo, pur non essendo stato testimone diretto dei fatti, poté ben presto rendersi conto che i soldati avevano organizzato «une mascarade indécente et commis des violences sur les promenades publiques»[57]. Approvando la condotta di Ménard, egli chiese un rapporto sugli incidenti, ricevendo per tutta risposta una breve nota di Collin nella quale si denunciava l'aggressione da parte dei soldati regi e si minimizzava l'episodio della mascherata,

---

[57] AME. CP. Sardaigne, vol. 277: Ginguené a Talleyrand, 1 complem. VI (17 settembre 1798).

riducendolo ad una ragazzata di alcuni soldati[58]. Ginguené, questa volta, non coprì il comportamento del responsabile della guarnigione, ma rispose, con un dispaccio scritto all'una di notte, accusandolo di aver deformato la realtà: «Quelle qu'ait pu être la nature des faits qui ont suivi, je demande pour celui - là la punition la plus exemplaire, et réquère de vous, Citoyen Commandant, la suspension subite de toute fonction de tous ceux qui ont pris part à cette indécente mascarade»[59]. Il giorno stesso egli scrisse a Talleyrand elogiando Ménard e denunciando il comportamento di Collin: «Je ne saurai, Citoyen Ministre, vous rendre de trop bon témoignages du général de Division Ménard, de sa conduite ferme et décente, de sa sollicitude active pour l'honneur de la République». «Je suis en désespoir d'être obligé d'accuser l'adjudant général Collin qui est un très brave et très bon Républicain, mais en vérité il m'est impossible de comprendre sa conduite»[60]. Il generale Brune, al contrario, ricevuto il dispaccio di Ménard, non solo non ne confermò l'operato, ma elogiò pubblicamente Collin e i suoi, biasimando il generale per essere intervenuto a difesa dei piemontesi: se infatti Ménard non si fosse intromesso, si sarebbe potuto scaricare ogni responsabilità dell'accaduto sui piemontesi, presentando al re una nota di protesta e chiedendo di conseguenza il disarmo di tutti i soldati regi presenti in città. Il troppo zelo del comandante di Alessandria aveva invece mandato a monte una provocazione che doveva sortire effetti precisi.

Di fronte ad una simile presa di posizione, anche Ginguené si adeguò, limitandosi a disapprovare la mascherata, ma ridimensionandola, nei suoi successivi dispacci, ad una ragazzata di poco conto.

Non appena la notizia dell'incidente di Torino giunse a Parigi, però, Talleyrand chiese al Direttorio che si ponesse fine una volta per tutte alle provocazioni contro il governo piemontese, giudicando che la misura fosse colma, anche se, per ovvie ragioni diplomatiche, non si poteva dare pubblica soddisfazione alla corte di Torino. Le provocazioni contro il Piemonte rappresentavano ormai una mina vagante per la politica di Talleyrand: il 23 settembre, dopo aver presentato al Direttorio una nota di censura severa nei confronti di Ginguené, egli ottenne la destituzione del comandante della Cittadella di Torino, Collin, al posto del quale sarebbe rimasto provvisoriamente il generale Ménard e il rinvio al Consiglio di Guerra degli ufficiali autori della mascherata[61]. Due giorni dopo, il Direttorio decise finalmente di richiamare a Parigi Ginguené, nominando al suo posto Ange-Marie Eymar, uno stimato studioso di origini aristocratiche, membro

---

[58] Ivi: Collin a Ginguené, 30 fructidor VI e 1 complem. VI (16 e 17 settembre 1798).

[59] AME. CP. Sardaigne, vol. 227: Ginguené a Collin, Turin 1 complem. VI (17 settembre 1798).

[60] Ivi: Ginguené a Talleyrand, 1 complem. VI.

[61] Ivi: *Extraits des registres des délibérations du Directoire exécutif*, 2 vendemm. VI (23 settembre 1798).

dell'Institut. Per evitare scandali, e forse temendo qualche nuovo colpo di testa dell'ambasciatore, Talleyrand preferì tuttavia non informare Ginguené della decisione presa nei suoi confronti, limitandosi a trasmettere a Torino i provvedimenti nei confronti di Collin e degli ufficiali. La prudenza del ministro era evidentemente giustificata; ricevuta che ebbe la notizia, Ginguené rispose sdegnato: «Veuillez remarquer que pour une polissonnerie qui n'a au fond presque aucun rapport avec les évènements du 30 fructidor, volilà un comandant cité à Paris pour rendre compte, et plusieurs officiers traduits devant un Conseil militaire; tandis que pour le fond même de cette journée, qui est un plan fait d'assassiner les français (...) nous nous bornons à demander la punition de quelques soldats qu'ont tiré sur les nôtres»[62]. Ma ormai la sua missione era giunta alla fine. La sera del 10 ottobre 1798, con l'ingresso a Torino del nuovo ambasciatore, la notizia della destituzione di Ginguené fu finalmente di dominio pubblico.

L'ambasciatore Eymar a Torino e la caduta della monarchia sabauda.

«C'est demain que je dépose un titre que je n'ai point deshonoré - scrisse amaramente Ginguené la vigilia delle sue dimissioni - et des fonctions laborieuses qui ne me laissent aucun regret. Le seul que je prouve est celui de n'avoir point vu l'Italie. Des tous les Françcois que le Directoire a envoyé au delà des Alpes, c'est *moi seul* qui les repasserai sans l'avoir vue»[63]. Amareggiato ma non vinto, egli non rinunciò ad un'ultima replica pubblica facendo stampare un proclama ai torinesi nel quale - abbandonando ormai ogni remora politica - accusava il Direttorio di cedimento al nemico e Talleyrand di complotto contro la Repubblica.

Con l'arrivo di Eymar a Torino le cose parvero per un momento cambiare in meglio per la monarchia piemontese. Il Direttorio sembrava infatti essersi deciso a liquidare gli agenti più irrequieti in Italia e a riprendere una linea di pacifica convivenza con lo Stato sabaudo secondo la linea suggerita da Talleyrand il quale, con il suo rapporto del 9 settembre, aveva messo in guardia i governanti francesi avvertendoli della minaccia che si profilava all'orizzonte. L'Austria e l'Inghilterra, (dopo aver bloccato Bonaparte in Egitto), stavano infatti rapidamente riannodando le fila di una nuova coalizione antifrancese e la Francia non poteva permettersi mosse avventurose, ma doveva serrare i propri ranghi per prepararsi ad un nuovo scontro armato. Lo stallo dei negoziati di Rastadt, il riavvicinamento fra Austria e Prussia, le manovre inglesi nel Mediterraneo, il riarmo della Russia, le intenzioni bellicose manifestate dal re di Napoli nei confronti della Repubblica Romana, facevano temere il peggio. La situazione in Italia, con le Repubbliche sorelle

[62] Ivi: Ginguené a Talleyrand, 18 ottobre 1798.
[63] Ivi: Ginguené a Talleyrand, 20 vendemm. VII (11 ottobre 1798).

indebolite e in crisi, era tutt'altro che sicura; per questo non si doveva mettere in discussione lo «status quo», sola garanzia, per il momento, di mantenere la pace.

L'arrivo del nuovo ambasciatore Eymar, un ex nobile, ostile ad ogni estremismo, ma fedelissimo agli ordini del suo governo, sembrava dunque aprire qualche spiraglio di distensione. Egli aveva infatti ricevuto esplicitamente da Talleyrand l'incarico di «gettare acqua sul fuoco», cercando di stabilire rapporti confidenziali con i governanti piemontesi e denunciando a Parigi tutte le manovre degli *anarchistes* o di Brune contro il re di Sardegna. Il mese che intercorse tra il suo insediamento a Torino e lo scoppio della guerra tra Napoli e la Francia, vide la diplomazia piemontese impegnata nel faticoso negoziato relativo alla cessione dei beni ecclesiastici della Cisalpina concluso a Parigi il 22 novembre con la firma della *Convenzione sui beni delle corporazioni cisalpine in Piemonte*, che prevedeva la cessione al Piemonte di tutti i beni e diritti delle corporazioni cisalpine in territorio piemontese previo pagamento di 3.500.000 franchi alla Francia.

La tensione internazionale tra la Francia e le potenze coalizzate, frattanto, stava inesorabilmente salendo. A Parigi la guerra era data per imminente e appariva ormai chiaro che l'Italia sarebbe stata la prima ad esserne investita. Il 24 novembre, infatti, il re di Napoli dichiarò improvvisamente guerra alla Francia attaccando la Repubblica Romana difesa dal generale Championnet. Si trattava in realtà della prova generale della nuova guerra che le potenze coalizzate avevano deciso di scatenare contro la Francia. Se questo primo colpo fosse andato a segno, ulteriori attacchi erano previsti sugli altri fronti europei. Il Piemonte era come schiacciato in una morsa: l'unica alternativa alla guerra a fianco della Francia era lo stritolamento della monarchia. Il 29 novembre il nuovo comandante dell'*Armée d'Italie*, generale Joubert, chiese al governo piemontese, tramite l'ambasciatore Eymar, la consegna dell'Arsenale di Torino, la mobilitazione immediata di 8.000 fanti e 1.000 cavalieri e la consegna di 40 cannoni, richiamandosi alle clausole del trattato di alleanza firmato nel 1797, laddove era prevista l'entrata in guerra del Piemonte a fianco della Francia in caso di aggressione da pare dell'Austria. Oltre a ciò Joubert chiedeva ai piemontesi anche la garanzia di approvvigionamenti per la durata di quattro mesi alle piazzeforti occupate dai francesi, mentre l'ambasciatore Eymar chiedeva per sè la più ampia discrezionalità nel condurre i negoziati con il governo sabaudo. Priocca cercò di prendere tempo, come sempre, chiedendo che la trattativa fosse spostata a Parigi, confidando sull'esperienza di Prospero Balbo e sul buon senso di Talleyrand. Ma il Direttorio aveva già deciso; la guerra era ormai in atto e non si poteva perdere altro tempo in negoziati. Senza attendere oltre, il 6 dicembre 1798 la Repubblica Francese dichiarò guerra al re di Sardegna. A Torino, intanto, fin dal 5 dicembre il generale Joubert si era asserragliato nella Cittadella insieme con il generale Grouchy, che aveva da poco sostituito il troppo «morbido» Ménard, e con l'ambasciatore Eymar. Nella notte tra

763

il 5 e il 6 dicembre Torino sembrava trasformata in una città fantasma. Verso le dieci di sera del 6 dicembre, lentamente, l'*Armée d'Italie* iniziò a penetrare in Piemonte, senza incontrare alcuna resistenza. Lo Stato sabaudo non esisteva più.

GIORGIO VACCARINO

I giacobini piemontesi visti dalla diplomazia austriaca e da quella brittannica

Con la crisi militare, sanzionata dall'armistizio di Cherasco del 28 aprile 1796, che conclude la guerra tra l'Armata d'Italia condotta dal Bonaparte e la Corte di Torino, si affaccia la crisi politica del regno di Sardegna. La diplomazia austriaca subito l'avverte e la segue da Torino nei suoi svolgimenti, riferendo a Vienna giorno dopo giorno.

Sin dal gennaio l'agente francese Durand in Svizzera aveva proposto a nome di Parigi l'espansione del Piemonte sulla Lombardia, quale compenso ad una alleanza militare con la Francia[1]. Due erano dunque le alternative per il Piemonte sul finire della guerra: l'accettazione dell'offerta francese, pure sollecitata dai più illuminati consiglieri del re o, con tutte le conseguenze, il suo rifiuto. L'armistizio non era comunque evitabile, data la schiacciante superiorità militare francese e il collasso del Piemonte, economico oltre che militare. Ma con il solo armistizio, che la Corte sarda giustifica pretestuosamente presso l'alleato austriaco con la necessità di prendere tempo per meglio armarsi, non è ancora indicata con chiarezza la linea politica che essa intenderà seguire. Il vantaggioso compenso sulla Lombardia comporterebbe l'abbandono dell'alleato austriaco, inefficiente nella condotta della guerra e in cui la Corte non ha più fiducia, mentre si riaprirebbe la politica sarda della «bascule», che lusinga la tradizionale vocazione sabauda all'espansione oltre il Ticino. I consiglieri del re la caldeggiano, ma l'animo di Vittorio Amedeo III è contrario. L'avversione ideologica verso il nuovo alleato che gli si propone e la presenza ossessionante del giacobinismo che lo sostiene, assumono nel suo spirito bigotto una trasfigurazione mitica, che sfugge ad ogni soluzione realistica del problema. L'alleanza, che i suoi consiglieri sono disposti a gestire con il senso delle cose possibili, costituisce una inaccettabile violenza alla sua coscienza religiosa. Così come più di un anno dopo, il successore Carlo Emanuele IV, tormentato da scrupoli ancor più del padre, scriverà a Prospero Balbo, suo ambasciatore a Parigi, che mai egli consentirebbe di stare dalla stessa parte di un esercito che si accingesse ad attaccare Roma[2], come mai avrebbe accettato che i suoi leali soldati piemontesi venissero a contatto con i francesi, regicidi e miscredenti.

---

[1] Osterreichisches Staatsarchiv Wien (O.S.W), n. 25, *Sardinien Berichte des Marchese Gherardini an Turin*, (gennaio-giugno 1796), ambasciatore austriaco a Torino al ministro barone Thugut, Vienna, nota del gennaio 1796.

[2] Archivio di Stato di Torino, Corte, *Materie politiche, Negoziazioni, Francia*, vol. 56, 1635-1798, "*Instructions au Comte Balbo*", 5 novembre 1796. Per tutta la politica estera piemontese sino alla caduta della monarchia nel dicembre 1798, cfr. il recente e ricco affresco che ne traccia G. P. ROMAGNANI in *Prospero Balbo, Intellettuale e uomo di Stato (1762-1837)*, I: *Il tramonto dell'Antico Regime in Piemonte (1762-1800)*, Torino 1988.

Ma proprio quell'avversata alleanza avrebbe probabilmente messo le cose in modo che la pressione giacobina si riducesse, così come l'incaricato d'affari austriaco, De Lellis, ammetterà fra le righe di un suo messaggio a Vienna, il 15 giugno 1797[3]. L'incertezza del re è frutto di pusillanimità, neppure sottaciuta dall'ambasciatore austriaco Gherardini, che già in una sua nota del gennaio 1796 aveva segnalato come il re si fosse financo rifiutato di fornire all'emigrato conte d'Artois una lettera di commissione diplomatica che gli avrebbe consentito di riparare a Londra senza essere disturbato[4].

Lo spirito di ribellione nei sudditi piemontesi si va intanto ravvivando. Il loro atteggiamento sovversivo è seguito giornalmente dalla diplomazia austriaca. Già pochi giorni prima di Cherasco essa segnala a Vienna che il governo di Genova ha effettuato arresti di individui sospetti di intelligenza con i francesi e con i giacobini piemontesi. L'architetto Ferroggio tiene nel suo portafoglio il piano delle fortezze e l'individuazione dei passi più interessanti per una penetrazione dai monti e il chimico Bouillon ha con sé lettere dei ribelli piemontesi Campana e La Morra[5].

Il 20 aprile è la volta di «un certo Salvadori milanese, segretario del Commissario Saliceti, che mostra una carta sottoscritta da molti individui di quella città, che si impegnano a sostenere i francesi appena arriveranno in Lombardia. Salvadori pretende di essere corrispondente di un club che si tiene a Milano, nel sotterraneo di una casa»[6]. Secondo una nota del 25 aprile, «per quanto il trattato di sospensione delle ostilità abbia previsto che nulla sarebbe stato modificato per ciò che concerne il governo sardo e le sue leggi nelle province occupate dai francesi», la Corte di Torino dà mandato a Filippo Asinari di San Marzano di richiedere l'appoggio del Bonaparte contro i ribelli piemontesi, che fomentavano le insurrezioni e particolarmente contro un tal Bonafous, che ne era il capo in Alba. Bonaparte pareva ben disposto a reprimere i giacobini, ma Saliceti è di avviso contrario, intendendo adoperarli invece per introdurre il sistema repubblicano nel paese[7]. Il 9 maggio si ha conferma che il «partito giacobino», infastidito dal giro pacifico degli affari, lavora con forza a «désorganiser le gouvernement pour obliger le Roi à émigrer de ses états et renverser la monarchie». S.M. è decisa a resistere ai patrioti, «a meno che una necessità imperiosa e una forza preponderante – egli confessa - non lo costringano». L'intransigenza cieca del re non pare sia condivisa

---

[3] O.S.W., n. 26, *Sardinien Berichte* cit. (ottobre 1796 - agosto 1797), nota dell'incaricato d'affari austriaco a Torino, Theodor De Lellis a Vienna, 15 giugno 1797.
[4] O.S.W., n. 25, *Sardinien Berichte* cit., Gherardini a Thugut, gennaio 1796.
[5] Ivi, nota del 16 aprile 1796.
[6] Ivi, nota del 20 aprile 1796.
[7] Ivi, nota del 25 aprile 1796.

dall'ambasciatore austriaco Gherardini, a cui preme soprattutto la conservazione dello stato sabaudo.

Egli dice di adoprarsi per evitare «une dangereuse explosion interne, de laquelle on voit déjà paraître les simptômes». Ma subito precisa che sono i «patrioti» i veri «coquins» a provocare le vessazioni francesi.

Le autorità francesi tengono una posizione intermedia tra le lusinge al re, per cattivarselo, e l'apparente sostegno ai giacobini che lo minacciano. Il ribelle Bonafous - secondo una nota del 5 maggio '96 – catturato dai contadini è consegnato alla giustizia piemontese, ma da questa, in forza dell'art. 8 del trattato, riconsegnato ai francesi. E, secondo un altro messaggio del 6 luglio, gli stessi rei di cospirazione contro la persona del re sono rilasciati, nonostante il contrario avviso del governo di Torino. «Liberati a Tortona essi si conducono nella città con un'audacia incredibile e si mettono alla testa dei clubs». Soltanto i giacobini più accesi e pericolosi, e per questo i meno tollerati, non trovano appoggio presso i francesi. Il repubblicano Antonio Ranza scrive al marchese di San Marzano, noto per la sua influenza presso il Bonaparte: «Né Salicetti, né Bonaparte né il Direttorio esecutivo possono impedire a un cittadino francese [quale egli si definiva] di stampare i suoi pensieri […]. Infatti Salicetti fa della nostra nazione quel conto che doveva fare, cioè uno zero […]»[8].

Le agitazioni non sono che un aspetto della condotta giacobina. Già si va delineando tra i rivoltosi un progetto di più ampio respiro, in cui lombardi e piemontesi hanno la loro parte. «Il duca Serbelloni accompagnato da tre individui, Sopranzi, Visconti, Nicoli milanese e da un certo Giorna piemontese [il comandante nell'estate del '97 della spedizione subalpina tentata nell'Alto Novarese] ha preso la via di Parigi. Pare vada a proporre l'istituzione della Lombardia in repubblica, sotto la protezione della Francia»[9].

Una notizia singolare è quella contenuta nel messaggio del 20 luglio 1796: i francesi gradirebbero l'abdicazione del re a favore del Duca d'Aosta, e farebbero costui «re costituzionale dei Lombardi»[10]; seguito dall'altra del 28 luglio: «pare che il duca d'Aosta, malgrado l'opinione del Principe di Piemonte, otterrà di fare l'alleanza con la Francia una volta che questa avrà preso Mantova». Si aggiunge a dimostrazione: «Il duca d'Aosta riceve molte lettere dal [generale francese] Kellermann»[11]. Veniva così confermata dalla diplomazia austriaca l'esistenza dei due partiti nella Corte sarda, quello che fa riferimento a Vittorio Emanuele Duca d'Aosta, secondogenito del re, favorevole all'alleanza con la Francia, e quello del

---

[8] Ivi, nota del 25 agosto 1796.
[9] Ivi, nota del 15 giugno 1796.
[10] Ivi, nota del 20 luglio 1796.
[11] Ivi, nota del 28 luglio 1796.

principe di Piemonte, il futuro Carlo Emanuele IV ad essa contrario. Il partito del primo poco avrebbe contato se non si fosse fondato su altri uomini del Piemonte quali il ministro degli Esteri Clemente Damiano di Priocca, il nuovo ambasciatore a Parigi Prospero Balbo, l'economista e letterato Gian Francesco Galeani Napione, e soprattutto Filippo Asinari di San Marzano, che gode della fiducia personale del Bonaparte. Tutti costoro pensano che soltanto l'alleanza con la Francia possa salvare la monarchia in Piemonte[12]. Può apparire singolare che Vittorio Emanuele duca d'Aosta (che darà la misura della sua limitata apertura politica con le illiberali istituzioni del 1814, quando tornerà in Piemonte quale gendarme della Santa Alleanza) avesse allora potuto rappresentare la punta di una politica sabauda rinnovata.

Irresoluta la Corte, ondeggiante Parigi tra le blandizie alla monarchia e la volontà di portare la repubblica in Piemonte, il movimento giacobino non può non svilupparsi. Già il 7 luglio 1796, il marchese Gherardini segnala l'esistenza a Torino di un forte partito filofrancese, e il 10 ottobre torna a insistere sulle manovre dei francesi per farsi un partito in Piemonte e sul fatto che Torino sia divenuta la sede di una gran quantità di clubs e il centro del partito giacobino, che lavora per rovesciare dalle fondamenta l'intera penisola. Per volontà francese tutti i cospiratori sono rilasciati. Tra essi c'è un certo Paroletti, probabilmente il futuro direttore de «Il Repubblicano piemontese». Sono questi i capi dei complotti e i corrispondenti del ministro Faipoult a Genova[13].

Nei confronti del re non cessano i tentativi di Parigi per vincerne le esitazioni.

Il 15 ottobre 1796 è segnalato l'arrivo della legazione francese a Genova per indurre la Corte all'alleanza. Al contrario da Milano il generale Lahoz, comandante la legione cisalpina e di sentimenti unitari, con un manifesto del 19 vendemmiaio (10 ottobre 1796) invita tutti i militari licenziati, piemontesi, nizzardi e savoiardi, ad arruolarsi nella italica legione Lombarda[14]. E il suo appello non cade nel vuoto se l'ambasciata austriaca segnala a Vienna l'11 febbraio 1797 che già ottomila piemontesi vi hanno preso servizio. Si rinnovano i complotti orditi dai francesi per rivoluzionare il Piemonte; così il 29 ottobre è segnalata l'organizzazione militare sul lago Maggiore, promossa dal Ranza e l'arresto del giovane avvocato Azzari, che ha con sé una lettera del suddetto Ranza del 23 ottobre, che lo compromette. Pure arrestato è il figlio dell'avvocato Roggeri in Cannobio[15]. Il 2 novembre si ha notizia del processo contro i responsabili dell'insorgenza, che porterà all'impiccagione dell'Azzari. Con le repressioni che seguono il re spera – come ebbe a dichiarare

---

[12] Cfr. G.P. ROMAGNANI, *op. cit.*, pp. 237 segg.
[13] O.S.W., n. 26, *Sardinien Berichte* cit., Gherardini a Thugut, nota del 10 ottobre 1796.
[14] Ivi, nota del 15 ottobre 1796.
[15] Ivi, nota del 29 ottobre 1796.

al diplomatico Gherardini – di aver realmente scalzato il giacobinismo[16].

Ma già il 3 febbraio è segnalata la scoperta di una nuova cospirazione a Torino. Dalle campagne vicine i «clubisti» hanno reclutato una banda di rivoltosi che, uniti ad alcuni di essi, nella notte avrebbero dovuto scalare le mura del palazzo e impadronirsi della persona del re, per poi proclamare la repubblica. I congiurati provengono da Carignano, Saluzzo, Racconigi e altri luoghi, ma un oste li ha denunciati. L'incaricato d'affari Jacob, un estremista ammiratore di Robespierre e nemico dell'attuale Direttorio, ha aiutato i cospiratori. Ma al di sopra di tutti, nel giudizio del rappresentante austriaco, sta Bonaparte. Questi «non desiste, egli scrive, dal fomentare le insurrezioni, che esplodono nelle città e nei villaggi, dal far circolare scritti sediziosi, dal proteggere gli scellerati, sconfessandoli ogni qualvolta le loro manovre vengono scoperte». Carignano e Racconigi sono gli epicentri. Molti individui «della classe dei negozianti» sono arrestati dalla polizia. Tra costoro è l'abate Carrera, figlio del «maître de poste» di Carignano[17]. Una nota dell'8 febbraio '97 informa che molti avvocati e negozianti di Torino «erano al corrente ed attendevano per approfittarne»[18].

Bonaparte continua non pertanto ad essere il solo punto di riferimento di una possibile politica piemontese. Mentre il Direttorio pensa sempre al Piemonte come a moneta di scambio con le potenze d'Europa per ottenere alla Francia i suoi confini naturali (la riva sinistra del Reno soprattutto, la Savoia, Nizza e il Belgio), Bonaparte tiene a conservare la monarchia piemontese per utilizzarne le forze, utili al proseguimento della sua campagna d'Italia, e insiste per l'alleanza. In realtà, meno sensibile ai problemi di Parigi, il Bonaparte svolge una propria politica di potenza, scavalcando il Direttorio e trattando direttamente con i territori conquistati. Egli tende a trasformare questi ultimi in repubbliche personali a cui conferisce costituzioni innovatrici e che difende dalla vile funzione di ostaggi che loro attribuisce Parigi. La sua politica indipendente, che fa infuriare il Direttorio e particolarmente Reubell, si conclude a Campoformio il 17 ottobre 1797 col cedere Venezia all'Austria, contro il riconoscimento da parte di Vienna della repubblica cisalpina, a cui Bonaparte tiene sopra ogni altra cosa in Italia. Ma nei primi mesi del '97, a cui siamo giunti nell'esame del carteggio, questi ultimi sviluppi – che compromettono le promesse fatte ai Savoia di compenso sul milanese e che potranno rappresentare con Campoformio un sinistro precedente – non sono ancora conosciuti, così che una nota austriaca del 9 marzo segnala San Marzano come un entusiasta del Bonaparte.

L'anno 1797 è percorso da fermenti insurrezionali in tutto il Piemonte. Le

---

[16] Ivi, nota del 21 dicembre 1796.
[17] Ivi, nota del 3 febbraio 1797.
[18] Ivi, nota dell'8 febbraio 1797.

ragioni economiche sono alle radici dei sommovimenti; la mancanza del pane e la morte per fame vista in faccia sono la molla delle minacciose peregrinazioni di orde di questuanti alla ricerca di cibo, e non sono un semplice pretestuoso strumento – come vorrebbe il rappresentante austriaco il 19 luglio '97 – «nelle mani di persone torbide, nemiche del pubblico bene». Sono in realtà i giacobini che cavalcano quei moti per portarli ad attualità politica, al rovesciamento del regime ed alla repubblica.

I rappresentanti austriaci osservano ripetutamente che il regime è allo sfascio, che la corruzione dilaga. La cavalleria regia è fischiata («Jettez les briques sur eux; sortez patriotes!»); ed è accaduto che i soldati non eseguissero gli ordini ricevuti e rassicurassero la folla che non avrebbero sparato su di essa. Nella nota del 15 giugno '97 si osserva che la Guardia nazionale lombarda pretende che non la si faccia marciare contro il nemico, ma la si impieghi soltanto per tutelare l'ordine interno[19]. Nello stesso modo si comporterà due anni dopo nel maggio '99 la Guardia nazionale di Torino, quando aprirà le porte della capitale agli austro-russi assedianti.

L'avversione contro le malversazioni francesi pervade le campagne, nello stesso tempo in cui i nuclei giacobini mirano a dare una spallata risolutiva al vecchio regime. Ma per ottenere che cosa? Il modello francese, che ha eccitato gli spiriti all'inizio, ha perso molto del suo ascendente e già affiorano moti autonomistici e contraddittorie spinte unitarie, con divergenze concorrenziali tra le neonate repubbliche, come quelle fra piemontesi e cisalpini una volta che nel dicembre '98 si è costituito a Torino il governo provvisorio repubblicano. È la crisi di passaggio da un regime autocratico, usurato dal tempo e che si vuole abbattere, ad uno di libertà civili e politiche ma senza precisi modelli per l'immediato avvenire. Le note diplomatiche dirette a Vienna sono ricche di informazioni e di spunti suggestivi; ma esposte disorganicamente, giorno per giorno, esigono da parte di chi le esamina la ricerca di un filo conduttore, di una linea interpretativa.

La città di Fossano si è sollevata (dice la nota del 19 luglio '97) e si governa da se stessa. Dispone di 90 cannoni (quatre-vingt-dix) secondo un rapporto forse esagerato, ma non meno significativo. Si vive in Piemonte una vigilia di rivoluzione. Ad Alessandria si individuano gli accaparratori e li si costringe a vendere le derrate a giusto prezzo. Si paventa che l'imposizione del *maximum* dei grani porti la prossima primavera, con un'abusiva esportazione delle derrate, alla carestia. Ad Asti l'insurrezione riesce a costituire una municipalità cittadina che proclama la repubblica, ma è subito schiacciata nel sangue dalle truppe regie sopraggiunte.

---

[19] Ivi, note del 25 marzo (Emanuel de Khevenhüller, ambasciatore austriaco a Torino) e 19 luglio 1797 (Theodor De Lellis).

«Asti seule avait été lancée comme la sentinelle perdue, après avoir désarmé sa garnison elle s'etoit municipalisée, l'Arbre de la liberté avait été planté, toutes les formes démocratiques introduites, enfin cette ville semblait destinée à devenir le noyau de la révolution». Ma le campagne d'intorno non l'avevano seguita[20].Sono avvisaglie di autonomismo rivoluzionario che dureranno sino ai moti contro la programmata annessione del Piemonte alla Francia, che esaspererà indipendentisti e unitari, nei primi due mesi del '99.

Sempre nel luglio '97 – proprio alla vigilia di Campoformio – si ha notizia che un tal Sanfermo è inviato da Venezia a Parigi a perorare la causa dell'unione di Venezia alla Cisalpina e l'unificazione di tutti i paesi dell'Italia «rivoluzionata» in una sola repubblica democratica. È questa la preoccupata previsione che ricorre in molte missive dell'ambasciatore.[21]

Il nuovo ambasciatore austriaco, Emanuel de Khevenhüller, è particolarmente interessato all'opinione pubblica ed al suo vario disporsi secondo fasce e ceti sociali. «La classe dei proprietari – scrive nella nota del 5 maggio 1798 – quelli che hanno le loro terre date in affitto, la gente stipendiata, gli impiegati [...] languiscono nella più grande miseria; mentre il coltivatore diretto o il gestore delle campagne, i negozianti sia con l'agiotaggio, sia con speculazioni durante la guerra, si sono arricchiti. I primi temono le razzie e non vogliono sentir parlare di rivoluzione e sono pronti ad armarsi per garantire la tranquillità pubblica; i secondi, al contrario, sperando di approfittare dei disordini per fare ancora migliori affari, impazienti soprattutto di liberarsi della superiorità sociale della nobiltà, che pesa su di loro assai più che negli altri paesi, desiderano un nuovo ordine di cose. Ad essi si uniscono gli uomini di toga, i medici e i funzionari che si vantano di poter esercitare un ruolo di primo piano, come negli altri paesi «rivoluzionati». Sono invece i nobili, consapevoli dello scadimento inevitabile del loro prestigio, gli ufficiali espressi per lo più da questa classe, i grossi proprietari nella loro maggior parte - tranne qualche testa esaltata – che sono portati alla buona causa: quelli che sino ad oggi hanno impedito la riuscita dei progetti di rivoluzione, e ancora la impediranno a meno che i francesi non vogliano favorirla unendo le loro forze al piccolo partito che la desidera. Il soldato in generale è di buoni sentimenti, perché sono gli ufficiali che formano lo spirito dei corpi, e perché questi sono reclutati in larga parte dalle gente di campagna che «pensa bene». E, a spegnere molte illusioni democratiche, aggiunge: «Il militare in tutte le situazioni si è comportato bene e non ha mai rifiutato di agire con risolutezza contro i suoi compatrioti insorti»[22].

---

[20] O.S.W., n. 27, *Sardinien Berichte ,1797-1798*, Emanuel de Khevenhüller, nota del 2 agosto 1797.

[21] O.S.W., n. 26, cit. nota del 12 luglio 1797.

[22] O.S.W., n. 28, *Sardinien Berichte, 1798-1800*, Emanuel de Khevenhüller a Thugut, 5 maggio 1798.

Già un anno prima lo stesso Khevenhüller, nella nota del 2 agosto 1797, aveva elencato gli interventi dei proprietari contro i famelici ribelli. Quando un distaccamento regio fu inviato a Chieri per contrastare una sommossa, i cittadini presero le armi contro gli insorgenti; 32 di costoro vennero fucilati. «I migliori proprietari – riferisce l'ambasciatore – si armano per far causa comune con la forza armata e impadronirsi degli istigatori». Così a Moncalieri si fece una spedizione con il cannone. I rivoltosi armati e già organizzati in squadre aprirono il fuoco sulla truppa, ma in buon numero furono catturati e fucilati. È posta qui in evidenza la distinzione, in campo borghese, tra i migliori proprietari e gli intellettuali idealisti e agitatori politici.

Ancora più critica è presentata la situazione della nobiltà. Tutte le «feudalità», in forza del regio editto del 29 luglio 1791, vennero abolite [almeno sulla carta], tutti i diritti signorili annullati, sino a quello di nominare i giudici. Fra questi diritti ve ne erano molti a titolo lucrativo, come le bannalità di forni e mulini, ma nessun indennizzo si accompagnò all'esproprio – osservano i diplomatici, e ciò nocque considerevolmente alle fortune della nobiltà, che già non era ricca soprattutto in Piemonte e che ora, altamente disgustata, si lagna che la sua fedeltà è mal ricompensata, mentre tutto ciò non farà che autorizzare nuove pretese da parte della classe inferiore. «Si può ben dire — conclude l'ambasciatore – che non esista più qui una nobiltà di questo nome e che si sia superato, in molti articoli dell'editto, la stessa Assemblea Costituente di Francia, che almeno su molti dei diritti aboliti prescriveva il semplice riscatto»[23].

Utili sono le rilevazioni implicite sull'estrazione sociale degli agitatori giacobini. Scrive l'incaricato d'affari De Lellis, il 6 settembre 1797: «Molti individui qui arrestati, come autori e complici dei tumulti e intelligenze segrete contro lo Stato, stanno per giungere alla loro fine; e come essi coinvolgono la maggior parte delle famiglie borghesi di questa città, i parenti loro hanno trovato il modo di far cambiare il supplizio ad essi inflitto; e così gli stessi saranno in forza delle regie patenti del 3 settembre 1797, giustiziati militarmente»[24]; e cioè fucilati anziché impiccati. Seguono sentenze di morte, rese note da pubblici manifesti, come fra le altre quelle del medico Boyer, del nipote dello «scudiero» Damos, del maresciallo d'alloggio Berteu, di Lorenzo Capello, figlio del conte Intendente generale Ignazio, accusato singolarmente di fratricidio. Pare che quest'ultimo volesse valersi del fratello per raggiungere l'appartamento del re, secondo il piano di rivoluzione. Il rifiuto e la minaccia di denuncia da parte del fratello lo indussero a sopprimerlo. E il 21 marzo 1798: «Fra i diversi clubs che sono a Torino se ne è scoperto di recente uno costituito da giovani, il cui numero aumenta di giorno in giorno e che, per la notorietà resasi

---

[23] O.S.W., n. 27, cit., Khevenhüller a Thugut, 2 agosto 1797.
[24] Ivi, nota di Th. De Lellis del 6 settembre 1797.

in una bottega ove si davano appuntamento, hanno dato luogo ad arresti che si susseguono senza tregua e con il più grande rigore. Chi li comanda è un certo Barbavara di Pavia ed un ufficiale cisalpino. Sono stati sequestrati tutti i documenti, da cui si sono potute individuare chiaramente le persone che avevano preso parte al loro progetto, diretto, a ciò che si dice, a rivoluzionare il paese e a dare ai francesi l'occasione plausibile per intervenire». A chiarire a quale ceto appartenessero quei giovani, si aggiunge l'informazione che, «nell'attesa che il Senato decida della sorte di quelli che sono stati arrestati, il governo ha fatto rispedire 67 studenti di questa municipalità alle loro case, dichiarandoli inabili a proseguire qui i loro studi».[25]

«La rivoluzione non può tardare – osserva il diplomatico austriaco – il cambio [della moneta] aumenta ogni giorno di più, in modo impressionante; i viveri sono eccessivamente cari e presto la carestia sarà generale»[26]. Ma la nota dipendenza psicologica dalle cose di religione rende difficile al re di risanare le finanze mediante la tanto richiesta vendita dei beni ecclesiastici. Persino un pubblico manifesto delle «madri di famiglia» la invoca insistentemente per ridare potere alla moneta e consentire l'acquisto dei beni indispensabili. La fragilità della monarchia piemontese preoccupa lo stesso Vaticano: che almeno essa non cada sotto la bancarotta finanziaria! Per questo la Corte di Roma – come si apprende da una nota del 1° settembre 1797 – già aveva accordato, con Breve del 4 settembre 1795, una ipoteca per sei milioni di lire piemontesi sui fondi ecclesiastici, e con altro del 3 giugno '96 aveva autorizzato S.M. sarda a vendere i suddetti beni per altri sei milioni di lire, per convertirli in cedole del Monte di San Secondo; e soprattutto autorizzava successivamente l'alienazione di beni ecclesiastici per cento milioni, al fine di ridurre i debiti nazionali[27]. Valendosi di queste estreme possibilità la Corte sarda costituisce una deputazione «de quelques individus ecclésistiques» per trattare di argomenti economici e in particolare della vendita dei beni ecclesiastici. «Le Roi vient ainsi tranquilliser sa conscience», commenta ironicamente l'incaricato d'affare De Lellis, il 19 settembre 1797[28].

Il momento culminante del tentativo di realizzazione dei piani di rivoluzione è la primavera del '98, quando le colonne giacobine piemontesi, liguri e cisalpine muovono dai confini meridionali liguri e da quelli settentrionali dell'Alto Novarese. Guidate da ufficiali e intellettuali – e sostenute dal generale Lahoz, comandante della Legione cisalpina, intenzionato a convocare nel palazzo municipale di Pallanza una Costituente elettiva che proclami la repubblica – si scontrano duramente con i regi a Omegna, perdono molte centinaia di uomini e i molti

---

[25] Ivi, nota di Th. De Lellis del 21 marzo 1798.
[26] Ivi, nota di Th. De Lellis del 19 settembre 1797.
[27] Ivi, nota di Th. De Lellis del 1° settembre 1797.
[28] Ivi, nota di Th. De Lellis del 19 settembre 1797.

catturati sono in gran numero passati per le armi. «Si è più tranquilli qui, scrive il 9 maggio 1798 il De Lellis, ora che sessantanove individui tra rivoluzionari e disertori sono stati fucilati e più di 400 prigionieri condotti a Novara».

Se i borghesi della Guardia nazionale pretendono di essere impiegati nella sola tutela dell'ordine civico, se i proprietari «assenteisti» sono soltanto preoccupati di venir derubati di ciò che ancora posseggono e deprecano le novità, correndo alle armi a sostegno delle truppe quando le orde affamate del contado minacciano gli agglomerati urbani, se i negozianti al contrario tali novità desiderano perché – secondo gli osservatori austriaci – essi sperano in migliori affari; certamente i loro figli, cultori dei lumi, uomini di legge, letterati e taluni ufficiali s'accordano con i loro simili degli stati vicini, organizzano moti e discutono di unità di repubbliche. Anche se nel carteggio diplomatico si parla indifferentemente di «banditi» e «scellerati», non possono sfuggire agli osservatori austriaci le differenze tra gli affamati aggressori delle campagne e le più o meno organizzate formazioni militari dei volontari repubblicani, che guardano a soluzioni politiche di indipendenza e di unità. Ma il linguaggio delle cancellerie è sordo alle ragioni etico-politiche delle minoranze attive. In campo francese, se il Direttorio rassicura la monarchia sarda di non accordare protezione agli insorti, la scoperta che tra i fucilati di Casale sono due alti ufficiali francesi, in posizione di responsabilità nella recente spedizione rivoluzionaria del Lago Maggiore – i quali prima di essere giustiziati hanno dichiarato di aver agito per ordine del comandante dell'Armata d'Italia, generale Brune – mette in una situazione di grave disagio le autorità francesi, nelle quali già si avverte il disaccordo tra le direttive centrali e le decisioni autonome degli organi periferici; disaccordo dimostrato appunto dallo scontro tra lo stesso generale Brune, che aveva reintegrato la rappresentanza giacobina nei Consigli cisalpini, e gli ambasciatori del governo francese che erano intervenuti per ridimensionarla.

È un'occasione questa perché l'ambasciatore Khevenhüller evidenzi al ministro Thugut gli errori della politica francese: «La spiegazione di tali contraddizioni tra le parole del Direttorio – egli scrive – e la condotta degli organi dipendenti, va ricercata negli interessi dei governanti di Parigi come di quelli in subordine e dei sedicenti patrioti». Quegli errori hanno radici esemplari nel colpo di Stato del 18 fruttidoro anno V (4 settembre 1797), quando il Direttorio, per scongiurare una cospirazione monarchica [ordita a Parigi – si diceva – in un club della rue de Clichy], ha dovuto mettersi nelle mani degli «enragés» e degli «anarchistes» per operare il suo colpo di forza e «terrorizzare il partito realista, che in quel momento lo minacciava di un pericolo estremo». Al fine di dare corpo a ciò che gli appariva urgente, il Direttorio ha pensato di ricostituire i club, immettere negli impieghi di Francia e delle neonate repubbliche gli uomini del partito giacobino e prestar loro ogni sorta di appoggio. «Ma oggi il realismo completamente abbattuto e represso in Francia – commenta l'ambasciatore – non saprebbe arrecargli il minimo allarme;

774

è un nemico sbaragliato che si disprezza, mentre gli *anarchistes* al contrario sono divenuti dei nemici formidabili per il Direttorio, essi mirano con mezzi più violenti, e forse anche meglio concertati, a rovesciare il governo. La decisa influenza che si è loro procurata indirettamente nelle elezioni per allontanare il partito che aveva diretto quelle dell'anno precedente, ha portato nei Consigli gli uomini più spaventosi della Rivoluzione». Per evitare che costoro ristabiliscano «il terrorismo e la costituzione del 1793 – continua il Conte Klevenhüller –il Direttorio dovrebbe ora ricorrere a una misura di forza, simile, ma di segno inverso a quella adottata a Fruttidoro»[29]. Evidentemente l'ambasciatore austriaco ancora ignorava ciò che era avvenuto pochi giorni prima a Parigi, con il nuovo colpo direttoriale del 22 floreale VI (11 maggio 1798), che aveva epurato le sinistre dagli organi costituzionali. E opportunamente ricordava che un gran numero di funzionari, scelti fra gli uomini di questo partito, definiti *caldi patrioti* e introdotti nei governi repubblicani d'Italia, e in tutti i clubs che si erano formati ovunque per le stesse ragioni, erano venuti a rappresentare i veri nemici che il Direttorio aveva soprattutto da temere. Era questa l'osservazione più interessante di tutto il carteggio diplomatico austriaco degli ultimi due anni. Un'alleanza, al di sopra delle frontiere, tra gli estremisti francesi (i veterani della Montagna o i superstiti della congiura di Babeuf) e i giacobini italiani (la cui interazione operativa i miei passati studi hanno cercato di dimostrare) rappresentava un rischio da non sottovalutare. «Il popolo piemontese è il più bellicoso d'Italia – aggiungeva il diplomatico – capace della stessa esaltazione dei francesi. E può essere che, le teste una volta montate, si porti ad eccessi ancora più orribili. Dopo il primo impulso lo si fermerebbe a fatica e, una volta coalizzato con le repubbliche vicine, non sarebbe impossibile che tutti insieme finissero per scacciare i francesi dall'Italia».

Era in realtà lo stesso terrore che denunciavano i responsabili francesi in Italia. «Non si può dubitare – scriveva il 25 agosto il commissario Faipoult al Talleyrand, – che in questo momento non si ordisca un vasto progetto di assassinare i francesi da Susa a Terracina»[30]. All'austriaco conte Khevenhüller appariva a questo punto incomprensibile la politica estera francese. Di qui la domanda che egli si poneva: «Converrebbe davvero al Direttorio conferire forze nuove a un tale partito, così pericoloso per lui in questo momento, favorendo la nascita di una nuova repubblica in Piemonte, che finirebbe per servire da punto di aggregazione dei patrioti cisalpini e di quelli liguri, uniti in un progetto comune con la fazione che lavora in Francia alla sua distruzione? Non sarebbe assai più vantaggioso per il

---

[29] O.S.W., n. 28, cit., "Lettres d'office et confidentielles du Comte Emanuel de Khevenhüller au Baron Thugut", 2 giugno 1798.
[30] Cfr. Archives Affaires Etrangères, Paris, *Correspondance politique*, vol. 56, *Milan*, Faipoult a Talleyrand, fruttidoro anno VI.

Direttorio conservare in Piemonte un governo monarchico che è già completamente ai suoi ordini, sapendo che non può sopravvivere che in grazia sua e da lui riceve gli aiuti e i mezzi che gli sono necessari? Il Direttorio si precostituirebbe per questa via un pied-à-terre al di qua delle Alpi e un custode sicuro alle sue dipendenze, incapace di fargli ombra ma in grado di tracciare una linea di demarcazione tra la Francia e i demagoghi italiani, con in mezzo un sovrano, costretto dal suo stesso interesse, a usare tutti i mezzi per contenerli»[31].

Alla medesima analisi e alla medesima domanda giungeva, circa nello stesso periodo, la diplomazia britannica a Torino. L'ambasciatore Thomas Jackson scriveva il 4 agosto 1798 al suo ministro a Londra: «Ho spesso detto dell'ovvio interesse della Francia a non rischiare le conseguenze di una rivoluzione [in Piemonte], da cui essa avrebbe così poco da guadagnare; e - in considerazione dell'avversione e del temperamento sanguinario dei Piemontesi – molto da perdere. In una parola, dall'attuale governo del re la Francia può ottenere tutto ciò che vuole, mentre dal popolo è mia ferma convinzione che non otterebbe nulla, se non vendetta e distruzione»[32].

E l'8 settembre 1798 parlando dei disordini suscitati a Milano dalla corrente giacobina, Thomas Jackson ricordava con favore il colpo di Stato dell'ambasciatore francese Trouvé, che aveva sciolto il Direttorio e i Consigli cisalpini, annullando la forma costituzionale che il Bonaparte aveva loro concesso, per sostituirla con una nuova che privilegiava i moderati, più favorevoli e arrendevoli ai francesi. Un altro obiettivo del Trouvé era stato quello di «reprimere un partito che nei consigli di Milano si era proposto di rendersi indipendente dalla Francia e di riunire tutta l'Italia in una sola repubblica». Tale partito – aggiungeva l'ambasciatore inglese – «è molto numeroso in tutta l'Italia ed è certo che molti rivoluzionari a Torino gli appartengono. Loro scopo è di rovesciare l'attuale governo e di reggersi da soli, senza l'aiuto della Francia». Il medesimo partito esisteva a Genova ed è stato schiacciato da una specie di farsa, simile a quella recitata a Milano. «Con questo colpo i francesi si sono impadroniti di tutte le risorse delle repubbliche cisalpina e ligure; ed io penso sia molto probabile che le manovre e gli intrighi degli agenti francesi a Torino, cui sopra ho accennato, siano indirizzati ad impadronirsi pure delle risorse del Piemonte». Che almeno questi avvenimenti – concludeva l'ambasciatore Jackson – «avessero l'effetto di aprire gli occhi di coloro che ancora sono così ciechi da non rendersi conto dei disegni dei francesi in ogni paese in cui sia loro avvenuto di mettere i piedi, e che la loro fatale esperienza finisse per render evidente ai loro occhi quale significato abbiano in realtà la Libertà e l'Eguaglianza

---

[31] O.S.W., n. 28, "Lettres d'office...",cit., 2 giugno 1798.
[32] Public Record Office, London, *General Correspondance, Sardinia*, F.O. 67, n. 27, doc. N. 52, "Thomas Jackson to Minister", 4 agosto 1798.

dei francesi»[33].

La contradditoria condotta di Parigi e di alcuni suoi agenti in Italia (come il generale Brune e l'ambasciatore Ginguené in Piemonte, sostenitori dei giacobini in contrasto con il Direttorio) quale è stata ricordata dalla diplomazia austriaca, torna in versione ancor più articolata nel carteggio britannico. «Il governo francese e i suoi agenti – scrive il Jackson – sono così divisi in partiti e fazioni, e i principii secondo i quali agiscono appaiono così complicati, che è impossibile formulare qualsiasi ipotesi attendibile circa i loro piani. In un caso è il Direttorio, o il partito in esso prevalente, a dare ordini esecutivi ai propri agenti; in un altro i progetti vengono concepiti e portati avanti dagli agenti stessi. Ginguené e Brune per esempio si suppone appartengano al partito del direttore Merlin e molto probabilmente sono essi che hanno ideato il piano dell'ultima agitazione a Torino. Ma non avendo questa conseguito il successo sperato, il primo l'ha rinnegata con destrezza, mentre il generale Brune con franchezza giacobina non ha potuto nascondere il suo malumore, dicendo che Collin [il generale comandante la Cittadella di Torino], dinanzi alla provocazione dei torinesi si era comportato come uno *chouan* e che bisognava sparare sulla città». Diversamente l'ambasciatore Trouvé a Milano, che è del partito [moderato] di Barras, si dice abbia espresso la sua «disapprovazione per l'intera faccenda»[34].

Insieme con la previsione – non ancora realizzata – di una insurrezione generale contro i francesi, ricorre a sua volta nel carteggio austriaco la constatazione dell'inganno teso dagli stessi francesi ai giacobini, che inutilmente si erano adoprati per un programma di unità nazionale, indipendente dai primi, ma che presto si erano scontrati con gli scopi imperialistici del Direttorio. Essi hanno creduto ingenuamente «alla creazione di una repubblica italica – dice la nota – e ora si riconoscono vittime dell'imbroglio dei francesi. S'accorgono di essere stati giocati da questi ultimi, che hanno disposto a loro arbitrio di una parte delle province e governato dispoticamente le altre»[35].

Quanto alla Corte sarda, se essa ancora sopravviveva lo doveva all'oro profuso a piene mani da Prospero Balbo a Parigi[36]. «Tutto è venale a Parigi – già aveva segnalato Khevenhüller il 15 settembre '98 –. I direttori Barras e Merlin sono i più noti per amare il denaro: il fasto eccessivo del primo ne esige molto; ma è Reubell che ha il maggior peso negli affari importanti»[37]. E anche si sa che era il Talleyrand il principale beneficiario delle generose attenzioni del Balbo. Non per nulla Talleyrand e Barras dopo la partenza di Bonaparte diverranno i più potenti

---

[33] Ivi, doc. n. 60, 8 settembre 1798.
[34] Ivi, doc. n. 63, 29 settembre 1798.
[35] O.S.W., n. 28, "Lettres d'office…", cit., Khevenhüller a Thugut, 2 giugno 1798.
[36] Ivi, Khevenhüller a Thugut, note del 15 settembre e del 28 novembre 1798.
[37] Ivi, Khevenhüller a Thugut, 15 settembre 1798.

protettori del re di Sardegna[38]. Ma anche se la Corte sarda con tali espedienti era riuscita a sopravvivere, la sua permanente debolezza invogliava i cisalpini a invaderne il paese, nella convinzione di una facile conquista. Ne è prova una lettera del Direttorio milanese diretta al generale Brune e pubblicata sulle gazzette di Milano. Il segreto motore dell'operazione era l'ambasciatore cisalpino Cicognara, in stretto rapporto con gli unitari torinesi, di cui teneva in pugno le fila[39]. «Il y a à Turin une espèce de comité jacobin – precisava l'incaricato d'affari – qui dirige toutes les opérations, se rassemble régulièrement et a ses agens dans les provinces; il vient même d'expédier des missionaires dans divers territoires»[40]. Se proprio è intenzione del Direttorio – osservava il diplomatico austriaco – di distruggere questa piccola monarchia, è sufficiente che esso, pur nella sua ambiguità, continui a proteggere le cattive teste, di cui Torino sovrabbonda, così da raggiungere il suo scopo senza dover agire scopertamente.

Ma una nuova contraddizione in queste teste calde sopravveniva a mettere in difficoltà il processo di riunificazione. E ciò specialmente nelle terre orientali confinanti con il milanese, ove da principio era forte il sentimento di riunione alla repubblica cisalpina mentre ora la stessa era rifiutata apertamente. L'opinione pubblica piemontese non appariva omogenea. Le campagne, più esposte alle vessazioni dei francesi, erano le più inclini ad agitarsi contro di essi. La capitale presentava invece caratteri difformi. Mentre la classe inferiore mostrava la stessa disposizione ostile degli animi, quella media fatta di negozianti, di mercanti, di uomini di legge e anche di taluni nobili, visto lo stato di impotenza del governo manifestava sentimenti democratici o almeno di allineamento opportunistico alla Grande nazione, e attendeva soltanto l'ordine dell'ambasciatore Ginguené o del generale Brune per tentare qualche nuova avventura. Peraltro la sicurezza ostentata da Brune e Ginguené già andava attenuandosi[41].

Gli insuccessi della campagna d'Egitto e il pericolo di un generale sommovimento in tutta Italia contro i francesi, alla vigilia di una ripresa della guerra, erano le ragioni dell'invito alla moderazione rivolto dallo stesso Brune ai giacobini. Lo spirito dei francesi in Italia appariva in realtà sensibilmente depresso. «Non sono più gli stessi di un tempo – scriveva il Khevenhüller – quando il bisogno di rifornirsi di quanto era loro necessario li faceva combattere da disperati. Ora sono uomini che rigurgitano d'oro, che hanno goduto per due anni delle delizie di Capua. Vedono i pericoli che li minacciano, sono ben lontani dalla sicurezza che li guidava nelle ultime campagne d'Italia e contribuiva alle loro vittorie»[42]. Lo scudo francese

[38] Ivi, Khevenhüller a Thugut, 12 settembre 1798.
[39] Ivi, Khevenhüller a Thugut, 12 settembre 1798, cit.
[40] Ivi, Khevenhüller a Thugut, 29 agosto 1798, cit.
[41] Ivi, 29 agosto 1798, cit.
[42] Ivi, 29 agosto 1798, cit.

anche per i giacobini s'era davvero incrinato!

Gli italiani non potevano non esserne condizionati e le ragioni della incombente controrivoluzione non trovarvi spiegazione. «Questi italiani che, ingannati dalle false promesse di libertà, favorivano i francesi – osservava l'ambasciatore Khenvenhüller – oggi delusi, oppressi, spogliati ma trattenuti dal terrore, non attendono che il momento in cui, sostenuti da una forza straniera che faccia retrocedere i loro tirannici occupatori, siano in grado di piombare su di essi da ogni parte»[43].

La compattezza delle forze repubblicane ne aveva risentito. «La diserzione fra le truppe cisalpine – si segnala a Vienna – è al massimo; tedeschi e polacchi passano in massa negli Stati imperiali, una compagnia quasi al completo ha passato il Ticino nella settimana scorsa»[44]. Pochi giorni prima l'incaricato d'affari austriaco De Lellis aveva dipinto la situazione dei repubblicani a tinte ancora più fosche: «Le legioni cisalpine sono più da disprezzare che da temere. Esse sono composte da qualche polacco, il cui numero diminuisce col crescere del malcontento e delle insurrezioni nei paesi 'rivoluzionati', di veneti, che non attendono che il momento per svignarsela col minor rischio, di lombardi senza coraggio e senza disciplina e stanchi di un mestiere che non fa per loro». «Io sono persuaso – concludeva gravemente il De Lellis – che, se la guerra ricominciasse, non ci sarebbe bisogno di armi per combattere gli italiani»[45].

Soltanto all'inizio di giugno i diplomatici austriaci, seguiti da quelli inglesi, avevano parlato dei piemontesi come dei più bellicosi d'Italia, come dei più sanguinari. Ed ora, in una nota del primo agosto '98, ancora li distinguevano dal resto degli italiani «privi [questi ultimi] di sufficiente energia e di forza di carattere, avvezzi come sono da secoli ad obbedire ai diversi padroni che le circostanze hanno loro dato. Essendo senza spirito nazionale, ogni intesa fra paesi che si sono sempre considerati l'un l'altro estranei, è impossibile [...]. Ci si ingannerebbe assolutamente – aggiungeva – se si volesse fare il minimo assegnamento su un movimento spontaneo dei popoli d'Italia; ma in compenso si potrebbe trarre un gran profitto se mai la guerra dovesse ricominciare. È in questo caso che lo stato attuale delle cose potrebbe offrire alla nostra Corte la più vantaggiosa delle condizioni se saprà approfittarne, se agendo subito senza perdere tempo e offensivamente contro i suoi nemici, riuscisse sin dall'inizio a ottenere qualche successo importante che costringesse i francesi a ripiegare sulle loro seconde linee, facendo loro perdere quella considerazione di invincibilità dovuta alle loro continue vittorie [...]. Si vedrebbero allora popolazioni intere scagliarsi su di essi,

---

[43] Ivi, 29 agosto 1798, cit.
[44] Ivi, 29 agosto 1798, cit.
[45] Ivi, 22 agosto 1798.

intercettarne le comunicazioni, fare a pezzi tutto ciò che non procedesse in convoglio, ogni abitante divenire un nemico, mentre i pochi partigiani avrebbero il loro da fare per mettersi al sicuro, per sottrarsi alla sorte che li minaccia [...]».[46]

Nell'ultimo messaggio del 28 novembre 1798 da Venezia, pochi giorni prima di far ritorno a Vienna, e poco prima che il 9 dicembre il re sardo, costretto dai francesi alla rinuncia, abbandonasse la capitale, l'ambasciatore Khevenhüller ripeterà al barone Thugut i motivi dell'opportunità della guerra: «Il soldato [francese] convinto d'avere tanti nemici quanti sono gli abitanti, potrebbe in caso di rovescio esser preso da un terrore irrefrenabile. Mai prima d'ora, lo confesso a V.E., ho desiderato tanto vivamente la guerra, poiché mai mi è apparso che essa potesse iniziare sotto più favorevoli auspici»[47].

Le previsioni degli ultimi messaggi saranno in parte confermati dagli eventi. Con lo sfondamento da parte degli austro-russi della seconda coalizione, nella primavera del 1799, dello schieramento francese sulle rive dell'Adda, si levarono le «masse cristiane» del Branda de' Lucioni, e altre ancora in ogni parte della padana, che terrorizzarono i francesi e tutti coloro che mostravano dal loro aspetto di essere «giacobini». La beffa degli aristocratici «codini» posticci, collocati per dissimulare la capigliatura «alla Bruto», sarà un ricorrente motivo scherzoso in quella straordinaria testimonianza del giacobino Bongioanni, che percorrerà nella tarda primavera del 1799 le stesse vie del ripiegamento francese e della fuga[48].

Non sarà invece confermata dal giudizio austriaco, ancora nella nota del 15 settembre, la necessità per i francesi di raccogliere un numero ben maggiore di soldati e di mezzi, per venire a capo della resistenza di Torino, il giorno che avessero deciso di occuparla con la forza e tenerla per qualche tempo ancora. E ciò «non essendo questa nazione così docile come gli altri lombardi» come già aveva osservato l'ambasciatore. Avvenne invece che la cittadinanza torinese, stanca di tante vessazioni e dopo tanti non meritati e non condivisi rendimenti di grazie, si fosse ricreduta degli entusiasmi repubblicani dei primi giorni dell'anno. La Guardia nazionale che la rappresentava e che s'era proposta di salvaguardare soltanto l'ordine civico delle proprietà e non quello repubblicano delle istituzioni, non si peritò dall'aprire le porte della città alle forze assedianti del Suvarov, il 26 aprile 1799[49]. Soltanto i giacobini di più vecchia data, e di più ferme convinzioni, che nella città avevano cercato di organizzarsi nella «legione sacra», si unirono alle forze repubblicane dell'Amministrazione generale del Piemonte, schierate in armi a

---

[46] Ivi, Khevenhüller a Thugut, 1° agosto 1798.

[47] Ivi, Khevenhüller a Thugut, 28 novembre 1798.

[48] F. BONJEAN, *Mémoires d'un jacobin (1799)*, in G. VACCARINO, *I giacobini piemontesi (1794-1814)*, Roma 1989, II, pp. 564-747.

[49] Cfr. G. VACCARINO, *Torino attende Suvarov (aprile maggio 1799)* in VACCARINO, *I giacobini piemontesi*, cit., I, pp. 375-380.

protezione dei soldati della rivoluzione, lungo le valli di confine e verso i valichi della salvezza[50].

---

[50] Ivi, pp. 389-392.

PIERO CAZZOLA

Le dépêches a Pietroburgo del Principe Belosel'skij, Ambasciatore Russo alla Corte di Torino nel 1792-93

I dispacci a Pietroburgo del principe Aleksandr Michailovič Belosel'skij-Belozerskij (1752-1809), inviato straordinario e ministro plenipotenziario di Caterina II alla Corte dei Savoia negli anni 1792-93, non sono stati sino ad oggi sottoposti a particolare indagine dopo la loro pubblicazione dapprima in una rivista russa (1877) e poi in traduzione francese – ma alcuni dispacci sono in francese nell'originale , – a cura di una nipote del diplomatico, la principessa Liza Trubeckoj, nel 1901[1].

Vero è che alla personalità del Belosel'skij ha dedicato un'esauriente monografia uno specialista dei rapporti russo-francesi, il Mazoni[2], che di lui così scrisse

«La Russie, à ce moment dramatique, eut en Alexandre Mikhaïlovitch le représentant le plus inlassable, le plus loyal-et aussi le plus clairvoyant et le plus courageux. Ses dépêches, presque quotidiennes et souvent biquotidiennes, en font foi du 7/18 avril 1792 au 1/12 mars 1793, et les historiens de cette époque en savent le prix: précises, franches, d'un jugement sûr, souvent sévère mais équitable, et avec cela vivantes, spirituelles, mordantes et riches en vues d'ensemble, elles valaient d'être toutes publiées come elles l'ont été en effet, en Russie et en France. Il nous suffira d'en citer quelques-unes, et en français, bien que la plupart d'entre elles, d'après les Archives de Moscou, aient été écrites en russe.

Les qualités d'homme d'action du prince, et particulièrement celles du diplomate et de l'homme d'Etat, l'importent ici sur celles de l'homme de lettres... mais elles sont merveillesement servies par les dons de l'écrivain et par sa pensée d'historien et de moraliste»[3].

---

[1] *Sardinija v epochu pervoj francuzskoj revoljucii (Pis'ma Knjazja A. M. Belosel'skago-Belozerskago Rossijskago poslannika pri Sardinskom dvorek vice-kancleru grafu A.I. Ostermanu, 1792-93)*, in "Russkij Archiv", XV, 2 (1877), pp. 369-402 e XV, 3 (1877), pp. 5-48; *Un ambassadeur russe à Turin (1792-93). Dépêches de S.E. le prince Alexandre Bélosselsky de Belozersk publiées par la princesse Lise Troubetzkoj née princesse Bélosselsky de Bélozersk (Les évènements à Paris. La fin de la monarchie française. Les dispositions de la Cour de Sardaigne. La conquête de Nice et de la Savoie)*, Paris 1901, éd. Ernest Leroux. Vedi, a commento dei dispacci, V.A. Timirjazev (V.T.), *Russkie ob inostrancach (Kn. Belosel'skij v Turine vo vremja francuzskoj revoljucii)*, in "Istoričeskij vestnik", XII (1902), pp. 1119-1130.

[2] A. Mazon, *Deux russes écrivains français*, Paris 1964. Sulla missione a Torino vedi cap. IV, *TURIN*, pp. 86-103.

[3] *Op. cit.*, p. 92.

Anche il Lo Gatto, trattando di viaggi e viaggiatori russi in Italia dal XVII secolo ad oggi[4], non ha mancato di menzionare il Belosel'skij, però di lui venne presa in esame, come del resto dal Mazon, più l'opera letteraria, poetica e filosofica che quella di diplomatico.

Traendo pertanto occasione dal bicentenario della Rivoluzione francese mi sono proposto di esaminare in questo Convegno internazionale – dove si è trattato anche del Piemonte visto dai diplomatici stranieri accreditati alla Corte di Torino (francesi, inglesi e austriaci), – i dispacci del Belosel'skij, conservati negli archivi del Ministero degli Affari Esteri dell'Impero russo e fatti conoscere al pubblico con le edizioni succitate.

Va anzitutto ricordato che i rapporti ufficiali fra le due Corti si erano instaurati da pochi anni, dopo la visita che nella capitale degli Stati sardi avevano reso nel 1782 i «Conti del Nord» – così si fecero chiamare gli Eredi al trono russo, Pavel Petrovič, il futuro Paolo I, e la moglie Maria Fëdorovna, – a Vittorio Amedeo III e alla sua famiglia, nel corso del viaggio per la Penisola, che aveva toccato le varie Corti italiane.

Dapprima venne designato a Torino, quale inviato straordinario, il principe Nikolaj Borisovič Jusupov, uomo di cultura e amante delle arti e del teatro, però la sua permanenza non fu lunga, dal 1787 al 1789 e alla fine di quell'anno già veniva nominato il suo successore, appunto il Belosel'skij, che era allora ambasciatore a Dresda, presso la Corte di Sassonia[5].

Riferendo la notizia della nomina del nuovo inviato di Caterina II, così scriveva a Torino, in un dispaccio del 22 dicembre 1789, l'ambasciatore dei Savoia a Pietroburgo, conte Zappata de Ponchy, al ministro degli esteri d'Hauteville (aggiungendo la «voce» che il Belosel'skij era stato preferito al Bezborodko, che pare ci facesse conto, a conferma della rinnovata influenza sull'Imperatrice del ministro degli esteri conte Osterman):

«La czarine a nommé depuis quatre jours le prince de Bielozelsky, présentement à Dresde, envoyé extraordinaire à la Cour de Turin. C'est un homme petit de stature, de l'âge de 35 ans. Les connaissances que j'ai pu cueillir du dit seigneur sont qu'il est d'un caractère doux, aimant les sciences et les arts, auteur d'un petit ouvrage sur la musique; assez riche par lui même, marié à une Tatischef qui le suit dans ses Commissions, héritière de 3000 paysans qui font environ 15/m roubles de revenu; aimant les faste et la dépense; de bonne famille, puisqu'on me l'a dit neveu des Strogonoff et des Saltikoff, mais un peu caustique. Voilà le portrait que j'ai l'honneur de vous rendre, tel qu'on me l'a fait. On pourrait ajouter qu'il n'y a

---

[4] E. Lo Gatto, *Russi in Italia. Dal secolo XVII ad oggi*, Roma 1971, pp. 43-46.
[5] Vedi Mazon, op. cit., pp. 22-32; "Russkij biografičeskij slovar'", III, S. Petersburg 1908, p. 655.

pas de Russe qui ne sente tant peu de sauvage...»[6].

Peraltro il Belosel'skij ritardò non poco a prendere servizio a Torino; lo dovettero trattenere, oltre a ragioni di salute, com'egli si giustificò con l'Imperatrice, di cui godeva la stima (essendo suo «collega in Parnaso»), anche i vari interessi umanistico-letterari. Egli era infatti già autore di alcune opere, pubblicate negli anni precedenti, come riferisce anche lo Zappata; all'Aja era uscita alle stampe, nel 1778, una *plaquette* curiosa dal titolo *De la musique en Italie*, frutto dei prolungati suoi soggiorni in varie città «musicali» della penisola e che aveva riscosso successo;[7] a Kassel, nel 1782, la sua vena poetica aveva partorito *Trois épîtres aux François, aux Anglois et aux Républicains de Saint-Marin*[8]; e ancora a Dresda, nel 1790, era stato pubblicato un trattatello di filosofia morale, la *Dianyologie, ou Tableau philoso-phique de l'entendement*[9], ch'era stato lodato da Kant, così come le opere poetiche avevano ricevuto il plauso di Voltaire e di Rousseau.

Dunque a Torino il diplomatico arrivò, passando da Vienna, soltanto nei primi mesi del 1792, avendo fatto conto sullo zelo di un incaricato d'affari, il Karpov, che lo sostituiva. Già padre di tre giovani figlie – fra cui Zinaida, la secondogenita, che diverrà celebre come poetessa e amante delle arti e passata a vivere a Roma vi rimarrà sino alla morte, acquistando fama di protettrice di scrittori e artisti, nonché di donna benefica in sommo grado, – il Belosel'skij era in attesa dell'amata consorte, che lo raggiungerà, proveniente da Ginevra e attraversando il Moncenisio, soltanto nell'autunno[10].Trovato alloggio nella dimora del ministro portoghese, che doveva essere, come le altre sedi diplomatiche, nella via degli ambasciatori (attuale via Bogino), presso la contrada di Po, egli ha occasione di visitare la città e fors'anche i dintorni, soprattutto le residenze sabaude di Moncalieri, Rivoli e Venasca. Prendiamo ora in esame la prima lettera inviata al suo ministro degli esteri, conte A.I. Osterman, il 7/18 aprile 1792[11]: dalla stessa si ricavano numerose im-

---

[6] Archivio di Stato di Torino. Corte. *Materie politiche relative all'estero. Lettere Ministri, Russia*, 2, fasc. 3, "Memoria dell'inviato a S.A.". L'opinione riferita dallo Zappata, alla fine del dispaccio, deve considerarsi un "luogo comune", giacché il Belosel'skij era persona di educazione e cultura superiore, come si può constatare anche dalle sue corrispondenze diplomatiche.

[7] *De la musique en Italie, par le prince de Beloselsky, de l'Institut de Bologne*, A La Haye 1778 (rist. anast. Forni, Bologna 1969). Sulla *plaquette* stampata all'Aja vedi Mazon, op. cit., pp. 18-19; P. Cazzola, *Viaggiatori russi in Emilia e Romagna dal XV al XIX secolo*, in "il Carrobbio", V (1979), pp. 91 e 100; P. Cazzola, *Coi russi a Bologna: cinque secoli di viaggi, soggiorni, incontri, rapporti culturali e scientifici*, in "il Carrobbio", XIV (1988), pp. 302-303 e 307.

[8] Vedi Mazon, op. cit., cap. III (*Le poète et ses épîtres*), pp. 33-78.

[9] Op. cit., pp. 78-85.

[10] Op. cit., pp. 90-92.

[11] *Un ambassadeur russe* cit., pp. 1-4. In questo, come nei successivi dispacci, sono sempre indicate le due date, essendo in Russia ancora in uso il calendario giuliano, in ritardo di 12 giorni rispetto a quello gregoriano.

pressioni originali su re Vittorio Amedeo III, alla cui presenza l'ambasciatore venne introdotto dal già citato ministro, il savoiardo conte Giuseppe Perret d'Hauteville. La lettera di credenziali fu consegnata al sovrano con le seguenti parole di circostanza:

«En la lisant, Vous y verrez les preuves sincères de l'estime complète da Sa Majesté pour Votre Royale personne et de son immuable désir de resserrer les anciens liens d'amitié. Il m'est confié, Sire, de faire tous mes efforts pour maintenir et accroître le bon accord, qui existe entre les deux cours, grâce à une sympathie réciproque. Quant à moi, Sire, j'ose espérer que la sincerité de mes actes et le zèle de ma conduite répondront à la confiance de Votre Majesté»[12].

Al che segue la descrizione di come il re accolse l'ambasciatore con modi e parole dei più cordiali. Dopo aver convenientemente onorato il suo ruolo politico, infatti, re Vittorio lo intrattenne per circa un'ora a colloquio su vari argomenti «avec une bonté extrème, beaucoup d'esprit et de gaieté»; e avendo poi il Belosel'skij fatto cadere il discorso sulle spinose «affaires de France», per sondare le intenzioni del re, si sentì rispondere con tutta franchezza:

«Vous ne pouvez pas douter de la haine profonde que doivent inspirer à tout être pensant les menées criminelles des scélérats français. Mais vous voyez vous-même que je suis dans la gueule du loup. Je suis contraint de dissimuler, jusq'à ce que notre cour, de concert avec celles de Vienne et de Prusse, les obligent à trembler jusque dans leurs foyers. Ah! si votre Impératrice régnait plus près de nous, un désastre pareil serait–il jamais arrivé? Croiriez-vous que je ne suis occupé, depuis deux ans, qu'à repousser les traits envenimés de la politique de ces malheureux. Tous les jours on arrête des émissaires, qui sèment l'argent et des lettres incendiaires, pour soulever ici le peuple et même l'armée.

Les deux petites émeutes qui viennent d'avoir lieu ici, quoique sans grande importance, sont une suite de leurs instigations criminelles. Mais je compte sur l'amitié de mon peuple et sur la fidelié de mes troupes. Elles se sont bien comportées.

Je voudrais être en état d'en avoir davantage. Il n'y a pas longtemps que j'ai dû diminuer de la moitié en Savoie le prix du sel, cela laisse un vide assez considérable dans les finances de l'Etat. Il faudrait de nouveaux impôts, mais est-ce le moment pour moi, dont le pays touche sur toute sa frontière au vaste repaire de ces bêtes féroces?.»[13]

---

[12] Op. cit., p. 2.
[13] Op. cit., pp. 2-3.

Continuava poi il re, descrivendo la situazione venutasi a creare con l'arrivo di tanti emigrati dalla Francia:

«Les émigrés, qui sont pour la bonne cause, ne sont-ils pas pour la plupart des êtres presque aussi dangereux, par leurs inconséquences, leur bravade et leur inconduite. Quelques–uns d'entre eux ont couru ici, chez les fournisseurs et dans l'arsenal, pour chercher des sabres, propres à couper les têtes d'un seul coup. Pour moi, je les crains et je les évite autant que je puis le faire honnêtement. Quant aux enragés des clubs, il faudrait les étouffer à frais communs. Je tâche de leur défendre l'entrée de mes Etats, mais ils percent toujours sous différents prétextes, sous raison de commerce surtout; il y a un de ces infâmes, qui est ministre de France à Gênes et qui, ayant une imprimerie dans sa maison, ne cesse de faire circuler ici des motions incendiaires pour soulever la populace contre les juges de paix et les prêtres; ceux-ci contre les évêques, et les soldats contre les officiers. Telle est la situation critique où je me trouve. Je fais tout mon possible pour me mettre en état de parer à ces dangers. Je viens de faire augmenter de quelques hommes mes régiments provinciaux. Je tâche de me mettre sur la défensive contre un coup imprévu, en attendant que les souverains vraiment puissants portent un premier grand coup, capable de faire replier l'attention des Français sur eux-mêmes»[14].

C'è, in questo colloquio confidenziale fra il re e l'ambasciatore, tutto ciò che importa sapere del grave momento che attraversava il Piemonte e bisogna riconoscere che le espressioni usate dal Savoia s'incontrano raramente nelle corrispondenze diplomatiche. Evidentemente esse erano dettate dalla grande fiducia che il re riponeva nella politica russa d'amicizia e di protezione, sin'allora dimostrata dal governo di Caterina II nei confronti dello Stato subalpino-transalpino. Anche i giudizi sugli *émigrés*, fra cui v'erano i due generi del re, i conti di Provenza e d'Artois, rivelano la sua insofferenza nei confronti dei parenti francesi che volevano coinvolgerlo in temerari progetti; in particolare si meditava allora una spedizione su Lione, che si era ribellata alla Convenzione di Parigi, nella sicurezza di un successo. Al qual proposito il re, parlando da buon «padre di famiglia», così poi ragionava con l'ambasciatore sull'educazione dei suoi nipotini, figli del conte d'Artois e di sua figlia Maria Teresa, nonché del conte di Provenza e dell'altra figlia Maria Giuseppina:

«Quelle est l'éducation que l'on donnait à la cour de France? Voyez d'Artois que j'ai forcé de convenir lui-même que lorsqu' on avait chez eux l'espoir de certains droits à la couronne, on n'apprenait plus rien, on donnait un libre essor

---

[14] Op. cit., pp. 2-4.

787

à toutes les passions; on croyait être quitte du respect que tout le monde doit à la religion, aux moeurs, aux lois de l'Etat. Les flatteurs ne cessent de dire à leurs oreilles que l'Etat appartient au Roi et à sa famille. Ce n'est pas vrai; c'est le Roi qui appartient à l'Etat»[15].

È una lezione di responsabilità politica e di coscienza dei propri doveri, che di certo il Belosel'skij non si aspettava dalla bocca del re, ma l'averla registrata e trasmessa a Pietroburgo dimostra quanto lo lasciò ammirato e come nel suo zelo di diplomatico, per giunta esordiente alla corte di Torino, sentisse la necessità di completare il quadro anche con quelle dichiarazioni.

Veniamo ora ad altri giudizi dell'ambasciatore, che questa volta, più che il frutto di incontri e interviste, sono tratti da indagini scrupolose, dalla raccolta di notizie degne di fede. A proposito dei Savoiardi, che tanto deluderanno re Vittorio quando, dopo l'invasione dell'autunno, si erigeranno a «Repubblica Allobroga», così scrive il Belosel'skij nella lettera del 17/28 aprile 1792:

«Le peuple de Savoie, qui parle la même langue que les Français, avec qui il est en commerce ordinaire, et qui a avec eux une grande ressemblance de caractère, s'occupe secrètement des questions meurtrières qui lui sont inculquées, sous l'aspect le plus flatteur, par ces révoltés français. A Chambéry, non seulement la bourgeoisie, mais les avocats, les procureurs, cette immense foule de gens qui écrit, et qui, malgré cela, n'a aucune idée de la juste politique, parle cependant de droit naturel, comme si les hommes pouvaient vivre en société sous ce seul droit, et c'est de cette chimère qu'ils se montent la tête. Il paraît que les paysans savoyards, qui longent la frontière française, se nourrissent de la même idée. Une masse d'émissaires y passe en cachette, malgré toute la surveillance du gouvernement. Ils leur vendent le sel deux fois moins cher que les douanes royales, et eux-mêmes ils leur achètent le pain deux fois son prix d'ici. Et à toutes ces tricheries on attribue ce bien-être de la France, dont elle jouit depuis qu'elle a détruit toute l'union de la société. D'après cet état de choses on craint ici qu'une invasion armée des insolents Français ne puisse produire la révolte dans toute la Savoie.

On ne compte que sur la fidelité de l'armée, des diverses provinces du Piémont et du Comté de Nice, où les habitants haïssent les Français, depuis les temps anciens. Sa Majesté de Sardaigne se trouve dans une terrible inquiétude. La longue indécision de la Cour de Vienne, dans la délibération des mesures à prendre en des circonstances si critiques, a obligé le Roi à ajourner les précautions nécessaires à la défense de ses provinces, et les mesures qu'il voudrait employer de son côté

---

[15] Op. cit., p. 4.

pour venger les offenses faites à une partie de sa famille en France. Ce n'est qu'à présent qu'il met son armée sur le pied de guerre, mais il ne s'est pas encore procuré d'argent…»[16].

Continua il messaggio accennando alle trattative sia coi banchieri genovesi, peraltro non ancora andate a buon fine, che col residente olandese, il quale dovrebbe procurare un mutuo di otto milioni di lire, mentre si stanno arruolando altri soldati svizzeri, onde raggiungere un contingente di 50.000 uomini in armi.

Quanto agli *émissaires* che s'infiltravano con ogni astuzia nel paese, ecco com'è descritta, nella lettera del 21 aprile/2 maggio 1792, la vicenda del ministro francese a Genova, Sémonville, inviato dalla Convenzione di Parigi con proposte di alleanza e di cui il re aveva già fatto cenno all'ambasciatore nel surriferito colloquio:

«Le chargé d'affaires de Sardaigne à Paris fait le rapport de son entrevue avec M. Du Mourier qui lui dit: 'On voit bien que votre Cour est très difficile pour l'étiquette, puisque elle n'a pas laissé passer M. Sémonville avec ses lettres de créance, sous le prétexte d'omission de formalités parfaitement inutiles. Je présenterai cette affaire à l'Assemblée nationale, où, je vous le dis d'avance, il y a certaines têtes emportées, et je crains que cette question ne soit acceptée d'une manière pire que l'on ne pense chez vous'»[17].

Nel dispaccio è poi detto che il ministro Dumouriez chiedeva che si procurasse il passaporto al Sémonville e lo si riconoscesse nel suo carattere ufficiale di rappresentante di Francia alla Corte sarda; e che in caso contrario l'incaricato d'affari francese a Torino, de Lalande, avrebbe dovuto subito lasciare il suo posto; però aggiungeva che se la detta Corte avesse fornito delle ragioni plausibili per ritenere il Sémonville, secondo il linguaggio diplomatico, *persona non grata*, il Lalande doveva prendere con lui contatti e riferirne a Parigi. Dal che sembra si possa dedurre che il governo giacobino non aveva in quel momento l'intenzione di «rompere i ponti» con la Corte sarda.

Anche un altro dispaccio successivo, del 24 aprile/5 maggio 1792, ritornava sullo stesso tema nei seguenti termini:

«Il est positif que le Roi s'est décidé à agir contre la France, seulement depuis qu'elle a voulu lui imposer Sémonville, en qualité de ministre officiel. Le caractère

---

[16] Op. cit., p. 11.
[17] Op. cit., pp. 12-13.

dangereux et haineux de cet homme, la peur de laisser entrer le loup dans la bergerie, ainsi que s'exprime ici l'un des ministres, l'indélicatesse de la Cour des jacobins, dans l'envoi du négociateur, sans en informer la Cour de Sardaigne, la forte résistance qu'on lui a faite à Alexandrie, la crainte que cette action ne provoque à l'Assemblée nationale un emportement précipité de vengeance, enfin la déclaration de guerre au roi de Bohème, qui prouve l'audace agressive des Français, et détourne en même temps leur attention des possessions du roi de Sardaigne; tous ces événements, survenus l'un après l'autre, ont donné un nouvel élan et une nouvelle force à la haine de ce Roi contre les Français et sa décision de se mesurer avec eux, les armes à la main, devient de plus en plus ferme»[18].

Passando ora a un altro argomento delicato, di cui l'ambasciatore si rendeva ben conto, ecco quanto scriveva al suo ministro nel dispaccio del 1/12 maggio 1792:

«La situation de la République de Gênes devient maintenant l'objet de l'attention des cours de Turin et de Vienne. Elle voudrait conserver sa complète neutralité, mais comme elle n'est pas encore armée, les Français qui préparent une flotte à Toulon peuvent l'attirer à l'improviste de leur côté. Sémonville, séjournant à Gênes, ne néglige pas de former un parti, en faveur de la France. Je pense pourtant, qu'étant obligée de donner la réponse décisive, qui sera exigée d'elle par les cours de Vienne et de Turin, sur le parti qu'elle doit prendre, elle sentira qu'elle ne peut rester neutre et qu'il est indispensable pour toute l'Italie qu'elle ne laisse pas entrer les Français dans son port, pour préparer de là leurs expéditions…»[19].

Mentre in altro messaggio del 5/16 maggio 1792, ritornando sull'argomento, così deduceva l'ambasciatore:
«La République génoise, dans son for–intérieur, est plus portée à l'alliance avec la France, qu'avec les puissances ci–devant mentionnées. La cause en est compréhensible, la première n'exige d'elle que la liberté du port, et aucune autre assistance. Son commerce avec la France et l'Archipel ne subit aucun détriment; tandis que si les cours de Vienne et de Turin l'attirent de leur côté, elle doit s'armer, prendre part à la guerre générale; son commerce sera interrompu, ses ports fermés, et la ville elle–même devra s'attendre à être bombardée par les Français. Donc les puissances italiennes doivent tout employer, pour briser de force cette République génoise et prévenir le plus vite possibile l'influence française…»[20].

---

[18] Op. cit., p. 15.
[19] Op. cit., p. 23.
[20] Op. cit., p. 25.

Se questi auspici non si poterono tradurre in realtà, fu per l'indifferenza e la debolezza degli altri Stati italiani (Venezia, il Papa, i Borboni di Napoli), cui pure i Savoia avevano rivolto un pressante appello per una Lega generale. E pertanto ben può dirsi che l'infausta sorte finale della lunga e accanita «guerra delle Alpi», sostenuta per quattro anni dal Piemonte, con l'aiuto non sempre valido dell'Austria, fu anche conseguenza degli intrighi francesi, che giunsero infine a piegare il governo genovese.

Ancora in quei mesi di tanta incertezza sulle decisioni da prendere, ecco le impressioni del Belosel'skij nel dispaccio del 22 maggio/2 giugno 1792:

«Malgré tout le désir qu'a le Roi de Sardaigne de briser par les armes l'esprit fanatique et contagieux du peuple français, qui cherche depuis longtemps à troubler la tranquillité de son Etat, il est clair qu'il n'attend que de voir de quel côté sera le premier succès dans la guerre actuelle pour prendre un parti. Jusque là il emploiera tous les moyens d'atermoiement, toutes les formalités diplomatiques, afin de justifier sa neutralité, et de dissimuler la faiblesse de ses moyens; c'est la prudence qui fait la force des faibles»[21].

Miglior rapporto sulla situazione non poteva aspettarsi il governo di Caterina II, che aveva riposto nel diplomatico-umanista la sua fiducia, affinché lo illuminasse sulle sorti del lontano Piemonte, cui pur lo legavano vincoli di profonda simpatia.

Delle opinioni personali del Belosel'skij sul «fenomeno giacobino» troviamo poi traccia nel dispaccio del 2/13 giugno 1792:

«Le désordre à Paris s'étend à l'infini, et de là se propage dans toutes les provinces de la France. Le parti jacobin devient de jour en jour plus fort et se moque de la manière la plus venimeuse de la faiblesse de Louis XVI. Sous les fenêtres du palais on complote le régicide, et si quelque circonstance ne se présente pas rapidement en faveur de leurs majestés, on est fondé à croire qu'on peut craindre des actes d'extrême fanatisme contre le Roi et surtout contre la Reine. Et vraiment, que peut–on attendre de la populace une fois qu'elle fait fausse route? Que ne peut–on redouter du déchaînement des passions et de la violence des instincts populaires? De tels actes sont le fruit du système de la liberté, de l'égalité abstraite et métaphysique, sanctionnée par le droit politique. Il en résulte que quiconque est propriétaire passe pour traître et aristocrate, et les clubs jacobins qui sont très habiles dans l'application des fantaisies de la révolution, agissent avec les propriétaires comme ils ont fait avec les nobles; ils ruinent ceux–ci comme ils ont

---

[21] Op. cit., p. 31.

chassé ceux-là. Quand l'absence ou l'exil ne peuvent être invoqués comme prétexte, l'accusation d'*incivisme* suffit. Ce procédé est devenu très fréquent dans les provinces du Midi, voisines de celles du Roi de Sardaigne. Le propriétaire y est opprimé de toute façon par les clubs»[22].

E ancora nel dispaccio del 19/30 giugno 1792:

«... le jacobinisme a jeté des profondes racines sur l'étendue de la France, ce qui est la conséquence inévitable de la Constitution, c'est-à-dire de l'égalité politique des gens, de l'autocratie du peuple, de l'anéantissement de la royauté dans la personne du Roi, dont on fait maintenant un simple fonctionnaire à gages, (de) l'outrage de la noblesse héréditaire, le mépris ou le manque de respect à l'adoration de Dieu en public, l'institution des festins bruyants, qui s'appellent patriotiques, etc.»[23].

Si aggiunge che quando un siffatto sistema di governo viene stabilito, ci si arma per difenderlo; che accettarlo si chiama «la libertà», mentre i popoli che non l'adottano sono trattati da schiavi e si fa loro la guerra; concludendosi poi:

«Chaque Français, tôt ou tard, deviendra jacobin. Je certifie encore, que si même, à la suite des mesures prises par la Cour de Vienne, les jacobins étaient chassés de Paris et de toute la France, leur esprit déjà enraciné dans le pays formerait de nouveaux adeptes. Tant que la cause existera, l'action subsistera»[24].

Di qui l'indifferenza con cui i giacobini accolsero la sostituzione di alcuni loro ministri con altri moderati da parte del re Luigi XVI; giacché la vendetta esplose terribile nell'assalto alle Tuileries del 20 giugno, di cui il Belosel'skij dovette venire a conoscenza da più fonti, giacché ne fece menzione in vari messaggi. In quello del 23 giugno/4 luglio 1792, ad esempio, è detto del contegno dignitoso e persino ingenuo del re che, di fronte all'assalto dei «sanculotti» non s'intimorì, ma afferrata la mano di uno di essi, «l'approcha de sa poitrine et dit: 'Ecoute, mon coeur bat-il? Celui qui a la conscience pure comme la mienne, ne doit rien craindre'», e costretto poi a indossare il berretto frigio, lo fece dicendo: «Charles V a mis le chapeau rond», e gridò: «Vive la nation!»[25].

Ma torniamo in Piemonte e seguiamo, attraverso i colloqui che re Vittorio ebbe

---

[22] Op. cit., pp. 37-38.
[23] Op. cit., p. 44.
[24] L. cit.
[25] Op. cit., pp. 45-49.

nei mesi estivi e nell'autunno 1792 con l'ambasciatore, quali impressioni lasciava nel suo animo. Dalla lettera, ad esempio, del 14/25 agosto 1792, quando già si era verificato a Parigi il massacro del 10 agosto e il trasferimento di Luigi XVI e della sua famiglia alla prigione del Tempio, risulta che il re così dicesse in un'udienza privata, dopo aver espresso la sua gratitudine per l'approvazione che Caterina II aveva dato del contegno dignitoso del Savoia:

«Vous voyez que pour le présent je suis isolé... je ne suis pas assez fort..., l'étendue de mes frontières de Genève à Nice est énorme... la Savoie et le comté de Nice sont des pays ouverts... Au surplus, chez nous aussi il y a beaucoup de têtes gagnées par les idées insensées des Français... Quant à mes troupes, elles sont dans un état satisfaisant. Je les ai disposées aussi bien que j'ai pu, pour l'avantage des armées allemandes. Le corps autrichien qu'on m'a envoyé est très faible. Si je lui donnais à présent l'ordre de marcher, Montesquiou, en l'apprenant, ne tarderait pas à faire irruption en Savoie avec sa bande de brigands. Je ne crains pas qu'il puisse vaincre, mais il me serait douloureux de voir les horreurs de la dévastation qui affligerait cette partie de mes sujets bien aimés. On ne m'admet pas encore aux conseils des deux cours allemandes. Je reste isolé... Cependant l'entretien de mes troupes audelà des montagnes et à Nice me coûte horriblement cher. Tout ce qu'il leur faut doit être envoyé d'ici. La Savoie ne fournit pas même assez de pain pour subvenir au besoin de ses propres habitants. Dans le passé, on l'importait de la France, mais à présent les désordres de la rébellion auront cette conséquence, que les Français eux mêmes mourront de faim. J'attends toujours des nouvelles de quelque victoire importante du duc de Brunswick, et provisoirement je reste suspendu comme l'araignée au fil de sa toile»[26].

Così, da quest'immagine abbastanza sorprendente in bocca a re Vittorio, di «ragno sospeso al filo della sua tela», si ricava l'impressione penosa che il colloquio dovette produrre sul Belosel'skij, il quale a sua volta, riferendolo all'Imperatrice, cui la missiva era direttamente indirizzata, postilla: «Je laisse a V.M. si pénétrante d'en tirer la conclusion»[27].

Poi, bisognerà lasciar passare più di un mese per sentire nel dispaccio del 25 settembre/6 ottobre 1792, dopo l'invasione di Nizza e della Savoia, la pena e l'umiliazione nella voce incrinata del re, pur ancora padrone di sé, in un incontro di quei giorni con l'ambasciatore, e mentre la Corte di Torino prendeva un lutto di tre settimane per la morte atroce di Maria Teresa de Lamballe, nata principessa di Savoia-Carignano, «périe dans la tourmente» il 2 settembre a Parigi:

---

[26] Op. cit., p. 75.
[27] L. cit.

«Le Roi est revenu de la campagne à Turin[28]. Les ministres étrangers ont eu l'honneur de se présenter à S.M. Sarde. Le Roi a eu la grâce de me dire qu'il reconnait que les troupes n'étaient pas en état de supporter l'attaque, mais qu'elles auraient pu battre en retraite d'une autre manière; que l'argent devient très rare, mais qu'heureusement il ne voit pas encore la nécessité d'augmenter les impôts, et qu'il espère pouvoir s'en passer pour quelque temps, qu'il attend des puissances alliées un secours conforme aux traités[29]; que, s'il y a à Turin beaucoup de méchantes gens, il y a aussi des bons citoyens; que la terre du Piémont est habitée par des paysans belliqueux, dont la fidelité pour leur roi légitime et la haine pour les Français est salutaire dans les conditions actuelles»[30]; concludendosi il messaggio con questa nota personale sul re: «Sa Majesté ne m'a pas paru très bien portante, mais Elle est pleine de courage. Je crois que la piété est la source de cette fermeté»[31].

Particolare toccante, in questo «ritratto» dal vivo di re Vittorio, all'indomani del grave scacco subìto dalle sue truppe, che si erano ritirate dai paesi oltramontani per far argine sulle Alpi, al Moncenisio, al Piccolo San Bernardo, ai colli delle Marittime, di dove riprenderanno animosamente la guerra, con alterna fortuna, nella primavera del 1793. Per vero, sul momento, le notizie della disastrosa ritirata fecero un triste effetto alla Corte di Torino, e se ne sente l'eco nelle lettere del Belosel'skij. Egli infatti comincia allora appunto a tracciare, nei dispacci, una serie di brevi «profili» dei personaggi più in vista del governo, dell'amministrazione e dell'esercito, quasi che fosse giunto il momento d'informare Pietroburgo delle cause che avevano provocato un tale rovescio, col passare in rassegna «gli uomini del Re». Ed ecco, nella lettera del 19/30 settembre 1792, come viene descritto il ministro degli esteri già nominato:

«le comte d'Hauteville… est un homme instruit, excessivement laborieux, mais très peu hardi, minutieux ed indécis dans les affaires importantes. Ce défaut inné, qui se développe dans les circonstances actuelles, touche presque au vice, et provient en grande partie du manque d'habitude du grand monde, de la pauvreté et surtout de la crainte d'être privé de son emploi»[32].

---

[28] Era la Villa, o Vigna, della Regina, sulla collina torinese, dove la famiglia reale soleva passare i mesi caldi dell'estate.

[29] Il trattato con l'Austria era stato firmato il 22 settembre 1792.

[30] *Un ambassadeur russe*, cit. pp. 112-113.

[31] Op. cit., p. 113.

[32] Op. cit., p. 105. Il d'Hauteville conserverà le sue funzioni di ministro sino al 1796, poi verrà pensionato; nei suoi tardi anni sarà inviato al confino in Francia nel 1806, insieme ad altri rappresentanti dell'*ancien régime*, quando il Piemonte sarà incorporato all'Impero napoleonico.

Sembra che un tale giudizio sia stato dettato da quella certa dimestichezza fra l'ambasciatore e il ministro, in cui essi erano entrati nei mesi precedenti. Ciò risulta, ad esempio, dalla lettera 23 giugno/4 luglio 1792, nella quale si riferiscono le risposte del d'Hauteville alle *avances* fatte dal governo di Caterina II, a mezzo del Belosel'skij, per delle misure comuni da adottarsi contro i disordini provocati dall'aggressiva politica francese. Il ministro, infatti, dopo aver menzionato l'appoggio che, nel piano generale, dava il Gabinetto di Vienna con 10.000 soldati (ma se ne richiedeva il doppio) e lo stato di *défensive imposante* in cui si trovava il re con 12.000 uomini in Savoia, 6-7000 nella contea di Nizza e il resto delle truppe a guardia delle frontiere con la Repubblica di Genova, acquartierate nelle varie fortezze, così aveva aggiunto:

«Le Roi sent bien qu'il n'est pas assez fort pour défendre les trois ou quatre points d'attaque que les Français pourraient choisir en Savoie»[33] e che si correva il rischio, se costoro l'avessero invasa, di ritrovarla, alla fine della guerra, desolata dai saccheggi e in preda alle ideologie rivoluzionarie. Alla proposta, poi, fattagli dall'ambasciatore di portare la guerra al di là delle Alpi, soprattutto a Lione e a Grenoble, aveva risposto invocando la prudenza e così proseguendo:

«D'ailleurs les Alpes énormes qui séparent le Piémont de la Savoie se couvrent de neige vers la fin de septembre, ou le commencement d'octobre, et rendent alors les routes presque impraticables aux troupes et à leurs convois. Les Français le savent bien des guerres passées; ils ont dû abandonner leurs canons sur les Alpes pour n'avoir pas bien calculé la saison»[34].

Mentre alle insistenze per un'azione immediata così rispondeva:

«La moindre marche des 10,000 Autrichiens dans ce moment-ci... serait tout de suite interprétée en France comme une hostilité de notre part, et les Français pourraient nous prévenir avec trop d'avantages, il nous convient d'être discrets jusqu'au moment opportun...»[35].

Questa dunque, nelle sue luci ed ombre, la *silhouette* del conte d'Hauteville, da cui si potrebbe ricavare l'impressione che, per eccesso di prudenza, il governo del re abbia allora perso l'occasione buona per attaccare con successo. E infatti, da successive lettere del 10/21 luglio e del 17/28 luglio 1792[36], si viene ad ap-

---

[33] Op. cit., pp. 52-54.
[34] Op. cit., p. 54.
[35] L. cit.
[36] Op. cit., pp. 59-60.

prendere di una rivista passata dal re a un battaglione in partenza per Susa e la frontiera, delle munizioni inviate alle fortezze dall'arsenale di Torino, dei lavori in corso ai castelli di Villafranca e Montalbano, che proteggevano Nizza, onde opporsi a un possibile sbarco francese, della leva della «milice des paysans», formata con abitanti della contea, dai 18 ai 40 anni. E ancora che il re aveva deciso di dividere il suo esercito in tre corpi: il primo a Nizza, di 7000 uomini, al comando del duca del Chiablese e del generale de Courten; il secondo a Saluzzo, sotto il duca d'Aosta (il futuro Vittorio Emanuele I) e il conte di Sant-André; il terzo in Savoia, di 12.000 uomini, comandati dal duca di Monferrato e dal conte Lazari[37].

Se ora vogliamo consultare i più seri e documentati studi storici della Corte di Savoia durante la Rivoluzione francese e l'Impero napoleonico[38], potremo constatare che i giudizi del Belosel'skij–testimone acquistano un loro particolare rilievo. Giacché sia il Costa de Beauregard e il Thaon di Revel, parimenti testimoni ed attori sul teatro della «guerra delle Alpi», da una parte, che il Pinelli e il Carutti, sulla scorta di ogni genere di documento relativo a quel drammatico periodo, dall'altra parte, non poterono nascondere le gravi colpe di cui allora si macchiarono il Lazary e il de Cordon in Savoia, nonché il de Courten nel Nizzardo, e per le quali non ricevettero adeguata pena.

Interessanti sono pure i giudizi che leggiamo nei dispacci del Belosel'skij a proposito dello stesso re Vittorio Amedeo III. Nella lettera del 19/30 settembre 1792 si scrive infatti di lui che «en sa personne» era unita «une belle âme à un esprit éclairé» e che possedeva pure una qualità «qui est réellement bonne et cependant dangereuse, voir même néfaste pour un roi; il ne sait pas punir les coupables» e «jusqu'à présent il a été trompé sur l'héroisme de ses officiers, sur la science et la valeur de ses généraux»[39].

Anche ad altri ministri ed alti dignitari della Corte di Torino l'ambasciatore russo non risparmia i suoi strali. Così, nella succitata lettera del 19/30 settembre 1792, scrive che il conte Pietro Giuseppe Graneri, ministro dell'interno dal 1789,

«paie plus de mine que de fond; il a plus d'imprévu que de suite dans les idées, et s'il n'est pas tout à fait sans esprit, son esprit ressemble à la lumière d'une lanterne sourde, qui ne sert qu'à son propriétaire»[40].

---

[37] L. cit.

[38] Vedi H. Costa de Beauregard, *Mémoires historiques sur la Royale Maison de Savoie*, I-III, Torino 1816; F. Pinelli, *Storia militare del Piemonte dalla pace di Aquisgrana sino ai dì nostri*, I-III, Torino 1854 (v. I, pp. 89-95); I. Thaon de Revel, *Mémoires sur la guerre des Alpes et les évènements du Piémont pendant la Révolution française*, a cura del figlio, Torino 1871; D. Carutti, *Storia della Corte di Savoia durante la Rivoluzione e l'Impero francese*, I-II, Torino 1892 (v. I, pp. 198-204).

[39] *Un ambassadeur russe*, cit., p. 104.

[40] Op. cit., p. 105.

E ancora del ministro della guerra, il marchese Giovanni Battista Fontana di Cravanzana, scrive senza mezzi termini che «est incapable, indécis, ce qui le porte souvent à la lâcheté, au mensonge»[41], e dell'anziano governatore di Torino, conte di Salmour, che era stato forse, a suo tempo, «un bon général», ma che «à présent il radote et est ramolli»[42].

Né meno pungente è il giudizio sulla figura del cardinal arcivescovo di Torino, che non nomina (era un Costa d'Arignano della Trinità), ma del quale scrive che è «un homme assez ordinaire», che prende parte qualche volta ai consigli del re, ma non «pour discuter et raisonner, mais pour dire à chacun des insipidités»[43].

Quanto ai membri della famiglia reale, se il Belosel'skij fa un certo conto sul principe di Piemonte (il futuro Carlo Emanuele IV), di cui riferisce che è «un homme plein d'esprit, qui pourrait émettre des opinions utiles et élevées», aggiunge poi che ai consigli, in presenza del re, «il les expose rarement»[44]. Del duca d'Aosta scrive che ai suddetti consigli interviene spesso, soprattutto quando si tratta «de l'ordre et des rapports militaires» e anzi che tempo prima aveva sollecitato il comando dell'esercito, ma che dopo i fatti della Savoia «il est moins chaud, à ce que l'on dit», giacché i soldati «ont l'air d'être assez bien dressés, mais les officiers sont pour laplupart ou trop jeunes, ou trop nonchalants, ou ignorants, et les généraux presque tous, ou pour mieux dire tous, mauvais»[45].

Per contro il Belosel'skij è largo di elogi nei confronti della popolazione, fatta soprattutto di *montagnards*, che coinvolti nelle vicende belliche si mostrarono fedeli ai loro re, specialmente la gente del Nizzardo e ricorda che certe azioni di sorpresa, a Sospel e a Saorge, rivelarono coraggio a tutta prova, con l'uso di quelle che saranno le tecniche partigiane, mediante «ruses et escarmouches»[46].

Inoltre dipinge quadri altamente drammatici della fuga di quanti, abitanti ed emigrati francesi, temendo il peggio, partirono con le loro famiglie dal Nizzardo mettendosi , in lunga disperata schiera, sulle vie del Piemonte, o cercarono d'imbarcarsi nel porto di Nizza. Sono note piene di *pathos*, che rivelano nel Belosel'skij non solo lo scrupoloso cronista per dovere di servizio, ma pure l'uomo sensibile al dolore e alle pene di tanti profughi, fra cui c'erano quei francesi che per sfuggire al regime dei giacobini si erano rifugiati negli Stati sardi e che anche qui si vedevano costretti, dalle vicende della guerra, a cercare nuovo asilo.

Vorrei ora mettere l'accento su quei dispacci che, più di altri, riguardano le

---

[41] Op. cit., p. 104.
[42] L. cit.
[43] Op. cit., p. 105.
[44] L. cit.
[45] L. cit.
[46] Op. cit., p. 106.

notizie raccolte dall'ambasciatore russo, nel corso della sua missione, a Torino e nei dintorni, sia a Palazzo Reale che aggirandosi magari nei quartieri popolari. Già quasi all'inizio del suo soggiorno v'è la notazione, nella lettera del 14/25 aprile 1792, che «la città è assai cara» e da una specie di bilancio preventivo delle spese da sostenersi per ricoprire decorosamente l'ufficio, che esse possono ammontare annualmente a fr.19,272[47].

In un successivo dispaccio del 21 aprile/2 maggio 1792 si legge invece la notizia, puramente a carattere diplomatico, della «grossesse» della duchessa d'Aosta e della gioia nella famiglia reale per il prossimo lieto evento[48]. Ancora il diplomatico descrive, nella lettera del 28 aprile/9 maggio 1792, il saluto dei ministri alle contesse di Provenza e d'Artois, figlie del re e sue ospiti a Palazzo[49]. Mentre in quella del 15/26 maggio 1792 riferisce che il Papa (Pio VI) aveva permesso al re di sopprimere quattro conventi di Benedettini, onde ridurre l'eccessivo numero dei monaci e supplire così alle deficenze dell'erario[50]; e ancora in altra lettera del 2/13 giugno 1792 che la principessa di Carignano, Giuseppina di Lorena (nonna di Carlo Alberto), era tornata allora da un viaggio «in Italia» in compagnia del figlio, ai quali l'ambasciatore era stato presentato[51]. E infine, nel dispaccio del 19/30 giugno 1792, si riferisce di una «puntata di piedi» da parte degli ufficiali del re contro la spavalderia francese (da tempo incrociavano delle fregate al largo di Nizza e Villafranca). Essendo infatti stato convocato dal comandante della Contea, marchese Gavino della Planargia (altrove chiamato «de la Pleinardière»), il console francese alla presenza di tutti gli ufficiali della guarnigione, gli era stato chiesto ragione di siffatte crociere e di fronte alle risposte evasive di costui, invitato a fornire più chiare spiegazioni, da richiedersi all'Assemblea Nazionale di Parigi entro breve termine, scaduto il quale il console avrebbe dovuto partirsene; in definitiva la energica presa di posizione ebbe come effetto la cessazione di quegli atti provocatori. Del Planargia si dice inoltre che all'epoca dell'invasione del Nizzardo e della Savoia egli più non era colà comandante, perché trasferito ad altra piazzaforte (facendosi intendere che forse la sua presenza avrebbe dato un altro corso agli avvenimenti)[52].

Dopo i tragici fatti del settembre, riferiti dall'ambasciatore in più dispacci e con molti dettagli, egli scrive nella lettera del 29 settembre/10 ottobre 1792 che le contesse d'Artois erano venute in aiuto degli *émigrés* francesi e dei preti *non assermentés*, in fuga dalle province invase:

[47] Op. cit., p. 10.
[48] Op. cit., p. 14.
[49] Op. cit., pp. 21-22.
[50] Op. cit., p. 29.
[51] Op. cit., p. 37.
[52] Op. cit., pp. 42-43.

«Les routes de Coni, Suze et Aoste en sont pleines. Beaucoup d'entre eux, surtout des femmes et des petits enfants, sont morts de froid et de faim»[53],

e che anche il ministro del Papa aveva ricevuto l'ordine di soccorrere gli *émigrés* d'Avignone, già possesso pontificio, pure occupato dai francesi.

Passando ai fatti torinesi, leggiamo nel dispaccio del 9/20 ottobre 1792 che, date le circostanze,

«Sa Majesté a déclaré que, pendant ce carnaval, il ne veut ni le grand opéra, ni la chasse royale»[54]

e che essendo questi divertimenti di solito molto pomposi,

«le grand veneur a reçu l'ordre de tuer les deux tiers des chiens de chasse, de préparer les chevaux pour la vente et de renvoyer la plus grande partie des veneurs»[55].

Ancora da altro dispaccio della stessa data si apprende che il re ha vietato di aprire quell'inverno l'Università di Torino, perché «les étudiants, à présent en vacances, ont montré, il y a un an, un esprit rebelle, qui serait très dangereux à l'heure qu'il est, car la rébellion se propage ici de jour en jour»[56]; e che a seguito dell'interruzione del commercio nelle città piemontesi, dopo i fatti del settembre, «tous les ouvriers des manifactures sont restés sans pain, ce qui augmente le nombre des mendiants et des mécontents»[57].

A proposito poi del comportamento dei generali a Nizza e in Savoia, riferisce il dispaccio del 23 ottobre/3 novembre 1792 che «le Roi a nommé une délégation de sept militaires afin de déclarer, s'il y a lieu à un conseil de guerre pour juger les généraux qui ont commandé les troupes de S.M. Sarde en Savoie et à Nice»[58].

Mentre nella lettera del 30 ottobre/10 Novembre 1792 si fa cenno all'entrata dei Francesi a Genova, città neutrale:

«C'est le motif d'une nouvelle inquiétude; chacun pense ici qu'ils ont

---

[53] Op. cit., p. 115.
[54] Op. cit., p. 125.
[55] L. cit.
[56] Op. cit., p. 128.
[57] L. cit.
[58] Op. cit., p. 137.

l'intention de faire irruption en Lombardie et en Piémont, et, en conséquence, on se hâte de prendre de nouvelles mesures pour la défense de Tortone et d'Alexandrie», e si aggiunge che «il commence à faire ici assez froid, mais la neige n'étant pas encore tombée dans les montagnes, les passages ne sont pas encore obstrués», del che potrebbe profittare il comandante francese Montesquiou[59].

Infine, nel dispaccio del 16/27 novembre 1792 troviamo una notizia da perfetto diplomatico: che essendo la duchessa d'Aosta vicina al parto, era giunta a Torino, per assisterla, la di lei madre, arciduchessa d'Austria[60]; però dopo l'informazione sulla nascita dell'infante regale ve ne sono altre due, riferite con apparente indifferenza, che ricordano il recente disastro militare:

«Le général Lazari s'est présenté lui-même, pour être mis aux arrêts, à la forteresse; il demande a S.M. d'instituer un tribunal militaire qui jugera sa conduite en Savoie», mentre «le général Pinto, employé aux fortifications des rives du Var, est privé de tous ses grades, par le décret royal donné au Collège militaire»; e che «on a décidé ici, de faire sauter au moyen de mines la route de la Savoie, de Novalaise jusqu'au Mont-Cenis, et une partie du pied de la montagne même, pour rendre cette route impraticable, au cas où les Français tenteraient l'invasion de ce côté»[61].

Queste le ultime notizie all'inizio del triste inverno del 1792, in quella Torino dove Xavier de Maistre stava per scrivere, rinchiuso in cittadella a causa di un duello con un commilitone, il suo «voyage autour de ma chambre», dominato da uno *spleen* esistenziale, ma dove pure fermentavano «le aspre uve» della sedizione, che si stava estendendo anche in provincia. Così che «à Chieri, qui formait autrefois une république, il y a un commencement de sédition», per cui vi è stato inviato un battaglione del reggimento della Marina (lettera dell'11/22 dicembre 1792[62]); sulle strade e nei paesi facevano la loro comparsa delle bande di briganti («c'est le résultat de la faiblesse du gouvernement et de l'esprit d'insubordination des sujets; c'est aussi le résultat de leur misère, de leur désespoir, de leur mécontentement et de leur désir d'un sort meilleur. Dans les villes errent d'autres voleurs sous l'apparence de mendiants; un édit est prononcé contre eux...»[63]). E anche a Casale e ad Asti c'erano stati dei disordini, non gravi in sè, ma con conseguenze di rilievo per

---

[59] Op. cit., p. 141.
[60] Op. cit., p. 142.
[61] Op. cit., pp. 144-145. Mentre al de Courten, molto protetto a Corte, venne irrogata una pena leggera, al Pinto, subordinato del de Courten, ne fu inflitta una assai severa.
[62] Op. cit., p. 145.
[63] Op. cit., p. 146.

800

l'esportazione del grano, cui gli abitanti si opponevano. Di tutto ciò riferiva obiettivamente il Belosel'skij, concludendo: «Je puis seulement dire, que là où le peuple ne ménage que ses intérêts, et non ceux de la société, la société se dissout, le gouvernement se déconcerte et tombe tôt ou tard; on peut dire qu'une guerre sourde dévore le Piémont et même Turin» (lettera del 22 dicembre 1792/2 gennaio 1793)[64].

Non durerà a lungo la missione di quest'uomo d'ingegno superiore e dalla lunga pratica di vita, alla Corte di Torino. Persa infatti la moglie diletta alla fine del '92, egli si congederà dal Piemonte con un dispaccio al suo ministro dell'1/12 marzo 1793, che riassume la situazione del momento. A proposito delle condizioni delle truppe così scrive:

«Le calme de longue durée, l'espoir illusoire d'une paix solide en Italie, avaient rendu le Piémont insouciant, et il était si bien endormi, que l'administration militaire y était complètement négligée, et que le gouvernement, par un coupable oubli de son but et de sa raison d'être, ne s'en préoccupait pas. Les troupes, se trouvant dans une inaction constante, devinrent peu à peu si douillettes qu'elles n'étaient bonnes qu'à parader, sans ordre, sans force, sans discipline. Sur les contrôles, on voyait beaucoup d'états-majors, beaucoup d'officiers, beaucoup de régiments, da bataillons, mais très peu de véritables soldats; plus d'officiers de la noblesse et de la cour que de guerriers. Parmi tout ce désordre, il s'est trouvé un homme plein de zèle, le marquis Silva, qui a montré le danger d'un pareil état de choses et qui, d'après l'ordre du Roi, a composé un règlement militaire, qui n'a porté aucun fruit n'ayant jamais été appliqué»[65].

Prosegue l'ambasciatore riferendo che «la mollesse et l'engourdissement ont continué à régner», ma che infine la Rivoluzione francese ha scosso con un colpo terribile quel Governo «sonnolento»:

«Le Roi s'éveille et vit qu'il avait besoin de troupes, non pas sur le papier, mais en effectif. Bientôt la malheureuse expérience lui fit comprendre ses erreurs et la nécessité de réparer les conséquences de la nonchalance et du désordre»[66].

Allora non rimase che il ricorso al «roi des Romains» – così è curiosamente

---

[64] L. cit.
[65] Op. cit., pp. 148-149. Lo spagnolo marchese Silva era l'autore di un regolamento militare, rimasto senza applicazione, di cui parlano anche gli storici, fra cui il Pinelli, *Storia militare,* cit., I, p. 38.
[66] Op. cit., p. 149.

chiamato l'Imperatore d'Austria, che non aveva ancora rinunciato al Sacro Romano Impero, – per chiedergli un generale in capo, che fosse in grado di animare e comandare le sue truppe. Fece allora la sua comparsa il de Winz (che gli storici chiamano de Vins), col quale, a quanto pareva, «l'esprit militaire se relève et tout prend un autre aspect», anche se le difficoltà s'incontravano ad ogni passo, «résultats des abus de la paresse, enracinés dans toutes les parties de l'administration militaire»[67]; ma il carattere fermo e deciso del generale sembrava averne già superate molte.

Le ultime notizie fornite a Pietroburgo dal Belosel'skij riguardano poi gli effettivi dell'esercito sardo, portati a 36.000 uomini di fanteria, incluso il nuovo reggimento svizzero di San Gallo e la cavalleria (3804 uomini), nonché lo Stato Maggiore. A questi erano da aggiungere le milizie paesane, che difendevano le loro montagne e villaggi, essendo buone conoscitrici dei luoghi. Da ciò deduceva l'ambasciatore che tali forze, rinforzate da 25.000 Austriaci – a quel numero si sperava di arrivare, – sarebbero state sufficienti non solo per la difesa del Piemonte, ma pure per un'azione offensiva, di cui già si era parlato l'anno precedente, anche su istigazione degli *émigrés*, al comando del conte d'Artois, passato poi a Coblenza nell'«Armée des Princes» accampata sul Reno; e che era poco probabile che i Francesi, dovendo difendere Nizza e la Savoia, fossero in grado di mettere in linea un esercito di 60.000 uomini[68].

Proseguiva il Belosel'skij dando un breve, ma chiaro quadro della situazione topografica del Piemonte e ripetendo quanto avevano già notato gli strateghi, che «celui qui se trouve au milieu de cet hémicycle a un grand avantage contre celui qui en occupe la convexité» e che «s'il proportionne ses mouvements et s'il dispose bien ses forces, il peut facilement les concentrer dans l'orifice du passage que l'ennemi veut traverser; il est même fort aisé de le prévenir sur tous les points de cet arc dont les rayons, s'élargissant à mesure qu'ils s'éloignent du centre, finissent aux orifices très éloignés»[69]; e ancora che, oltre queste barriere naturali, vi erano in Piemonte numerose fortezze che non si potevano prendere se non dopo un lungo assedio, per cui erano necessarie molte truppe e buona artiglieria[70].

Infine, riguardo a una possibile guerra offensiva, opinava l'ambasciatore che i Francesi potessero venir attaccati o dalla parte della Savoia, cacciandoli dalla Moriana e dalla Tarantasia, per poi raggiungere l'Isère e occupare Fort Barraux, dal quale erano partiti nell'offensiva dell'autunno 1792; o dalla parte del Delfinato, occupando prima il campo di Tournoux e poi avanzando sino alla Durance; o

---

[67] L. cit.
[68] Op. cit., pp. 149-150.
[69] Op. cit., p. 150. Il Pinelli, *Storia militare* cit., I, p. 152, ricorda la massima dell'Arciduca Carlo: "Chi è padrone dello sbocco delle valli nella pianura, le domina per intiero".
[70] Op. cit., p. 151.

infine dalla parte di Nizza, purché la flotta arrivasse in tempo a dar rinforzo; e che se nel contempo gli eserciti alleati avessero riportato un successo sul Reno, un tale doppio movimento avrebbe permesso la riunione di tutte le forze[71].

Se vogliamo, a conclusione, gettare un colpo d'occhio sull'insieme delle *dépêches*, sin'oggi così poco note, di quest'ambasciatore di Caterina II, non può non stupirci lo scrupolo col quale, da buon diplomatico, e durante l'anno della sua missione, egli di tutto diede conto a Pietroburgo: grandi e piccoli fatti di cronaca, drammatici episodi di guerra esterna e prodromi, se non di guerra civile, di disordini intestini; cui poi accompagnò assennati giudizi, obiettive descrizioni di situazioni, che troveranno conferma negli anni successivi; solo in qualche «profilo», e sotto lo *choc* della disastrosa ritirata del settembre 1792, si può dire che il Belosel'skij ha «calcato la mano», ma non c'è dubbio che i giudizi rispondono al vero, come confermano gli storici.

Vorrei qui menzionare un episodio del tutto familiare, riferentesi alla sventura che aveva colpito il Belosel'skij a Torino, con la perdita della consorte, Varvara Jakovlevna Tatisceva. Egli fece allora erigere sulle rive del Po una cappella ortodossa ove venne sepolta l'amata moglie e dopo dieci anni, non essendo più tornato in Italia, volle conoscerne la sorte. Essendo nel frattempo il Piemonte passato sotto l'amministrazione francese, si rivolse al Primo Console tramite il rappresentante della Francia a Pietroburgo, Hédouville, che trasmise il messaggio al ministro Talleyrand a Parigi. La lettera dell'Hédouville è la seguente:

«St.-Pétersbourg, le 2ᵉ jour complémentaire de l'an X.

Citoyen ministre. J'ai l'honneur de vous faire passer la lettre que le prince Bélosselsky m'a engagé à vous adresser pour le Premier Consul. Le prince Bélosselsky était en 1792 ministre de Russie à Turin. Il y perdit sa première femme, et sa religion s'opposant à ce qu'elle puisse être inhumée dans le lieu de sépulture des catholiques romains, le Roi de Sardaigne lui donna une chapelle que l'on construisait sur les rives du Po, et le prince y fit élever un cénotaphe qu'il se chargea d'entretenir. Il destina le caveau de la chapelle à servir de lieu de sépulture aux catholiques grecs. Il réclame la propriété de ce monument, et je vous prie de vouloir bien mettre sa lettre sous les yeux du Premier Consul, si vous le jugez convenable, et de faire connaître au général Jourdan la décision qu'il aura prise sur la démarche du prince Bélosselsky.

Salut et respect. Hédouville»[72].

In risposta alla petizione del Belosel'skij, Bonaparte gli fece pervenire una

---

[71] Op. cit., pp. 151-152.
[72] Archives Ministère Affaires Etrangères, Paris - Russie, 141, foll. 233 et 234.

In risposta alla petizione del Belosel'skij, Bonaparte gli fece pervenire una specie di rescritto, ben sapendo che il suo contenuto avrebbe suscitato una favorevole impressione nell'alta società di Pietroburgo. Eccolo:

«Paris, fin de l'an X.

Prince Bélosselsky. J'ai lu votre lettre. Elle respire les sentiments d'une piété et d'une tendresse dont j'ai été touché.

J'ai donné ordre qu'on me rendît comte du monument que vous réclamez. Je désire qu'il se trouve encore aux lieux où il a été élevé et que le temple que vous avez consacré à Dieu en mémoire de la femme qui vous est toujours chère, puisse être rendu à l'usage auquel il a été voué. Les honneurs rendus à la cendre des morts sont pour ceux qui survivent une anticipation du bonheur de se chérir au dela du terme de toute existence, et quand un tel sentiment est consacré par la religion, je ne connais rien qui soit plus digne d'être proposé pour exemple et d'obtenir le respect de tous les gouvernements.

Bonaparte»[73].

Ignorasi però se l'ordine di Napoleone sia stato mai eseguito, mentre è interessante apprendere che a distanza di quasi un secolo, nel 1881, un viaggiatore russo, venuto a Torino, fece ricerca della tomba della principessa Belosel'skaja. Seppe dunque che la cappella più non esisteva e venne condotto a un cimitero suburbano, presso una chiesa, dove sotto un portico v'erano numerose antiche tombe, ivi trasportate da cimiteri soppressi. Una di queste era appunto la tomba, ornata da una statua, della principessa, il cui nome era inciso nel piedistallo con

---

[73] Vedi *Napoleon Pervyj i knjaz' A.M. Belosel'skij-Belozerskij*, in "Russkij Archiv", XXVI (1888), kn. 1, pp. 211-214.

[74] *Napoleon Pervyj*, cit., pp. 213-214. Sul cimitero suburbano nel quale vennero traslati i resti della principessa Belosel'skaja (che è quello di San Pietro in Vincoli, nei pressi del "Cottolengo", da gran tempo soppresso) e su altri particolari relativi alla tomba vedi P. Cazzola, *Diplomatici russi a Torino nel Settecento: il principe Beloselskij*, in "Piemonte vivo", II (1968), n° 3, pp. 2-8. Vi si accenna, tra l'altro, alla "tomba della giovane signora straniera, vegliata da una bellissima statua della Fede, che è soprannominata 'la donna velata', un'opera in stile neoclassico del fiorentino Innocenzo Spinazzi, scultore del Granduca di Toscana, cui il principe russo la commise perché custodisse il sonno eterno della sua sposa. E sotto alla statua, e al medaglione, oggi spezzato, giacente nella polvere dei secoli, egli dettò dei versi a mo' di epitaffio, che paiono il 'vale' di quest'uomo sensibile alle ceneri di colei che avrebbe dovuto per sempre abbandonare in terra straniera: 'Oh sentiment, sentiment! - Douce vie de l'âme, - quel est le coeur - que tu n'as jamais touché? - Quel est l'infortuné mortel - à qui tu n'as jamais donné - le doux plaisir - de répandre des larmes, - et quelle est peut-être - l'âme impitoyable - qui à l'aspect de ce monument - si simple et si pieux - ne se recueille avec mélancolie - et ne pardonne

un epitaffio in versi, di cui il viaggiatore poté decifrare soltanto le parole: «O sentiment, sentiment!» e «époux éploré»[74].

généreusement - aux défauts du malheureux-époux qui l'a élevé'". Attualmente la statua della "donna velata", dopo un opportuno restauro, è stata ricollocata nel cimitero di San Pietro in Vincoli, nel frattempo sottoposto a lavori di risanamento e conservato come luogo di memorie cittadine.

A.GALANTE GARRONE, G. P. ROMAGNANI, G. VACCARINO

Giorgio Vaccarino tra «Anarchistes» e Giacobini
Tavola rotonda

Alessandro Galante Garrone. Se sento il dovere di dire qualche parola anch'io, è perché questo libro appena uscito è stato dedicato dall'autore - e cito le sue generose parole -«ad Alessandro Galante Garrone, alla cui amichevole e autorevole esortazione debbo l'ormai lontano avvio alle mie ricerche giacobine». Una dedica che, ve lo confesso, mi ha commosso e un poco turbato. Anche Franco Venturi, poco fa (e non aveva ancora potuto leggere quella dedica), aveva parlato, con la sua solita gentilezza, dell'incitamento che, in anni lontani, io avevo dato ai primi e giovani studiosi che si erano accinti a studiare il giacobinismo piemontese e italiano. Ma per rifarmi alle parole di Vaccarino, debbo subito chiarire che la mia esortazione di più di quarant'anni fa non era affatto "autorevole"; perché io allora ero un giudice di tribunale, che aveva soltanto delle curiosità, o anche, se vogliamo dir tutto, una repressa passione per la storia, e aveva esordito nel campo degli studi storici con un saggio sul primo giacobinismo piemontese, nella rivista "Il Ponte". Punto e basta.

Ma quel che è vero, e ne vado orgoglioso, è che sì, una spinta all'amico Giorgio l'ho data perchè studiasse quell'argomento che io avevo soltanto "annusato". Ho fatto questo, allora, perché mi pareva che valesse la pena di ristudiare a fondo il primo giacobinismo piemontese, con una decisa inversione di rotta rispetto a quella che era la vecchia storiografia sull'argomento imperante in quegli anni, e viziata dalle falsificazioni grossolane dell'età fascista, e ancora appesantita e aduggiata da una precedente storiografia aulica, monarchica, ultramoderata: quella di Cesare Balbo, che già nel 1840-41, e ancora una decina di anni dopo, aveva criticato Carlo Botta, il quale aveva troppo benevolmente - secondo lui - definito i giacobini piemontesi come "utopisti", mentre avrebbe dovuto bollarli come "scellerati traditori" della loro dinastia e della loro patria!

Non nascondo che a questa mia presa di posizione, contraria ai giudizi canonici di Balbo e di Botta, io ero stato anche spinto da un'esperienza personale da me in questi anni vissuta, e condivisa da Vaccarino: cioè dalla nostra comune partecipazione alla Resistenza. E voglio ricordare che al nostro fianco c'era anche, e in primissima fila, Franco Venturi.

Aggiungo che da questa stessa esperienza era nato l'altro mio incitamento, rivolto all'amico Vaccarino, di me tanto più giovane, perché si dedicasse, col suo serio impegno morale e civile, a un altro filone storiografico: quello della storia della Resistenza. Oggi Vaccarino é riconosciuto, anche fuori d'Italia, come lo storico più aguerrito della Resistenza europea; ma prima di diventare tale, egli é stato anche lo storico della resistenza piemontese, e di quella torinese, a cominciare dagli scioperi del 1943-44 a Torino.

Una prova, anche questa, di come una vena storiografica, come quella inaugurata da Vaccarino in una duplice direzione, possa nascere da un coraggioso impegno politico e civile, irrobustito da un rigoroso metodo di ricerca. Una considerazione che vale anche, me lo si lasci dire, per quel mio grande amico che è Franco Venturi. Ma lo ripeto, la mia è stata soltanto, per Vaccarino, una spintarella iniziale. La strada l'ha percorsa lui con le sue sole forze; e lo ha portato lontano. E anche di questo pochissimo, di questo nulla che ho fatto, incitandolo a perseverare fra tante difficoltà, permettetemi dunque di andare oggi orgoglioso.

Gian Paolo Romagnani. Sono ormai trascorsi quasi quarant'anni da quando, nel settembre del 1953, Giorgio Vaccarino interveniva al XXXII Congresso di storia del Risorgimento – riunito a Firenze alla presenza di grandi maestri come Gaetano Salvemini, Luigi Salvatorelli, Walter Maturi e Alberto Maria Ghisalberti – con un *Contributo agli studi sul giacobinismo «anarchico» e le origini dell'Unità italiana*, che sarebbe stato all'origine delle sue ricerche successive[1]. Congresso particolarmente fecondo, quello fiorentino, introdotto, com'è noto, da una relazione di Franco Venturi su *La circolazione delle idee* – nella quale venivano enunciate le linee fondamentali che avrebbero sostenuto il grande progetto di ricerca concretizzatosi, dal 1969 ad oggi, nei primi sette tomi di *Settecento riformatore* – e da una relazione di Alessandro Galante Garrone su *L'emigrazione politica del Risorgimento*, che rappresentò – come egli stesso ha avuto modo di ricordare – l'«ingresso ufficiale» nel mondo di Clio di un magistrato appassionato di storia, destinato a passare, tredici anni dopo, dalle aule di tribunale a quelle universitarie[2]. Ho voluto ricordare il Congresso di Firenze – ormai lontano nel tempo, ma punto d'avvio fondamentale per comprendere il successivo itinerario di studi di alcuni fra i migliori storici italiani del dopoguerra – ora che i dieci più importanti saggi di Giorgio Vaccarino sul giacobinismo nostrano, ulteriormente arricchiti e preceduti da un'inedita introduzione dell'autore, sono stati finalmente raccolti in due volumi[3], pubblicati per iniziativa dell'Archivio di Stato di Torino. La raccolta degli scritti storici di Vaccarino rappresenta un raro esempio di come un'istituzione

[1] Pubblicato in «Rassegna storica del Risorgimento», XLI (1954), fasc. 2-3, pp. 595-601.
[2] La relazione di Galante Garrone è ora ripubblicata in A. GALANTE GARRONE, *L'albero della libertà. Dai giacobini a Garibaldi*, Le Monnier, Firenze 1987, pp. 59-96.
[3] G. VACCARINO, *I giacobini piemontesi (1794-1814)*, Ministero per i beni culturali e ambientali, Roma 1989, 2 voll. (Pubblicazioni degli Archivi di Stato, Saggi 13). La raccolta dei dieci saggi, ripubblicati non secondo l'ordine cronologico della pubblicazione, ma secondo lo svolgimento logico dei problemi, non comprende la relazione al Congresso del 1953, confluita nel volume del 1955 su *I patrioti «anarchistes» e l'idea dell'Unità d'Italia (1796-1799)*.

culturale pubblica possa rendere un ottimo servizio agli studiosi non solo garantendo orari di apertura di nove ore al giorno (il che, in questo sciagurato paese, è già moltissimo) e dimostrando una grande sensibilità alle esigenze della ricerca, ma promuovendo direttamente gli studi mediante iniziative di confronto e progetti editoriali di ampio respiro[4]. Un ottimo servizio innanzitutto perché questa pubblicazione rende leggibile nella sua intierezza un itinerario storiografico limpido e coerente, in secondo luogo perché ripropone uniti saggi apparsi nel corso di un quarantennio in riviste o collane storiche non sempre facili da reperire nelle nostre biblioteche, infine perché affianca ad essi, in appendice, l'edizione di un gran numero di documenti d'archivio a partire dai quali è possibile intraprendere nuove e più approfondite ricerche. La pubblicazione dei dieci saggi su *I giacobini piemontesi* ci permette dunque di tracciare un primo bilancio dell'opera di uno storico di valore, nel momento in cui anche in Italia, sull'onda del *bicentenaire* francese, si sta assistendo ad una ripresa di studi sull'esperienza rivoluzionaria dell'ultimo decennio del Settecento.

La vicenda storiografica di Giorgio Vaccarino è – come quella di molti uomini della sua generazione, formatisi negli anni della resistenza antifascista e della lotta partigiana – inscindibile dalla sua militanza politica e civile. Iscrittosi alla Facoltà di Giurisprudenza dell'Università di Torino, Giorgio Vaccarino è stato allievo dapprima di Gioele Solari – con il quale si è laureato nel 1939 con una tesi sulla definizione dei concetti di «classe» e «borghesia» dal XVI al XX secolo – e poi di Alessandro Passerin d'Entrèves – con il quale, nel 1942, ha conseguito la seconda laurea in scienze politiche discutendo una tesi su *Bertrando Spaventa e la circolazione del pensiero idealistico in Italia*. Su entrambi i temi di laurea, tuttavia, egli non sarebbe più ritornato, riprendendo i suoi studi, dopo l'interruzione della guerra e della lotta di liberazione, su tutt'altre questioni. Si può dire infatti che gli interessi storiografici di Giorgio Vaccarino siano maturati, più che nelle aule universitarie, nel vivo dell'esperienza resistenziale o meglio – come egli stesso preferisce definirla, in sottile polemica con altri storici – della «guerra civile» italiana. Partigiano combattente nelle formazioni di «Giustizia e Libertà» e poi rappresentante del Partito d'Azione nel CLN torinese, di cui fu segretario, Giorgio Vaccarino ha condiviso la matrice culturale «gobettiana» con gran parte del nucleo «giellista» torinese dal quale sono emerse, non a caso, personalità come Leone Ginzburg, Massimo Mila, Norberto Bobbio, Franco Venturi, Alessandro Galante Garrone, Aldo Garosci, Giorgio Agosti. Più che di «scuola di pensiero», si può parlare in questo caso di un vero e proprio sodalizio, cementato negli anni della resistenza

---

[4] Si pensi alle ricognizioni di fonti per la storia del Piemonte presenti negli archivi francesi, i cui risultati sono ora riuniti in *Fonti dell'Archivio Nazionale di Parigi per la storia Istituzionale del Piemonte 1798-1914*, a cura di I. Massabò Ricci e M. Carassi, Torino 1990.

antifascista, e proseguito nei decenni successivi, fino ad oggi, fra un gruppo di amici e compagni di lotta, esponenti di primo piano del Partito d'Azione negli anni fra il 1940 e il 1947 e tutti protagonisti, da allora fino ad oggi, di un'esperienza di «cultura militante» che ha tratto e trae tutt'ora la sua linfa vitale da un *humus* comune, inconfondibile e probabilmente irripetibile. Finita la guerra, negli anni Cinquanta Vaccarino è stato assistente volontario di Walter Maturi alla Facoltà di Lettere, dove avrebbe proseguito la sua attività, dal 1955, in qualità di libero docente di storia del risorgimento. Diversamente dalla maggiore parte dei suoi colleghi ed amici, tuttavia, egli non è mai stato uno storico accademico: la sua ininterrotta attività di ricerca si è infatti svolta parallelamente e, direi quasi, nei ritagli di tempo lasciati liberi da un'attività professionale (quella di imprenditore) di tutt'altro genere. Un'esperienza condivisa, per certi versi, da un altro pioniere degli studi sul giacobinismo: Alessandro Galante Garrone – piemontese, compagno di lotta partigiana, amico e «fratello maggiore» di Giorgio Vaccarino – che, come ho già ricordato, è stato magistrato per trent'anni prima di passare, nel 1963, all'insegnamento universitario.

Due sono dunque i principali filoni della produzione storiografica di Vaccarino: il primo, sul quale ci soffermeremo, relativo alla storia del giacobinismo piemontese; il secondo – non meno importante e che, negli ultimi anni, ha preso il sopravvento sul primo – relativo alla storia della resistenza italiana ed europea. Entrambi i filoni prendono l'avvio proprio da quell'esperienza, da quell'*humus* cui ho fatto cenno, negli anni compresi fra la Liberazione e i primi anni Cinquanta: se è vero, come ha affermato Benedetto Croce, che ogni storia è storia contemporanea, l'itinerario intellettuale di Vaccarino è una conferma eloquente di questo assunto.

Prima di entrare nel merito delle ricerche sul giacobinismo piemontese vorrei però dedicare alcune parole all'altro filone, quello resistenziale, per mostrare come esso si sia sempre strettamente intrecciato con il primo. Anche in questo caso dobbiamo risalire ad un convegno, al primo Convegno dei CLN regionali del nord Italia, svoltosi a Genova nel dicembre 1946, a poco più di un anno dalla Liberazione, da cui emerse la proposta – formulata per primo da Alessandro Galante Garrone ed immediatamente accolta da Ferruccio Parri – di trasformare quelli che erano stati organismi politici di lotta e di governo in centri di studio e di ricerca storica sull'Italia contemporanea. Nacquero così gli Istituti storici della Resistenza in Italia – il primo dei quali fu quello piemontese, diretto ed animato per molti anni da Giorgio Vaccarino – coordinati a livello centrale dall'Istituto Nazionale per la storia del Movimento di Liberazione in Italia, istituito nel 1949 sotto la presidenza di Ferruccio Parri. Si può dunque affermare che in quel convegno genovese di ex partigiani nacque la «contemporaneistica» italiana come autonoma disciplina storiografica e non è un caso che proprio alle origini del fascismo e dell'antifascismo e alle vicende della Resistenza siano stati dedicati i primi studi di storia contemporanea pubblicati nell'Italia del dopoguerra, per lo più ad opera di protagonisti (si pensi al saggio pionieristico di Alessandro Galante Garrone, *Aspetti politici della guerra partigiana in Italia*, pubblicato su «L'Acropoli» di Adolfo Omodeo nell'aprile 1946, o ai libri di Roberto Battaglia, Leo Valiani, Renato Carli Ballola e Max Salvadori, usciti tra il 1953 e il 1957). Lo stesso Vaccarino è stato uno dei primi ad esaminare con distacco e rigore scientifico avvenimenti così vicini nel tempo, senza rinunciare all'impegno civile, ma senza indulgere alla passione di parte. È del 1950, infatti, un suo lucido intervento metodologico sull'atteggiamento da tenere nel trattare le vicende di storia contemporanea, nel quale esortava gli studiosi a distinguere fra storia e memorialistica e ad evitare ogni ideologismo deteriore, ponendo sempre al di sopra di ogni passione politica la ricerca della verità dei fatti[5].

Fondatore e primo direttore, fra il 1949 e il 1965, della «Rassegna di studi e documenti dell'Istituto Nazionale per la storia del Movimento di Liberazione in Italia», Vaccarino pubblicò in quegli anni alcune ricerche, che oggi possiamo a giusto titolo ritenere pionieristiche, sulla rinascita del movimento operaio torinese negli anni della guerra, sugli scioperi del marzo 1943[6], sulla politica estera del fascismo e sui rapporti fra la Gran Bretagna e la resistenza italiana[7]. La maggior parte di questi saggi, insieme con altri articoli comparsi su riviste, furono raccolti nel 1966 nel volume *Problemi della resistenza italiana*[8], che rappresentò un punto di riferimento essenziale per gli studi del successivo decennio.

Nel corso degli anni Settanta Giorgio Vaccarino – il quale, al pari del suo amico Franco Venturi, ha sempre insistito sulla necessità di studiare i fenomeni storici in una prospettiva europea – si dedicò poi, prevalentemente, alle ricerche in vista di una grande *Storia della resistenza in Europa (1938-1945)*, concepita in tre volumi, il primo dei quali su *I paesi dell'Europa centrale: Germania, Austria, Cecoslovacchia, Polonia*, è uscito nel 1981 presso Feltrinelli, vincendo nello stesso anno il premio «Acqui storia». La crisi e la conseguente ristrutturazione che coinvolse la casa editrice milanese all'inizio degli anni Ottanta portò purtroppo alla soppres-

---

[5] G. VACCARINO. *La Resistenza come problema di storia contemporanea* (da una comunicazione letta al Congresso su «La Resistenza e la cultura», Venezia, 22-24 aprile 1950), in G. Vaccarino, *Problemi della Resistenza italiana*, Mucchi, Modena 1966, pp. 320-322.

[6] G. VACCARINO. *Gli scioperi del marzo 1943. Contributo per una storia del movimento operaio a Torino*, ivi, pp. 135-180; Id., *Il movimento operaio a Torino nei primi mesi della crisi italiana* (luglio 1943-marzo 1944), ivi pp. 181-264.

[7] G. VACCARINO, *Le alleanze del fascismo dal 1922 al 1925*, ivi, pp. 17-29; Id. *I rapporti con gli Alleati e la missione al Sud* (1943-44), ivi, pp. 81-100; Id., *Gli Alleati britannici e la Resistenza italiana*, ivi, pp. 101-110.

[8] Mucchi, Modena 1966. «A più di vent'anni dal secondo conflitto mondiale – scrive Vaccarino nell'*Introduzione* al volume – pare sia trascorso un lasso di tempo sufficiente per chiedere a chi ha vissuto quelle vicende – ed ora intende scriverne la storia – di provarsi finalmente a giudicarle in

sione della «Biblioteca di storia contemporanea» diretta da Massimo L. Salvadori e Nicola Tranfaglia, ed all'interruzione dell'impresa. Fortunatamente l'eredità di quel progetto è stata recuperata da un altro editore milanese, Franco Angeli, presso il quale è uscito, nel 1988, il volume su *La Grecia tra resistenza e guerra civile 1940-1949,* tema sul quale Vaccarino sta ancora lavorando e sul quale ha già anticipato alcuni nuovi contributi[9].

È giusto, a questo punto, ricordare anche un terzo filone, ora abbandonato, delle ricerche di Vaccarino: tra il 1949 e il 1953 egli condusse infatti una ricerca sulle origini della Terza repubblica francese nella storiografia, i cui risultati furono consegnati a quattro articoli pubblicati su riviste[10]. Anche in questo caso lo spunto era storico e politico al tempo stesso. Nel 1947, infatti, egli aveva conosciuto a Firenze il vecchio, ma indomito Gaetano Salvemini – appena rimpatriato dal lungo esilio negli Stati Uniti – e, sollecitato dalle sue riflessioni e dalle sue invettive sul clima politico dell'Italia del dopoguerra, sarcasticamente definita «repubblica monarchica dei preti», ne aveva tratto spunto per un'indagine che, consapevolmente, affrontava un altro momento di crisi di una giovane repubblica sorta dalle ceneri di un regime autoritario e dominata anch'essa, per alcuni anni – come l'Italia degasperiana –, da una maggioranza parlamentare monarchica e conservatrice.

Ma ritorniamo agli studi sul giacobinismo. Anche in questo caso l'interesse storiografico è fortemente condizionato dal clima politico-culturale dell'Italia all'indomani della liberazione. Nei primi anni del dopoguerra era infatti ancora viva, nel nostro paese, l'eco di una storiografia risorgimentale nazionalista e conservatrice (i cui maggiori esponenti erano studiosi come Solmi, Rota, Cognasso, Calcaterra, ma le cui origini risalivano addirittura alla *Storia d'Italia dal 1789 al 1814* pubblicata a Parigi da Carlo Botta nel 1824), che interpretava in chiave moderata la vicenda del «triennio» 1796-1799, presentando l'Italia di antico regime come il migliore dei mondi possibili e l'esperienza illuministica prima e giacobina poi come un corpo estraneo, o, tutt'al più come una fastidiosa deviazione dal corso naturale della storia, ad opera di pochi utopisti al servizio dei francesi. Di conseguenza l'accento veniva posto sulle origini autoctone del Risorgimento italiano, ricondotto essenzialmente al disegno politico-militare dei principi di casa

---

prospettiva e non a ripeterci necessariamente gli stessi giudizi di allora. Troppo spesso in questi anni abbiamo visto coincidere l'opera del testimone con quella dello storico, mentre ciò che si richiede al primo – di essere ancora oggi lo stesso di allora per non tradire impressioni e sentimenti – è esattamente l'opposto di quanto il secondo deve offrirci».

[9] G. VACCARINO, *La resistenza greca di fronte all'aggressione italiana,* in *L'Italia nella seconda guerra mondiale e nella Resistenza,* Franco Angeli, Milano 1988, pp. 171-184; Id. *L'occupazione italiana della Grecia,* in *L'Italia in Grecia (1940-1943),* Atti del congresso di Brescia (27-29) settembre 1989) a cura della Fondazione Micheletti (in corso di stampa).

[10] G. VACCARINO, *Rivoluzione e reazione agli inizi della Terza Repubblica,* in «Nuova Rivista Storica», XXXIII (1949), 1-3, pp. 110-161; Id., *Gli inizi della Terza Repubblica nella memorialistica repubblicana,* in "Rivista Storica Italiana", LXIII (1951), 1, pp. 60-94; Id., *Le origini della terza repubblica francese nella*

Savoia (da Vittorio Amedeo II a Vittorio Emanuele II) impegnati fin dal 1706 a difendere la penisola italiana dalla penetrazione straniera, prima dai francesi e poi dagli austriaci. A questa interpretazione, entrata nel senso comune e alla quale, all'inizio degli anni Cinquanta, si ispirava la maggior parte dei manuali di storia, si contrapponeva un'altra interpretazione, minoritaria, di matrice democratica, le cui origini si possono far risalire alla *Storia critica del Risorgimento italiano* pubblicata fra il 1888 e il 1897 da Carlo Tivaroni, il quale – anche se poteva apparire come uno «storico conciliatore» per la sua tendenza ad annebbiare i conflitti fra le varie componenti politiche del Risorgimento, proponendone una lettura unitaria – aveva avuto il merito di riportare al centro dell'attenzione il momento «rivoluzionario». Egli collocava infatti la genesi dell'idea di unità italiana proprio nel «triennio giacobino», prestando notevole attenzione alle posizioni degli «unitari» piemontesi, cisalpini e napoletani in contrasto con Bonaparte e con la politica annessionista del governo francese. In questi uomini, esponenti del radicalismo democratico e repubblicano, egli vedeva i precursori della «Giovine Italia», suggerendo in tal modo, nonostante gli schematismi presenti nella sua opera, un'ipotesi interpretativa che sarebbe stata ripresa e sviluppata proprio da Giorgio Vaccarino. Anche Vaccarino, infatti, come già aveva fatto Luigi Salvatorelli nella sua magistrale sintesi del 1943[11], ricercava le origini del Risorgimento italiano non già nella strategia di casa Savoia, bensì nel dibattito politico del tardo Settecento, individuandone la matrice più genuina nella componente democratica e repubblicana. Ma, più che il Tivaroni, l'autore che aveva maggiormente influenzato Vaccarino e i giovani intellettuali antifascisti formatisi nella Torino anni Trenta era stato senza dubbio Piero Gobetti il quale, con il suo *Risorgimento senza eroi*, pubblicato postumo nel 1926, si era posto l'obiettivo esplicito di «distruggere il mito che si è foggiato intorno al Risorgimento», proponendo una nuova ipotesi storiografica lontana dal nazionalismo retorico e celebrativo di marca sabaudista. Dal libro di Gobetti avrebbero infatti preso spunto alcuni storici della nuova generazione, primo fra tutti Franco Venturi, protagonisti del rinnovamento storiografico dei primi anni del dopoguerra.

Raccogliendo e sviluppando spunti suggeriti da alcuni lavori di storici italiani come Pia Onnis Rosa[12], Delio Cantimori[13], Franco Venturi[14], Alessandro Galante

---

memorialistica monarchica, in «Nuova Rivista Storica», XXXV (1951), 1-2, pp. 101-122 e 4-6, pp. 407-444; Id., *Le origini della terza repubblica francese nella storiografia*, in «Occidente», X (1954), 3, pp. 272-294 e 4, pp. 389-410.

[11] L. SALVATORELLI, *Pensiero e azione del Risorgimento*, Einaudi, Torino 1943.

[12] P. ONNIS ROSA, *Filippo Buonarroti e i patrioti italiani dal 1794 al 1796*, in «Rivista Storica Italiana», II (1937), pp. 38-65.

[13] D. CANTIMORI, *Utopisti e riformatori italiani* (1794-1847), Sansoni, Firenze 1943.

[14] F. VENTURI, *Dalmazzo Francesco Vasco*, Droz, Paris 1940; Id. *Alberto Radicati di Passerano. Saggi sull'Europa illuminista*, Einaudi, Torino 1954.

Garrone[15] e da uno storico francese come Jacques Godechot – destinato ad esercitare un'influenza decisiva sulla storiografia europea del dopoguerra, ma i cui studi sul babuvismo e l'unità italiana, pubblicati in Francia tra il 1937 e il 1938, erano ancora pressoché sconosciuti nel nostro paese[16] –, Giorgio Vaccarino iniziò le sue ricerche sul giacobinismo piemontese con un saggio intitolato *Crisi giacobina e cospirazione antifrancese nell'anno VII in Piemonte*[17], nel quale seguiva la rapida trasformazione dei sentimenti politici dei giacobini piemontesi tra il 1796 e il 1799, dall'iniziale entusiasmo filofrancese alla delusione provocata dalla politica egemonica ed annessionista del Direttorio, mostrando come, paradossalmente, i primi ad opporsi all'annessione del Piemonte alla Francia e ad organizzarsi contro i nuovi dominatori non fossero stati i fautori della reazione, bensì i giacobini più radicali che all'inizio degli anni Novanta avevano animato i *clubs* repubblicani e che avevano poi sostenuto le armate francesi al momento del loro arrivo in Piemonte, mentre coloro i quali avevano accolto tiepidamente l'arrivo di Bonaparte in Italia si erano ben presto trasformati in sostenitori della politica del Direttorio e dell'annessione da realizzarsi sotto l'egemonia dei gruppi moderati. La cospirazione della «Società dei Raggi» e l'organizzazione del «Comitato segreto di resistenza» all'oppressione francese assumevano in questo contesto un significato inequivocabilmente indipendentista e unitario, di marca repubblicana, che Vaccarino poneva all'origine del successivo movimento democratico risorgimentale.

Sempre nel 1952 Vaccarino pubblicò il saggio su *Uomini e idee nel Piemonte giacobino dopo Marengo*[18], seguito l'anno successivo dall'articolo *La classe politica piemontese dopo Marengo nelle note segrete di Augusto Hus*[19]. Protagonisti dei due saggi erano gli esponenti dei governi provvisori piemontesi insediatisi subito dopo la sconfitta delle armate austro-russe, nel giugno 1800, divisi fra gli autonomisti – come il conte Giuseppe Cavalli d'Olivola, fautore di una repubblica piemontese alleata, ma indipendente dalla Francia – e i paladini dell'annessione del Piemonte

---

[15] A. GALANTE GARRONE, *Buonarroti e Babeuf*, De Silva, Torino 1948; Id., *Primo giacobinismo piemontese*, in «Il Ponte», V (1949), 8-9, pp. 954-965; Id., *Filippo Buonarroti e i rivoluzionari dell'Ottocento*, Einaudi, Torino 1951; Id., *Gilbert Romme. Storia di un rivoluzionario*, Einaudi, Torino 1959.

[16] J. GODECHOT, *Les commissaires aux armées sous le Directoire*, 2 voll., Fustier, Paris 1937; Id., *Le babouvisme et l'unité italienne* (1796-1799), in «Revue des études italiennes», III (1938), 4, pp. 259-283; Id., *Les Français et l'unité italienne sous le Directoire*, in «Revue internationale d'histoire politique et constitutionelle», II (1952), pp. 96-110 e III (1952), pp. 194-204; l'articolo di Godechot fu subito tradotto in italiano sulla «Rivista Storica Italiana» (1952).

[17] L'articolo fu pubblicato per la prima volta sulla rivista «Occidente», VIII (1952), pp. 33-148 ed è ora ripubblicato in G. VACCARINO, *I giacobini piemontesi* cit., vol. I, pp. 35-82.

[18] Pubblicato nella miscellanea di *Studi in memoria di Gioele Solari* (Pubblicazioni dell'Istituto di Scienze Politiche dell'Università di Torino), Ramella, Torino 1952, pp. 273-326, ora in G. Vaccarino, *I giacobini piemontesi* cit., vol. II, pp. 835-870.

[19] Pubblicato in «Bollettino Storico Bibliografico Subalpino», LI (1953), 1, pp. 1-71, ora in G. Vaccarino, *I giacobini piemontesi* cit., vol. II, pp. 871-925.

alla Francia – come il conte Carlo Bossi di Sant'Agata, già ministro di Carlo Emanuele IV all'Aia ed animatore, negli anni Ottanta, di alcune società letterarie torinesi, convertitosi dopo il 1799 alle ragioni supreme del nuovo imperialismo francese. Animati da sentimenti contrastanti nei confronti dei francesi – visti come alleati ed al tempo stesso come invasori – questi uomini, che pure negli anni precedenti avevano condiviso la simpatia per la Grande Nazione e l'opposizione alla monarchia sabauda, si trovarono presto su fronti contrapposti, finché – dopo una breve fase di governo autonomista, rimasto in carica fino al 4 ottobre 1800 – le autorità militari francesi non imposero la loro volontà assumendo direttamente l'amministrazione del Piemonte ed insediando accanto al generale Jourdan la cosiddetta «Commissione esecutiva dei tre Carli» (Bossi, Botta e Giulio) favorevole all'annessione e decisa a liquidare al più presto sia i moderati autonomisti, sia i più radicali *anarchistes* – così definiti sprezzantemente dalle autorità di governo francesi – che si sarebbero ritrovati all'opposizione insieme con gli aristocratici tradizionalisti. Sconfitti politicamente, i primi sarebbero confluiti più tardi nel liberalismo costituzionale e i secondi nel settarismo carbonaro.

Le vicende interne del gruppo dirigente piemontese tra il 1800 e il 1802 sono poi ricostruite da Vaccarino nell'articolo del 1953 sulla base di una fonte di grande interesse come le note segrete redatte da Augusto Hus, maestro di ballo, giornalista e spia, conservate negli Archivi Nazionali di Parigi. Cospiratore antimonarchico e agitatore politico nei primi anni Novanta, Hus era stato nominato, nel 1798, commissario del governo francese a Torino, schierandosi con gli annessionisti contro gli autonomisti e trasformandosi ben presto in spia e delatore al servizio del Direttorio. Rientrato in Piemonte dopo Marengo egli avrebbe proseguito la sua attività informando regolarmente il governo di Parigi su ogni movimento dei suoi avversari e denunciando come nemico della Francia chiunque non condividesse la politica di Bonaparte. Trasferitosi nuovamente a Parigi, per lavorare ancora a lungo come agente segreto ed informatore della polizia, Augusto Hus avrebbe ripreso dopo il 1814 la sua attività di maestro di danza al servizio dei restaurati Borbone, coronando la sua carriera, nel 1823, con l'incarico di coreografo del teatro S. Carlo di Napoli. Fra gli uomini segnalati nelle note segrete redatte da questo ambiguo ed inquietante personaggio – di cui Vaccarino segnala la «smisurata vanità di cortigiano» e la «puerile e morbida vacuità di piccolo privilegiato» – emergono rappresentanti della Consulta, magistrati, prefetti, ex aristocratici , ecclesiastici, intellettuali, gran parte dei quali erano stati, prima del 1802, fautori dell'autonomia del Piemonte. Nonostante la loro faziosità, le note di Hus ci restituiscono comunque un quadro interessante ed inedito della classe politica piemontese nei primi anni della dominazione francese e delle profonde divisioni politiche che l'attraversavano.

Sebbene i primi saggi di Giorgio Vaccarino contenessero già molti elementi di interesse, tali da renderli degni di nota da parte della storiografia italiana più avvertita, tuttavia la loro diffusione era rimasta circoscritta ad un ambito prevalentemente locale. Perché il nome del giovane storico torinese si imponesse all'attenzione della storiografia italiana ed internazionale si sarebbe dovuto attendere il libro su *I patrioti «anarchistes» e l'idea dell'unità italiana* (1796-1799) – pubblicato da Giulio Einaudi nel 1955 nella neonata collana di «Studi e ricerche»[20] – nel quale sono sviluppati gran parte degli spunti e delle questioni già presenti nelle ricerche precedenti. In questo libro Vaccarino allarga l'orizzonte dal Piemonte all'Italia, interrogandosi sull'origine stessa dell'idea unitaria nella cultura del nostro Settecento e richiamandosi al Croce della *Rivoluzione napoletana* del 1799 per contestare la tesi della storiografia nazionalista secondo cui l'idea italiana sarebbe stata presente in Piemonte fin dall'inizio del secolo, giungendo a piena maturità negli anni Novanta ad opera di intellettuali di stretta osservanza monarchica come Gian Francesco Galeani Napione e Benvenuto Robbio di San Raffaele. «Certamente – scrive a questo proposito Vaccarino – i Piemontesi furono tra gli italiani i meno inclini, almeno da principio, a sensi di unità, e se infine vi giunsero anch'essi, ciò fu per necessità di azione e poi di difesa repubblicana dalle minacce del Direttorio»[21]. L'idea unitaria è dunque, per Vaccarino, un'idea repubblicana sviluppatasi a partire dal 1794 dopo la grave delusione provocata fra i giacobini italiani dalla politica egemonica del governo francese. I più coerenti fautori dell'unità italiana furono quindi i cosiddetti *anarchistes*, cioè i democratici radicali, in contatto con i babuvisti e i robespierristi francesi usciti sconfitti dopo la svolta di Termidoro e oppositori della politica del Direttorio: personaggi come Giovanni Fantoni, Giuseppe Abamonti e Felice Bongioanni intrecciarono infatti la loro azione, in Piemonte e nella Cisalpina, con i francesi Jean-André Amar e MarcAntoine Jullien, mentre il Direttorio otteneva il sostegno dei moderati o si affidava all'opportunismo dei vecchi gruppi dirigenti. Secondo Vaccarino la coscienza unitaria nasceva fra i repubblicani italiani (per lo più emigrati in Francia tra il 1793 e il 1796 e rimpatriati al seguito dell'*Armée d'Italie*) decisi a rompere con il riformismo tardo illuminista e ad introdurre in Italia il modello della costituzione giacobina dell'anno I, quando questo era già stato definitivamente sconfitto in Francia. Non è dunque un paradosso che tra il 1798 e il 1801 i moderati appoggino la richiesta di annessione alla Francia, mentre gli *anarchistes* vi si oppongono rivendicando l'indipendenza e l'unità italiana. Vaccarino chiarisce inoltre la differenza esistente fra l'*insorgenza* antifrancese della «massa cristiana» o dei «Branda Lucioni», determinata per lo più dalla crisi agraria e dalla rottura dei tradizionali equilibri sociali nelle campagne, e la *resistenza degli anarchistes*, di

---

[20] Ora in G. Vaccarino, *I giacobini piemontesi* cit., vol. I, pp. 115-351.
[21] *Ivi*, p. 121.

segno democratico e dettata essenzialmente da ragioni politiche; in questo senso alla base dei moti del 1799 non vi sarebbero stati solamente fattori economici (secondo l'ipotesi avanzata all'inizio del Novecento da studiosi come Giuseppe Prato e Giovanni Sforza), ma anche da fattori politici e non furono solo i conservatori a muoversi contro i francesi, bensì quei repubblicani democratici (unitari ed autonomisti) che avevano simpatizzato con la rivoluzione e che erano rimasti delusi dalla politica del Direttorio. Il caso più emblematico ricordato da Vaccarino è quello di Giuseppe Lahoz, comandante della Legione Cisalpina, legato agli *anarchistes* e fautore dell'unità italiana, passato successivamente al servizio dell'Austria pur di contrastare la politica imperialistica di Bonaparte.

Alcune considerazioni si possono ora fare sull'impiego dei termini da parte di Vaccarino: la sua scelta di parlare di *anarchistes* piuttosto che di *giacobini* derivava da un'osservazione di Renzo De Felice il quale, influenzato a sua volta da Delio Cantimori, riteneva che con il termine di «giacobini» dovessero intendersi unicamente coloro i quali, dopo Termidoro, continuavano ad ispirarsi alle idee e alla prassi dei *jacobins* francesi del 1792-94. Sull'uso di quella parola – che già nel congresso fiorentino del 1954 aveva sollevato le riserve di Franco Venturi – si aprì di conseguenza un dibattito nel quale intervennero, fra gli altri, Armando Saitta e Giorgio Candeloro. Più tardi l'accezione troppo restrittiva suggerita in un primo momento da Cantimori e De Felice fu abbandonata e lo stesso Vaccarino accolse il termine «giacobini» per indicare «tutti coloro che hanno posto come obiettivo primo della loro azione, o pur solo delle loro speranze, il rovesciamento dell'Ancien Régime, delle sue istituzioni e della sua concezione del mondo, sia pur con diversa gradazione di impegno sociale e di metodo di approccio»[22].

A distanza di tre anni dal libro sugli *anarchistes*, nel 1958, Vaccarino dava quindi alle stampe, presso la Deputazione Subalpina di Storia Patria, gli inediti *Mémoires d'un jacobin* di Felice Bongioanni, il cui manoscritto egli era riuscito ad ottenere, con un garbato stratagemma, da una discendente del giacobino piemontese. L'edizione dei *Mémoires*[23] era introdotta da un ampio saggio nel quale Vaccarino ricostruiva il profilo intellettuale e politico di uno dei membri del primo governo provvisorio piemontese dimessosi nel 1799 in polemica con gli annessionisti. Nato da una famiglia di colta borghesia piemontese e formatosi a Mondovì sotto l'influenza delle idee illuministe, Bongioanni si era avvicinato negli anni Novanta ai repubblicani moderati, entrando quindi a far parte, nl 1798, del primo governo provvisorio. Esule in Francia nel 1799 e successivamente integratosi, non senza difficoltà, nel notabilato napoleonico, egli era rimasto però sempre fedele ai principi repubblicani ai quali sarebbe tornato ad ispirarsi negli anni della

---

[22] G. VACCARINO, *Introduzione a I giacobini piemontesi*, I, p. LV.
[23] *Ivi*, pp. 499-747.

Restaurazione, quando si avvicinò al mondo delle società segrete ed iniziò a comporre la *Gianduieide*, feroce satira contro il conformismo reazionario e monarchico dei suoi tempi. Nonostante le sue opinioni politiche egli fu «riabilitato», dopo il 1831, da re Carlo Alberto il quale lo nominò senatore permettendogli di concludere in bellezza la sua esistenza. I *Mémoires* – scritti a Marsiglia nell'autunno del 1799, durante la cosiddetta «restaurazione dei tredici mesi» – contengono una testimonianza vivissima del terrore scatenato nelle campagne piemontesi, tra la primavera e l'estate di quell'anno, contro i francesi e i giacobini, fatti oggetto dell'odio popolare da parte delle masse contadine esasperate, e sono quindi un documento di prim'ordine per tentare una spiegazione della grave crisi di consenso che portò alla sconfitta del primo governo provvisorio piemontese.

Sostanzialmente diversa, anche se per certi tratti simile a quella di Felice Bongioanni, è la vicenda di Ugo Vincenzo Botton di Castellamonte, il cui profilo è ricostruito da Vaccarino in un articolo del 1965[24]. Proveniente da una famiglia di nobiltà di servizio, Botton iniziò la sua carriera nella magistratura e pubblicò nel 1772 un *Saggio sopra la politica e la legislazione romana*, la cui risonanza non rimase circoscritta entro i confini dello Stato sabaudo, ma raggiunge Milano, Venezia, Firenze, Roma e Parigi, suscitando, fra le altre, le lodi di Cesare Beccaria, di Pietro Verri e di Voltaire. Nominato intendente generale, egli fu inviato in Sardegna fra il 1788 e il 1790 ed in Savoia fra il 1790 e il 1792, adoperandosi in entrambi i casi a favore delle riforme e combattendo i privilegi feudali. Spostatosi gradualmente su posizioni filo-repubblicane egli si dimise da ogni incarico nella primavera del 1795, riprendendo l'attività politica nel 1798 come membro del primo governo provvisorio, schierato su posizioni autonomistiche. Il suo spirito legalitario lo indusse però a passare dalla parte degli annessionisti e ad entrare nella magistratura francese collaborando dapprima alla redazione del codice napoleonico e percorrendo poi una brillante carriera fino a raggiungere la carica di consigliere presso la Corte di Cassazione di Parigi, città nella quale egli rimase anche dopo la Restaurazione e dove morì, onorato e stimato, nel 1822. «L'interesse che la figura di Ugo Vincenzo Botton di Castellamonte suscita in chi la studia – ha osservato Giorgio Vaccarino – non è tanto per l'aspetto del rivoluzionario giacobino che cospira per rovesciare il vecchio regime, quanto per quello del giurista illuminato che opera per riformare le istituzioni che per anni ha fedelmente servito e che, il giorno in cui la rivoluzione rompe gli argini e va oltre le sue aspettative, non si ritrae ma ad essa partecipa con spirito di mediazione»[25].

Nello stesso anno 1965 la «Rivista Storica Italiana» pubblicava un articolo di

[24] G. VACCARINO, *Ugo Vincenzo Botton di Castellamonte. L'esperienza giacobina di un illuminista piemontese*, in «Bollettino Storico Bibliografico Subalpino», LXIII (1965), 3, pp. 161-202, ora in G. Vaccarino, *I giacobini piemontesi*, vol. II, pp. 799-834.
[25] *Ivi*, p. 801.

Vaccarino su *L'inchiesta del 1799 sui giacobini in Piemonte*[26], destinato a segnare un punto di svolta e ad aprire nuove prospettive di ricerca in quanto, per la prima volta, si tentava una vera e propria indagine sociologica sui piemontesi sospetti di giacobinismo a partire dalle schedature raccolte dal Consiglio Supremo di Stato installato a Torino nel 1799, sotto la tutela austriaca, durante la breve restaurazione dei tredici mesi. L'inchiesta era stata condotta nelle ventidue province piemontesi, tranne che a Torino, sulla base delle segnalazioni pervenute ai governatori militari e tenendo conto di tutti i sospetti: la fonte è dunque dichiaratamente di parte e i dati incompleti e lacunosi, ma nonostante ciò l'elaborazione che ne ricava Vaccarino è di estremo interesse ed ancor oggi, a venticinque anni di distanza dalla loro pubblicazione, rappresentano un indispensabile punto di partenza per chiunque voglia affrontare la storia del giacobinismo piemontese non solamente in una prospettiva di storia delle idee politiche, ma tentandone una valutazione in termini quantitativi e geografici. Dai dati dell'inchiesta del 1799 risulta infatti che le persone sospettate di nutrire interesse per le nuove idee e di aver collaborato attivamente con i francesi sotto il primo governo provvisorio sarebbero state 3157 in tutto il Piemonte, esclusa la città di Torino, con un netto primato numerico degli uomini di legge i quali rappresentavano fra gli individui professionalmente individuati, quasi il 15% dei segnalati, seguiti a ruota dagli ecclesiastici con il 14,19%, mentre assai minore era la percentuale di giacobini fra gli artigiani, gli imprenditori ed i piccoli proprietari, insignificanti e tra gli operai: a dimostrazione che la diffusione delle idee nuove aveva coinvolto soprattutto le categorie intellettuali. Uno dei dati più interessanti, tra i molti forniti dalla ricerca di Vaccarino, è forse proprio quello relativo all'alto numero di ecclesiastici schedati (quasi 450), gran parte dei quali provenienti dal clero regolare. Quanto alla distribuzione geografica dei sospetti di giacobinismo essa non risulta proporzionale alla popolazione totale delle province, bensì concentrata in alcune aree, come la pianura del Tortonese, le montagne della valle di Susa e le colline dell'Astigiano, coinvolte, tra il 1797 e il 1798, in un'ondata di rivolte agrarie la cui natura è ancora in gran parte da chiarire.

Sulle vicende del 1799 Giorgio Vaccarino sarebbe tornato nuovamente con il volume *Torino attende Suvarov (aprile-maggio 1799)*, edito nel 1971 dalla Deputazione Subalpina di Storia Patria[27], nel quale egli pubblicava integralmente un'anonima relazione di parte controrivoluzionaria sui moti antifrancesi sviluppatisi in Piemonte nella primavera 1799, poco prima dell'ingresso in Torino delle truppe austro-russe del maresciallo Suvarov. Dopo la pubblicazione di tanti testi

---

[26] In «Rivista Storica Italiana», LXXVII (1965), pp. 27-77, ora in G. Vaccarino, *I giacobini piemontesi*, vol. II, pp. 751-797.
[27] *Ivi*, vol. I, pp. 353-497.

giacobini, il desiderio di obiettività spingeva Vaccarino ad indagare sugli umori che animavano «larghe correnti dell'opinione pubblica di una società in crisi, perché troppo in fretta rinnovata in superficie e costruita in gran parte dall'esterno»[28]. L'anonima relazione segue infatti giorno per giorno la rapida involuzione politica della maggioranza dei membri della municipalità torinese nata sulla spinta rivoluzionaria, ma trascinata – per paura o per semplice desiderio di salvare il salvabile – ad una conversione su posizioni opposte. Attraverso le pagine dell'anonimo cronista, introdotte da un ampio saggio di Vaccarino, si rivive il clima febbrile di quelle settimane, in una città semiassediata e divisa al suo interno fra i difensori ad oltranza del nuovo ordine repubblicano, i timidi e gli opportunisti (o più semplicemente i difensori della sicurezza e della proprietà) e i nostalgici del vecchio regime improvvisamente rianimati dopo sei mesi di silenzio. Il progressivo scivolamento della municipalità e della sua Guardia Nazionale dal repubblicanesimo proclamato, al «tradimento» degli ideali repubblicani – mentre una parte fra i giacobini che pure si erano opposti alla politica egemonica del Direttorio si predisponeva a resistere a fianco delle truppe francesi nelle valli di frontiera, una volta occupata Torino da parte del Suvarov nel maggio 1799 – rappresentò quindi, come conclude Giorgio Vaccarino, «non soltanto il fallimento militare dei giacobini piemontesi, ma il loro fallimento politico, da cui non si sarebbero più sollevati»[29].

Gli ultimi due saggi compresi nella raccolta – apparsi rispettivamente nel 1973 e nel 1984, ma collocati ora nel primo volume a mo' di preambolo agli scritti successivi – costituiscono, insieme con l'*Introduzione*, una sintesi ed un primo bilancio di un lungo percorso di studi. Nel primo di essi[30] Vaccarino ripercorre le linee fondamentali delle sue ricerche precedenti ribadendo il carattere non solo economico, ma soprattutto politico dei moti sviluppatisi in Piemonte fra il 1792 e il 1798: del resto la natura essenzialmente ideologica e «culturale» del giacobinismo piemontese era già emersa dall'inchiesta governativa del 1799, che aveva rivelato come la maggior parte delle persone coinvolte nei moti provenisse dai ceti intellettuali piuttosto che da quelli produttivi. Sulla natura sociale del giacobinismo piemontese Vaccarino ritorna anche nel saggio *Le componenti sociali e politiche del Triennio giacobino in Piemonte*[31], individuando due componenti distinte alla base del movimento rivoluzionario: da un lato la componente popolare degli affamati

[28] *Ivi*, vol. I, p. 363.
[29] *Ivi*, p. 393.
[30] G. Vaccarino, *Il Piemonte nel quadro dell'età repubblicana e napoleonica*, relazione al Convegno su «Napoleone e l'Italia» (Roma, 8-13 ottobre 1969) pubblicata negli *Atti* del Convegno promosso dall'Accademia Nazionale dei Lincei (Roma 1973, pp. 279-308), ora in G. Vaccarino, *I giacobini piemontesi* cit., vol. I, pp. 3-34.
[31] Già apparso ne *Il modello politico giacobino e le rivoluzioni*, La Nuova Italia, Firenze 1984, pp. 81-99 (undicesimo e conclusivo volume dell'opera collettiva «Il mondo contemporaneo» diretta da Nicola Tranfaglia), ora in G. Vaccarino, *I giacobini piemontesi* cit., pp. 83-113.

e degli angariati dai privilegi, presenti soprattutto nelle campagne; dall'altro quella dei giacobini, borghesi e intellettuali, figli della cultura illuministica, presenti soprattutto nei centri urbani e capaci, almeno in un primo momento, di orientare e dirigere il movimento popolare. Dopo un'iniziale convergenza, che aveva visto le due componenti unite nella lotta contro la monarchia e gli istituti di ancien régime, già durante il primo governo provvisorio l'unità si spezzò e si rovesciò per effetto sia della crisi economica, sia dell'involuzione politica dell'élite giacobina di cui Vaccarino mette in evidenza, oltre alle profonde divisioni politiche, la composizione sociale mista e l'orientamento democratico, ma non certo rivoluzionario. In questo quadro si spiega meglio anche il passaggio dai sentimenti di fiduciosa attesa nell'opera dei francesi alla successiva delusione di fronte alla politica del Direttorio e alla sua volontà annessionista. Uno dei meriti maggiori delle ricerche di Vaccarino è infatti l'aver distinto con chiarezza le diverse componenti politiche dello schieramento repubblicano piemontese, diviso al suo interno fra unitari, autonomisti ed annessionisti in aspra polemica fra loro. Sconfitta la componente unitaria ed emarginata quella autonomista, sotto il Consolato e l'Impero Napoleone seppe ricostruire e consolidare un nuovo ceto dirigente moderato attorno al nucleo della vecchia aristocrazia integrata con i notabili emersi nei primi anni dell'amministrazione francese; Vaccarino mostra infine come solo negli ultimi anni dell'Impero, in opposizione alla politica autoritaria e imperialistica di Napoleone, si sia avuta una debole reviviscenza dei repubblicani unitari, sul cui solco si sarebbe inserito il nuovo settarismo democratico dei primi decenni dell'Ottocento, da cui si sarebbe poi sviluppato sia il costituzionalismo liberale, sia – dopo il 1831 – il mazzinianesimo.

Esauriti i dibattiti degli anni Cinquanta e Sessanta, nei quali – come abbiamo visto – Giorgio Vaccarino si è inserito con il suo solido contributo di ricerca, piuttosto che con prese di posizione su astratte questioni terminologiche, alcuni problemi storiografici restano tuttavia aperti.

Riguardo all'identificazione dei giacobini piemontesi, molto materiale d'archivio rimane ancora da studiare, oltre quello utilizzato da Vaccarino nell'articolo del 1965, soprattutto per quanto riguarda la provincia: fra le *Carte di epoca francese* e fra quelle conservate sotto la categoria *Materie politiche relative all'interno in generale* si trova, presso l'Archivio di Stato di Torino, un'abbondante e pressoché inesplorata documentazione sulle rivolte piemontesi del 1797-1798; fra le carte del Senato di Torino si trovano gli atti dei processi ai giacobini intentati fra il 1792 e il 1798 e fra il 1799 e il 1800; nello stesso *Martirologio* raccolto da Ranza e già in parte utilizzato da Giovanni Sforza si trovano notizie e documenti utili ad identificare giacobini o sospetti di giacobinismo. Ancora in larga misura da chiarire è inoltre il rapporto tra fattori economici e fattori politici per spiegare sia la natura delle rivolte degli anni Novanta, sia quella della successiva insorgenza antifrancese durante gli anni dell'Impero. Anche sul problema del «patriottismo» giacobino, dopo le acute osservazioni di Franco Venturi e di Vincenzo Ferrone sull'ambigua natura del patriottismo settecentesco, varrebbe la pena di ritornare ponendosi nuovi interrogativi, in un'ottica meno «risorgimentale» di quanto non sia stato fatto fin ora. Varrebbe la pena, infine, di dedicare maggior attenzione alla breve «restaurazione dei tredici mesi», che non fu solo una stagione di repressione condotta sotto la tutela delle armi austriache, ma un disperato tentativo di governare e di ricostruire una base di consenso alla monarchia, condotto da ciò che rimaneva del gruppo dirigente sabaudo dopo il disastro del 1798: le premesse dell'azione politica dei primi governi piemontesi della Restaurazione si trovano infatti assai più nell'effimera esperienza del Consiglio Supremo di reggenza piuttosto che non nella politica dei governi dei primi anni Novanta o in quella del fantasma di governo dell'esilio cagliaritano. Ma su questi temi saranno le ricerche future a fornire nuovi contributi; a noi non rimane che ribadire l'importanza della ripubblicazione dei saggi di Giorgio Vaccarino come stimolo fecondo al lavoro di tutti gli storici che in questi ultimi anni stanno ritornando a studiare i complessi problemi della crisi dell'antico regime in Italia.

Giorgio Vaccarino. Non è mio proposito tornare ora sulla tematica giacobina, di cui ho trattato in molti anni di ricerche. È mia intenzione invece prendere la parola per ringraziare l'Archivio di Stato di Torino e la sua direttrice Isabella Ricci-Massabò che, con la abituale efficienza e una particolare benevolenza, ha promosso la pubblicazione, a cura del Ministero dei Beni Culturali, dei due volumi che oggi qui si presentano, e in cui sono raccolti gli sparsi miei studi sull'età rivoluzionaria e repubblicana in Piemonte.

Guardando retrospettivamente alla complessità dei problemi trattati lungo la mia vita di studioso, non posso non confessare l'impressione di una dispersione tematica. A salvare dal naufragio un residuo merito di coerenza può soccorrermi quanto ebbe a dire l'amico Guido Quazza nel presentarmi ad una lezione che per suo invito tenni anni fa alla Scuola Normale di Pisa, da lui presieduta.

Quazza disse quella sera che io ero lo studioso dei momenti di crisi: prima di quella dei giacobini, poi delle lotte con cui si aprì la Terza Repubblica francese e infine della Resistenza, nei suoi aspetti nazionali ed europei. Ripensando a quel giudizio, che ho ritenuto per me quasi giustificatorio, ho dovuto riconoscere che un filo sotterraneo aveva collegato in effetti quei tre momenti di ricerca, spiegandone l'interno e quasi inconsapevole svolgimento. Mi ero in realtà accostato ad essi per una connaturale predisposizione a tentar di capire le origini e le ragioni di speranza che avevano mosso in epoche diverse le minoranze politicamente attive, affinché un profondo processo di rinnovamento si instaurasse nella società e nel paese, e quindi la ricorrente delusione per quella speranza poi non realizzata.

Così era avvenuto per i giacobini, che si erano battuti per dare ai loro paesi

822

istituzioni libere e moderne e si erano poi ritrovati sotto gli aggiustamenti compromissori dell'amalgama napoleonica e infine sotto l'umiliante restaurazione dei vecchi regimi.

Così per i repubblicani sotto il Secondo Impero, che nel settembre 1870 avevano raccolto la bandiera caduta a Sédan dalle mani di Napoleone III, per continuare da soli la lotta nei corpi franchi contro i tedeschi, ma che non raggiunsero quel modello di repubblica radicale che già avevano vagheggiato sotto l'Impero. Dopo nove anni di lotte politiche essi si adattarono ad una repubblica moderata, accettata dalla maggioranza monarchica dell'Assemblea Nazionale come la soluzione che divideva di meno un paese che aveva avuto tre rivoluzioni nel corso di un secolo. Dall'altra parte stava in effetti l'anacronistica ed inaccettabile bandiera bianca dei Borboni.

E così ancora, per le sanguinose lotte dell'antifascismo e della Resistenza durante il secondo conflitto mondiale, che portarono alla liberazione ma non a quella repubblica democraticamente avanzata, per cui larga parte dei resistenti si era battuta.

Mi è doveroso in proposito ricordare come sia stato l'amico Galante Garrone ad esortarmi agli studi sulla Rivoluzione francese in Italia e poi alle ricerche sistematiche sulla Resistenza, quando quarant'anni fa propose la mia candidatura a direttore dell'Istituto Storico della Resistenza in Piemonte. Fu invece mia iniziativa il ripercorrere le vie della Terza Repubblica e della biografia politica di Léon Gambetta, incoraggiato da un illuminante carteggio con Gaetano Salvemini.

Le pubblicazioni degli Archivi di Stato italiani

«RASSEGNA DEGLI ARCHIVI DI STATO»

Rivista quadrimestrale dell'Amministrazione degli Archivi di Stato, Nata nel 1941 come «Notizie degli Archivi di Stato», ha assunto l'attuale denominazione nel 1955.

PUBBLICAZIONI DEGLI ARCHIVI DI STATO

  I. ARCHIVIO DI STATO DI FIRENZE, *Archivio mediceo del Principato. Inventario sommario*, Roma 1951 (ristampa xerografica 1966), pp. XXXIII - 290, L. 5.000.

 II. ARCHIVIO DI STATO DI FIRENZE, *Archivio mediceo avanti il Principato. Inventario*, I, Roma 1951 (ristampa xerografica 1966), pp. XXIX - 413, L. 5.000.

III. ARCHIVIO DI STATO DI PALERMO, *R. Cancelleria di Sicilia. Inventario sommario (secc. XIII-XIX)*, Roma 1959, pp. LXXXIII - 76, tavv. 2 (esaurito).

 IV. ARCHIVIO DI STATO DI TRENTO, *Archivio del Principato vescovile. Inventario*, I, Roma 1951 pp. XXXII - 243 (esaurito).

  V. ARCHIVIO DI STATO DI SIENA, *Guida-inventario dell'Archivio di Stato*, I, Roma 1951, pp. XXIII - 308, tavv. 5 (esaurito).

VI. ARCHIVIO DI STATO DI SIENA, *Guida-inventario dell'Archivio di Stato*, II, Roma 1951 pp. 298, tavv. 3 (esaurito).

VII. ARCHIVIO DI STATO DI NAPOLI, *Regesto della Cancelleria Aragonese di Napoli*, a cura di JOLE MAZZOLENI, Napoli 1951, pp. XXII - 343, (esaurito).

VIII. ARCHIVIO DI STATO DI MASSA, *Inventario sommario dell'Archivio di Stato*, Roma 1952, pp. XII - 131 (esaurito).

IX. ARCHIVIO DI STATO DI SIENA, *Archivio del Consiglio generale del Comune di Siena. Inventario*, Roma 1952 pp. XXIII - 156 (esaurito).

X. ARCHIVIO DI STATO DI SIENA, *Archivio del Concistoro del Comune di Siena. Inventario*, Roma 1952, pp. XXVIII - 526, tav. 1 (esaurito).

XI. ARCHIVIO DI STATO DI NAPOLI, *Archivi privati. Inventario sommario*, I, 2ª ed. Roma 1967, pp. XLIX - 303 (esaurito).

XII. ARCHIVIO DI STATO DI SIENA, *Archivio della Biccherna del Comune di Siena. Inventario*, Roma 1953, pp. XXXI - 234, tav. 1 (esaurito).

XIII. ARCHIVIO DI STATO DI MODENA, *Archivio segreto estense. Sezione «Casa e Stato». Inventario*, Roma 1953, pp. LI - 318, tavv. genealogiche 7 (esaurito).

XIV. ARCHIVIO DI STATO DI NAPOLI, *Archivi privati. Inventario sommario*, II, 2ª ed., Roma 1967, pp. XI - 291. l. 4.000

XV. ARCHIVIO DI STATO DI BOLOGNA, *Gli uffici economici e finanziari del Comune dal XII al XV secolo. I. I Procuratori del cocome - Difensori dell'Avere - Tesoreria e Controllatore di tesoreria. Inventario*, Roma 1954, pp. XLVIII - 202 (esaurito).

XVI. ARCHIVIO DI STATO DI BOLOGNA, *Le* Insignia *degli Anziani del Comune dal 1530 al 1796. Catalogo - Inventario,* Roma 1954, pp. XXIV - 327, tavv. 16 (esaurito).

XVII. ARCHIVIO DI STATO DI TORINO, *Serie di Nizza e della Savoia. Inventario,* Roma 1954, pp. XVIII - 578 (esaurito).

XVIII. ARCHIVIO DI STATO DI FIRENZE, *Archivio mediceo avanti il Principato. Inventario*, II, Roma 1955, pp. 547 (esaurito).

XIX. ANTONIO PANELLA, *Scritti Archivistici*, Roma 1955, pp. XXXI - 321, L. 2.200

XX. ARCHIVIO DI STATO DI ROMA, *L'archivio della S. Congregazione del Buon Governo (1952 - 1847). Inventario*, Roma 1956, pp. CLXXVI471, (esaurito).

XXI. ARCHIVIO DI STATO DI PERUGIA, *Archivio Storico del comune di Perugia. Inventario*, Roma 1956, pp. XLII - 474, tavv. 20, L. 4.000

XXII. ARCHIVIO DI STATO DI GENOVA, *Cartolari notarili genovesi (1 - 149). Inventario.*, I, parte I, Roma 1956, pp. XXIII - 251, (esaurito).

XXIII. ARCHIVIO DI STATO DI SIENA, *Le sale della mostre e il museo delle tavolette dipinte. Catalogo*, Roma 1956, pp. XVIII - 163, tavv. 42, L. 4.000

XXIV. UFFICIO CENTRALE DEGLI ARCHIVI DI STATO, *Vita mercantile italiana. Rassegna di documenti degli Archivi di Stato d'Italia (in occasione del III Congresso internazionale degli archivi: Firenze 25-29 settembre 1956)*, Roma 1956 pp. XIX - 117, tavv. 32 (esaurito).

XXV. ABBAZIA DI MONTEVERGINE, *Regesto delle pergamene*, a cura di GIOVANNI MONGELLI O.S.B., I (*sec. X - XII*), Roma 1956, pp. 51, tavv. 11, L. 4.000.

XXVI. ARCHIVIO DI STATO DI SIENA, *Archivio di Balìa. Inventario*, Roma 1957, pp. LXXX - 471, tav. 1 (esaurito).

XXVII. ABBAZIA DI MONTEVERGINE, *Regesto delle pergamene*, a cura di GIOVANNI MONGELLI O.S.B., II (*1200 - 1249*), Roma 1957, pp. 298, tavv. 10, L. 4.000

XXVIII. ARCHIVIO DI STATO DI FIRENZE, *Archivio mediceo avanti il Principato. Inventario*, III, Roma 1957, pp. 558 (esaurito).

XXIX. ABBAZIA DI MONTEVERGINE, *Regesto delle pergamene*, a cura di GIOVANNI MONGELLI O.S.B., III (*1250 - 1299*), Roma 1957, pp. 299, tavv. 15, L. 4.000.

XXX. SOPRINTENDENZA ARCHIVISTICA PER IL LAZIO, L'UMBRIA E LE MARCHE, *Gli Archivi dell'Umbria*, Roma 1957, pp. 202, tavv. 27, L. 2.500.

XXXI. ARCHIVIO DI STATO DI VENEZIA, *Dispacci degli Ambasciatori al Senato. Indice*, Roma 1959, pp. XVI - 409 (esaurito).

XXXII. ABBAZIA DI MONTEVERGINE, *Regesto delle pergamene*, a cura di GIOVANNI MONGELLI O.S.B., IV (*sec. XIV*), Roma 1958 pp. 607, tavv. 24, L. 5.000

XXXIII. ABBAZIA DI MONTEVERGINE, *Regesto delle pergamene*, a cura di GIOVANNI MONGELLI O.S.B., V (*sec. XV - XVI*), Roma 1958 pp. 617, tavv. 24, L. 5.000

XXXIV. ABBAZIA DI MONTEVERGINE, *Regesto delle pergamene*, a cura di GIOVANNI MONGELLI O.S.B., VI (*sec. XVII - XX*), Roma 1958, pp. 439, tavv. 19, L. 5.000

XXXV. JOSEPH ALEXANDER VON HÜBNER, *La Monarchia austriaca dopo Villafranca (Résumé de l'an 1859* dal *Journal,* XIV), a cura di MARIA CESSI DRUDI, Roma 1959, pp. VIII - 184 (esaurito).

XXXVI. ARCHIVIO DI STATO DI BOLOGNA, *Le* Insignia *degli Anziani del Comune dal 1530 al 1796. Appendice araldica,* Roma 1960, pp. XII - 281 (esaurito).

XXXVII. ARCHIVIO DI STATO DI SIENA, *Archivio dell'Ospedale di Santa Maria della Scala. Inventario,* I, Roma 1960, pp. LXXXV - 319, tavv. 3 (esaurito).

XXXVIII. ARCHIVIO DI STATO DI SIENA, *Archivio dell'Ospedale di Santa Maria della Scala. Inventario,* II, Roma 1962, pp. XI - 199, tavv. 3, L. 5.000.

XXXIX. ARCHIVIO DI STATO DI LIVORNO, *Guida-inventario dell'Archivio di Stato,* Roma 1961, pp. XXVIII - 284, L. 3.000

XL. ARCHIVIO DI STATO DI TORINO, *Serie di Nizza e della Savoia. Inventario,* II, Roma 1962, pp. XCIX - 509 (esaurito)

XLI. ARCHIVIO DI STATO DI GENOVA, *Cartolari notarili genovesi (1 - 149) Inventario,* I, parte II Roma, 1961, pp. 254 (esaurito).

XLII. ARCHIVIO DI STATO DI SIENA, *Libri dell'entrata e dell'uscita del Comune di Siena detti della Biccherna. Reg. 26° (1257, secondo semestre),* a cura di SANDRO DE' COLLI, Roma 1961, pp. XLIX - 232 (esaurito).

XLIII. ARCHIVIO DI STATO DI NAPOLI, *Archivio Borbone. Inventario sommario,* I, Roma 1961, pp. LVI - 303, tavv. 22, L. 5000.

XLIV. ARCHIVIO DI STATO DI NAPOLI, *Archivio Borbone. Inventario sommario,* II, a cura di AMELIA GENTILE, Roma 1972, pp. XII - 377, tavv. 21 (esaurito).

XLV. *Gli archivi dei Governi provvisori e straordinari, 1859-1861,* I, *Lombardia, Provincie parmensi, Provincie modenesi. Inventario,* Roma 1961, pp. XXVII - 390, L. 4.000.

XLVI. *Gli archivi dei Governi provvisori e straordinari, 1859-1861,* II, *Romagne, Provincie dell'Emilia. Inventario,* Roma 1961, pp. XII - 377, L. 4.000.

XLVII. *Gli archivi dei Governi provvisori e straordinari, 1859-1861,* III,

Toscana, Umbria, Marche. Inventario, Roma 1962, pp. XII - 481, L. 4.000.

XLVIII. ARCHIVIO DI STATO DI BOLOGNA, *Riformazioni e provvigioni del Comune di Bologna dal 1248 al 1400. Inventario,* Roma 1961, pp. XLVI - 383, L. 5.000.

XLIX. ABBAZIA DI MONTEVERGINE, *Regesto delle pergamene,* a cura di GIOVANNI MONGELLI O.S.B., VII, *Indice generale,* Roma 1962, pp. 387, tavv. 12, L. 5.000.

L. ARCHIVIO DI STATO DI FIRENZE, *Archivio mediceo avanti il Principato. Inventario,* IV, Roma 1963, pp. 498 (esaurito).

LI. ARCHIVIO DI STATO DI LIVORNO, *Guida-inventario dell'Archivio di Stato,* II, Roma 1963, pp. 185 (esaurito).

LII. ARCHIVIO DI STATO DI LUCCA, *Regesto del carteggio privato dei principi Elisa e Felice Baciocchi (1803-1814),* a cura di DOMENICO CORSI, Roma 1963, pp. XLI - 301, tav. 1 (esaurito).

LIII. ARCHIVIO DI STATO DI SIENA, *Libri dell'entrata e dell'uscita del Comune di Siena detti della Biccherna. Reg. 27 ° (1258, primo semestre),* a cura di UBALDO MORANDI, Roma 1963, pp. XLVIII - 237, L. 4.000.

LIV. ABBAZIA DI MONTECASSINO, *I regesti dell'archivio,* I *(aula III: capsule I - VII),* a cura di TOMMASO LECCISOTTI, Roma 1964, pp. LXX - 311, tavv. 12 (esaurito).

LV. ARCHIVIO DI STATO DI ROMA, *Aspetti della Riforma cattolica e del Concilio di Trento. Mostra documentaria.* Catalogo a cura di EDVIGE ALEANDRI BARLETTA, Roma 1964, pp. VII - 278, tavv. 32, L. 2.000.

LVI. ABBAZIA DI MONTECASSINO, *I regesti dell'archivio,* II *(aula III: capsule VIII - XXIII),* a cura di TOMMASO LECCISOTTI, Roma 1965, pp. LXIV - 351, tavv. 10 (esaurito).

LVII. ARCHIVIO DI STATO DI SIENA, *Libri dell'entrata e dell'uscita del Comune di Siena detti della Biccherna. Reg. 28 ° (1258, secondo semestre),* a cura di SANDRO DE' COLLI, Roma 1965, pp. XLIII - 179 (esaurito).

LVIII. ABBAZIA DI MONTECASSINO, *I regesti dell'Archivio,* III *(aula II: capsule I - VII), Fondo di S. Spirito del Morrone (parte I: secc. XI - XV),* a cura di TOMMASO LECCISOTTI, Roma 1966, pp. XIX - 453, tavv. 10 (esaurito).

LIX. ARCHIVIO DI STATO DI MANTOVA, *Copialettere e corrispondenza gonzaghesca da Mantova e Paesi (28 novembre 1340 - 24 dicembre 1401). Indice*, Roma 1969, pp. 343, L. 5.000.

LX. ABBAZIA DI MONTECASSINO, *I regesti dell'archivio, IV (aula II: capsule VIII - XII), Fondo di S. Spirito del Morrone (parte II: sec. XVI)* a cura di TOMMASO LECCISOTTI, Roma 1968, pp. VII - 381, tavv. 8 (esaurito).

LXI. ARCHIVIO DI STATO DI ROMA, *Ragguagli borrominiani, Mostra documentaria*. Catalogo a cura di MARCELLO DEL PIAZZO, Roma 1968 (ristampa 1980), pp. 385, tavv. 48 (esaurito).

LXII. *Gli archivi dei regi commissari nelle province del Veneto e di Mantova, 1866. I. Inventari*, Roma 1968, pp. XXIV - 405, L. 5.000.

LXIII. *Gli archivi dei regi commissari nelle province del Veneto e di Mantova, 1866. II. Documenti*, Roma 1968, pp. 436, L. 5.000.

LXIV. ABBAZIA DI MONTECASSINO, *I regesti dell'archivio, V, (aula II: capsule XIII - XVII), Fondo di S. Spirito del Morrone (parte III: sec. XVII - XVIII - Schede di professione: secc. XV - XVIII)*, a cura di TOMMASO LECCISOTTI, Roma 1969, pp. X - 403, tavv. 12 (esaurito).

LXV. SOVRINTENDENZA ARCHIVISTICA PER L'EMILIA ROMAGNA, *L'archivio storico del comune di Santarcangelo di Romagna. Inventario*, a cura di GIUSEPPE RABOTTI, Roma 1969, pp. 265, L. 3.000.

LXVI. ARCHIVIO DI STATO DI NAPOLI, *Regia Camera della Sommaria. I conti delle Università (1524-1807). Inventario*, a cura di DORA MUSTO, Roma 1969, pp. 248, tavv. 4, L. 3.000.

LXVII. ARCHIVIO DI STATO DI SIENA, *Libri dell'entrata e dell'uscita del Comune di Siena detti della Biccherna. Reg. 29 ° (1259, primo semestre)*, a cura di SONIA FINESCHI, Roma 1969, pp. XXXVII - 144, L. 4.000.

LXVIII. *Archivi di «Giustizia e Libertà» (1915 - 1945). Inventario*, a cura di COSTANZO CASUCCI, Roma 1969, pp. XIX - 259, tavv. 7 (esaurito).

LXIX. RICCARDO FILANGIERI, *Scritti di paleografia e diplomatica, di archivistica e di erudizione*, Roma 1970, pp. XXVII - 457, tavv. 16 (esaurito).

LXX. *L'archivio arcivescovile di Siena. Inventario*, a cura di GIULIANO CATONI e SONIA FINESCHI, Roma 1970, pp. XXVII - 392, tavv. 4, L. 5.000.

LXXI. ARCHIVIO CENTRALE DELLO STATO, *Gli archivi del IV corpo d'esercito e di Roma capitale. Inventario*, a cura di RAOUL GUËZE e ANTONIO PAPA, Roma 1970, pp. XXIV - 277 (esaurito).

LXXII. ARCHIVIO DI STATO DI ROMA, *Gli archivi delle giunte provvisorie di governo e della luogotenenza generale del re per Roma e le province romane. Inventario*, a cura di CARLA LODOLINI TUPPUTI, Roma 1972, pp. XVII - 425, L. 4.000.

LXXIII. ARCHIVIO DI STATO DI FOGGIA, *L'archivio del Tavoliere di Puglia. Inventario*, I, a cura di PASQUALE DI CICCO e DORA MUSTO, Roma 1970, pp. 669, tavv. 4, L. 5.400.

LXXIV. ABBAZIA DI MONTECASSINO, *I regesti dell'archivio*, VI *(aula II: capsule XVIII - XXVII)*, a cura di TOMMASO LECCISOTTI, Roma 1971, pp. LX - 393, tavv. 10, L. 4.000.

LXXV. FAUSTO NICOLINI, *Scritti di archivistica e di ricerca storica*, raccolti da BENEDETTO NICOLINI, Roma 1971, pp. XIX - 381, L. 3.000.

LXXVI. ARCHIVIO DI STATO DI SIENA, *Archivi del governo francese nel dipartimento dell'Ombrone. Inventario*, a cura di GIULIANO CATONI, Roma 1971, pp. 217, tav. 1, L. 1.500.

LXXVII. ARNALDO D'ADDARIO, *Aspetti della Controriforma a Firenze*, Roma 1972, pp. XII - 669, tavv. 25 (esaurito).

LXXVIII. ABBAZIA DI MONTECASSINO, *I regesti dell'archivio*, VII *(aula II: capsule XXVIII - XLI)*, a cura di TOMMASO LECCISOTTI, Roma 1972, pp. XXVI - 492, tavv. 12, L. 3.500.

LXXIX. ABBAZIA DI MONTECASSINO, *I regesti dell'archivio*, VIII *(aula II: capsule XLII - LVI)*, a cura di TOMMASO LECCISOTTI, Roma 1973, pp. LXXXVII - 380, tavv. 10, L. 3.700.

LXXX. *L'archivio di Aldobrando Medici Tornaquinci, conservato presso l'Istituto storico della Resistenza in Toscana. Inventario*, a cura di ROSALIA MANNO, Roma 1973, pp. XXXV - 181, L. 2.500.

LXXXI. ABBAZIA DI MONTECASSINO, *I regesti dell'archivio*, IX *(aula II: capsule LVII - LXVIII)*, a cura di TOMMASO LECCISOTTI e FAUSTINO AVAGLIANO, Roma 1974, pp. XXXII - 599, tavv. 12, L. 8.150.

LXXXII. ARCHIVIO DI STATO DI FOGGIA, *L'archivio del Tavoliere di Puglia. Inventario*, II, a cura di PASQUALE DI CICCO e DORA MUSTO, Roma 1975, pp. 696, tavv. 7, L. 15.450.

LXXXIII. ARCHIVIO DI STATO DI FOGGIA, *L'archivio del Tavoliere di Puglia. Inventario*, III, a cura di PASQUALE DI CICCO e DORA MU-

STO, Roma 1975, pp. 562, tavv. 4, L. 12.950.

LXXXIV. GIAN GIACOMO MUSSO, *Navigazione e commercio genovese con il Levante nei documenti dell'Archivio di Stato di Genova (secc. XIV - XV)*, con appendice documentaria a cura di MARIA SILVIA JACOPINO, Roma 1975, pp. 291, L. 7.250.

LXXXV. ARCHIVIO DI STATO DI ROMA, *Fonti per la storia artistica romana al tempo di Clemente VIII*, a cura di ANNA MARIA CORBO, Roma 1975, pp. 269, L. 6.100.

LXXXVI. ABBAZIA DI MONTECASSINO, *I regesti dell'archivio*, X *(aula II: capsule LXIX - LXXV)*, a cura di TOMMASO LECCISOTTI e FAUSTINO AVAGLIANO, Roma 1975, pp. LXXII - 364, tavv. 12 (esaurito).

LXXXVII. ARCHIVIO DI STATO DI SIENA, *L'archivio notarile (1221 - 1862). Inventario* a cura di GIULIANO CANTONI e SONIA FINESCHI, Roma 1975, pp. 435, L. 9.050.

LXXXVIII. DIREZIONE GENERALE DEGLI ARCHIVI DI STATO, *Guida delle fonti per la storia dell'America latina esistenti in Italia*, I, a cura di ELIO LODOLINI, Roma 1976, pp. XV - 405, L. 7.650.

LXXXIX-XC. *Radio Londra, 1940 - 1945. Inventario delle trasmissioni per l'Italia*, a cura di MAURA PICCIALUTI CAPRIOLI, Roma 1976, tomi 2, pp. CXXXVI - 852, L. 26.500.

XCI. ARCHIVIO DI STATO DI FIRENZE, *Lettere a Giuseppe Pelli Bencivenni, 1747 - 1808. Inventario e documenti*, a cura di MARIA AUGUSTA TIMPANARO MORELLI, Roma 1976, pp. XIV - 759, tavv. 9, L. 17.500.

XCII. ARCHIVIO DI STATO DI SIENA, *Guida-inventario dell'Archivio di Stato*, III, Roma 1977, pp. VIII - 167, L. 4.850.

XCIII. ARCHIVIO DI STATO DI PALERMO, *L'archivio dei visitatori generali di Sicilia*, a cura di PIETRO BURGARELLA e GRAZIA FALLICO, Roma 1977, pp. 292, L. 9.000.

XCIV. ARCHIVIO DI STATO DI FIRENZE, *Filippo Brunelleschi, l'uomo e l'artista. Mostra documentaria*. Catalogo a cura di PAOLA BENIGNI, Firenze 1977, pp. 119, tavv. 8 (esaurito).

XCV. ABBAZIA DI MONTECASSINO, *I regesti dell'archivio*, XI *(aula II: capsule LXXVI - LXXXVIII)*, a cura di TOMMASO LECCISOTTI e FAUSTINO AVAGLIANO, Roma 1977, pp. LXXII - 614, tavv. 4 (esaurito).

XCVI. *Il cartulario di Arnaldo Cumano e Giovanni di Donato (Savo-*

na, 1178-1188), a cura di Laura Balletto, Giorgio Cencetti, Gianfranco Orlandelli, Bianca Maria Pisoni Agnoli, Roma 1978, I, pp. CXIX - 189, II, pp. XII - 587 (voll. 2 in uno), L. 17.800.

XCVII. Archivio di Stato di Napoli, *Archivio privato Tocco di Montemiletto. Inventario,* a cura di Antonio Allocati, Roma 1978, pp. 473, L. 7.000.

XCVIII. *Studi in onore di Leopoldo Sandri,* a cura dell'Ufficio centrale per i Beni archivistici e della Scuola speciale per archivisti e bibliotecari dell'Università di Roma, Roma 1983, tomi 3, pp. XVI - 988, L. 25.500.

STRUMENTI

IC. *Guida agli Archivi della Resistenza,* a cura della Commissione Archivi - Biblioteca dell'Istituto nazionale per la storia del movimento di liberazione in Italia, coordinatore Gaetano Grassi, Roma 1983, pp. XVI - 974, L. 39.100.

C. Archivio di Stato di Foggia, *L'archivio del Tavoliere di Puglia. Inventario,* IV, a cura di Pasquale di Cicco e Dora Musto, Roma 1984, pp. 542, L. 27.000.

CI. Archivio di Stato di Arezzo, *Fonti per la storia del sistema fiscale urbano (1384-1533). Inventari,* a cura di Paola Benigni, Lauretta Carbone e Claudio Saviotti, Roma 1985, pp. 246, tavv. 7, L. 16.500.

CII. *Guida degli archivi lauretani,* I, a cura di Floriano Grimaldi, Roma 1985, pp. XX - 870, II, a cura di Alessandro Mordenti, Roma 1986, pp. 871 - 1118, L. 26.000.

CIII. Archivio di Stato di Bologna, *La società dei notai di Bologna, Saggio storico e inventario,* a cura di Giorgio Tamba, Roma 1988, pp. 342, L. 27.000.

CIV. Archivio di Stato di Genova, *Notai ignoti. Frammenti notarili medioevali. Inventario,* a cura di Marco Bologna, Roma 1988, pp. 404, L. 26.000.

CV. Archivio di Stato di Firenze, *Archivio delle Tratte. Introduzione e inventario,* a cura di Paolo Viti e Raffaella Maria Zaccaria, Roma 1989, pp. XXXII - 624, L. 37.000.

CVI. Archivio centrale dello Stato, *Il popolo al confino. La persecuzione fascista in Sicilia,* a cura di Salvatore Carbone e Laura Grimaldi, prefazione di Sandro Pertini, Roma 1989, pp. 840, L. 55.000.

CVII. *L'archivio storico del monastero di San Silvestro in Montefano di Feôria-no. Inventario dei fondi della Congregazione silvestrina,* a cura di UGO PAOLI, Roma 1990, pp. 382, L. 21.000.

CVIII. SOPRINTENDENZA ARCHIVISTICA PER L'UMBRIA, *Le istituzioni pubbliche di assistenza e beneficenza dell'Umbria, Profili storici e censimento degli archivi,* a cura di MARIO SQUADRONI, Roma 1990, pp. 630, tavole.

CIX. ARCHIVIO CENTRALE DELLO STATO, *Partito nazionale fascista. Mostra della rivoluzione fascista. Inventario,* a cura di GIGLIOLA FIORAVANTI, Roma 1990, pp. 360.

CX. *L'Archivio dell'Università di Siena. Inventario della Sezione storica,* a cura di LUIGI BERLINGUER, Roma 1990, pp. X - 312.

CXI. ARCHIVIO DI STATO DI GENOVA, *Cartolari notarili genovesi (150-299).* Inventario a cura di MARCO BOLOGNA, Roma 1990, pp. 646.

SAGGI

1. *Studi in onore di Leopoldo Sandri,* a cura dell'Ufficio centrale per i beni archivistici e della Scuola speciale per archivisti e bibliotecari dell'Università di Roma, Roma 1983, tomi 3, pp. XVI -988, l. 25.500.

2. *Italia Judaica. Atti del I convegno internazionale, Bari 18-22 maggio 1981,* Roma 1983, pp. 518 (esaurito).

3. *Antologia di scritti archivistici,* a cura di ROMUALDO GIUFFRIDA, Roma 1985, pp. 848, L. 30.000.

4. *La famiglia e la vita quotidiana in Europa dal '400 al '600. Fonti e problemi. Atti del convegno internazionale, Milano 1-4 dicembre 1983,* Roma 1986, pp. 523, L. 28.500.

5. *Informatica e archivi. Atti del convegno, Torino 17-19 giugno 1985,* Roma 1986, pp. 362, L. 18.500.

6. *Italia Judaica. Gli ebrei in Italia tra Rinascimento ed Età barocca. Atti del II convegno internazionale, Genova 10-15 giugno 1984,* Roma 1986, pp. 336, L. 20.000.

7. *Gli archivi per la storia contemporanea. Organizzazione e fruizione. Atti del seminario di studi, Mondovì 23-25 febbraio 1984,* Roma 1986, pp. 322, L. 19.000.

8. *Cartografia e istituzioni in età moderna. Atti del convegno, Genova, Imperia, Albenga, Savona, La Spezia, 3-8 novembre 1986,* tomi 2, Roma 1987, pp. 860, tavv. 134, L. 23.000.

9. *Les documents diplomatiques. Importante source des études balkaniques. Actes de la Conférence scientifique internationale. Tutzing-Munich, 4-6 mai 1986,* Roma 1988, pp. 216, L. 13.000.

10. GUIDO MELIS, *Due modelli di amministrazione tra liberalismo e fascismo. Burocrazie tradizionali e nuovi apparati,* Roma 1988, pp. 306, L. 20.000.

11. *Italia Judaica. Gli ebrei in Italia dalla segregazione alla prima emancipazione. Atti del III convegno internazionale, Tel Aviv 15-20 giugno 1986,* Roma 1989, pp. 230 [testo italiano], pp. 154 [testo ebraico], tavv. 64, L. 29.000.

12. *Esercito e città. Dall'Unità agli anni Trenta. Atti del convegno di studi, Spoleto 11-14 maggio 1988,* Roma 1989, tomi 2, pp. XXXIV - 1276, tavole, L. 71.000.

13. GIORGIO VACCARINO, *I Giacobini Piemontesi (1794-1814),* Roma 1989, tomi 2, pp. 958, tavv. 18, L. 57.000.

14. ALBERTO AQUARONE, *Dopo Adua: politica e amministrazione coloniale,* a cura e con un saggio introduttivo di LUDOVICA DE COURTEN, Roma 1989, pp. 422, L. 29.000.

FONTI E SUSSIDI

I. ARCHIVIO DI STATO DI ROMA, *La depositeria del Concilio di Trento,* I, *Il registro di Antonio Manelli (1545-1549),* a cura di EDVIGE ALEANDRI BARLETTA, Roma 1970, pp. XII - 436, L. 5.500.

II. ARCHIVIO DI STATO DI SIENA, *Libri dell'entrata e dell'uscita del Comune di Siena detti della Biccherna. Registro 30° (1259, secondo semestre),* a cura di GIULIANO CATONI, Roma 1970, pp. XL - 160, L. 4.000.

III. MARIO MISSORI, *Governi, alte cariche dello Stato e prefetti del regno d'Italia,* Roma 1973, pp. XIV - 569 (esaurito).

IV. GUIDO PAMPALONI, *Firenze al tempo di Dante. Documenti sull'urbanistica fiorentina,* premessa di NICCOLÒ RODOLICO, Roma 1973, pp. XXXVIII - 222 (esaurito).

V. ARCHIVIO DI STATO DI CAGLIARI, *Il primo* Liber curiae *della Procurazione reale di Sardegna (1413 - 1425),* a cura di GABRIELLA OLLA REPETTO, Roma 1974, pp. XI - 257 (esaurito).

VI. ARCHIVIO DI STATO DI ROMA, *Il primo registro della Tesoreria di Ascoli (20 agosto 1426 - 30 aprile 1427),* a cura di MARIA CRISTOFARI MANCIA, Roma 1974, pp. XIV - 192, tavv. 7, L. 5.950.

VII. ARCHIVIO DI STATO DI ROMA, *Le* Liber Officialium *de Martin V, publié par* FRANÇOIS-CHARLES UGINET, Roma 1975, pp. XII - 178, L. 6.400.

VIII. ARCHIVIO DI STATO DI CAGLIARI, *Saggio di fonti dell'Archivio de la Corona de Aragón di Barcellona relative alla Sardegna aragonese (1323 - 1479),* I, *Gli anni 1323 - 1396,* a cura di GABRIELLA OLLA REPETTO, Roma 1975, pp. 186 (esaurito).

FONTI

IX. *I registri della Catena del Comune di Savona, registro I,* a cura di DINO PUNCUH e ANTONELLA ROVERE, Roma 1986, pp. LXIV - 438 (esaurito).

X. *I registri della Catena del Comune di Savona, registro II,* a cura di MARINA NOCERA, FLAVIA PERASSO, DINO PUNCUH, ANTONELLA ROVERE, Roma 1986, tomi 2, pp. 1078 (esaurito).

XI. *Carteggio Loria - Graziani (1888 - 1943),* a cura di ANTONIO ALLOCATI, Roma 1990, pp. XLVIII - 490, L. 46.000.

SUSSIDI

1. *Bibliografia dell'Archivio centrale dello Stato (1953 - 1978),* a cura di SANDRO CAROCCI, LIBERIANA PAVONE, NORA SANTARELLI, MAURO TOSTI-CROCE, con coordinamento di MAURA PICCIALUTI CAPRIOLI, Roma 1986, pp. XXVIII - 458 (esaurito).

2. MARIO MISSORI, *Governi, alte cariche dello Stato, alti magistrati e prefetti del regno d'Italia,* Roma 1989, pp. 778, L. 28.000.

3. CONSEIL INTERNATIONAL DES ARCHIVES. COMITÉ DE SIGILLOGRAPHIE, *Vocabulaire international de la sigillographie,* Roma 1990, pp. 390.

QUADERNI DELLA «RASSEGNA DEGLI ARCHIVI DI STATO»

1. *Signoria, Dieci di Balìa, Otto di Pratica: Legazioni e Commissarie, missive e responsive. Inventario sommario,* a cura di MARCELLO DEL PIAZZO, Roma 1960, pp. 84 (esaurito).

2. *L'archivio del dipartimento della Stura nell'Archivio di Stato di Cuneo (1799 - 1814). Inventario,* a cura di GIOVANNI FORNASERI, Roma 1960, pp. 134 (esaurito).

3. SALVATORE CARBONE, *Gli archivi francesi,* Roma 1960, pp. 128 (esaurito).

4. ARNALDO D'ADDARIO, *L'organizzazione archivistica italiana al 1960,* Roma 1960, pp. 80, L. 500.

5. ELIO CALIFANO, *La fotoriproduzione dei documenti e il servizio microfilm negli Archivi di Stato italiani,* Roma 1960, pp. 80 (esaurito).

6. SOPRINTENDENZA ARCHIVISTICA PER IL LAZIO, L'UMBRIA E LE MARCHE, *Gli archivi storici dei comuni delle Marche,* a cura di ELIO LODOLINI, Roma 1960, pp. 130 (esaurito).

7. G. COSTAMAGNA, M. MAIRA, L. SAGINATI, *Saggi di manuali e cartolari notarili genovesi (secoli XIII e XIV). (La triplice redazione dell'«instrumentum» genovese),* Roma 1960, pp. 108 (esaurito).

8. LEONARDO MAZZOLDI, *L'archivio dei Gonzaga di Castiglione delle Stiviere,* Roma 1961, pp. 104 (esaurito).

9. ARMANDO LODOLINI, *Il cinquantenario del regolamento 2 ottobre 1911, n. 1163, per gli Archivi di Stato,* Roma 1961, pp. 82 (esaurito).

10. ANTONINO LOMBARDO, *Guida delle fonti relative alla Sicilia esistenti negli Archivi di Stato per il periodo 1816 - 1860,* Roma 1961, pp. 54 (esaurito).

11. BRUNO CASINI, *L'archivio del dipartimento del Mediterraneo nell'Archivio di Stato di Livorno,* Roma 1961, pp. 98 (esaurito).

12. BRUNO CASINI, *L'archivio del Governatore ed Auditore di Livorno (1550 - 1838),* Roma 1962, pp. 182 (esaurito).

13. VIRGILIO GIORDANO, *Il diritto archivistico preunitario in Sicilia e nel Mediterraneo d'Italia,* Roma 1962, pp. 220 (esaurito).

14. CATELLO SALVATI, *L'Azienda e le altre Segreterie di Stato durante il primo periodo borbonico (1734 - 1806),* Roma 1962, pp. 126 (esaurito).

15. GIUSEPPE PLESSI, *Lo stemmario Alidosi nell'Archivio di Stato di Bologna. Indice - Inventario,* Roma 1962, pp. 72 (esaurito).

16. GIOVANNI MONGELLI, *L'archivio dell'Abbazia di Montevergine,* Roma 1962, pp. 184, L. 1.000.

17. UBALDO MORANDI, *I giusdicenti dell'antico stato senese,* Roma 1962, pp. 78, L. 1.000.

18. RAFFAELE DE FELICE, *Guida per il servizio amministrativo contabile negli Archivi di Stato,* Roma 1962, pp. 106, L. 1.000.

19. BENEDETTO BENEDINI, *Il carteggio della Signoria di Firenze e dei Medici coi Gonzaga,* Roma 1962, pp. 44, L. 1.000.

20. GIUSEPPE RASPINI, *L'archivio vescovile di Fiesole,* Roma 1962, pp. 192, L. 1.000.

21. SALVATORE CARBONE, *Provveditori e Sopraprovveditori alla Sanità della Repubblica di Venezia. Carteggio con i rappresentanti diplomatici e consolari veneti all'estero e con uffici di Sanità esteri corrispondenti. Inventario,* Roma 1962, pp. 92, L. 1.000.

22. SOPRINTENDENZA ARCHIVISTICA PER LA TOSCANA, *Gli archivi storici dei comuni della Toscana,* a cura di GIULIO PRUNAI, Roma 1963, pp. 390, L. 1.000.

23. DANILO VENERUSO, *L'archivio storico del comune di Portovenere. Inventario.* Roma 1962, pp. 42 (esaurito).

24. RENATO PERRELLA, *Bibliografia delle pubblicazioni italiane relative all'archivistica. Rassegna descrittiva e guida,* Roma 1963, pp. 208 (esaurito).

25. FRANCESCO PERICOLI, *Titoli nobiliari pontifici riconosciuti in Italia,* Roma 1963, pp. 76, L. 1.000.

26. FAUSTO MANCINI, *Le carte di Andrea Costa conservate nella biblioteca comunale di Imola,* Roma 1964, pp. 268, L. 1.000.

27. ANNA MARIA CORBO, *L'archivio della Congregazione dell'Oratorio di Roma e l'archivio della Abbazia di S. Giovanni in Venere. Inventario,* Roma 1964, pp. LXXIV, 234, L. 1.000.

28. DORA MUSTO, *La Regia Dogana della mena delle pecore di Puglia,* Roma 1964, pp. 116, tavv. 8, L. 1.000.

29. BRUNO CASINI, *Archivio della Comunità di Livorno,* Roma 1964, pp. 90, L. 1.000.

30. ORAZIO CURCURUTO, *Archivio dell'Intendenza di Catania (1818 - 1860). Inventario,* Roma 1964, pp. 86, L. 1.000.

31. PIETRO D'ANGIOLINI, *Ministero dell'Interno. Biografie (1861 - 1869),* Roma 1964, pp. 250, L. 1.000.

32. PASQUALE DI CICCO, *Censuazione ed affrancazione del Tavoliere di Puglia (1789 - 1865),* Roma 1964, pp. 128, tavv. 8, L. 1.000.

33. CATELLO SALVATI, *L'Archivio notarile di Benevento (1401 - 1860). (Origini-formazione-consistenza),* Roma 1964, pp. 138, L. 1.000.

34. MARCELLO DEL PIAZZO, *Il carteggio «Medici-Este» dal sec. XV al 1531. Regesti delle lettere conservate negli Archivi di Stato di Firenze e Modena,* Roma 1964, pp. 156, L. 1.000.

35. DANILO VENERUSO, *L'archivio storico del comune di Monterosso a Mare,* Roma 1967, pp. 80, L. 1.500.

36. ELIO LODOLINI, *Problemi e soluzioni per la creazione di un Archivio di*

Stato (Ancona), Roma 1968, pp. 152, tavv. 9, L. 2.000.

37. ARNALDO D'ADDARIO, *Gli archivi del Regno dei Paesi Bassi,* Roma 1968, pp. 132, tavv. 4, L. 2.000.

38. ETTORE FALCONI, *Documenti di interesse italiano nella Repubblica popolare polacca. Premessa per una ricerca e un censimento archivistici,* Roma 1969, pp. 140, L. 2.000.

39. MARCELLO DEL PIAZZO, *Il protocollo del carteggio della Signoria di Firenze (1459-1468),* Roma 1969, pp. 274, L. 2.000.

40. GIOVANNI ZARRILLI, *La serie «Nàpoles» delle «Secretarías provinciales», nell'archivio di Simancas. Documenti miscellanei,* Roma 1969, pp. 168, L. 2.000.

41. RAOUL GUËZE, *Note sugli Archivi di Stato della Grecia,* Roma 1970, pp. 96, L. 2.700.

42. SOVRINTENDENZA ARCHIVISTICA PER LA CAMPANIA, *Atti del convegno per i primi trent'anni della Sovrintendenza (Positano, 5 gennaio 1970),* Roma 1973, pp. 108, L. 1.500.

43. SALVATORE CARBONE, *Note introduttive ai dispacci al Senato dei rappresentanti diplomatici veneti. Serie: Costantinopoli, Firenze, Inghilterra, Pietroburgo,* Roma 1974, pp. 94, L. 1.490.

44. ARCHIVIO DI STATO DI ROMA, *L'archivio del Commissariato generale per le ferrovie pontificie,* a cura di PIETRO NEGRI, Roma 1976, pp. 86, L. 2.185.

45. ARCHIVIO DI STATO DI VENEZIA, *Collegio dei X poi XX Savi del corpo del Senato. Inventario,* a cura di GIORGIO TAMBA, Roma 1977, pp. 78, L. 2.300.

46. LUCIO LUME, *L'archivio storico di Dubrovnik. Con repertorio di documenti sulle relazioni della repubblica di Ragusa con le città marchigiane,* Roma 1977, pp. 182 (esaurito).

47. ARCHIVIO DI STATO DI NAPOLI, *Una fonte per lo studio della popolazione del Regno di Napoli: la numerazione dei fuochi del 1732,* a cura di MARIA ROSARIA BARBAGALLO DE DIVITIIS, Roma 1977, pp. 94, L. 2.950.

48. PETER RÜCK, *L'ordinamento degli archivi ducali di Savoia sotto Amedeo VIII (1398 - 1451),* traduzione di SANDRO D'ANDREAMATTEO, prefazione di ISIDORO SOFFIETTI, Roma 1977, pp. 156, L. 5.500.

49. ARCHIVIO DI STATO DI NAPOLI, *Inventario dell'archivio privato della famiglia Caracciolo di Torchiarolo,* a cura di DOMENICA MASSAFRA PORCARO, Roma 1978, pp. XXII - 182, L. 4.500.

50. ELVIRA GENCARELLI, *Gli archivi italiani durante la seconda guerra mondiale,* Roma 1979, pp. VIII - 240, L. 8.000.

51. GIAMPAOLO TOGNETTI, *Criteri per la trascrizione di testi medievali latini e italiani,* Roma 1982, pp. 66, L. 1.600.

52. ARCHIVIO CENTRALE DELLO STATO, *L'archivio dell'amministrazione Torlonia. Inventario.* a cura di ANNA MARIA GIRALDI, Roma 1984, pp. XXXIV - 178, L. 9.500.

53. *L'intervista, strumento di documentazione: giornalismo, antropologia, storia orale. Atti del convegno, Roma 5-7 maggio 1986,* Roma 1987, pp. 176, L. 11.000.

54. SOPRINTENDENZA ARCHIVISTICA PER IL LAZIO, *Guida degli archivi economici a Roma e nel Lazio,* a cura di MARIA GUERCIO, Roma 1987, pp. 132, L. 7.000.

55. ARCHIVIO DI STATO DI ROMA, *Mandati della Reverenda Camera Apostolica (1418 - 1802). Inventario,* a cura di PAOLO CHERUBINI, Roma 1988, pp. 164, tavv. 8, L. 14.000.

56. CENTRO DI FOTORIPRODUZIONE, LEGATORIA E RESTAURO, *Le scienze applicate nella salvaguardia e nella riproduzione degli archivi,* Roma 1989, pp. 204, L. 12.000.

57. ROSALIA MANNO TOLU, *Scolari italiani nello Studio di Parigi. Il «Collège des Lombards» dal XIV al XVI secolo ed i suoi ospiti pistoiesi,* Roma 1989, pp. 184, tavv. 17, L. 21.000.

58. *Fonti giudiziarie e militari austriache per la storia della Venezia Giulia. Oberste Justizstelle e Innerösterreichischer Hofkriegsrat,* a cura di UGO COVA, Roma 1989, pp. 174, L. 12.000.

59. *Fonti per la storia della popolazione, I. Le scritture parrocchiali di Roma e del territorio vicariale,* Roma 1990, pp. 114, L. 12.0000.

ALTRE PUBBLICAZIONI DEGLI ARCHIVI DI STATO

MINISTERO DELL'INTERNO. DIREZIONE GENERALE DELL'AMMINISTRAZIONE CIVILE. UFFICIO CENTRALE DEGLI ARCHIVI DI STATO, *Gli Archivi di Stato al 1952,* 2ª ed., Roma 1954, pp. VIII - 750 (esaurito).

MINISTERO DELL'INTERNO. DIREZIONE GENERALE DEGLI ARCHIVI DI STATO, *La legge sugli archivi,* Roma 1963, pp. 426 (esaurito).

MINISTERO PER I BENI CULTURALI E AMBIENTALI. UFFICIO CENTRALE PER I BENI ARCHIVISTICI, *Inventario Archivio di Stato in Lucca,* VII, *Archivi gentilizi,* a cura di GIORGIO TORI, ARNALDO D'ADDARIO, ANTONIO ROMITI. Prefazione di VITO TIRELLI, Lucca 1980, pp. XX - 748, L. 29.500.

MINISTERO PER I BENI CULTURALI E AMBIENTALI. UFFICIO CENTRALE PER I BENI ARCHIVISTICI, *Guida generale degli Archivi di Stato italiani,* I (A-E), Roma 1981, pp. XVIII - 1042, L. 12.500; II (F-M), Roma 1983, pp. XVI - 1088, L. 29.200; III (N-R), Roma 1986, pp. XIV - 1302, L. 43.100.

MINISTERO PER I BENI CULTURALI E AMBIENTALI. UFFICIO CENTRALE PER I BENI ARCHIVISTICI, UFFICIO CENTRALE PER I BENI LIBRARI E GLI ISTITUTI CULTURALI, *Garibaldi nella documentazione degli Archivi di Stato e delle Biblioteche statali. Mostra storico-documentaria,* a cura dell'ARCHIVIO CENTRALE DELLO STATO, Roma 1982, pp. XXXII - 286, L. 12.000.

GIACOMO C. BASCAPÈ, MARCELLO DEL PIAZZO, con la cooperazione di LUIGI BORGIA, *Insegne e simboli - Araldica pubblica e privata, medievale e moderna,* Roma 1983, pp. XVI - 1064, L. 81.000.

MINISTERO PER I BENI CULTURALI E AMBIENTALI. UFFICIO CENTRALE PER I BENI ARCHIVISTICI, *Le BicCherne. Tavole dipinte delle magistrature senesi (secoli XIII - XVIII),* a cura di LUIGI BORGIA, ENZO CARLI, MARIA ASSUNTA CEPPARI, UBALDO MORANDI, PATRIZIA SINIBALDI, CARLA ZARRILLI, Roma 1984, pp. VIII - 390, L. 56.400.

MINISTERO PER I BENI CULTURALI E AMBIENTALI. UFFICIO CENTRALE PER I BENI ARCHIVISTICI, *La legge sugli archivi. Aggiornamenti (1965 - 1986),* Roma 1987, pp. 434, L. 14.000.

MINISTERO PER I BENI CULTURALI E AMBIENTALI. UFFICIO CENTRALE PER I BENI ARCHIVISTICI, ARCHIVIO DI STATO DI BOLOGNA, *Exempla Studii Bononiensis,* Roma 1988, tavv. 16 (esaurito).

ARCHIVIO DI STATO DI GENOVA, *Inventario dell'Archivio del Banco di San Giorgio (1407-1805),* sotto la direzione di GIUSEPPE FELLONI, IV, *Debito pubblico,* tomi 2, Roma 1989, t.1., pp. 450, t.2, pp. 436, L. 26.000; III, *Banchi e tesori,* a cura di G. FELLONI, Roma 1990, t.1, pp. 4.

INDICE

TOMO I

Indice

Indice

TOMO II

Indice

Finito di stampare nel mese di settembre 1991
dalla Tipolitografia Turingraf, via Saorgio 12, Torino